Erich Steitz, Manfred Müller, Winfried Anslinger

Evolution oder Schöpfung?

Die Autoren

Erich Steitz wurde am 9. März 1934 in Wecklingen/Saar geboren. Nach dem Abitur studierte er Naturwissenschaften mit den Schwerpunkten Biologie, Chemie und Physik. 1963 Promotion zum Doktor rer.nat. mit der Arbeit „Untersuchungen über die Tumorbildung bei Bastarden von Nicotiana glauca und N. langsdorffii". Im selben Jahr wurde er Wissenschaftlicher Assistent im Zoologischen Institut der Universität des Saarlandes. 1970 wurde er zum Akademischen Rat ernannt und war bis 1998 in der Lehre des Fachbereiches Biologie der Universität in den Bereichen der Systematischen Zoologie, Meeresbiologie und Anthropologie tätig. Er ist Autor mehrerer Bücher, Forschungsberichte und Aufsätze. In seinem in 3. Auflage erschienenen Werk „Die Evolution des Menschen" behandelt er nicht nur Funde, sondern vor allem den theoretischen Hintergrund der Menschwerdung: Verwandtschaft und Sonderstellung des Menschen von der Molekularbiologie bis zur Entstehung seiner Kulturfähigkeit.

Manfred Müller wurde am 17. Mai 1930 in Breslau/Schlesien geboren. Seine schulische Ausbildung endete 1949 mit dem Abitur am Gymnasium Josephinum in Hildesheim. Danach studierte er Theologie, Philosophie, Germanistik, Geschichte am Bischhöflichen Priesterseminar Trier sowie an den Universitäten Köln und Bonn. 1953 Staatsexamen für das Höhere Lehramt, 1956 Promotion zum Doktor phil.mit der Arbeit „De dignitate hominis – die Philosophie des Marsilio Ficino". Seit 1963 unterrichtete er Philosophie, Deutsch, Geschichte, Politik an Gymnasien in Saarbrücken, Koblenz, Trier, Ahrweiler, Saarbrücken. Wegen Querschnittslähmung musste er 1986 aus dem Schuldienst ausscheiden. Seither freie Mitarbeit beim SWR, WDR, SR (philosophische Sendemanuskripte) sowie bei der Katholischen Akademie Trier und Einrichtungen der Erwachsenenbildung (philosophische Vorträge).

Winfried Anslinger wurde am 11. August 1951 in Ludwigshafen/Rhein geboren. Nach dem Abitur studierte er in Heidelberg Theologie, Psychologie, Philosophie und VWL. Während des Studiums unternahm er Studienreisen, u.a. nach Indien, Ostafrika, Israel. Er engagierte sich in der Schülerarbeit der Pfälzischen Landeskirche, im Asta der Universität Heidelberg, war Präsident des Heidelberger Studentenparlaments. Mitherausgeber verschiedener Zeitschriften. Nach den theologischen Examina arbeitete er 33 Jahre als evangelischer Pfarrer in Homburg (Saarland). Schwerpunkt war die Bildungsarbeit. Nach einer längeren Pause wegen Berufstätigkeit und Familie hat er seit 2005 drei Erzählbände, Essays und bisher einen Roman veröffentlicht. Er ist Mitglied im literarischen Verein der Pfalz, im VS und im Literaturwerk Rheinland Pfalz. Darüber hinaus wirkte er in der Friedens und Umweltbewegung mit, ist Mitglied des Homburger Stadtrats, ist Vorsitzender des Naturschutzbundes und Sprecher der Energiewende Saar e.V. Seit 15 Jahren veranstaltet er das Homburger „Philosophencafe."

Erich Steitz, Manfred Müller, Winfried Anslinger

Evolution oder Schöpfung?

Bibliografische Information der Deutschen Nationalbibliothek
Die Deutsche Nationalbibliothek verzeichnet diese
Publikation in der Deutschen Nationalbibliografie;
detaillierte bibliografische Daten sind im Internet
über http://dnb.ddb.de abrufbar.

www.oldib-verlag.de
Herstellung: BoD, Norderstedt
Umschlaggestaltung: Oliver Bidlo
SW-Bild: Human evolution scheme, José-Manuel Benitos
ISBN 978-3-939556-59-6

Vorwort

Die Autoren stellen dankbar fest, im Geist der Aufklärung erzogen worden zu sein, das heißt, in allen wichtigen Fragen des Lebens Verstand und Vernunft zu gebrauchen, um so zu einer eigenständigen Meinung zu gelangen. Viele Menschen machen von diesem Geschenk leider wenig Gebrauch. Dies trifft beispielsweise auf Fundamentalisten zu, die sich aus religiösen Gründen den Naturwissenschaften gegenüber verschließen, und insbesondere die Ergebnisse der Evolutionsforschung nicht gelten lassen.
Im vorliegenden Buch wird der Versuch unternommen, Einblick in die spezifischen Denk- und Arbeitsmethoden von Naturwissenschaften und Theologie zu geben. Es wird gezeigt, dass beide Disziplinen spezifischen Denkansätzen folgen und sich mit verschiedenen Aspekten der Wirklichkeit beschäftigen.
Ziel dieses Buches ist, Wissen zu vermitteln, um sich in beiden Fachgebieten ein wenig auszukennen. Das kann helfen, einen eigenen Standpunkt zu finden, der Irrtümer vermeidet. Der christliche Fundamentalismus setzt das Weltbild der Bibel dem modernen Naturwissen entgegen. Die Gruppe der Kreationisten geht kämpferisch gegen die Evolutionstheorie vor. Sie hat diesen Kampf gar zum Programm erhoben. Für sie ist der Mensch von Gott zum Ebenbild geschaffen, dann in Sünde gefallen und der Erlösung durch Jesus Christus bedürftig. Die paläontologische Sicht, wonach am Anfang ein mit den Vorfahren von Schimpanse und Gorilla verwandtes Wesen stehe, sei falsch, weil ein primitiver Affe Gott nicht erfassen und keine Erbsünde begehen konnte. Die Bibel ist aber kein naturkundliches Buch. Wer ihre Erzählungen und Bekenntnisse, das dort dokumentierte Ringen um Wahrheit als Faktensammlung missversteht, geht in die Irre. Umgekehrt können naturwissenschaftliche Theorien uns nicht sagen, wie wir das Leben deuten können und was wir tun sollen. Sie vermitteln keinen Sinn. Argumente und Belege dafür zu sammeln, dass Schöpfung und Evolution sich auf vernünftige Weise verbinden lassen, erscheint uns lohnend. In diesem Buch wollen wir prüfen, wie tragfähig das ist.

Erich Steitz (†) Manfred Müller (†) Winfried Anslinger

Inhaltsverzeichnis

1. Teil: Evolutionstheorie

Erich Steitz

Vorbemerkung zu Teil 1

In diesem Teil wird die Evolutionstheorie als Produkt naturwissenschaftlicher Forschung behandelt. Im 2. Teil erfolgt eine Analyse biblischer Schöpfungsaussagen. Welche Sichtweise ist der Wahrheit näher? Hierzu H. Küng: Der Anfang aller Dinge (2005):

„Die Bibel beschreibt keine naturwissenschaftlichen Fakten, sondern deutet sie, auch für unser gegenwärtiges menschliches Leben und Handeln. Beide Sprach- und Denkebenen sind immer sauber zu trennen, sollen die fatalen Missverständnisse der Vergangenheit auf beiden Seiten, der Wissenschaft wie der Theologie, vermieden werden. Wissenschaftliche und religiöse Sprache sind vergleichbar wie wissenschaftliche und poetische. Das heißt: Urknalltheorie und Schöpfungsglaube, Evolutionstheorie und Erschaffung des Menschen widersprechen sich nicht." und weiter: "Nicht einen Kern des naturwissenschaftlich Beweisbaren hat unsere Bibelinterpretation herauszuarbeiten, sondern das für Glauben und Leben Unverzichtbare. Nicht die Existenz oder Überflüssigkeit Gottes hat die Naturwissenschaft zu beweisen. Vielmehr hat sie die physikalische Erklärbarkeit unseres Universums so weit wie ihr möglich voranzutreiben und zugleich Raum zu lassen für das physikalisch prinzipiell Unerklärbare. Davon redet die Bibel."
Weder Christen noch Juden müssen freilich glauben, dass die Bibel als Gottes direktes Wort vom „Himmel" verkündet wurde - wie dies von Muslimen in Bezug auf den Koran erwartet wird: Dieser ist, jedenfalls nach traditionellem islamischem Verständnis, wortwörtlich für die Menschen diktiert und deshalb auch Satz für Satz unfehlbar wahr. Die Bibel aber versteht sich selber als Gotteswort im Menschenwort. Denn sie lässt überall erkennen, dass sie Satz für Satz von Menschen gesammelt, niedergeschrieben, bearbeitet und in verschiedenen Richtungen weitergeführt wurde. Als Menschenwerk ist sie deshalb nicht ohne Mängel und Widersprüche. […] Dieser historische Charakter der Schriften ermöglicht nicht nur Bibelkritik, sondern erfordert sie geradezu. Ernsthafte Bibelkritik ist unverzichtbar, damit die biblische Botschaft von Gott nicht in einem Buch von Menschen aus vergangenen Zeiten verschlossen bleibt, sondern zu jeder Zeit wieder neu lebendig verkündet wird."

Unter Evolution versteht man die wissenschaftliche Erkenntnis, dass alle lebenden Organismen durch gemeinsame Abstammung untereinander verbunden sind und nicht nur als Individuen, sondern auch in ihrer Gesamtheit als Arten in Raum und Zeit einem Wechsel und damit einer Entwicklung unterworfen sind. Das bedeutet, dass die Lebewesen im Laufe der Erdgeschichte aus andersartigen Vorfahren in direkter Zeugungskette entstanden sind. Bei der Erörterung einer solchen Evolution müssen grundsätzlich zwei Gruppen von Aussagen unterschieden werden:
Die Darstellung der Tatsachen, die durch die Annahme des Artwandels naturwissenschaftlich gedeutet werden können (z.B. Fossilien).
Die Darstellung der Ursachen, die nach dem heutigen Kenntnisstand den Artwandel bewirkt haben (z.B. Mutation und Selektion).
Mit Fragen dieser Art befasst sich die Abstammungslehre. Da sie Vorgänge der Vergangenheit nur aus heute beobachtbaren Tatsachen abzuleiten vermag, stellt sie, unabhängig von der Zahl der ermittelten Fakten, eine Theorie dar. Andere häufig verwendete Begriffe für Abstammungslehre sind Deszendenztheorie und Evolutionstheorie.
Wie alle Lebewesen ist auch der Mensch das Ergebnis einer Jahrmillionen währenden biologischen Evolution. Aufgrund seiner biologischen Eigenschaften fügt der Mensch sich innerhalb der Säugetiere in die nähere Verwandtschaft der Affen ein, worauf schon Aristoteles hingewiesen hat. Linne hat in seinem für die Systematik grundlegenden Werk „Systema Naturae" (1758) den Menschen und die Affen zur Gruppe der „Herrentiere" (Primates) zusammengefasst und den Schimpansen als *Homo troglodytes* sogar in dieselbe Gattung wie den Menschen gestellt. Im heutigen System steht *Homo sapiens* als einzige derzeit lebende (rezente) Art innerhalb einer eigenen Familie (Hominidae) derjenigen der Menschenaffen (Pongidae) gegenüber. Diese beiden Schwestergruppen stehen gemeinsam als Überfamilie der Hominoidae (menschenähnliche Primaten) der Überfamilie der Pithecoidae (eigentliche Affen, Tieraffen) gegenüber. Die gemeinsamen Ahnen von Mensch und Menschenaffen werden im *Dryopithecus*-Kreis, einer im mittleren Tertiär verbreiteten Affengruppe, vermutet.
Die nächsten lebenden Verwandten des Menschen sind demnach die heutigen Menschenaffen: Schimpanse, Gorilla, Orang Utan und Gibbon. All diese Arten sind Bewohner der tropischen Wälder Afrikas oder Südasiens. Sie haben im Laufe ihrer Evolution eine Reihe von Anpassungen an diesen speziellen Lebensraum entwickelt, die sie deutlich von der zum Menschen führenden

Entwicklungslinie unterscheiden. Die Abzweigung der zum Menschen führenden Linie der Hominiden von der zu den Menschenaffen führenden Linie der Pongiden dürfte nach molekularbiologischen Untersuchungen im oberen Miozän liegen (vor etwa 6 Millionen Jahren).

Stufe um Stufe führte der Weg zum heutigen *Homo sapiens* unter Herausbildung einer Reihe von Sondermerkmalen, die sowohl körperlicher als auch ethologischer Natur sind. Es handelt sich hierbei fast ausschließlich um solche Merkmale, die sich beim Erwerb der voll aufrechten Haltung, beziehungsweise des voll aufrechten Ganges, im Zuge der dafür erforderlichen biologischen Umkonstruktionen ergeben haben. Die damit parallel laufende Steigerung des Hirnvolumens und der fortschreitenden Differenzierung vor allem der Hirnrinde sind hierbei von besonderer Bedeutung. Sie sind die materielle Voraussetzung für verhaltensbiologische Besonderheiten des Menschen, die ihn als das kulturschöpferische, sprechende, in Symbolen denkende und über sich selbst nachdenkende Wesen kennzeichnen.

Auf die ausführlichere Beschreibung der Stufen der Menschwerdung im weiteren Verlauf sei hingewiesen.

A: Einige biologische Fakten als Belege für die Abstammungslehre

Beginnen wir mit den zahlreichen Übereinstimmungen bei den Embryonen verschiedener Pflanzen- und Tiergruppen, die im erwachsenen Zustand einander nicht mehr ähnlich sind. So sind die Embryonen verschiedener Wirbeltierklassen wie Haifisch, Küken und Mensch sowohl in der Gesamtform als auch in der Ausbildung des Kopfes mit seinen Augen, seinen Kiemenspalten, des Rumpfes mit Gliedmaßen, Schwanz usw., kaum zu unterscheiden.

Nicht nur Schnecken und Muscheln, sondern auch meeresbewohnende Ringelwürmer haben eine gleichartige „Trochophora“ als Larvenform. Sie stammen daher mit großer Wahrscheinlichkeit von einer gemeinsamen Ahnform ab, bei der es schon eine solche Larve gegeben haben muss. Viele Beispiele ließen sich noch anführen. Die sog. Entenmuscheln (Gattung *Lepas*) konnten erst durch ihre Nauplius-Larve als Krebstiere erkannt werden.

Morphologische, verwandtschaftskennzeichnende Ähnlichkeit wird durch den Homologiebegriff erfasst. Organe sind homolog, wenn sie im Bauplan der Lebewesen dieselbe Lage einnehmen und sich auf stammesgeschichtlich gleiche Grundstrukturen zurückführen lassen. In diesem Sinne sind der Flügel der Fledermaus, das Grabbein des Maulwurfs, die Flosse eines Wals und der Arm des Menschen homologe Organe. Trotz verschiedenartiger Gestalt ist dieselbe

Einteilung in Oberarm, Unterarm, Handwurzel- und Mittelhandknochen usw., vorhanden.

Zu den stärksten Stützen der Abstammungslehre im Bereich der Morphologie zählen rudimentäre, das heißt in der Regel weitgehend funktionslos gewordene, zurückgebildete Strukturen. Wenn sich die Umweltbedingungen für einen Organismus ändern, kann der sog. Evolutionsdruck auf die Aufrechterhaltung bislang lebenswichtiger Konstruktionen nachlassen. Somit kann das funktionierende Organ zu einem rudimentären Organ verkümmern. So haben Embryonen der Beuteltiere, primitive Säugetiere, obwohl sie sich im Mutterleib entwickeln und durch eine Plazenta ernährt werden, seit über 100 Millionen Jahren Reste der Reptilienherkunft bewahrt: Die Eier enthalten Dotter, Eiweiß und Schalen, die Embryonen eine Eizahn-Papille.

Von Landtieren abstammende sekundäre Wassersäuger haben Hals, Gliedmaßen und Schwanz zurück- und umgebildet. Der Wal zum Beispiel hat keine Hinterbeine mehr, im Körperinnern lagern aber noch Reste des Beckengürtels. Das trifft in ähnlicher Form für die beinlosen Blindschleichen zu.

Die Paläontologie, die Lehre von den Fossilien, den Überresten ausgestorbener Lebewesen, versucht, den Wechsel im Formenbestand der Organismen innerhalb der Erdgeschichte, das ständige Werden und Vergehen neuer Typen, zu rekonstruieren. Die dafür erforderliche zeitliche Datierung der Fundstücke gelingt heute recht verlässlich mittels der Zerfallszeit radioaktiver Elemente, die sich in allen Gesteinsschichten finden. Auf diese Weise konnten nahezu lückenlos Ahnenreihen aufgestellt werden, ob bei den Weichtieren, Insekten oder Kerbtieren. Unsere eigene Gattung *Homo* weist eine bemerkenswert kontinuierliche evolutive Abwandlung der Schädelform während der Eiszeit auf.

Von besonderer Bedeutung sind Funde ausgestorbener Formen, die als fossile „Brückentiere“ in ihrem morphologischen Aufbau eine Zwischenstellung zwischen größeren, scharf voneinander geschiedenen Gruppen einnehmen. Das bekannteste Brückentier ist der Urvogel *Archaeopteryx* aus dem Jura, der in seinem Körperbau Reptilien- und Vogelmerkmale vereinigt. Ferner wäre der Dachschädler *Ichthyostega* aus dem Devon zu nennen, ein „Fisch mit Beinen“, der den Übergang von den Fischen zu den landlebenden Wirbeltieren bildet. Ein lebendes (rezentes) Brückenglied zwischen Reptilien und Säugern ist das Schnabeltier *Ornithorhynchus paradoxus*, ein primitives, haartragendes Säugetier, das noch nach Reptilienart eine Kloake besitzt, Eier legt und keine konstante Körpertemperatur aufweist.

Die vergleichende Untersuchung organismeneigener Stoffgruppen, die in der gegenwärtigen Forschung eine besondere Rolle spielt, lässt besonders eindrucksvolle Rückschlüsse auf die biologische Verwandtschaft ihrer Träger zu. So kann aus der Universalität einzelner Wirkstoffe wie ATP und NAD oder des DNA-Codes auf einen gemeinsamen Ursprung alles Lebendigen geschlossen werden. Der weiße und gelbe Farbstoff der Schmetterlingsflügel bei Weißlingen (Pieridae) ist ein Harnsäureabkömmling, der auf diese Familie beschränkt ist und daher von einer gemeinsamen Ahnform stammen dürfte.
Besonders aufschlussreich sind die sog. Sequenzanalysen bei Nukleinsäuren und Eiweißen, wobei die Größe der Übereinstimmung ein Maß der stammesgeschichtlichen Verwandtschaft liefert. So lassen sich Doppelspiralen von Desoxyribonukleinsäure (DNA) halbieren und unter bestimmten Umständen mit radioaktiv markierten fremden Einzelsträngen komplementär neu verbinden. Solche Ergänzungen verlaufen umso vollständiger, je ähnlicher die DNA-Moleküle, im weiteren Sinne die sie liefernden Organismen, sind. So ergänzen sich bezeichnenderweise die Einzelstränge von Maus und Hamster zu 55%, von Maus und Meerschweinchen lediglich noch zu 24% und von Maus und Mensch gar nur noch zu 20%. Hingegen bringen es Mensch und Rhesusaffe auf 85%, Mensch und Schimpanse auf knapp 99% „Ähnlichkeit".
Der Ergänzungsgrad der Einzelstränge untereinander kommt u.a. darin zum Ausdruck, dass sich zwischen den Strängen Wasserstoffbrücken bilden, und zwar umso mehr, je größer die strukturelle Übereinstimmung der Stränge ist. Viele Brücken bedeuten also engere, wenige eine entferntere Verwandtschaft der in Betracht kommenden Organismen.
Die Anzahl der Wasserstoffbrücken zwischen den Strängen der hybridisierten DNA wird gemessen, indem allmählich die Temperatur erhöht wird, bis sich die Stränge trennen. Je näher verwandt die DNA ist, desto größer ist die Zahl der Wasserstoffbrücken, und desto höher muss die Temperatur sein, um die Sränge zu vereinzeln.
Die zeitliche Eichung der DNA-Schmelzpunktbestimmug zeigt mit Blick auf den Verwandtschaftsgrad: 1 Grad Celsius = 1% Unterschied = 4 Millionen Jahre divergenter Entwicklung von Populationen, die aus einer ursprünglich gemeinsamen Ahnpopulation hervorgegangen sind. Der gemeinsame Vorfahr von Mensch und Schimpanse lebte also vor etwas mehr als 4 Millionen Jahren.
Die zuletzt dargestellten Sachverhalte scheinen im Widerspruch zum sog. DNA-Fingerabdrucks-Verfahren zu stehen, denn hier nutzt man den Um-

stand, dass jedes Individuum über eine eigene genetische Identität verfügt. Die Anordnung der Basen in der DNA ist nämlich für jedes Individuum einzigartig wie der Fingerabdruck. Diese Einzigartigkeit trifft insbesondere für DNA-Abschnitte zu, die ohne erkennbare Funktion sind. Aus einer Gewebe- oder Körperflüssigkeitsprobe wird DNA extrahiert, diese in Stücke geschnitten und getrennt. Durch Hinzufügen einer radioaktiven Sonde und unter Verwendung eines Röntgenfilms entsteht ein Streifenband, das einzigartig für seinen Besitzer ist. Mit Hilfe genetischer Fingerabdrücke wurde bestätigt, dass die in Russland gefundenen Überreste jene der russischen Zarenfamilie waren, indem die aus den Überresten gewonnenen DNA-Fingerabdrücke mit jenen der lebenden Verwandten der Romanows verglichen wurden. Man sieht, dass auch hier, wie oben, letztendlich das Ausmaß an Übereinstimmung als Kriterium für nähere oder fernere Verwandtschaft dienstbar gemacht wurde beziehungsweise wird.

Der genetische Fingerabdruck wird auch zum Nachweis der Vaterschaft benutzt. Bei Straftaten kann extrahierte DNA zur Bestimmung der Identität des Täters verwendet werden.

Parasiten stammen von ursprünglich frei lebenden Vorfahren ab. Insbesondere die Wirtsspezifität liefert aufschlussreiche Evolutionsbeweise. So haben viele Wirte ihre Parasiten von den Ahnformen mitbekommen. Läuse der Gattung *Pediculus* leben beispielsweise nur auf Menschen und Schimpansen. Flöhe der Familie Macropsyllidae sind ausschließlich auf Mäuse beschränkt. Beispiele von Innenparasiten sind hierbei besonders aufschlussreich, da sich die Bedingungen, unter denen Innenparasiten leben, im allgemeinen weit weniger geändert haben als die Wirte selbst. Innenparasiten sind damit gute Indikatoren für verwandtschaftliche Beziehungen, auch wenn die Wirte sich noch so stark auseinander entwickelt haben. Dies trifft beispielsweise für die Bandwürmer der Warane und Riesenschlangen zu.

Schließlich soll noch auf die Befunde der Verhaltensforschung hingewiesen werden. Sowohl die Verbreitung als auch die Ähnlichkeit vieler Instinkthandlungen, besonders der Auslöser des Sozialverhaltens, lassen sich nur stammesgeschichtlich verstehen. Enten der Gattung *Anas,* etwa die Stockente, unterscheiden sich zwar beträchtlich in ihrer Färbung, gleichen sich jedoch in ihrer sehr hoch entwickelten sozialen Balz.

Schimpansen zeigen ein Lächeln, das dem unsrigen sehr ähnlich ist. Auch im Grußverhalten finden sich viele Gemeinsamkeiten, so im Küssen, Umarmen und Händereichen. Altes Erbe steckt wohl auch in der Drohstellung, bei der die Arme in der Schulter einwärts rollen und die Haaraufrichter der Schulter- und Rückenpartie sich kontrahieren, obwohl wir gar keinen Pelz mehr haben. Wir spüren diese Kontraktion nur als Schauergefühl. Beim Schimpansen, der die gleiche Haltung einnimmt, richten sich die Haare auf und vergrößern damit sein Aussehen.

Brutpflegehandlungen wie das Füttern von Mund zu Mund finden sich bei Schimpansen ebenso wie bei Papuas und Pygmäen, im übertragenen Sinne auch beim gegenseitigen Füttern als freundliche Geste. Daraus ist übrigens das Küssen abzuleiten, das sich, wie gesagt, durchaus nicht nur beim Menschen findet, sondern gleichfalls bei den meisten Menschenaffen.

Tief verwurzeltes gemeinsames Erbe liegt wohl auch in der Schutzsuche von Kindern bei der Mutter vor. Bei Pavianen sucht das Junge in den ersten Lebensmonaten immer die Mutter auf, später Schutz auch bei anderen ranghohen Erwachsenen. Gleiches Verhalten findet sich im menschlichen Bereich. Doch nicht nur Kinder und Jugendliche, sondern auch Erwachsene suchen in schwieriger Lage die beruhigende Wirkung körperlichen Kontaktes. *„Der Artgenosse wird zum Fluchtziel, seine Nähe bedeutet Geborgenheit"* (Eibl-Eibesfeldt, 1970). Bezeichnenderweise ist es daher leicht möglich, durch Angst die Gruppenbindung zu festigen, was politisch häufig ausgenutzt wird.

Im Dienste sozialen Kontaktstrebens stehen auch die auf gemeinsamem Erbe beruhenden sozialen Körperpflegehandlungen, die bei vielen höheren Wirbeltieren, also nicht nur bei Primaten, der Erhaltung der freundlichen Beziehungen dienen. Es handelt sich dabei um eine auf gegenseitige Hilfe abgestellte Tätigkeit, die allerdings auch dann aufgenommen werden kann, wenn dazu gar kein dringender Anlass, etwa ein verschmutztes Fell, besteht. Eine solche rituelle Kontaktsuche liegt beispielsweise in zärtlichen Handlungen wie Streicheln und Kraulen vor.

Bei Rhesusaffen kann man beobachten, wie sie mit einer Handbewegung das Fell eines Hordenmitgliedes auseinander streichen, um den Haargrund freizulegen, genauso wie es auch Menschen tun, die das Kopfhaar eines Artgenossen von unerwünschten Partikeln zu befreien suchen. Dieses Putzen erfolgt gegenseitig und trägt, über das primäre Handlungsziel hinaus, vor allem zu einem guten Klima innerhalb der Gruppe bei.

Eibl-Eibesfeldt spricht in solchen Fällen von ritualisierter Brutpflege, d.h. zärtliche und betreuende Verhaltensweisen der Mutter-Kind-Beziehung werden auch bei Erwachsenen bandstiftend eingesetzt. Begegnen sich zwei erwachsene Menschen, die sich ihrer freundschaftlichen Beziehungen versichern

möchten, so ersetzen sie das gegenseitige Putzen eines üppigen Haarkleides, das uns ja nicht mehr zur Verfügung steht, durch das Gespräch.
Im Gespräch, beispielsweise beim Treffen zu Kaffee und Kuchen am Nachmittag, werden oftmals kaum sachliche Informationen weitergegeben, da es sich meist um höchst banale und immer wiederholte Feststellungen, etwa das Wetter betreffend, handelt. Wohl aber wird das Gespräch sozialen Belangen gerecht, dergestalt, dass signalisiert wird, dass man am Partner und an seinen Anliegen interessiert ist, indem man bereit ist, ihm zuzuhören und zu antworten. D. Morris (1970) bezeichnete diese Art von Gespräch sehr treffend als „grooming talk“ (Putzgespräch), da seine Funktion, wie beim gegenseitigen „Lausen“, die freundliche Kontaktherstellung ist.
Eibl-Eibesfeldt geht gar so weit, dass er die Wurzeln auch solcher Gespräche in der Mutter-Kind-Beziehung sieht, und zwar im einfachen Stimmfühlungsgespräch, das nur den Charakter der Anfrage trägt: „Bist du da?“, – „ich bin da“. Wenn ein Kind in einem Zimmer spielt und die Mutter im Nebenraum arbeitet, dann ruft das Kind immer wieder, ist aber mit der einfachen Bestätigung der mütterlichen Anwesenheit durchaus zufrieden („Mutti?“ – „jaa“ - „Mutti?“ - „jaa“ usw.).
Wer jemals wie der Autor auf einem Bauernhof der Geburt von Ferkeln beigewohnt hat, wird sich des „Stimmfühlungsgrunzens“ zwischen Muttertier und Jungtieren erinnern und sich der Erkenntnis stammesgeschichtlich bedingter Verhaltensparallelen nicht verschließen können.

B: Die Kausalität der Evolution

Mit dem Aufstellen der Abstammungstheorie stellt sich auch die Frage nach den Ursachen des Artwandels. Einzig anerkannt sind heute nur noch die Auffassungen von Darwin, die davon ausgehen, dass sich alle Lebewesen, in einem umfassenderen Sinne auch Lebensgemeinschaften (Populationen innerhalb einer Art), in einem ständigen Ringen ums Dasein befinden, und dass die zufällig besser angepassten die größere Überlebenschance haben und sich folglich durchsetzen. Darwins Erkenntnis kam erst zur vollen Geltung, als es im 20. Jahrhundert gelang, die Ergebnisse der Vererbungslehre seiner Theorie einzufügen und auf das Problem der Evolution anzuwenden. Diese moderne Wissenschaft von den Ursachen der Evolution operiert heute mit mehreren Evolutionsfaktoren, die hier in ihren wesentlichen Grundzügen abgehandelt werden sollen.

Diese Faktoren sind:

- Mutation
- Rekombination
- Selektion
- Isolation

Die Evolutionsfaktoren können sich nur innerhalb von Populationen manifestieren. Dem Populationsbegriff kommt daher ausschlaggebende Bedeutung zu. Ihm wollen wir uns daher zunächst zuwenden.

1. Der Populationsbegriff

Eine Population ist die Gemeinschaft potenziell inzüchtender Individuen in einem bestimmten geographischen Raum. Dies bedingt die Möglichkeit ständigen Genaustausches zwischen den Gliedern der Population. Eine Tier- oder Pflanzenart setzt sich in der Regel aus mehreren solcher mehr oder weniger geographisch (oder auch ökologisch) voneinander getrennten Populationen zusammen. Die Art (Species) soll hier definiert werden als systematische Einheit im gesamten Organismenreich, die in ihrer weitesten Fassung die Gesamtheit aller unter natürlichen Verhältnissen miteinander unbegrenzt fruchtbaren Individuen, also eine größtmögliche potenzielle Fortpflanzungsgemeinschaft, darstellt. Der Gesamtbestand an Genen, von denen jedes in sehr vielen verschiedenen Allelen, d.h. strukturellen Abwandlungen, vertreten sein kann, beschreibt den Genpool einer Population. Das einzelne Individuum ist nur ein kurzzeitig existierender (sterblicher) „Behälter" für einen Bruchteil der Gene des Genpools, mit anderen Worten, es verfügt stets nur über einen Teilbestand des Genpools. Aus diesen Gründen ist nicht das einzelne Individuum, sondern die Population die 'Evolutionseinheit', an der sich gewissermaßen Evolution abspielt. Die Häufigkeit, mit der bestimmte, durch Veränderungen an der chemischen Struktur abgewandelten Gene in einer Population vertreten sind, bezeichnen wir als Genfrequenz. Die Genänderungen selbst beruhen auf Mutationen. Neben seltenen Genen oder Allelen mit geringer Frequenz, z.B. solchen, die durch Mutationen erst vor kurzem entstanden sind, gibt es Gene und Allele mit sehr hoher Frequenz. Sie kommen allen oder fast allen Individuen einer Population zu, was als die Folge ihrer „Bewährung" angesehen werden kann. Evolution läuft also ab, wenn sich die Genfrequenzen in einer Population im Laufe der Generationenabfolge, also mit der Zeit, verän-

dern. Mit der Veränderung der Genfrequenzen werden ja auch die Eigenschaften innerhalb einer Population langsam abgewandelt.
Es ist die Aufgabe der Genetik, im engeren Sinne der sogenannten Populationsgenetik, solche Vorgänge im Bereich von Populationen zu untersuchen und im einzelnen zu ermitteln, unter welchen Bedingungen sich in einer Population genetisch wirkungsvolle Veränderungen ergeben. Das befähigt sie, den Wirkungsumfang und damit die Bedeutung der einzelnen Evolutionsfaktoren zu erfassen.

2. Die Mutabilität

Die entscheidende Voraussetzung für die Evolution als Prozess, der dazu führt, dass die Nachkommen im Laufe der Generationsfolge andersartig als ihre Vorfahren werden, ist die Veränderbarkeit, die Mutabilität der erblichen Eigenschaften einer Population. Mutationen stellen also gewissermaßen den Treibstoff im Motor des Evolutionsgeschehens dar. Es sind Änderungen der Erbsubstanz, für die kennzeichnend ist, dass sie zufallsmäßig und richtungslos auftreten.
Sie erweitern zwangsläufig die genetische Mannigfaltigkeit einer Population, d.h. diese vergrößert die erbliche Variabilität ihres Genpools. Die Summe der Änderungen in einem bestimmten Zeitraum wird als Mutationsdruck bezeichnet. Ihm steht der von der natürlichen Auslese (Selektion) gesetzte Selektionsdruck gegenüber, der ungünstige Mutationen wieder ausmerzt. Auf die Selektion wird noch näher einzugehen sein. Es sei aber hier schon betont, dass der Zufall allein kein überlebensfähiges System hervorbringt. Selektion gehört unabdingbar dazu. Es ist das Zusammenspiel von zufälligem Mutationsangebot und zweckmäßiger Anpassung durch Auslese, das die biologische Evolution in Gang hält. Mit anderenWorten: die – zufallsgeborenen – Mutationen schaffen die für jegliche Anpassung unentbehrliche Plastizität, und die durch die Besonderheiten der Umwelt vorgegebene Ordnung spielt die Rolle der prägenden Form.
Ein anderer, wichtiger, variabilitätserhöhender Evolutionsfaktor resultiert aus der immer wieder neuen Kombination (Rekombination) der Erbanlagen beim Prozess der sexuellen Fortpflanzung.

3. Die Rekombination

Die Bedeutung der Rekombination beruht letztlich darauf, dass es multiple Allelie gibt, die Mehrzahl der sich geschlechtlich fortpflanzenden Organismen aber diploid sind und folglich in ihrem doppelten Chromosomensatz höchstens zwei verschiedene Allele eines Gens besitzen können. Dies ist der Grund für die oben erwähnte Tatsache, dass ein Individuum immer nur über einen Bruchteil der in einer Population vorhandenen Allele verfügt. Ständig neue und unterschiedliche Genotypen entstehen nun dadurch, dass im Prozess der sexuellen Fortpflanzung die Gene bei der Bildung der Fortpflanzungszellen auf die Hälfte reduziert werden und diese Hälften bei der Befruchtung der Eizelle wieder zusammenkommen. Auf diese Weise werden die in einer Population vorhandenen Gene immer wieder neu kombiniert, und somit wird die Variabilität erhöht. Hohe Variabilität aber bedeutet Erhöhung der Chancen für zufällig gutes Angepasstsein der Individuen einer Population, worin die grundlegende Bedeutung der Bisexualität zu sehen ist. In der Regel ist in einer Population die Zahl der verschiedenen Allele so hoch, dass gar nicht alle Kombinationsmöglichkeiten jemals realisiert werden können. Dies ist auch der Grund dafür, dass jedes Individuum in einer sich bisexuell fortpflanzenden Population, so auch der einzelne Mensch – sehen wir von eineiigen Zwillingen ab – im Hinblick auf die spezifische Kombination seiner Erbanlagen eine Einmaligkeit, ein 'Unikat' darstellt.

Die Rekombination der Gene in der bisexuellen Fortpflanzung stellt also für die im folgenden zu besprechende Selektion eine große Zahl genetisch differenter Genotypen zur Verfügung. Die variabilitätserhöhende Wirkung der Rekombination würde allerdings nicht ausreichen, stärkere Umprägungen einer biologischen Gruppe, zum Beispiel die Ausbildung neuer Rassen, herbeizuführen. Hierzu ist die Selektion, die deswegen auch als der bedeutendste Evolutionsfaktor angesehen wird, erforderlich.

4. Die Selektion

Die Selektion ist derjenige Evolutionsfaktor, der in das durch zufällige Mutationen und Rekombination gelieferte „Rohmaterial" eine Richtung bringt, das heißt auf zunehmende Anpassung (Adaptation) hinarbeitet. Evolution durch Selektion führt also zu einer Verbesserung der Angepasstheit zwischen Lebewesen und ihrer Umwelt. Dem schon genannten Mutationsdruck steht dabei der bereits ebenfalls erwähnte Selektionsdruck gegenüber. Es gibt sehr viele Beispiele für die durch Selektion verursachten Anpassungen, von denen hier einige besonders markante herausgegriffen werden sollen.

Bei Insekten mutieren Gene, die die Ausbildung der Flügel steuern, des Öfteren in der Weise, dass die Flügel nur noch als kleine stummelförmige Gebilde erscheinen oder sogar gänzlich fehlen. Derartige Mutanten sind gegenüber den normal geflügelten Tieren zumeist stark im Nachteil. Dies gilt allerdings nicht für eine spezifische Umwelt, wie sie etwa auf den am Rande der Antarktis gelegenen Kerguelen-Inseln anzutreffen ist. Diese Inseln werden ständig von Stürmen heimgesucht, die das Fliegen zu einer gefährlichen Sache machen. Demzufolge gibt es dort nur noch flugunfähige Insekten, bei denen die Flügel entweder nicht mehr oder nur noch ansatzweise vorhanden sind.

Ein Beispiel für die rasche Wirkung hoher Selektionsdrucke bietet bei vielen Insekten die Herausbildung der Resistenz gegenüber spezifischen Giften, z.B. bei Fliegen gegenüber DDT. Dieses Gift wirkt nicht etwa mutationsauslösend. Die Resistenz wird auch nicht als Dauermodifikation erworben, etwa durch Einwirkung nicht tödlicher Konzentrationen. Die Giftfestigkeit einer Fliegenpopulation beruht allein auf der wirksamen Kombination von Allelen, deren Träger in geringer Anzahl stets in einigen Fliegenpopulationen vorhanden sind und ausgelesen werden. Bei der Einwirkung des Giftes sterben demnach zunächst die allermeisten Tiere, die wenigen resistenten bleiben übrig. Ihre relative Anzahl nimmt von Generation zu Generation zu, der Grad der Resistenz steigt. So lässt sich auch das Kräftespiel krankheitserregender Mikroben im menschlichen Körper, der Kampf zwischen Infektion und Immunabwehr, nur im Lichte der Evolution richtig begreifen.

Zu den von Mikroben verursachten Krankheiten gehören sowohl Infektionen, die von Menschen direkt auf andere Menschen übertragen werden (Aids, Ebola, Sars), als auch solche, die durch blutsaugende Insekten oder andere Überträger verursacht werden (Malaria, Schlafkrankheit). Die Fähigkeit der Mikroben zur schnellen Wandlung macht sie für viele Menschen so gefährlich und ihre Behandlung so schwierig und kostspielig. Mikroben springen von wildlebenden Tieren oder Haustieren auf den Menschen über und passen sich diesem neuen Wirt schnell an. So finden sie immer wieder Wege, das menschliche Immunsystem zu unterlaufen. Durch natürliche Auslese werden die Mikroben gegen Medikamente resistent, von denen sie vorher abgetötet wurden. Sie entwickeln sich weiter. Es gibt keinen deutlicheren Beleg für das Fortschreiten der Evolution als diesen Prozess der dauernden Anpassung bei den uns gefährlichen Keimen.

Die gegen Antibiotika resistenten Bakterienstämme bilden Evolutionsreihen, die sich prinzipiell nicht von Fossilienreihen unterscheiden. So treibt der

Mensch im Kampf gegen die Keime selber die Evolution voran. Denn Antibiotika üben eine starke evolutionäre Kraft aus; sie zwingen Infektionsbakterien, immer wieder neue Abwehrmaßnahmen gegen neue Medikamente zu entwickeln. Ihre DNA, die den gleichen genetischen Code benutzt wie alle Lebewesen dieser Welt, zeigt, dass Bakterien ein Zweig im Baum des Lebens sind, an dem auch wir hängen. Alle Zweige werden von evolutionären Kräften geformt und variiert.
Schließlich wollen wir uns einem besonders interessanten Ergebnis der Selektion zuwenden, dem Phänomen der Warnfarben und Warnformen. Es handelt sich hierbei um Merkmale bei Tieren, die sich durch starke Verteidigungswaffen, Giftstoffe oder schlechten Geschmack auszeichnen. Die auffallenden Warntrachten dienen sozusagen als ‚Gedächtnisstütze' für den Verfolger, der aus seinen schlechten Erfahrungen lernt und diese Tiere als Beute meidet. Beispiele dafür sind Marienkäferchen, Wespen, Streifenwanzen, Stinktiere und viele Giftschlangen.
Eine besondere Art der Warntracht ist die Mimikry. Dabei ahmt eine Tierart, die selbst harmlos ist, in Gestalt und Farbe eine giftige, ungenießbare oder wehrhafte Tierart nach. In Südamerika gibt es einige schlecht schmeckende und deshalb von den Vögeln gemiedene Schmetterlingsarten. Inmitten solcher Schwärme sind ganz ähnliche Schmetterlinge gefangen worden, die sich aber als zu völlig anderen Arten zugehörig erwiesen haben. Offensichtlich nehmen sie durch ihre gleiche Zeichnung und Form am Schutz der anderen Arten teil. Derartige Mimikryfälle sind besonders zahlreich bei tropischen Schmetterlingsarten anzutreffen. Ähnliche Nachahmer finden sich beispielsweise bei Bienen, Hummeln und Ameisen.

5. Die Isolation

Bisher wurde auf diejenigen Faktoren eingegangen, durch die eine evolutive Anpassung der Lebewesen an ihre Umwelt erreicht wird. Hierbei verändert sich kontinuierlich die genetische Konstitution einer Population von einer Generation zur nächsten , was als historische Progression bezeichnet wird und zur Folge hat, dass sich die Zusammensetzung des Genpools im Laufe der Zeit mehr und mehr von der Ausgangssituation entfernt (historische Artumwandlung).
Für die Entstehung verschiedener neuer Arten aus einer Ursprungsart, das heißt für eine divergente (aufspaltende) Evolution, muss noch ein weiterer Faktor hinzukommen, die Isolation. Ohne Isolation ist wegen des Genaustausches innerhalb der Populationen ein Auseinanderentwickeln nicht möglich,

da lokale genetische Veränderungen unter der dauernden Einwirkung der Rekombination nicht erhalten bleiben. Artbildung kann somit erst einsetzen, wenn in einer Population die komplette Durchmischung gestört wird und sich unter dem Einfluss der Evolutionsfaktoren in den isolierten Genpools verschiedene Erbvarianten anhäufen.

Dies geschieht bei der geographischen Separation. Hierzu ein bekanntes Beispiel: die Entstehung geographischer Rassen als Vorläufer der Artbildung in Europa während der Eiszeit.

Durch das Vordringen des Binneneises von Norden her wurden die vor der Eiszeit in Mitteleuropa lebenden Pflanzen und Tiere nach Süden abgedrängt. Das ursprünglich einheitliche Verbreitungsgebiet der einzelnen Arten wurde dadurch stark aufgesplittert. In den verschiedenen sog. Refugien kam es dann bei vielen Arten zu Rassenbildungen. In der Nacheiszeit wurden die neuen Rassen in Mitteleuropa wieder zusammengeführt. Hierbei kam es dann aber in den Überschneidungsgebieten nur teilweise zu einer Vermischung. In manchen Fällen war nämlich die geschlechtliche Affinität zwischen den Rassen völlig erloschen, so dass letztere fortan als neue, reine Arten anzusprechen waren. Beispiele hierfür sind die westliche Nachtigall und der östliche Sprosser.

In der Regel bedeutet das Abtrennen von Inseln von Festlandküsten für viele terrestrische Lebewesen eine vollständige Separation. Entsprechend liegt Separation vor, wenn Populationen von Süßwasserorganismen durch Trennung ursprünglich zusammenhängender Gewässer oder Gewässersysteme (z.B. durch Senken des Wasserspiegels) in Teilpopulationen aufgespalten werden.

Die Darwin-Finken (Geospizinae) der Galapagos-Inseln stellen zu einem wesentlichen Teil das stammesgeschichtliche Entwicklungsergebnis infolge (anfänglicher) geographischer Separation dar. Die Finken, im Allgemeinen keine guten Flieger, passten sich auf den einzelnen Inseln an verschiedene Lebensweisen an und entwickelten vor allem in der Form ihrer Schnäbel spezifische Anpassungsmerkmale. Man zählt heute 14 Arten in 5 Gattungen. Wahrscheinlich gehen alle auf eine einzige körnerfressende Ausgangsform auf dem südamerikanischen Festland zurück. Die Einwanderer konnten ökologische Nischen besetzen, die im Herkunftsgebiet von anderen wohlangepassten Vögeln eingenommen wurden. Dies führte infolge spezifischer Adaptation zu unterschiedlichen Spezialisierungen. Es entwickelten sich bodenständige und baumbewohnende Formen, neben Samenfressern auch Insektenfresser, des Weiteren Arten, die gemischte Nahrung zu sich nahmen, und schließlich solche, die sich vegetarisch von Weichfutter, nämlich Früchten und Blättern, ernährten, was sich, wie gesagt, insbesondere in unterschiedlichen Schnabelformen äußert. Die bekannteste Art ist der Spechtfink, der bei der Suche nach Insekten Dornen oder Ähnliches als Werkzeug zum Stochern in der Baumrinde benutzt. Von ihm ist also die ökologische Nische der Spechte eingenommen worden. Darwin entdeckte diese Vögel 1835 auf den Galapagos-Inseln. Sie inspirierten ihn zu dem umwälzenden Gedanken, dass ähnliche Arten auf eine gemeinsame Stammform zurückzuführen sind.

Ausgangspunkt unserer Betrachtungen war, dass Arten in der Regel aus verschiedenen Populationen zusammengesetzt sind, die mehr oder weniger geographisch (oder auch ökologisch) voneinander getrennt sind und sich durch eine Häufung spezifischer Erbvarianten innerhalb des jeweiligen Genpools auszeichnen. Zwischen den Populationen findet (definitionsgemäß) Genfluss statt. Es ist leicht vorstellbar, dass erst die völlige Separierung eine divergierende Evolution zur Folge hat, dergestalt, dass sich unter dem Einfluss unterschiedlicher Selektionsdrucke früher oder später unabhängige Gensysteme, also neue reine Arten, entwickeln. Mit diesem als Separation bezeichneten Prozess geht die Ausbildung von Isolationsmechanismen einher, die ein erneutes Vermischen dieser sog. Schwesterarten verhindern, wenn sie, wie im Falle von Nachtigall und Sprosser, sekundär wieder, etwa durch Überlappung der Verbreitungsgebiete, zusammentreffen sollten. Solche Isolationsmechanismen zeigen sich beispielsweise darin, dass es nicht mehr oder kaum noch zur Paarbildung kommt infolge von Verhaltensunterschieden beim Fortpflanzungsakt, oder, sollte doch eine Paarung stattfinden, der sich entwickelnde Embryo nicht lebensfähig ist. Es kommt auch vor, dass lebende Nachkommen zwar auftreten, diese aber steril sind. Dies trifft beispielsweise für Maulesel und Maultier zu. Beide gehen bekanntlich aus der Kreuzung von Pferd und Esel hervor.

C: Denk- und Arbeitsweise der Naturwissenschaft

Was ist unter den einleitend angesprochenen objektivierenden, experimentellen Methoden zu verstehen?

Es gibt die weit verbreitete Überzeugung, dass unsere Wahrnehmungen der Dinge diesen gleichen wie Kopien den Originalen. Um uns, so die Ansicht, befinden und bewegen sich Körper, die bestimmte Eigenschaften haben: Ausdehnung, Undurchdringlichkeit, Gestalt, Farbe, Geruch, Geschmack usw.

Alles das sind, so ist man sich gewiss, absolute Eigenschaften, die sich durch unsere Sinne unserer Vorstellung gleichsam eindrücken. Indessen führt eine erwachende Reflexion zu allerlei Zweifeln. Die Sinne täuschen nämlich, wenigstens zuweilen: Der Stab im Wasser erscheint dem Auge geknickt. Hier vermag der Tastsinn die optische Täuschung zu korrigieren, wer aber korrigiert den Tastsinn? An diesem einfachen Beispiel wird bereits ersichtlich, dass ein „naiver Realismus“, wie man diese geistige Haltung bezeichnen kann, kaum in der Lage ist, die Realität objektiv zu beschreiben. An seine Stelle müssen Erwägungen und Überlegungen treten, in deren Mittelpunkt Phänomene der Sinnesphysiologie kritisch beleuchtet werden.

Beispiel: Wir nennen eine Nahrung gesund, eine Frucht wohlschmeckend. Was heißt das? Ist die Gesundheit in der Nahrung oder der Wohlgeschmack im Apfel? Offenbar nicht, das sieht auch der gesunde Menschenverstand ein. Wohlgeschmack empfindet der, der den Apfel isst. In dem Apfel ist nur, wenn man so will, eine Eigenschaft, die den Geschmack hervorruft.

Weiteres Beispiel: Der Zucker ist süß. Liegt hier die Sache anders? Ist er nicht wirklich selber süß? Auch hier verhält es sich so, dass im Zucker nur eine Beschaffenheit ist, welche bewerkstelligt, dass man auf der Zunge einen süßen Geschmack hat. So gilt also: Wo keine Geschmacksrezeptoren, keine Süße. Wo kein Ohr, keine Töne.

Man kann den Dingen stets nur eine Fähigkeit zuschreiben, die Sinnesorgane so zu erregen, dass im Bewusstsein all diese Empfindungen entstehen. Am Beispiel des Schalls heißt dies: Schwingungen der Luft bestimmter Frequenzen werden erst im Gehirn zu dem, was wir als Töne empfinden, verarbeitet.

Mit anderen Worten: Wir sehen die Dinge an den Übertragungscharakteristika unserer Sinnesstrukturen (Rezeptoren) gespiegelt. Dieser Sachverhalt wird als Aspekt bezeichnet.

Ein weiteres Beispiel (aus Nachtigall, 1978) mag das eben Beschriebene verdeutlichen. Was lässt sich bei naiver Betrachtung über eine Katze sagen?

Eine schreitende Katze ist ein „elegantes“, „schwarzes“ Tier, das mit „unnachahmlich graziösen“ Bewegungen und mit „hoheitsvoller Miene“ unseren Weg kreuzt. Dem Leser wird nicht entgangen sein, dass es sich hier zum Teil um sog. Anthropomorphismen handelt (Anthropomorphismus = Übertragung menschlicher Eigenschaften und Verhaltensweisen auf nichtmenschliche Dinge und Wesen). Aufgrund von Forschungsergebnissen könnte man sagen: „Eine schreitende Katze ist ein zu jedem Zeitpunkt statisch stabiles System, dessen Kontaktpunkte zum Untergrund über Regelmechanismen in strenger gegenseitiger Phasenbeziehung verändert werden.“

Der erste Betrachter sieht die Schönheit der Katze in ihrer äußeren Gestalt und den erkennbaren Bewegungsabläufen. Der zweite Betrachter analysiert die Schönheit eines komplexen Systems von tatsächlich ablaufenden inneren Vorgängen, die allerdings ohne besondere Messapparate nicht erfassbar sind, die aber zweifellos das Lebewesen Katze ebenso ausmachen wie z.B. die schwarze Farbe des Fells. Beide Betrachter haben auf ihre Weise Recht. Beide betrachten auf spezifische Weise das komplexe System „Katze". Was eine Katze wirklich ist, wird damit nicht zum Ausdruck gebracht.
Bei allen Unterschieden in der Betrachtungsweise sind sich die beiden Katzenbetrachter (und mit ihnen alle anderen) einig, dass das Ding Katze wirklich existiert, real ist, im Grunde eine Raum-Zeitbeziehung von Atomen darstellt. Das heißt, es gibt offenbar eine Welt, die unabhängig von den eigenen Vorstellungen besteht.

1. Realität und Wirklichkeit

Diesem Sachverhalt versuchen die beiden Begriffe Realität und Wirklichkeit Rechnung zu tragen. Es mag zunächst verblüffen, dass zwischen diesen beiden Begriffen ein Unterschied bestehen soll. Oftmals wird Wirklichkeit für die deutsche Version von Realität gehalten. In der Tat besteht aber ein Unterschied. Realität meint (im Kantischen Sinne) das Sein an sich, die von uns unabhängige objektive Welt. Die Wirklichkeit dagegen ist subjektiv: die Gesamtheit aller Reize, Einflüsse, Faktoren, die von der Außenwelt auf ein Individuum wirken, welches sie mittels spezifischer Rezeptoren registriert und im Nervensystem zu einem Weltbild, genauer: zu einem Inbild der Welt verarbeitet. In diesem Sinne hat jedes Individuum seine spezifische Wirklichkeit, je nach stammesgeschichtlicher Entwicklung mal breiter, mal schmaler, in der Regel aber enger als die reale Welt, in der es sich befindet.
Dass der Mensch mit Geist und Bewusstsein eine der Realität nähere Wirklichkeit besitzt als etwa eine Ameise, dürfte uns kaum Verständnisprobleme bereiten. Führt man sich vor Augen, welcher Reichtum verschiedenster Spektralfarben in unserer Wirklichkeit zum Beispiel der nüchternen Realität elektromagnetischer Schwingungen gegenübersteht, könnte man geneigt sein, von einer reicheren Innen- als Außenwelt zu sprechen. Damit nicht genug: unser Gehirn fügt seiner Abbildung der Welt auch ganz fundamentale Kategorien von sich aus hinzu, die wir dann zu Unrecht für spezifische Eigenschaften der Realität selbst halten. Dazu gehören (wie Immanuel Kant herausfand) die Zeit und die uns selbstverständlich erscheinende dreidimensionale Struktur des Raumes.

Unser Vorstellungsvermögen stößt an Grenzen, wenn man bedenkt, dass jede an ein Individuum gebundene Wirklichkeit für den äußeren Betrachter wiederum Bestandteil der objektiven (realen) Welt ist, was zu dem Phänomen führt, dass beispielsweise die Evolution als objektives Geschehen durch einen Wandel eigener Art überlagert wird, nämlich durch den Wandel, den auch die subjektgebundenen Wirklichkeiten infolge der phylogenetischen Erweiterung ihrer Erkenntnishorizonte erfahren.

Vergessen wir nicht, dass wir Menschen soziale Wesen sind, die in Gemeinschaft leben und die Gründe für ihr Handeln aus diesem Gemeinschaftsleben ziehen. Dies soll besagen, dass die individuellen Wirklichkeiten in Wechselwirkung zueinander stehen und in ihrer Gesamtheit eine Art Netzwerk darstellen, das besonders komplexe „soziale Interaktionen" einschließt. Führt man sich vor Augen, dass nicht einzelne Gehirne, sondern individuell unterschiedliche Personen miteinander agieren, so erscheint das Ausmaß der Undurchschaubarkeit der Zusammenhänge zwischen Realität und Wirklichkeit für den Betrachter noch um einige Dimensionen erweitert. Hier begegnen wir dem Menschen als Kulturwesen.

Die Wirklichkeit ist nicht beschränkt auf die sinnesphysiologische Wahrnehmung der Dinge um uns herum (nach dem Philosophen Karl Popper „Welt Eins"), sondern es gehören zu ihr in „Welt Zwei" alle subjektiven Erlebnisse, Hoffnungen, Ängste, die Welt unserer Gedanken, der Erfahrungen, der Träume, der Visionen, der Virtualität, die Welt, die auftaucht, wenn wir ein Buch lesen usw. „Welt Drei" schließlich stellt die Welt der Theorien dar, in der bewusstes Sprechen und Werkzeugverhalten eine entscheidende Rolle spielen. Aus der menschlichen Sprache insbesondere hat sich die menschliche Kultur entwickelt, und so sind Symphonien, Bücher und Bilder entstanden. „Welt Drei" ist die Welt der Wissenschaft, in der Wissen entworfen, verworfen, weitergegeben (tradiert) und infolge fortschreitender Erkenntnisse ständig abgewandelt wird, was beim Menschen neben einer biologischen zu einer kulturellen Anpassung führt.

Die Wirklichkeit reicht nach dem bisher Gesagten nur annähernd an die Realität heran. Hier gilt das Prinzip der Zulänglichkeit. Das Weltbild eines jeden Lebewesens ist so beschaffen, dass es das Überleben seines Trägers in hinreichender Weise ermöglicht. Es ist somit mal mehr, mal weniger mit realitätsrelevanten Parametern, wie Orientierung, Ernährung und Fortpflanzung, ausgestattet. Wie arm eine Wirklichkeit und dennoch ausreichend zum Überleben sein kann, lässt sich am Beispiel einer blutsaugenden Milbe, der Zecke, eindrucksvoll demonstrieren.

Das Leben einer Zecke ist kompliziert und risikoreich. Das begattete Weibchen bedarf des Blutes eines Warmblüters zur Ausreifung seiner Eier. Die Art und Weise, in der dieses zum Überleben notwendige Ziel erreicht wird, ist ebenso erstaunlich wie lehrreich.

Als erstes erklettert das winzige Tier einen Busch oder Gräser. Seinen Weg dorthin findet es mit Hilfe des Lichts. Es hat zwar keine Augen, sondern nur einen diffusen Lichtsinn der Haut – aber das genügt. An Ort und Stelle angelangt, tritt das Programm „Abwarten" in Aktion. Es kann nur durch ein einziges Signal abgebrochen werden: durch den Geruch von Buttersäure, wie ihn die Schweißdrüsen eines Warmblüters produzieren.

Die Zecke muss jetzt ausharren können, bis der Zufall ein warmblütiges Tier so exakt unter ihrem Warteplatz vorbeiziehen lässt, dass sie sich in dessen Fell herabfallen lassen kann. Zecken können in dieser Situation mindestens achtzehn Jahre lang warten. In dieser ganzen Zeit verharrt das Tier in absoluter Regungslosigkeit. Es nimmt keine Nahrung zu sich. Erst dann, wenn der Geruch von Buttersäure die Milbe erreicht, erwacht sie aus ihrer Starre, um sich blitzschnell fallen zu lassen. Spürt sie im nächsten Augenblick Wärme, dann tastet sie, bis sie eine haarfreie Stelle findet, in die sie sich einbohrt. Damit hat sich ihr Lebenszweck erfüllt. Einige Zeit später fällt sie, mit Blut vollgesaugt, ab, legt ihre Eier und stirbt.

„Die ganze reiche, die Zecke umgebende Welt schnurrt zusammen und verwandelt sich in ein ärmliches Gebilde, eben die Wirklichkeit des Tieres aus Lichtsinn, Buttersäuregeruchsreiz, Wärmeempfinden und Ertasten einer haarfreien Hautstelle" (J.J. von Uexküll, 1928).

Verblüffend ist nun die Erkenntnis, dass das gegenüber einer Zecke ohne Zweifel sehr viel reichhaltigere Weltbild der Menschen, das aber eben auch noch mehr oder weniger unvollkommen ist, bei den meisten Menschen stets den Eindruck innerer Geschlossenheit suggeriert. Dieser zunächst vielleicht paradox klingende Sachverhalt hat psychologische Ursachen.

„Das Wenige, was man weiß, tendiert immer dazu, sich nahtlos aneinanderzufügen. Und ganz so wie beim ‚blinden Fleck' der Wahrnehmungsphysiologie [...] verschwinden dabei die Lücken aus dem Erleben" (H. von Ditfurth, 1973).

Hier setzen die Bemühungen jedweder Wissenschaft an, vorhandene Wissenslücken überhaupt erst mal zu erkennen, um sie mit erarbeitetem Wissen auszufüllen und somit Wirklichkeit und Realität einander näher zu bringen.
Was ist unter einem „blinden Fleck" zu verstehen?
Bekanntlich laufen wir alle – jeder einzelne von uns – mit einem „Loch" in unserem Gesichtsfeld herum. Seine Besonderheit besteht darin, dass wir es normalerweise überhaupt nicht wahrnehmen. Es bedarf eines kleinen Tricks dazu, dieses Loch nachzuweisen und es uns bewusst zu machen. Dieser relativ banale wahrnehmungsphysiologische Sachverhalt stellt ein Phänomen dar, dem grundsätzliche Bedeutung zukommt. Er ist der Beweis dafür, dass in der Realität Dinge existieren können, die wir nicht wahrnehmen. Wir sehen hier die in einem anderen Zusammenhang dargestellte Tatsache bestätigt, dass die Realität nicht identisch ist mit dem, was wir erleben.
Diesen „blinden Fleck" gibt es auch in der Forschung und es gibt ihn auch bei jener Weise des Sehens im übertragenen Sinne, die wir meinen, wenn wir von einer bestimmten Weltansicht oder von einem bestimmten naturwissenschaftlichen Weltbild sprechen. Diesen Sachverhalt bezeichnet die Wissenschaft als Paradigma.
Paradigma heißt wörtlich übersetzt Beispiel oder Muster im Sinne von Schablone, nach der andere Stücke gearbeitet werden. Darunter ist ein begrifflicher Rahmen zu verstehen, den eine Gemeinschaft von Wissenschaftlern gemeinsam hat und der ihnen ein Modell für ihre Probleme und Lösungen vorgibt.
Im 17. Jahrhundert gab es in der Physiologie zwei gegnerische Lager. Auf der einen Seite standen die Jünger von Paracelsus, die sich selbst „Iatrochemiker" (vom griechischen iatros =Arzt) nannten und glaubten, man könne physiologische Funktionen mit chemischen Begriffen erklären. Auf der anderen Seite standen die sogenannten „Iatromechanisten", die kartesianischer Auffassung waren und meinten, alle körperlichen Funktionen mit mechanischen Prinzipien erklären zu können. Die Mechanisten waren in der Überzahl. Sie konstruierten immer wieder mechanische Modelle, die sich oft als falsch erwiesen, sich aber in das Paradigma einfügten, das das wissenschaftliche Denken im 17. Jahrhundert beherrschte.
Diese Situation änderte sich im 18. Jahrhundert, in dem eine Reihe bedeutender Entdeckungen in der Chemie gemacht wurden, darunter die Entdeckung des Sauerstoffs und Antoine Lavoisiers Formulierung der modernen Verbrennungstheorie. Lavoisier wies auch nach, dass die Atmung eine besondere

Form der Oxydation ist, und bestätigte damit die Bedeutung chemischer Prozesse für das Funktionieren lebender Organismen. Gegen Ende des 18. Jahrhunderts wurde der Physiologie ein weiterer Aspekt hinzugefügt, als Luigi Galvani nachwies, dass die Übermittlung von Nervenimpulsen mit einem elektrischen Strom zusammenhing. Diese Entdeckung veranlasste Allessandro Volta, sich mit dem Studium der Elektrizität zu befassen, und wurde so zur Quelle zweier neuer Wissenschaften, der Neurophysiologie und der Elektrodynamik. Alle diese Entdeckungen führten die Physiologie auf eine neue Ebene und zeigten ihre Kompliziertheit auf. Die vereinfachenden mechanischen Modelle lebender Organismen wurden so gut wie vollständig aufgegeben; es hatte ein Paradigmenwechsel stattgefunden.

In der Neuzeit hatten vornehmlich die Paradigmen der Wissenschaft die Weltbilder der jeweiligen Zeit bestimmt. Sie fanden in ihnen den stark vereinfachten, für den alltäglichen Gebrauch hergerichteten Niederschlag, Nährboden zeitgenössischen Denkens. Unter dieser Sicht bedeutet Paradigmenwechsel unter Umständen die Umkrempelung einer ganzen Zeit, eine geistige Revolution.

Dergleichen bewirkte Nikolaus Kopernikus zu Beginn der Neuzeit: er brachte das geozentrische Weltbild von Ptolemäus und der Bibel zu Fall, das über 1000 Jahre lang als Dogma akzeptiert worden war. Nach Kopernikus war die Erde nicht mehr der Mittelpunkt des Universums, sondern nur einer von vielen Planeten, die um einen kleinen Fixstern am Rande der Galaxie kreisten, und der Mensch wurde seiner Position als zentrale Figur der göttlichen Schöpfung beraubt. Kopernikus war sich durchaus dessen bewusst, dass seine Anschauung das religiöse Bewusstsein seiner Zeit zutiefst verletzen würde. Deshalb verzögerte er ihre Veröffentlichung bis zum Jahre 1543, seinem Todesjahr. Ähnliche Skrupel hatte Charles Darwin, den Freunde dazu drängen mussten, sein Monumentalwerk „Die Entstehung der Arten durch natürliche Zuchtwahl" zu veröffentlichen, in dem er eine überwältigende Anzahl von Beweisen für die biologische Evolution vorlegte. Deren Entdeckung zwang die Wissenschaftler zur Aufgabe der kartesianischen Auffassung von Kosmos und Lebewesen als Maschinen, die fix und fertig aus der Hand des Schöpfers hervorgegangen sind. Statt dessen musste man jetzt das gesamte Universum als ein sich entwickelndes und ständig sich änderndes System beschreiben, in dem sich komplexere Strukturen aus einfacheren bilden. Auch dies ein Paradigmenwechsel.

Solche Beispiele zeigen, dass auch unser heutiges Weltbild sich aller Wahrscheinlichkeit nach als ein nur vorläufiges Denkmuster erweisen wird. Alle bisherigen Paradigmen hatten ihre Vorläufer, alle noch kommenden werden ihre Nachfolger haben.
Erkenntnisse dieser Art führen uns zu einer entscheidenden Frage.

2. Welches sind die Voraussetzungen naturwissenschaftlicher Forschung?
Hierzu zählt in erster Linie die oben angesprochene Realität der Dinge. Naturwissenschaftlich erforschbar sind nur reale Dinge.
Als zweite Voraussetzung ist die Existenz allgemeiner Gesetzmäßigkeiten zu nennen. Tatsächlich besteht das eigentliche Ziel naturwissenschaftlicher Forschung darin, allgemeine Gesetzmäßigkeiten (Schritt für Schritt) aufzudecken. Das ist aber nur möglich, wenn an jedem Naturvorgang Regelmäßiges, Geordnetes, Allgemeines, Gesetzliches (in unveränderlicher Weise) beobachtet wird.
Eine dritte Voraussetzung ist die Begreifbarkeit der Gesetzlichkeiten. Sobald ein Forscher den ersten Schritt tut, erkennt er die Existenz allgemeiner Gesetzlichkeiten an, und setzt voraus, dass er sie begreifen wird.

3. Vorgehensweise zur Aufdeckung allgemeiner Gesetzlichkeiten
Die Arbeit des Naturforschers beginnt grundsätzlich mit dem Speziellen, um zum Allgemeinen überzugehen. Wir werden dies an einigen konkreten Beispielen verdeutlichen.
Das fortschreitende Aufdecken neuer, stets wieder übergeordneter Zusammenhänge stellt das Denkprinzip der Induktion dar. Sie ist der erste Schritt auf dem Wege zur Erlangung naturwissenschaftlicher Erkenntnisse.
Beispiel: Aus der Beobachtung, dass die Menschen M1, M2, M3, … , Mn gestorben sind und sich somit als sterblich erwiesen haben, wird der Satz abgeleitet: Alle Menschen sind sterblich.
Der Induktion kann das Verfahren der Deduktion gegenübergestellt werden. Bei ihr verfährt man umgekehrt, indem aus dem allgemeinen Satz, dass alle Menschen sterblich sind, der Schluss gezogen wird, dass auch Mx, weil er Mensch ist, sterben muss.
Die Naturwissenschaften arbeiten mit Hilfe des Experiments vornehmlich induktiv. Logisch zwingend ist eine Induktion allerdings nur dann, wenn dem Forscher sämtliche Einzelfälle bekannt sind. Andernfalls liegt immer nur ein Wahrscheinlichkeitsurteil vor, mit anderen Worten: Den Ergebnissen, die aufgrund reiner Induktion gewonnen wurden, haftet stets eine Unsicherheit an,

da sie hypothetischen Charakter haben. So ist zum Beispiel der Schluss, dass Metalle schwerer als Wasser sind, weil die Beobachtung des Verhaltens von Gold, Silber, Eisen, Kupfer usw. dies lehrte, falsch. Dies ist eine Erkenntnis, die erst mit der Entdeckung des Kaliums, das auf dem Wasser schwimmt, gewonnen werden konnte.

Hier tut sich ein Problem von großer Tragweite auf. Denn es gibt keine Gewähr dafür, dass einem Forscher sämtliche Einzelfälle in einem Induktionsprozess, so sehr er sich auch bemühen mag, irgendwann einmal bekannt sein werden. So hat der Philosoph Karl Popper in seiner berühmten Methodenkritik (1933) den Grundsatz aufgestellt: Alle Aussagen in der Naturwissenschaft sind hypothetisch. Sie verifizieren zu wollen, führt nicht zum Ziel. Hypothesen müssen falsifiziert werden, man muss unentwegt versuchen, sie zu Fall zu bringen, und zwar indem man versucht, eine Theorie so zuzuspitzen, dass sie widerlegt werden *kann*. Das hat beispielsweise Einstein in der allgemeinen Relativitätstheorie getan. Er hat gesagt: Wenn die Gravitations-Rotverschiebung sich experimentell als unrichtig herausstellen sollte, würde er seine Theorie sofort aufgeben.

Gelingt es also nicht, trotz aller Bemühungen eine Theorie zu Fall zu bringen, so steigt der Wahrscheinlichkeitsgrad ihrer Richtigkeit, mehr nicht. Absolute Wahrheit kann somit nicht das Ergebnis naturwissenschaftlicher Forschung sein. Das heißt: Naturwissenschaften müssen immer dafür offen bleiben, dass zumindest Teile ihrer Deutung revidiert werden müssen. Dieser erkenntnistheoretisch zwingend gebotene Sachverhalt wird als „hypothetischer Realismus“ bezeichnet. Newtons Gravitationsgesetze sind lange Zeit als unumstößliche, umfassend gültige, nicht revisionsbedürftige Gesetze angesehen worden. Erst durch die Einsteinsche Relativitätstheorie ist deutlich geworden, dass Newtons klassische Mechanik nicht umfassend gültig ist, sie stellt lediglich einen Grenzfall der relativistischen Mechanik dar, da sie zum Beispiel in Lichtgeschwindigkeitsbereichen die Realität nicht mehr angemessen beschreibt.

„Wir können in der Wissenschaft nach Wahrheit streben, und wir tun das. Wahrheit ist der grundlegende Wert. Was wir nicht erreichen können, ist Sicherheit. Auf die Sicherheit müssen wir verzichten. Alles was wir tun können, ist, dass wir unsere eigenen, von uns geschaffenen Theorien selbstkritisch überprüfen, dass wir selbst versuchen, sie zu zerschlagen, sie zu widerlegen“ (Popper 1985).

So kann man wissenschaftliche Theorien als Versuch bezeichnen, Landkarten der realen Welt zu zeichnen. Keine Landkarte wird jemals alles zeigen, was die Realität „zu bieten“ hat; sie wird aber dem Forscher ein zunehmend reichhaltiges, wahrscheinliches und differenziertes Bild des objektiven Seins vermitteln.

Zu Beginn des Konklaves, aus dem er als Papst Benedikt XVI. herauskam, beklagte Kardinal Joseph Ratzinger eine „Diktatur des Relativismus, die nichts als endgültig anerkennt“, im Gegensatz zum „klaren Glauben, nach dem Credo der Kirche“. In der Tat haben die Wissenschaftler in der Neuzeit das Gegenmodell geschaffen zu einer Weltsicht, nach der ein ‘Lehramt’ ein für alle Mal die Wahrheit definiert. Homo sapiens hat als eine seiner besten Eigenschaften das Bedürfnis entwickelt, seine Welt und seine Antriebe möglichst gut zu verstehen. Dabei gehen die Forscher, wie dargelegt, davon aus, dass unser jeweiliges Weltbild durch neue Erfahrungen modifiziert wird, und der Mensch sich so der Wahrheit nähern kann, sie aber, wie an anderer Stelle schon dargelegt wurde, nicht besitzt. Das Weltbild von heute ist also nicht endgültig, neue Erkenntnisse können es relativieren und unter anderem die Grenzen beschreiben, innerhalb derer es zutrifft. Diese erkenntnistheoretische Errungenschaft der Aufklärung nunmehr von Seiten der Kirche als beklagenswerte „Diktatur des Relativismus“ beurteilt zu sehen, ist für einen Wissenschaftler nicht nachvollziehbar.

In der Geschichte der Naturforschung hat erstmals Galilei (1564-1642) auf spektakuläre Weise die Induktion angewendet. Er ließ Kugeln und andere Körper frei fallen. Er wiederholte diese Experimente mit immer anderen Kugelmassen, Materialien, Fallstrecken usw. und prüfte durch die Versuchsprotokolle, welche allgemeinen Phänomene allen Versuchsvorgängen gemeinsam waren. Galilei fand, dass stets die Geschwindigkeit in gleichen Zeiten um gleiche Beträge zunimmt, dass also die Beschleunigung konstant blieb.

Leistungen der Deduktion kommen beispielsweise darin zum Ausdruck, dass das periodische Gesetz der Elemente imstande war, neue unbekannte Elemente mit ihren Eigenschaften im Voraus zu bestimmen.

In diesen Bemühungen, auf induktive Weise zu Erkenntnisfortschritten zu gelangen, spielt Gott im Sinne Galileis aus methodischen Gründen keine Rolle, was nicht bedeutet, dass Gott grundsätzlich nicht existiert. Dieser „Parameter“ ist lediglich zur Erlangung bestimmter Erkenntnisziele temporär ausgeblendet.

Zu Anfang des 18. Jahrhunderts bat Napoleon I. den berühmten Astronomen Laplace zu sich, um sich dessen neue Theorie zur Entstehung des Sonnensystems erklären zu lassen. Als der Gelehrte seinen Vortrag beendet hatte, erkundigte sich die Majestät danach, warum Gott in der Erklärung nicht vorgekommen sei. „Weil ich“, antwortete Laplace, „diese These nicht nötig hatte“.
Laplace ein Atheist? Vielleicht war er ein solcher, seine Antwort ist indessen dafür kein Beweis. Kein noch so frommer Wissenschaftler hätte eine andere Antwort geben können. Naturwissenschaft ist nämlich, wie dargelegt, der Versuch, bei der Erklärung der Welt ohne Wunder auszukommen.
Diese hier skizzierten Überlegungen und Betrachtungen gehören zum täglichen Brot des naturwissenschaftlich arbeitenden Forschers.
„Das Messbare zu messen, das noch nicht Messbare messbar zu machen“, dieser Satz gilt nicht zu Unrecht von jeher als Kernsatz naturwissenschaftlicher Methodologie. Diese hat neben einem theoretischen auch einen rein pragmatischen Ursprung, nämlich die immer wiederholte Erfahrung, dass unseren Sinnen nicht zu trauen ist. Wie oft hat wohl jeder von uns schon die Erfahrung machen müssen, dass selbst beim einfachsten Größenvergleich nach Augenmaß das offensichtlich Größere sich beim Nachmessen als das Kleinere erwies und musste sich eingestehen, dass es das gewünschte, das erhoffte Ergebnis war, das er zu sehen vermeinte und nicht die Realität. Hoffnungen und Wünsche trüben auch bei dem erkenntnistheoretisch geschulten Forscher, (der um den naiven Realismus weiß,) einfachste Sinneseindrücke und können sie gar in ihr Gegenteil verkehren.

4. Prinzipien der Naturforschung

Bei solchem Vorgehen gilt das Prinzip der Reproduzierbarkeit. Dies besagt, dass ein Experiment immer wieder die gleichen Ergebnisse liefern muss, so oft man das Experiment (unter gleichen Bedingungen) wiederholt.
Dieses Prinzip der Reproduzierbarkeit ist nicht das einzige, dem sich ein Naturforscher verpflichtet fühlen muss. So gibt es beispielsweise noch das Prinzip der einfachsten Erklärungsmöglichkeit. Bieten sich einem Naturforscher für einen Vorgang verschiedene Erklärungsmöglichkeiten an, so gibt er der einfachsten den Vorzug.
Ein Beispiel: Auf einer eine Autobahn überquerenden Brücke steht ein Beobachter, der einen gelben Volkswagen-Käfer heranbrausen sieht. Der Wagen verschwindet für einen Moment unter der Brücke, um auf der anderen Seite wieder zu erscheinen und sich mit unveränderter Geschwindigkeit zu entfer-

nen. Haben wir es beim Nähern und Entfernen mit demselben Fahrzeug zu tun? Da der Blick unter die Brücke dem Beobachter verwehrt ist, kann er diese Frage nicht mit letzter Sicherheit beantworten. Es könnte da ein Käfer gleichen Aussehens gewartet haben, um bei Eintreffen des ersteren, noch vor dessen Stillstand mittels Vollbremsung, im Blitzstart unter der Brücke hervorzuschießen und sich mit gleicher Geschwindigkeit zu entfernen. Zwischen zwei Hypothesen ist zu entscheiden. Handelt es sich jeweils um denselben oder um einen gleichen Wagen? Bevor der Beobachter sich nicht die Möglichkeit verschafft hat, unter die Brücke zu schauen, wird er sich unter denkökonomischen Gesichtspunkten für die erste Alternative entscheiden, denn es ist einfach wahrscheinlicher, dass es sich vor und nach der Brücke um denselben PKW handelte, beziehungsweise ist es sehr unwahrscheinlich, dass sich ein Manöver in der geschilderten Weise abgespielt haben könnte. Wir werden also mit der wahrscheinlicheren Hypothese weiterarbeiten und so lange Nachforschungen betreiben, bis eine exaktere Aussage möglich ist.
Die astronomisch-mathematischen Probleme im vor-kopernikanischen Zeitalter waren mit Blick auf das bis dahin gültige geozentrische Weltbild extrem kompliziert geworden, abgesehen davon, dass moderne Rechenverfahren wie die Differenzialrechnung noch nicht zur Verfügung standen. Dies änderte sich schlagartig mit dem Paradigmenwechsel zum heliozentrischen Weltbild. Die Bahnen der Planeten im Sonnensystem beispielsweise waren fortan ohne hypothetische „Verrenkungen“ relativ leicht berechenbar. Dies war unter anderem mit Blick auf das Prinzip ökonomischen Denkens ein Grund mehr, dieser neuen Sichtweise bei mathematischen Berechnungen den Vorzug zu geben.
Diese wenigen Beispiele mögen genügen, um die Denk- und Arbeitsweise des Naturwissenschaftlers zu charakterisieren. Die gewonnenen Ergebnisse haben jeweils nur Gültigkeit in einem Bereich, der vom Methodischen her begrenzt wird. Aussagen außerhalb dieses Bereiches werden als unzulässige Grenzüberschreitungen bezeichnet. So ist der von Aristoteles geprägte Begriff der „Entelechie“, womit Lebenskraft gemeint ist, der zweckverwirklichende Fähigkeit zuzuschreiben sei, heute ohne naturwissenschaftliche Relevanz.

5. Grenzüberschreitungen

Begriffe wie Schönheit, Liebe, Furcht, Begeisterung, Wesen der Natur, Sinn des Daseins entstehen im Menschen und haben rein subjektiven Charakter. Sie sind daher nicht geeignet, naturwissenschaftliche Sachverhalte zu erklären. Man kann an diesen Begriffen alles spiegeln, was uns die Sinnesorgane über die Natur mitteilen. Der Effekt ist im Allgemeinen ein Gefühlserlebnis. Sie sind nicht geeignet, logische Ordnung in das Naturgefüge zu bringen. Ihre Verwendung im Rahmen naturwissenschaftlicher Forschung bedeutet Grenzüberschreitung.

Eine Grenzüberschreitung liegt auch vor, wenn sich beispielsweise die Philosophie eines naturwissenschaftlich definierten Sachverhaltes annimmt. Hierzu als Beispiel die Hegelsche Definition der Elektrizität im „System der Philosophie“ § 328:

„Die Elektrizität ist der reine Zweck der Gestalt, die sich von ihr befreit: die Gestalt, die ihre Gleichgültigkeit aufzuheben anfängt; denn die Elektrizität ist das unmittelbare Hervortreten oder das noch von der Gestalt hervorkommende, noch durch sie bedingte Dasein - aber noch nicht die Gestalt selbst, sondern der oberflächliche Prozess, worin die Differenzen die Gestalt verlassen, aber sie zu ihrer Bedingung haben, und noch nicht an ihnen selbständig sind.“

Entsprechend dürfen subjektive Begriffe wie Freiheit, Wille und Seele nicht als Erklärung verwendet werden, wenn die exakte naturwissenschaftliche Forschung noch kein klares Bild gewinnen konnte. Es sei an Schopenhauer erinnert, für den alle Probleme, auch die physikalischen, durch den Willen lösbar waren. Wenn eine Gerte elastisch zurückschnellt, so war es für ihn der ihr innewohnende Wille, der diese Leistung vollbrachte.

Auch der Begriff „Glück“ hat keinen naturwissenschaftlichen Erklärungswert, was indessen nicht bedeutet, dass man sich mit diesem Phänomen subjektiven Empfindens nicht auch naturwissenschaftlich auseinandersetzen könnte. So wissen wir heute, dass in unserem Körper, insbesondere im Gehirn, ein ganzes Orchester von Hormonen unsere Gefühle steuert, was nicht dahingehend missverstanden werden darf, wir seien womöglich nichts als Marionetten von Botenstoffmolekülen. Hormone sind ein naturwissenschaftlicher Teilaspekt der spezifischen Emotion „Glück“, nicht mehr und nicht weniger. Mit dem menschlichen Innenleben und den Hormonen verhält es sich ähnlich wie mit einem Kunstwerk und den Materialien, aus dem es besteht. Die Fresken in der Sixtinischen Kapelle stellen unendlich viel mehr als die Farbpulver, die Michelangelo verwendete, dar. Aber ohne diese Pigmente hätte er seine Sicht des Kosmos nicht wiedergeben können. So drücken Glücksgefühle Systemeigenschaften unseres Gehirns aus, die wir in ihrer Herkunft und Komplexität noch nicht begriffen haben. Präzise heißt das: wir sind mehr als die Architektur unseres Gehirns, mehr als die Stoffe, die durch unsere Köpfe strömen. Doch ohne sie käme unser Seelenleben nicht zustande.

So ist generell unsere menschenspezifische Wirklichkeit und das daraus resultierende Menschenbild kaum auf seine neurobiologische Grundlage zurückführbar, auch wenn diese es tragen muss, wie der Bau eines Domes auf bauphysikalischen Prinzipien beruht, aber wozu er dient und wie er wirkt, dies erschöpft sich nicht in solchen grundlegenden Voraussetzungen.

Der Naturwissenschaftler muss also stets und überall nach objektiven Tatsachen suchen, die geeignet sind, die Beziehungen zwischen Strukturen und ihren Funktionen zu erklären. Auch bei der Untersuchung lebender Systeme gilt dieses Gebot, wobei allerdings – im Gegensatz zu den übrigen naturwissenschaftlichen Disziplinen – die Frage nach den Beziehungen zwischen Struktur und Funktion stets zu verknüpfen ist mit der Frage nach dem Selektionsvorteil des Vorhandenen, was (im Sinne Darwins) identisch ist mit der Frage, welche Ursachen in der Vergangenheit für das heute Vorhandene wirksam waren.

Das Einhalten der bisher dargestellten Prinzipien stellt eine bewusst enge und einseitige Verhaltensweise dar, die sich indessen als eine außerordentlich erfolgreiche Strategie erwiesen hat, man denke nur an die heute mögliche Besiedlung des Weltraums durch den Menschen. Dies ist wohl auch der Grund dafür, dass die Naturwissenschaft neben dem bunten Bild religiöser Vielfalt heute weltweit große Akzeptanz findet. Die naturwissenschaftlich gewonnenen Erkenntnisse dürfen nicht zur Interpretation von Sachverhalten außerhalb des methodisch bedingten Rahmens herangezogen werden. Geschieht es dennoch, so hat dies in der Regel unzulässige Verallgemeinerungen zur Folge, was mit ideologischer Bewusstseinsverengung, die allzu oft ins Unmenschliche abgleitet, gleichbedeutend ist. So ist beispielsweise die Vorgehensweise mancher Autoren, den Menschen aufgrund der wissenschaftlichen Erkenntnis seiner Abstammung als „nackten Affen“ zu bezeichnen, mehr als bedenklich.

Unter dem Aspekt unzulässiger Verallgemeinerung ist auch der sog. Sozialdarwinismus zu sehen. Es handelt sich hierbei um eine nach Charles Darwin benannte soziologische Theorierichtung aus der zweiten Hälfte des 19. Jahrhunderts, die Darwins Lehre von der natürlichen Auslese („Kampf ums Dasein“) auf die Entwicklung menschlicher Gesellschaften übertrug. Diese seien als Teil der Natur den dort geltenden Gesetzen zu unterwerfen. Unter den von Natur aus ungleichen menschlichen Wesen setzten sich in sozialen Konfliktsituationen die „Tauglichsten“ durch, während sich die weniger Geeigneten unterzuordnen hätten. Menschliche gesellschaftliche Entwicklung sei demnach ein biologisch notwendiger Anpassungsprozess sowohl zwischen Individuen als auch zwischen verschiedenen Gruppen, Gesellschaften, Rassen oder Völkern. Eine solche Auffassung rechtfertigt jeweils bestehende gesellschaftliche Ungleichheiten und Ungerechtigkeiten als notwendig und unumgänglich. Sozialstaatliche Eingriffe seien daher abzulehnen.

Dieses Beispiel zeigt die Unzulässigkeit, Einzelerkenntnisse aus dem Naturgeschehen auf das Zusammenleben des Menschen zu übertragen, in diesem Falle das Phänomen der Selektion zum umfassenden moralischen Maßstab zu machen.

Im Rassismus bzw. der Rassenideologie liegen ähnliche, gleichfalls untaugliche Denk- und Wertungsmuster vor. Im Hinblick auf die menschlichen Rassen werden Zusammenhänge zwischen Körpertypen und Kulturentwicklung behauptet. Es wird dabei versucht, den Fortgang der Entwicklung des Menschen nicht auf politische und soziale, sondern auf biologische Ursachen zurückzuführen. Auf dieser pseudowissenschaftlichen Grundlage werden die Menschenrassen in höher- und minderwertige unterteilt. Im 3. Reich standen die Juden auf dem untersten Rang, weswegen sie aus dem „Volkskörper" entfernt und schließlich gänzlich ausgerottet werden sollten. Die Auswirkungen dieses Rassenwahns waren in der Menschheitsgeschichte von erschreckender Einmaligkeit.

Diese Beispiele verdeutlichen, dass die naturwissenschaftlichen Erkenntnisse nicht für weltanschauliche und ideologische Zielsetzungen missbraucht werden dürfen. Aus diesem Grunde müssen sich insbesondere die Naturwissenschaftler dazu verpflichtet fühlen, zu Aussagen über den methodisch bedingten Rahmen ihrer Wissenschaft hinaus kritisch Stellung zu nehmen und nach Möglichkeit einem derartigen Tun einen Riegel vorzuschieben.

Außerhalb des Labors steht dem Naturforscher alles offen. Es steht ihm frei, sich mit philosophischen Fragen zu befassen, sich künstlerisch zu betätigen, gläubig zu sein und sich zu einer Religion zu bekennen. Es ist, wie jeder Mensch, auch der die Natur erforschende Mensch aufgerufen, zu den Fragen des was, wie und woher auch die Frage des wozu und nach dem Sinn des Daseins ständig zu stellen. Die höchste Sinngebung ist indessen eine persönliche Leistung, die die Wissenschaft dem Einzelmenschen nicht abnehmen kann. So gehört zu jedem Wissen auch Weisheit. Handeln in Freiheit heißt nicht Beliebigkeit. Der Mensch muss, bei allem was er tut, sich stets seiner Verpflichtung zur geistig-ethischen Verantwortung bewusst sein.

Albert Einstein zeigt in faszinierender Weise, wie ein Wissenschaftler von höchstem Rang sich außerhalb seines Labors beispielsweise mit Fragen der Religion intensiv befasst, um sie u.a. als Motor für kreatives Schaffen zu nutzen:

„Das kosmische Erlebnis der Religion ist das stärkste Motiv naturwissenschaftlicher Forschung. Das tiefste Gefühl, dessen wir fähig sind, ist das Erlebnis des Mystischen. Aus ihm keimt wahre Wissenschaft. Wem dieses Gefühl fremd ist, und der sich nicht mehr wundern und in Ehrfurcht verlieren kann, der ist seelisch bereits tot. Das Wissen darum, dass das unerforschliche Weltliche existiert, und dass es sich als höchste Wahrheit und strahlendste Schönheit offenbart, von denen wir nur eine dumpfe Ahnung haben können, dieses Wissen und diese Ahnung sind der Kern aller wahren Religiosität. Meine Religion besteht in der demütigen Anbetung eines geistigen Wesens höherer Natur, das sich selbst in den kleinsten Einzelheiten kundgibt, die wir mit unseren unzulänglichen Seelen wahrzunehmen vermögen. Diese tiefe gefühlsmäßige Überzeugung von der Existenz einer höheren Denkkraft, die sich im unerforschlichen Weltall manifestiert, bildet den Inhalt meiner Gottesvorstellung."

D: Die Evolutionsstufen zum Menschen

Die dargestellten naturwissenschaftlichen Methoden führten zum heutigen Kenntnisstand der Evolutionstheorie. Die Menschwerdung in ihren Grundzügen wollen wir uns im folgenden Kapitel betrachten.

1. Vormenschliche Evolution

Die Abstammungsgeschichte des Menschen lässt sich eindrucksvoll unter dem Aspekt der Fortschrittlichkeit darstellen. Unter Fortschrittlichkeit versteht man die zunehmende Komplexität, Differenzierung und Leistungsfähigkeit der Organismen in den einzelnen Phasen der Entwicklung. Damit wird gleichzeitig deutlich, dass nur eine ganz bestimmte Stammesreihe zum Menschen führen konnte.

Es begann damit, dass vor etwa 4,5 Milliarden Jahren, rund 10 Milliarden Jahre nach dem Urknall, das Zentrum einer Staubwolke innerhalb unserer Galaxie, also der Milchstraße, sich zu unserer Sonne verdichtete. Diese war noch von einer riesigen Materiescheibe umgeben, Überbleibsel der Wolke, aus der sie geboren wurde. Sie bestand vor allem aus Wasserstoff und Heliumgas, vermischt mit festen Staubteilchen. In den äußeren kühleren Bereichen der

Wolke bildeten sich vor allem Eiskörner: gefrorenes Wasser, Kohlendioxid, Methan und Ammoniak. Im inneren, wärmeren Teil kondensierten neben Silikaten auch Eisen- und Nickelkörner.
Die Staubteilchen stießen untereinander zusammen, vereinigten sich und wuchsen allmählich zu kleinen Körpern an, den Planetesimalen. Die Planetesimale ihrerseits verbanden sich zu Planeten. Die sonnennäheren Planeten bestehen vor allem aus Steinen und Metallen, die sonnenferneren sammelten Eis sowie riesige Gasmengen auf. Gewaltige Atmosphären aus Wasserstoff und Helium umgeben die äußeren Planeten. Die masseärmeren inneren Planeten konnten dagegen nur dünnere Atmosphären halten. Auch der von der Sonne ausgehende Teilchenstrom, der Sonnenwind, vertrieb deren Gashüllen nach außen. Im kleineren Maßstab wiederholte sich der Prozess der Planetenentstehung nochmals um die großen Planeten. So entstanden deren Satellitensysteme.
Die Erde ist der größte innere Planet. Als einziger Planet bewahrte er das Wasser, das er in der Frühzeit von Kometen aus dem äußeren Sonnensystem erhielt. Das Kohlendioxid wurde zum größten Teil in den Ozeanen gelöst und schließlich in den Gesteinen gebunden. Im Gegensatz zur Venus herrschen auf der Erde dadurch gemäßigte Temperaturen.
Die Existenz von Wasser bildet eine Milliarde Jahre nach der Geburt der Erde eine wichtige Voraussetzung zur Entstehung des Lebens. Die Photosynthese der Pflanzen erzeugte Sauerstoff, sodass fortan die Erdatmosphäre zu einem Fünftel aus Sauerstoff und zu vier Fünftel aus Stickstoff bestand. Diese chemische Zusammensetzung einer Planetenatmosphäre im Sonnensystem ist nach aktuellem Wissensstand einzigartig. Offensichtlich war nur unter diesen erdspezifischen Bedingungen die Entwicklung zu Lebensformen, wie wir sie kennen, möglich.
Die ersten Formen des Lebens zeigten sich wohl als ‚nackte Gene', Substanzen mit der Fähigkeit identischer Selbstvermehrung. Schon diese allererste „Erfindung" der Natur hat sich von vornherein als so fortschrittlich erwiesen, dass sie über alle Organismen bis hin zum heutigen Menschen erhalten geblieben ist. Ein sehr früher Schritt der Weiterentwicklung führte in dieser einfachsten Form zum Zellaufbau, zu einer hochkomplizierten, wenn auch mikroskopisch winzigen Einheit der lebendigen Substanz.
Über eine weitere Stufe gelangte die Evolution zur Vielzelligkeit. Dieser Schritt war unerlässlich für das Erreichen einer mehr als mikroskopischen Größe und eines mehr als elementaren Grades der Arbeitsteilung zwischen

Körpergeweben und Organen. Diesen Schritt haben die Protozoen (Einzeller) nicht vollzogen, gleichwohl gehören sie zu den erfolgreichsten Lebewesen überhaupt. Sie leben im Meer, Süßwasser und Boden oder im Inneren anderer Organismen. Dieses Beispiel zeigt anschaulich den Unterschied zwischen Erfolg und Fortschritt. Dieser Sachverhalt ist von prinzipieller Bedeutung. So können etwa politische Parteien zwar erfolgreich, müssen aber nicht gleichzeitig auch fortschrittlich sein.
Der nächste Schritt umfasst drei miteinander verbundene Entwicklungen:

- Spiegelsymmetrie des Körpers (damit zusammenhängend das doppelte Vorhandensein vieler Organe, wie die auch beim Menschen vorhandenen zwei Augen, zwei Ohren, zwei Nasenhälften, zwei Lungen, zwei Nieren, zwei Keimdrüsen, paarige Extremitäten usw.);
- Suche nach Nahrung durch Fortbewegung;
- Bildung eines Kopfes durch allmähliche Konzentration von Mund, Hirn und Hauptsinnesorganen im vorderen Teil des Körpers;

Im Verlauf von hunderten von Millionen Jahren muss es dann Parallelfortschritte bei verschiedenen stammesgeschichtlichen Linien gegeben haben. So sind drei Hauptgruppen zu nennen, die durch Evolution aus den früheren vielzelligen Organismen entstanden sind: Die Weichtiere (Mollusca), die Gliederfüßler (Arthropoda) und die Wirbeltiere (Vertebrata), die – unabhängig voneinander – hochorganisierte Verdauungs- sowie Kreislaufsysteme und überaus leistungsfähige Sinnesorgane (bilderzeugende Augen, beispielsweise bei Insekten, Tintenfischen, Wirbeltieren) entwickelten.

„Es wirkt geradezu wie ein Schock, wenn man erkennt, dass das ohne den Tod nicht hätte erreicht werden können, ohne den Tod im Sinne eines notwendigen Sterbens des ganzen Körpers mit Ausnahme seiner Keimzellen“ (Huxley, 1954).

Der Tod bewirkt – in scheinbar absurder Weise – tatsächlich für die meisten Vielzeller die weitere Entwicklung ihrer Art. Er ist der Preis, den das Leben für Individualität und Leistungsfähigkeit seiner biologischen Maschinerie zu zahlen hatte. Auch wir zahlen diesen Preis.
Der Grund dafür liegt in der Generationenabfolge. Die von innerer Dynamik erfüllte Evolution bringt stets neue Lebewesen hervor, die sie auf ihre Überlebensfähigkeit „testet“. Denn veränderte Lebensbedingungen erfordern ständige Neuanpassung.

Die hierfür verantwortlichen Evolutionsmechanismen sind, wie schon dargelegt, Mutation, Rekombination, Selektion und Isolation. Für ihr Wirksamwerden ist die sexuelle Fortpflanzung unerlässlich, nämlich das Hervorbringen von Keimzellen, die miteinander verschmelzen und mittels derer die Gene der Elterngeneration in die Generation der Kinder gebracht werden können. Wie bekannt, beginnt die Entwicklung eines Menschen stets mit einer einzigen Zelle, der befruchteten Eizelle. Kinder repräsentieren im Strom des Lebens eine nächste Stufe der Entwicklung mit neuen Chancen verbesserter Anpassung. Da die Lebensräume auf der Erde begrenzt sind, muss die ältere Generation der jüngeren weichen: wir altern und sterben.

Unter den Weichtieren und Gliederfüßlern sind einige sehr erfolgreiche Gruppen vertreten, zum Beispiel Schnecken, Krabben und Insekten. Zu unbeschränkter Weiterentwicklung waren sie indessen nicht fähig. Wir glauben, dafür die Ursachen zu kennen: Die Insekten atmen beispielsweise mit Hilfe von Tracheen, die den Sauerstoff direkt zu den Geweben führen. Diese Methode ist wirksamer als mittels Blutstrom, doch nur, solange die Geschöpfe klein bleiben; sie wird immer unzulänglicher, je größer die Tiere werden. Ein Insekt von Rattengröße ist aus physikalischen Gründen nicht existenzfähig. Der Gasaustausch in den Tracheen durch Diffusion ist in einem Insektenkörper dieser Größenordnung zu gering, um die Lebensfunktionen aufrecht zu erhalten. Eine kleine Gesamtgröße hingegen erschwert es außerordentlich, ein temperaturregelndes physiologisches System zu entwickeln; sie begrenzt die Gehirngröße und damit Intelligenz und Lernfähigkeit.

Im Gegensatz zu den Insekten und Mollusken besaßen die frühesten Wirbeltiere viele Voraussetzungen für weitere Fortentwicklung:

Sie konnten größer werden; die Organisation war flexibler.Das Skelett besteht aus Knochen und Knorpel, aus lebendem und anpassungsfähigem Gewebe, und nicht wie Chitin aus toten Abscheidungen. Das ganze Baugerüst kann mitwachsen und sich dauernd anpassen, anders als die Gliederfüßler, die sich von einem vorgeformten Stück Körperpanzer zum nächsten häuten. Interessanterweise gestaltete sich der Weg der Wirbeltiere vom Wasser aufs Land viel schwieriger als für die Gliederfüßler. Eine Reihe von Vorbedingungen waren dafür erforderlich: Das Klima musste sich ändern. Trockenperioden waren notwendig, die zum Austrocknen der Süßwassermeere der Welt führten;

Die Landbesetzer mussten Süßwasserfische sein;

Der Besitz primitiver stämmiger Flossen war erforderlich;

Divertikel des Vorderdarms, sog. Lungen, mussten vorhanden sein, die als zusätzliche Atemorgane dienen konnten.
Im Devon gab es eine große Gruppe von Fischen dieses Typs; es waren Lungenfische im weitesten Sinne. Wurden solche Typen in austrocknenden Gewässern „eingefangen", so konnten sie am Leben bleiben und im Notfall mit Hilfe ihrer stämmigen Flossen von einem Tümpel zum andern wandern. In dieser Situation konnten sich die dazu notwendigen Strukturen wie Lungen und Extremitäten evolutionär verbessern. So war der erste Schritt zur Eroberung des Landes genau genommen keine Anpassung an das Landleben, sondern eine Fortführung des Lebens im Wasser. Die ersten Landtiere wurden paradoxerweise zu Landtieren, weil „sie im Wasser bleiben wollten". Biologische Vervollkommnungen führten dazu, dass solche Tiere in der Lage waren, ihr ganzes Leben außerhalb des Wassers zu verbringen, solange sie sich in feuchter Umgebung aufhielten. Amphibien bilden das beste Beispiel.
Besondere Umstände führten zur Entstehung der Säuger. Sie durchlebten, wie es scheint, eine Phase als kleine, unbedeutende Nachtgeschöpfe. Gerade ihre Bedeutungslosigkeit befähigte sie, die lange Periode zu überleben, da das Land von mächtigen und spezialisierten Reptilien beherrscht wurde. Da die Aktivitäten der Reptilien an die Tageszeit gebunden sind, waren die Säugetiere in der Nacht vor ihnen sicher. Wahrscheinlich schon während der Juraperiode entwickelten die Säugetiere Merkmale wie Haare, elastische Zwischenwirbelscheiben, Milchdrüsen und anderes mehr. Vor allem entstand die Warmblütigkeit, die Fähigkeit der Temperaturregelung des Körpers auf konstant hohem Niveau, die eine größere Unabhängigkeit von der Umwelt und eine intensivere Funktion aller Organsysteme gestattete. Für die oben angesprochene Nachtaktivität war diese sog. Homoiothermie eine wesentliche Voraussetzung. Sie verlieh den frühen Säugern ein hohes Aktivitätsniveau auch in Zeiten, da Reptilien und Amphibien träge wurden, so des Nachts, aber auch bei kaltem Wetter. Homoiothermie ermöglichte darüber hinaus die Ausbreitung nach Norden über die tropischen Regionen hinaus, was zur Erschließung der ausgedehnten Waldgebiete der gemäßigten Zonen führte.
Das Aufrechterhalten einer konstanten Körpertemperatur erforderte eine Reihe besonderer Einrichtungen. Infolge der größeren Wärmeverluste mussten möglichst zuverlässige Nahrungsquellen als Brennstoff erschlossen werden, um neben der Muskelkraft auch Wärme zu erzeugen. Die frühen Säuger waren daher auf eine leicht zugängliche, von der Jahreszeit unabhängige Nahrungszufuhr angewiesen. Dies führte zur Entwicklung einer neuen Art der

Kieferfunktion und Zahnstruktur, um eine vollständige Auswertung des Nahrungsangebots zu ermöglichen. Der Kiefer verstärkte sich und verschiedene Zähne speziell zum Kauen, Zerreiben und Zerschneiden wurden ausgebildet. Durch diese sog. Heterodontie konnten gegenüber den weitgehend homodonten Reptilien mehr Nahrungsarten genutzt und die Wirkungskraft der Verdauungssäfte durch den Kauvorgang – ebenso wie durch die höhere Körpertemperatur – gesteigert werden.
So erschloss sich den Säugetieren der volle Nährwert aus harten Chitinpanzern von Insekten und pflanzlichen Speicherorganen, wie Nüssen oder Samen. Eine Folge der Homoiothermie war wohl auch eine veränderte Fortpflanzungsstrategie in Form der verbesserten Fortpflanzungsökonomie der sich weiter entwickelnden Säuger. Hier zeigt sich das Resultat zweier grundlegender Entwicklungen, die jeweils eine Reihe neuer physiologischer und anatomischer Merkmale umfassen: Erstens das drastische Senken der Nachkommenzahl, also der Fortpflanzungszellen (man vergleiche hierzu die Massenproduktion mancher Reptilien an Eiern), was vorteilhafterweise zu einem geringeren Nahrungsbedarf führte. Zweitens die Evolution elterlicher Fürsorge, die bei lebendgebärenden Säugern im Mutterleib beginnt und sich nach der Geburt im effektiven Ernähren und umfassenden Beschützen der Jungen fortsetzt. Die Ausbildung von Milchdrüsen steht hiermit in engstem Zusammenhang.
Die Stunde der Säuger kam, als gegen Ende des Mesozoikums drastische klimatische Veränderungen auftraten, verursacht durch große Gebirge bildende Umwälzungen oder (wie mittlerweile wissenschaftlich gut belegt) durch den Einschlag eines mächtigen Asteroiden im Golf von Mexiko. Der bewirkte eine starke Abkühlung der Erdatmosphäre, was zum Aussterben vieler reptilischer Konkurrenten führte. Welche Ursachen auch immer vorlagen, viele Arten, nicht nur Reptilien, verschwanden von diesem Planeten. Dadurch wurden ökologische Nischen frei, die von den Säugern besetzt werden konnten, was ihren raschen Aufstieg zur Folge hatte. Die Nutzung von Eigenschaften wie Temperaturregelung und Brutpflege führte zu einer rasanten Entfaltung während des Tertiärs.
Interessanterweise haben die Vögel eine Art Parallelentwicklung durchgemacht, sie erwarben sich ebenfalls die Fähigkeit zur Temperaturregelung, zusätzlich aber auch die Fähigkeit zum Fliegen. Dafür schnitten sie sich jedoch von bestimmten Möglichkeiten der Weiterentwicklung ab, denn die Vorderextremitäten taugten nur noch zum Fliegen oder Schwimmen. Hände

waren indessen die Vorbedingung für eine Fortentwicklung, vor allem hinsichtlich der Gehirnorganisation und der Verhaltensweisen. Beides ist sehr kennzeichnend für den späteren Menschen. Ein nicht zu unterschätzender Umstand ist die Tatsache, dass im Frühtertiär die adaptive Entwicklungsexplosion (Radiation) der Säuger unter anderem auch zur Besiedelung des Kronenraumes der Bäume und damit zur baumbewohnenden (arboricolen) Lebensweise geführt hat. Das Nahrungsangebot (Insekten, Früchte, Blätter) sowie der Schutz vor bodenlebenden Räubern kam der Erschließung dieses Biotops entgegen.

Die Eroberung der Baumkronen durch die Primaten stellt sich im Rückblick als ein Schlüsselereignis dar. Mit ihm wurde während des Tertiärs eine Entwicklungsstufe erreicht, die zu ganz bestimmten Anpassungen führte. Diese kennzeichnen zu einem wesentlichen Teil noch den heutigen Menschen. So haben die Lebensweise und ihre spezifischen Adaptationszwänge die Entwicklung einer gepolsterten Reibungshaut mit Dermatoglyphen auf den Innenflächen von Händen und Füßen gefördert. An Fingern und Zehen führte dies zu besonders feinfühligen Endkuppen. Zugleich hat diese Lebensweise zur Vergrößerung und Verfeinerung von Auge und Ohr sowie bestimmter Teile des Gehirns geführt. Die geschickten kleinen Hände, ursprünglich bestimmt zum Festhalten an Ästen und Zweigen, waren fähig, Nahrung zu greifen und sie zum Munde zu führen. Die Bedeutung dieser zunächst so geringfügig erscheinenden Verwendung der Greifhand kann nicht hoch genug eingeschätzt werden. Der Kopf musste nicht mehr zur Futterquelle hinabgesenkt werden, um mit dem Mund die Nahrung abzureißen bzw. unmittelbar aufzunehmen, vielmehr wird die Nahrung von der Hand in den Mund gereicht. Der Kopf ist in erhabener Position, Augen und die übrigen Sinnesorgane bleiben auch während der Nahrungsaufnahme wachsam.

Kennzeichnend für Greifhände und Greiffüße ist der durch Abspreizbarkeit und Torsion der den übrigen Fingern bzw. Zehen gegenüberstellbare Daumen bzw. die Großzehe. Schon bei den Spitzhörnchen (den Insektivoren noch nahe stehende Primaten), ist der erste Fingerstrahl leicht abspreizbar. Höhere Halbaffen besitzen schon typische Greifhände bzw. Greiffüße. Die ursprünglichen Krallen sind zu Plattnägeln umgeformt. Sie stellen ein versteifendes Widerlager für die zugreifenden Finger- und Zehenkuppen dar, Merkmale, die auch dem heutigen Menschen zukommen. Hände, Sinnesorgane und Gehirn haben sich in engem Zusammenwirken parallel fortentwickelt. Andere von der Koordination zwischen Auge, Hand und Gehirn nicht zu trennende weitere Entwicklungsschritte führten zu der überaus feinsinnigen und vielseitigen Beweglichkeit der Hand, des Handgelenks und des ganzen Arms. Tatsächlich kann der Mensch die Hand in fast jede beliebige Richtung beugen und damit einen nahezu vollständigen Kreis beschreiben, ohne den Körper zu bewegen. So wird offensichtlich, dass die Entwicklung der Hand zu einem hochsensiblen Greiforgan als Anpassung an die arboricole Lebensweise eine der wesentlichen Voraussetzungen für die spätere menschliche Evolution war. Auf sehr frühen Entwicklungsstufen erfuhren die Extremitäten (und vor allem die Hände) eine weit über das Greifen und Klettern hinausgehende Erweiterung ihrer Funktionen. Neben dem schon genannten Nahrungserwerb wurden sie bei der eigenen und sozialen Körperpflege, beim Halten und Betreuen der Jungen, beim Nestbau, beim Transport von Gegenständen und bei der einfachen Werkzeugbenutzung eingesetzt

Die Lebensweise der baumbewohnenden Primaten legte den Grundstein zu einer zeitweiligen Freistellung der Hand und damit zu ihrer Manipulationsfähigkeit.

Die ersten Primaten gingen nach einer Phase der Fortbewegung auf allen Vieren über die Äste der Bäume u.a. auch zu springender Fortbewegungsweise über. Dadurch verlagerte sich der Schwerpunkt des Körpers nach hinten (in Richtung der Hinterextremität als Antriebsstelle für den Sprung), was zu einer Entlastung der Vorderextremitäten führte. Diese Schwerpunktverlagerung begünstigte das Aufrichten (wenn zunächst auch nur kurzfristig) auf die Hinterextremitäten, folglich eine aufrechte Sitzhaltung ohne Unterstützung durch die Vorderextremitäten. Dadurch wurden schon auf der Stufe der Halbaffen beim Sitzen auch für längere Zeit Arme und Hände für die verschiedenen Funktionen frei. Hingegen können Hunde ohne Beteiligung der Vorderextremitäten nicht aufrecht sitzen, geschweige denn in dieser Stellung Nahrung greifen und dem Mund zuführen. Am Ende dieser Entwicklung steht der aufrechte Gang. Auf dieser vorläufig letzten Entwicklungsstufe begegnet uns der Mensch als kulturschaffendes Wesen. Die bei manchen Primaten vorkommende hangelnde Fortbewegungsweise begünstigte den Erwerb des aufrechten Ganges auf entscheidende Weise. Bei Hanglern sind in der Regel die Arme verlängert, so dass bei ihnen (der relativ kurzen Beine wegen) die Wirbelsäule schon bei der Bewegung auf allen Vieren deutlich aufgerichtet ist. Dies zeigt sich bei den dem Menschen verwandtschaftlich nahe stehenden Schimpansen. Für die Vorfahren des Menschen, die langarmige Hangler waren, erwies sich dieses Merkmal als eine bedeutsame sogenannte Präadaptation (Vorausanpassung) zum Erwerb des voll aufrechten Ganges.

2. Abriss der Evolution des Menschen

Am Stammbaum der Primaten zweigte die Linie, die zum Menschen führte, nach molekularbiologischen Untersuchungen vor etwa 6 Millionen Jahren ab. Als ältester Vertreter dieses Hominidenastes wird heute zumeist ein zartgliedriges, etwa ein Meter hohes Wesen betrachtet, das damals in Afrika gelebt und große Ähnlichkeit mit dem heutigen Zwergschimpansen hatte. Vielleicht wäre die Entwicklung zum Menschen nie erfolgt, hätte dieser Vorfahr nicht in einer Epoche bedeutender ökologischer Veränderungen gelebt. Jahrmillionen hatten die Affen im Schutz riesiger Urwälder vergleichsweise sorglos gelebt. Im Pliozän (der letzten Epoche des Tertiärs) aber traten die Urwälder zurück und machten offenen Waldlandschaften sowie weiten Baum- und Buschsavannen Platz. Die Primaten in den betroffenen Räumen mussten sich der neuen gefährlichen Umwelt anpassen oder aussterben. In diese Phase fällt wohl auch der Erwerb des aufrechten Ganges in Anpassung an das Savannenleben. Wir wissen indessen nicht, wie sich die Entwicklung vollzog, denn es fehlen (von spärlichen Funden abgesehen) Fossilien für die Zeit bis vor etwas mehr als vier Millionen Jahren. Erst danach tauchen (in größerem Umfang) Fossilien auf, die als die Reste früher Hominiden anzusprechen sind. Es handelt sich um *Australopithecus*, den Südaffen. Er ist ein Wesen mit aufrechtem Gang und dem Vermögen, einfache Werkzeuge herzustellen. Sein Lebensraum war die afrikanische Savanne, in der er, nach der Beschaffenheit seines Gebisses zu urteilen, als Sammler von Früchten, Getreidekörnern und Wurzelknollen das Leben eines Vegetariers führte.

Australopithecus war ein leichtgebautes, kleines, bezüglich seines Kopfes mit seiner stark vorspringenden Gesichtspartie, noch sehr affenähnlich aussehendes Wesen mit einem Hirnvolumen von etwa 480 Kubikzentimetern (beim heutigen Menschen sind es durchschnittlich 1500). Über den Augen, am Schädelhintergrund und entlang der Muskelbefestigungen am Schädel trug er starke Knochenbögen.

An den Fundstellen des *Australopithecus* in Ost- und Südafrika entdeckte man die Knochen großer wehrhafter Tiere wie Säbelzahnkatze und Riesenpavian. Vermutlich war *Australopithecus* für diese Riesen eine schmackhafte Beute. Er konnte nur Dank seiner Gewitztheit und sich entwickelnder körperlicher und geistiger Fähigkeiten überleben.

Aus diesem Formenkreis hat sich dann ein noch klügeres Wesen entwickelt, der *Homo habilis*, der handwerklich geschickte Mensch). Er, der älteste Vertreter der Gattung *Homo*, weist eine verbesserte Werkzeugkultur auf; er schuf steinerne Fundamente für seine Behausungen und ist somit als der erste Architekt unter den Hominiden anzusprechen. Sein Gehirn hat ein Volumen um 800 Kubikzentimeter. Er bewohnte gleichfalls die Savanne, beschaffte sich nunmehr auch tierische Nahrung. Er lebte in kleineren Horden, in denen man sich die Aufgaben sowie die Beute teilte. Die Art des Zusammenlebens in einem hochentwickelten sozialen Gefüge weist den *Homo habilis* als das älteste humane Wesen in der Stammeslinie des Menschen aus.

Dieser für ihn besonders günstige Lebensraum der Savanne prägte den aufrecht gehenden Jäger und Sammler.

Das Leben in der Savanne dürfte der Grund dafür sein, dass wir noch heute eine Vorliebe für den Savannenbiotop haben. Im Regenwald sind die im Blätterdach verborgenen Früchte schwer zugänglich, und Wild ist schwer zu erbeuten. In der Savanne dagegen entwickeln sich die Pflanzen in Bodennähe. Hier findet ein Sammler die meisten Feldfrüchte. Auch konzentriert sich hier das grasfressende Wild. Das Gelände gewährt Übersicht und die Bäume bieten Schutz, ohne die Sicht zu verwehren.

Homo habilis lebte vor rund 2,5 bis 2,0 Millionen Jahren. Aus einem späten Seitenzweig von *Homo habilis* ging vor etwas mehr als 2 Millionen Jahren *Homo erectus* hervor, was bedeutet, dass diese beiden Menschenarten eine Weile gleichzeitig nebeneinander gelebt haben. Er kannte bereits Jagdwaffen (z.B. Faustkeile in verschiedensten Varianten), Kleidung und Feuer. Die ältesten Feuerstätten sind 1,5 Millionen Jahre alt. Hinweise auf einen derart frühen kontrollierten Gebrauch von Feuer stammen aus Koobi Fora in Kenja. *Homo erectus* lebte bis vor 125 000 Jahren. Er ist mit Sicherheit der direkte Stammvater von *Homo sapiens*, dem Neuzeitmenschen. Nach seinen Überresten zu urteilen, wanderte *Homo erectus* in aufeinander folgenden Migrationswellen über Afrika hinaus durch Europa und Asien. Sein Hirnvolumen war gewachsen – auf rund 1000 Kubikzentimeter. Dank des wärmenden Feuers konnte er sich sogar in die kalten Regionen Nordeuropas wagen. Schlanke hölzerne Lanzen mit feuergehärteter Spitze für die Jagd auf den Waldelefanten wurden gefunden. *Homo erectus* war ein kühner Jäger, der sich notfalls jedoch auch (wie bereits *Homo habilis*) mit Aas begnügte. *Homo erectus* aß auch Seinesgleichen auf, was möglicherweise auf frühe rituelle Handlungen schließen lässt.

Vor rund 300 000 Jahren hat sich aus einer afrikanischen Seitenlinie des *Homo erectus* der Übergang zum archaischen *Homo sapiens* vollzogen. Ein älterer Seitenzweig des *Homo erectus* brachte (beginnend vor rund 700 000 Jahren) den vor allem in Europa verbreiteten Neandertaler (*Homo neanderthalensis*) hervor, der jedoch nicht zu unseren Vorfahren gehört und während der letzten Eiszeit (aus noch nicht geklärten Gründen) ausgestorben ist. Der Neandertaler bestattete bereits seine Toten, was bedeutet, dass er mit dem Leichnam, über dessen rein zweckmäßige Beseitigung hinaus, bestimmte Absichten verfolgend, umgegangen ist. Darauf verweisen Grabbeigaben wie z.B. Farben sowie Ausrüstung oder sogar Proviant für ein Weiterleben nach dem Tod. Eine Art Familienbestattung wurde aus La Ferrasie, Frankreich, bekannt: Eine Frau, ein Mann, ein drei- und zehnjähriges Kind sowie das Skelett eines Neugeborenen und eines sechs Monate alten Fötus sind hier vereint. Die Kinder waren mit Ocker bestreut unter kleinen Grabhügeln begraben. In der Höhle von Shanidar in Kurdistan fanden sich unter und über einem Neandertaler-Skelett Pollen von Heckenrosen, Lichtnelken und Traubenhyazinthen: Der Tote wurde auf einem Bett von Blüten beigesetzt und mit Blumen bestreut. Zu vermuten ist, dass unsere unmittelbaren Vorfahren (Cro-Magnon-Mensch) Riten dieser Art vom Neandertaler übernommen haben.
Alle heute existierenden menschlichen Bevölkerungsgruppen stammen von einer einzigen *Homo sapiens*-Population ab, die etwa 150000 bis 100000 Jahre vor der Gegenwart in Afrika lokal begrenzt auftrat und sich von da, wie *Homo erectus* zuvor, in (aufeinander folgenden) Wellen über Afrika hinaus ausgebreitet hat, ohne sich dabei (von Ausnahmen abgesehen) mit den jeweiligen einheimischen Populationen, wie mit denen des Neandertalers, zu vermischen.
Im Rückblick zeigt sich, dass Afrika von frühesten Zeiten an das Ursprungszentrum fortschrittlicher Entwicklungslinien gewesen ist, so auch unserer eigenen. *Homo sapiens* ist heute weltweit von Pol zu Pol und bis auf 4000 Meter hohe Regionen verbreitet. Kultur und Sprache, Entwicklungen, denen wir uns im nächsten Kapitel eingehender widmen wollen, versetzten ihn in die Lage, sich allen klimatischen Verhältnissen und vielgestaltigen Nahrungsquellen anzupassen. Mit seiner weit reichenden Kontrolle der Natur und seiner Erfindungsgabe gelang es ihm, die ganze Erde zu bevölkern und in der Gegenwart sogar außerirdische Himmelskörper zu betreten.

E: Biologische Aspekte zur kulturellen Evolution des Menschen

Das Prinzip der Evolution ist universell.

„Es gilt sowohl für den Kosmos als Ganzes wie für Spiralnebel, Sterne mit ihren Planeten, für den Erdmantel, Pflanzen, Tiere und Menschen, für das Verhalten und die höheren Fähigkeiten der Tiere; es gilt aber auch für Sprache und Sprachen und für die historischen Formen menschlichen Zusammenlebens und Wirkens, für Gesellschaften und Kulturen, für Glaubenssysteme und Wissenschaften" (G. Vollmer, 1994).

Auf den einzelnen Evolutionsebenen wirken unterschiedliche Faktoren und Gesetze. So spielen bei der Entwicklung eines Sterns ausschließlich physikalische Gesetze eine Rolle. Bei biologischen Systemen kommen weitere Prinzipien, wie Mutation, Selektion, Anpassung usw. hinzu, ohne dass auch nur ein einziges physikalisches Gesetz außer Kraft gesetzt wird. Auf der Ebene kultureller Evolution sind wiederum spezifische Entwicklungsmechanismen wirksam, was nicht heißt, dass die biologische Entwicklung dort endet, wo die kulturelle Evolution einsetzt. Die Gesetze der biologischen Evolution behalten ihre Gültigkeit, d.h. es wirken bei der kulturellen Evolution des Menschen biologische und kulturelle Faktoren zusammen, mit anderen Worten: Die biologischen Gesetze werden ergänzt durch weitere Faktoren, wie sie in der nur dem Menschen zukommenden Wortsprache zu finden sind.
Beide Formen der Evolution (biologische wie kulturelle) beruhen auf dem Erwerb, der Vermehrung und der Weitergabe von Information. Doch gibt es Unterschiede: Bei der biologischen Evolution entsteht neue Information durch Mutation, die durch Weitergabe an die nächste Generation vererbt und durch Selektion ausgelesen wird. Die kulturelle Evolution beruht auf den Erfahrungen, die ein Individuum in seinem jeweiligen Leben sammelt und in seinem Gehirn als sogenannte Engramme abspeichert. Diese Art von Information kann mit Hilfe von Lehr- und Lernvorgängen an andere Individuen weitergegeben werden, was als Tradierung bezeichnet wird. Kultur besteht also in ihrem Kern im Hervorbringen, Weitergeben und Aufnehmen von Information durch das Individuum, wohingegen auf der biologischen Ebene die Gene als Informationsträger fungieren. Notwendig für eine kulturelle Evolution ist somit das Lernvermögen, das heißt, die Fähigkeit und der Wille, das Verhalten aufgrund von Erfahrungen zu ändern bzw. anzupassen.

Mit dem Lernen und seiner Rolle als wesentlichem Faktor der kulturellen Evolution wollen wir uns zunächst befassen.

1. Lernverhalten bei Tier und Mensch

Es liegt auf der Hand, dass die Fähigkeit zu lernen dem Individuum Vorteile verschafft. Auf niedrigeren Evolutionsstufen ist sie noch gering ausgeprägt, das heißt: niedere Tiere verfügen in der Regel über relativ starre, geschlossene, höhere schon über mehr oder weniger offene Verhaltensprogramme. Die Wirbeltiere lassen in dieser Hinsicht einen charakteristischen Trend in der Evolution erkennen: Von den Fischen aufwärts bis zu den Säugern nimmt das Lernvermögen zu und damit die Möglichkeit einer individuell unterschiedlichen Ausprägung des Verhaltens. Hierin wie in der ständigen Vergrößerung des Gehirns spiegelt sich im wesentlichen die Höherentwicklung der Wirbeltiere wider.

Mit der Entwicklung von Lernfähigkeit wurde der Keim des Bewusstseins gelegt. Ausschließlich reflex- und instinktgesteuerte Lebewesen existieren gewissermaßen in bewusstloser Geborgenheit, in der sie keine Fehler machen können. Lernfähigkeit befreit ein Individuum aus starren Verhaltensprogrammen und erweitert die Möglichkeiten der Anpassung an gerade gegebene Umstände. Das funktioniert aber nur, wenn das Erlernte, also eine bestimmte Erfahrung, gewertet werden kann, sie als negativ oder positiv, nach- oder vorteilhaft, lust- oder unlustbetont, empfunden wurde und von daher zukünftig zu meiden oder anzustreben ist. Darin sieht die Verhaltensforschung die Grundlagen des Bewusstseins; mit der Lernfähigkeit schälte sich aus der objektiven Realität eine subjektive Wirklichkeit heraus. Das subjektive Erleben kann mit dem Ich-Erleben gleichgesetzt werden, was aber kein IchBewusstsein bedeutet, d.h. eine Reflexion über das eigene subjektive Erleben. Diese Fähigkeit kommt nach heutigem Kenntnisstand mit Sicherheit dem Menschen und den nächstverwandten Primaten zu. So hat beispielsweise ein Hund in seiner Fähigkeit zu leiden oder sich zu freuen, ein dem Menschen sehr ähnlich erscheinendes Ich-Erleben, wofür auch die anatomische und physiologische Übereinstimmung der dafür in Betracht kommenden Gehirnstrukturen (z.B. das limbische System) spricht. Ein Ich-Bewusstsein hat er, der Hund, mit Sicherheit nicht.

Neben dem Lernen durch eigene Erfahrung gibt es noch eine weitere Form des Informationserwerbs: das Lernen durch soziale Anregung und durch Nachahmung. Dies zeigt sich bei Tieren, die dauernd in sozialen Verbänden leben. Erfahrene Gruppenmitglieder nachzuahmen, ist vor allem bei Affen weit verbreitet. In der Regel lernen die jüngeren von den älteren Gruppenmitgliedern. So findet eine Weitergabe von Informationen über die Generationengrenzen hinweg statt. Auf diese Weise weitergegebene, erworbene Verhaltensweisen, Modifikationen, stellen eine Besonderheit dar, die es im biologischen Erbgeschehen nicht gibt.

Aber noch ein zweiter wesentlicher Unterschied besteht zwischen biologischer und kultureller Information. Durch biologische Vererbung werden Informationen, letztlich Gene, immer nur von den Eltern auf die Kinder weitergegeben. Die Kombination von Erbinformation beschränkt sich auf die Gene der beiden Eltern. Bei Tradierung ergeben sich dagegen weit mehr Möglichkeiten. Jedes Mitglied eines Verbandes kann nämlich von jedem anderen, also nicht nur von den Eltern, Information aufnehmen, wobei ein einziges Individuum Informationen von vielen Gruppenmitgliedern übernehmen und kombinieren kann, wie umgekehrt ein einzelnes Individuum Informationen an viele unmittelbar weiterzugeben vermag. Solcherart können Verhaltensweisen relativ kurzfristig abgewandelt werden; auch können sie sich innerhalb einer Population relativ rasch ausbreiten, schneller jedenfalls, als dies durch biologische Vererbung möglich ist. Daher führt die Informationsweitergabe durch Nachahmung beziehungsweise Traditionsbildung zu einem Prozess, der eine Population in die Lage versetzt, sich lokalen Gegebenheiten oder sich wandelnden Umweltbedingungen erheblich kurzfristiger anzupassen, als dies durch die langwierigen, an Gene gebundenen Erb- und Evolutionsmechanismen möglich wäre. So können, auf den Menschen bezogen, Erfindungen und Erkenntnisse eines Einzelnen rasch zum Allgemeinbesitz werden. In diesem Sinne sind wir heute die kulturellen Erben von Darwin, Beethoven, Newton, Platon, den alten namenlosen Erfindern des Ackerbaues und des Feuers, die nicht in jedem Falle zu unseren biologischen Ahnen zählen.

Auf soziale Anregung und Nachahmung treffen wir in den verschiedensten Entwicklungslinien des Tierreichs. So lernen bei manchen Singvogelarten, etwa bei Buchfinken, die jungen Männchen den arttypischen Gesang von den Eltern. Sie geben auch regionale Unterschiede im Gesang (Dialekte) an die Jungen weiter, sodass geringfügige Abweichungen in bestimmten Gegenden der Tradierung unterliegen.

Auch besondere Methoden des Nahrungserwerbs können von älteren Artgenossen erlernt werden. Dem Austernfischer, einem den Wasserläufern verwandten Küstenvogel, dienen als Nahrung in erster Linie Würmer, Krabben,

Strandschnecken und große Muscheln. Die letzteren mit dem Schnabel zu öffnen, erfordert besonderes Geschick. Dem Austernfischer stehen hierfür zwei Methoden zur Verfügung: Entweder legt er die Muscheln auf harten Sand und hämmert mit dem Schnabel heftig auf sie ein, um die Schale an ihrer schwächsten Stelle aufzubrechen, oder er führt den Schnabel in die Atemöffnung ein und trennt den Schließmuskel ab, der die Schalenhälften geschlossen hält. Beides sind technisch schwierige Verfahren und erfordern beachtliche Geschicklichkeit. Die Jungen müssen sich diese durch Nachahmung erwerben. Für diese Feststellung gibt es triftige Gründe: Leben die Austernfischer in einer Gegend, wo sie sich von Würmern oder anderen Beutetieren ernähren, die leicht zu fressen sind, bleiben die Jungen sechs bis sieben Wochen mit ihren Eltern zusammen. Ernähren sie sich dagegen ausschließlich von Muscheln, so kann diese Jugendperiode achtzehn bis siebenundzwanzig Wochen umfassen.

Seehunde, die als Kinder nicht gelernt haben, Fische zu fangen, sind später als Erwachsene unfähig, sich eigenständig zu ernähren. Selbst größter Hunger kann einstmals versäumte Lerninhalte nicht nachhohlen. Seehunde leben vornehmlich von Scholle, Butt, Flunder und Seezunge. Diese sehr breiten Plattfische passen nicht so ohne Weiteres ins Seehundmaul. Im freien Lebensraum packt ein Seehund einen Plattfisch mit den Zähnen am Kopf und wirbelt ihn in schneller Pirouette um seine Längsachse. Die Gräten der Beute brechen, und sie wickelt sich auf wie ein Rollmops. Der Plattfisch kann so in einem Happen verschlungen werden. Dieses Verhalten ist keineswegs angeboren. Der heranwachsende Seehund ahmt dieses geschickte Verhalten der Mutter nach.

Lernfähigkeit durch Unterrichten zu steigern, findet sich in bemerkenswerter Vollkommenheit bei den Steinböcken. Steinbockkinder lernen die Kunst des Herumkletterns vom ersten Lebenstag an, wobei die Mutter die Schwierigkeitsgrade im Unterricht mit erstaunlichem pädagogischen Einfühlungsvermögen, entsprechend den Fortschritten ihres Nachwuchses, langsam steigert. Bereits eine Stunde nach der Geburt beginnt das Junge nach eigenem Gutdünken, stets dicht gefolgt von der Mutter, umherzulaufen. Dabei stolpert es, es rutscht ab, tut sich weh. Schon bald erkennt es den Vorteil, der Mutter zu folgen, statt eigenmächtig umherzutollen. Nun ist der Zeitpunkt gekommen, mit dem Kletterunterricht zu beginnen. Zunächst steigt sie in kleinen Schritten einen flachen Hang zwischen Steingeröll bergauf und das Kind folgt mit den Hufen genau in deren Fußstapfen. An schwierigen Stellen greift die Mutter mit dem Vorderlauf über die Schulter des Kindes, zeigt ihm bessere Trittstellen und gibt ihm so gleichzeitig Halt und beruhigenden Körperkontakt. Von Tag zu Tag erhöht sie den Schwierigkeitsgrad der Kletterpartien, und das Kind erlangt nach und nach die erforderliche Geschicklichkeit und Sicherheit. Später wird das Junge seine Erfahrungen als Erwachsener an die eigenen Kinder weitergeben.

Eines der berühmtesten Beispiele für die Tradierung neuer Verhaltensweisen lieferten Meisen in Großbritannien mit dem Öffnen von vor Haustüren abgestellten Milchflaschen. Der Kniff, die Verschlusskappen aus Aluminium durchzupicken und die Sahneschicht aufzuschlürfen, tauchte offensichtlich an einem bestimmten Ort auf. Er verbreitete sich sehr schnell über die gesamten britischen Inseln, da die anderen Meisen diese Verhaltensweise nachahmten.

Verhaltensweisen wie diese, nämlich gegenseitiges Beobachten und die Integration vorteilhaften Verhaltens anderer in die eigene Verhaltensstrategie, spielen bei höheren Affen eine entscheidende Rolle. Da höhere Affen eine relativ lange Jugendentwicklung durchleben und in der Regel enge Sozialkontakte pflegen, überrascht es nicht, dass auf dieser Entwicklungsstufe im Zusammenwirken mit ausgeprägtem Neugierverhalten das Potenzial wechselseitigen Lernens wächst. Dabei lernen nicht nur die Jungen von den Älteren, sondern auch die Älteren von den Jüngeren. In Gruppen von Menschenaffen kommen das ganze Jahr über Junge zur Welt; so lernt ein Jungtier im Laufe der Zeit die wichtigen Verhaltensweisen und Aktionen des sozialen Lebens kennen. Dies gewährleistet, dass alle wichtigen Sozialfunktionen erlernt, trainiert und vervollkommnet werden können. Daraus entwickelte sich im Verlaufe der Menschwerdung nach einem mehr und mehr ursprünglich weitgehend geschlossenen Verhaltensprogramm ein für das Erkennen und Verarbeiten von Erfahrungen offenes Programm, wodurch sich das Verhalten zunehmend anpassungsfähiger und vielfältiger gestaltete.

Dies schuf auf der Stufe der höheren Primaten die Voraussetzungen für die Evolution des Menschen. Auch er ist von Natur aus ein Sozialwesen und bei ihm finden alle Sozialfunktionen ebenso das ganze Jahr über statt.

Die Kultur des Menschen umfasst die Gesamtheit der tradierten Anpassungen, die wiederum selektiv weitergegeben werden. Das bedeutet, dass das von Generation zu Generation Weitergegebene jeweils in mehr oder weniger großem Umfange Modifikationen und Verlusten unterliegt, was man als Analogon zur Selektion im biologischen Evolutionsgeschehen ansehen kann.

2. Die Rolle des Werkzeugs

Bisher betrachteten wir das spezifische Verhalten der Organismen bis hin zum Menschen. Verhalten dient im weitesten Sinne der Auseinandersetzung eines Lebewesens mit seiner Umwelt. Diese Auseinandersetzung wird durch die Organe als angeborene Werkzeuge der Lebewesen unterstützt.

Die Organe von Organismen gestalteten sich in Anpassung an die unterschiedlichsten Lebensweisen ihrer Träger individuell aus. Die Mannigfaltigkeit der Vogelschnäbel legt darüber beredtes Zeugnis ab: Der Seihschnabel eines Flamingos, der Meißelschnabel eines Spechtes und der Saugschnabel eines Kolibris sind daher ebenso verschieden und ihrer spezifischen Funktion angepasst, wie der Reißzahn des Tigers, der Mahlzahn des Rindes und der Stoßzahn des Elefanten.

Der Mensch kann seine Organfunktionen durch den Einsatz von selbst definierten und produzierten Werkzeugen wesentlich erweitern und ständig verbessern, was als die Schaffung zusätzlicher Organe angesehen werden kann.

Der Gebrauch von Werkzeug beschränkt sich jedoch nicht auf den Menschen. So nimmt unter den Insekten die Grabwespe *Ammophila urnaria* ein Steinchen zwischen die Mundwerkzeuge, um damit den Sand über dem Eingang zu ihrer Brutkammer festzustampfen. Der Schützenfisch spuckt einen Wasserstrahl auf Insekten, die über dem Wasserspiegel auf der Ufervegetation sitzen, und verschafft sich damit Beute aus Bereichen außerhalb seines eigentlichen Lebensraumes. Unter den Darwinfinken der Galapagos-Inseln gibt es solche, die kleine Ästchen oder Kaktusstacheln benutzen, um holzbewohnende Insekten aus ihren Bohrlöchern zu stochern. Der Seeotter taucht nach Seeigeln und zerschlägt deren Kalkpanzer mit Hilfe von Steinen. Die Bolaspinne *Mastophora* schleudert einen Faden mit einer klebrigen Endkugel nach vorbeifliegenden Insekten. Andere Bolaspinnen hängen nachts an einem waagerechten Spinnfaden, an dem ein mit einem Leimtropfen endender Faden hängt. Dieses Pendel schwingen sie im Kreise; anstoßende Insekten bleiben daran kleben.

Die meisten der hier dargestellten Verhaltensweisen sind Organismen nach heutigem Kenntnisstand angeboren. Allenfalls wird das zur Handhabung des Werkzeugs notwendige Geschick durch Übung verbessert. Dass Zusammenhänge erfasst werden und zu einsichtigem Verhalten führen können, ist nicht sicher erwiesen. Viele Forscher versuchen nachzuweisen, dass in den dargestellten Beispielen bewusstes Handeln mit im Spiel ist. Die Verhältnisse bei den Primaten lassen daran kaum Zweifel. Schimpansen benutzen Stöcke zum Herbeiangeln von Bananen. Sie können Stöcke ineinanderstecken und dadurch verlängern, Termiten mit dürren Zweigen aus ihren Bauten angeln und Wasser aus Baumlöchern mit zu Schwämmchen zerkauten Blättern auftunken. Sie verwenden Blätter zur Säuberung. Steppenschimpansen werfen mit Stöcken gegen Raubfeinde, um sie zu verjagen. Dies alles sind Fähigkeiten, die von Artgenossen übernommen und durch sie weitergegeben werden.

Die heutigen Menschenaffen nehmen einen Rang ein, der sonst im Tierreich nicht erreicht wird. Schimpansen scheinen eine Entwicklungsstufe zu repräsentieren, die wohl auch den gemeinsamen Vorfahren von Schimpanse und Mensch (nach heutigen Schätzungen vor sechs bis zehn Millionen Jahren) zukam. Auf diesem Niveau setzt der Gebrauch von Werkzeug ein und damit der Auftakt zur materiellen Kultur des Menschen. Unseren unmittelbaren Vorfahren gelangen besonders schnelle Fortschritte: Der Mensch ist das einzige Lebewesen, welches Werkzeuge nicht nur herstellt und benutzt, sondern zu deren Produktion weitere Werkzeuge einsetzt. So erfindet er komplizierte Geräte oft lange vor ihrem ersten Gebrauch, was Einsicht in ihre Verwendungsfähigkeit voraussetzt. In der Regel werden diese nach Gebrauch aufbewahrt und später wiederverwendet, im Laufe der Entwicklung zunehmend verziert, ein Phänomen, das bislang außerhalb der Stammeslinie des Menschen nicht nachzuweisen ist.

Das Auftreten einer materiellen Kultur bahnt der Evolution des Menschen völlig neuartige Möglichkeiten, sich mit der Umwelt auseinanderzusetzen.

Tiere (wie auch Pflanzen) müssen mit den ihnen angeborenen, arteigenen Organen auskommen. Der Mensch kann je nach Bedarf feinste Pinzetten oder Brechstangen einsetzen, mit einer Mikroskopiernadel oder einem Presslufthammer hantieren. Das sind wohl Gründe dafür, dass er selbst als Organismus weitgehend unspezialisiert bleiben und jene Weltoffenheit ohne spezifische Anpassungen erreichen konnte. Mit der Entwicklung einer Gerätekultur hat es der Mensch im wahrsten Sinn „in der Hand", seine Umwelt beliebig zu nutzen und auf sie einzuwirken. So erschließt der Mensch die Umwelt nach seinen eigenen Bedürfnissen, während Tiere im Laufe ihrer biologischen Evolution ihre Eigenschaften der Umwelt anpassen mussten.

Mittlerweile hat der Mensch fast die ganze Erde als Lebensraum erobert. Er vermag in den Eisregionen der Arktis zu überleben ebenso wie in der feuchten Hitze tropischer Wälder oder in der Trockenheit von Steppen und Wüsten. Darin liegt die Ursache für die großen ökologischen Probleme unserer Zeit. Mit der Fähigkeit, sich die Umwelt gefügig zu machen, hat der Mensch von Anfang an die Ökologie seiner unmittelbaren Umgebung aus dem Gleich-

gewicht gebracht. Ökologische Krisen sind sicherlich nicht erst das Produkt unserer Industrie und Technik. Die weltweit gleichzeitige Situation ist neu. Es ist nicht auszuschließen, dass der Mensch als Werkzeugmacher schon immer ökologische Katastrophen hervorgerufen hat, aus denen er sich – wie die Großtiere eines afrikanischen Naturparks – durch Emigration immer wieder rettete. Diese Möglichkeit kommt heutzutage infolge der großen Besiedlungsdichte auf der Erde nicht mehr in Betracht.
Ob unser enormer technischer Sachverstand uns schließlich dazu befähigt, die Lebensbedingungen (nicht nur für den Menschen) in optimalen Grenzen zu halten, bleibt eine offene Frage; liegt es doch weniger an der mangelnden Einsicht in die uns gefährdende Krise und in erforderliche Maßnahmen. Vielmehr stecken in der Überlebensstrategie unserer Tage zum Teil untauglich gewordene Verhaltensmuster, die wohl zu erkennen, aber kaum auszuschalten sind. Mit einigen in unserem Erbgut verankerten Mustern, deren stammesgeschichtliche Wurzeln uralt sind, wollen wir uns im Kapitel über archaische Verhaltensmuster befassen.

3. Die Sprache des Menschen

Die menschliche Kultur versteht sich u.a. als die Gesamtheit erlernter Verhaltensweisen, die von Generation zu Generation weitergegeben werden. Dies setzt sowohl Lehr- als auch Lernvermögen voraus und bedarf eines geeigneten Systems zur Informationsvermittlung. Dieses muss umso vielschichtiger sein, je umfangreicher das zu übertragende Kulturgut ist. Mit der ihm spezifischen Wortsprache verfügt der Mensch über ein System von Zeichen resp. Symbolen, womit er dieser Aufgabe gerecht werden kann und welches er mit keinem anderen Lebewesen teilt.
Ein Symbol ist etwas, das etwas anderes repräsentiert. Eine Euro-Note ist zum Beispiel ein Symbol. Objektiv gesehen ist es nur ein Stück Papier ohne viel Wert. Die Europäer sind übereingekommen, dass eine Euro-Note einen Teil europäischen Vermögens verkörpert. Diese Übereinkunft verleiht der Euro-Note einen symbolischen Wert.
Als Sprache im weitesten Sinne fasst man die Verständigungsmittel der Tiere untereinander durch Geruchs- und Lautzeichen, Blick- und Berührungskontakte auf, die über Anwesenheit, Zustand oder Stimmung des Artgenossen Auskunft geben. Bienen können durch ihre Tänze über Futterquellen informieren. Man kann auch den Tieren ein individuelles Mitteilungsbedürfnis, wie die Verständigungsabsicht durch Anruf und Antwort, zuschreiben. Vom

Totenkopfäffchen kennen wir etwa 30 unterschiedliche Lautäußerungen, die jeweils bestimmte Handlungsbereitschaften ausdrücken. Besonders beeindruckend ist das der Verständigung zwischen Gruppenmitgliedern dienende Tonrepertoire der Delphine und Wale. Das gesprochene Wort zur Verwirklichung einer Darstellungsabsicht und einer Verständigungsabsicht steht jedoch nur dem Menschen zu Gebot.

Der Mensch bedient sich auch nichtverbaler Kommunikationsmittel wie Ausdrucksbewegungen (Mimik, Gestik) und Affektlaute, die weltweit verstanden und von daher als angeboren erkannt werden. Sie stellen ein älteres Verständigungssystem als die Wortsprache dar. In aller Welt gibt es das Augenbrauenhochziehen beim Grüßen, das Lächeln bei freundlicher Kontaktaufnahme, beim Streit das Drohgesicht, das Aufstampfen mit dem Fuß oder das Anheben der Schultern. Angeboren und jedermann verständlich sind auch Affektlaute wie Weinen, Angstschreie, Schmerzwimmern und Freudenjauchzer.

Im Gegensatz zur emotionalen Körper- und Lautsprache ist die Wort- resp. Symbolsprache des Menschen eine erlernte Sprache, die der Weitergabe bedarf. Einem Lernprozess-N unterliegen Wörter, Begriffe sowie weite Teile der Grammatik der verschiedenen Sprachen. Hingegen beruht das Vermögen zu sprechen auf einer Reihe ererbter Grundlagen. Dies betrifft die morphologischen Voraussetzungen für die Bildung der Laute (Kehlkopf usw.) sowie die motorischen Sprachzentren im Gehirn. Auch die mit dem vierten Lebensmonat einsetzenden Lallmonologe von Säuglingen, in denen die Laute aller Kultursprachen vorkommen, weisen auf Erbbedingtheit hin.

Schließlich dürfte auch für die Motivation, Laute zu imitieren und sich die Sprachelemente in spezifischer Weise anzueignen, wie auch für Begabung und Willen, Fremdsprachen zu erlernen, eine erbliche Grundlage vorliegen.

Lediglich zwanzig bis sechzig jeweils bedeutungslose Grundlaute, die Phoneme, bilden durch verschiedene Kombinationen Bedeutungseinheiten (Morpheme) und einzelne Wörter, Lautfolgen, die als Symbole für bestimmte Begriffe stehen und sich zu unbegrenzten größeren Sinneinheiten mit höherem Informationsgehalt, den Sätzen, zusammenstellen lassen.

Die Regeln der Grammatik, auf denen die Satzbildung beruht, wurden wie die Wörter und ihre Bedeutungsinhalte, abgesehen von den ererbten Grundlagen, durch gesellschaftliche Übereinkunft festgelegt bzw. sind spontan entstanden. Jedes Kind spricht Wörter und Sätze, die es noch nie gehört hat. Der Mensch ist sprachschöpferisch. Jeder versteht Sätze, selbst mit falscher Syntax, ja defekte Sätze, siehe z.B. die Gesprächssprache, moderne Lyrik, die ständigen Wortneubildungen der sog. Jugendsprache, auch den ständigen Bedeutungswandel von Wörtern wie ihre begriffliche Vielschichtigkeit. Trotz der Bedeutungsvielfalt z.B. von „grün“ versteht jeder deutsche Sprachteilnehmer „Grüner Junge“, „grüne Seite“, grüner Hering“, „Suppengrün“ usw.

Dies trifft auch für das Wort „schwarz“ zu: schwarzer Tag, schwarzer Markt, schwarz über die Grenze, schwarze Diamanten, schwarzer Erdteil, schwarze Gedanken, schwarzer Freitag, schwarze Kunst, schwarze Liste, schwarzes Loch, schwarzer Peter, schwarze Witwe (Kugelspinne).

Solche Beispiele beschreiben ein Informationssystem von tradierten Signalen aus Wörtern, grammatikalischen Formen und Syntax, aber auch aus spontan entstandenen, traditionsunabhängigen Sprachelementen.

Die sich entwickelnde Wortsprache führte eine neue Methode ins Evolutionsgeschehen ein. Über das bloße Sammeln und Weitergeben von Erfahrungen weit hinausgehend, erfolgte gleichzeitig eine nicht mehr an den automatischen Prozess natürlicher Auslese gebundene, sondern eine im Wesentlichen vom Menschen bewusst gesteuerte Umformung organisierter Erfahrungen.

Nur der Mensch kann mittels der Wortsprache argumentieren. Sie ist das schöpferische Instrument, mit dessen Hilfe neue Gedankengebäude entworfen und ideenreiche Konzepte gebildet werden können. Nachahmendes Lernen erfolgt anhand konkreter Situationen. Die Sprache hingegen entbindet von der Zeit, vom momentanen Geschehen. Der Mensch kann über räumlich und zeitlich entfernte Dinge sprechen. Er kann etwas sagen, was niemals zuvor gesagt wurde und doch vom Angesprochenen verstanden wird.

Die Wortsprache ist eng verbunden mit dem begrifflichen Denken. Über die stammesgeschichtlichen Voraussetzungen des Denkens im weitesten Sinne hat sich erstmals Konrad Lorenz 1943 geäußert. Seine Überlegungen gehen von der

Erkenntnis aus, dass diejenigen Tiere, die auf ihren täglichen Wegen die kompliziertesten räumlichen Strukturen zu meistern gezwungen sind, die mit Greifhänden kletternden und springenden Primaten sind. Bei ihnen müssen – im Gegensatz etwa zu mit Krallen oder Haftscheiben ausgestatteten Baumbewohnern – nicht nur die Richtung, sondern auch die Entfernung und überhaupt die neue Lage, in der sich das Ziel des Sprungs darbietet, vor dem Absprung ganz genau im zentralen Nervensystem, also im Gehirn des Tieres, repräsentiert sein. Die Greifhand muss sich nämlich in einer ganz bestimmten Raumlage und genau im richtigen Augenblick schließen. Er sieht in der zum

Überleben notwendigen Fähigkeit, eine Handlung zunächst in der Vorstellung durchzuspielen, bevor sie tatsächlich abläuft, den Anfang allen Denkens:

„Ich sehe nicht, was Denken grundsätzlich anderes sein soll als ein solches probeweises und nur im Gehirn sich abspielendes Handeln im vorgestellten Raum. Zumindest behaupte ich, dass Vorgänge dieser Art auch in höchsten Denkoperationen mit enthalten sind und ihre Grundlage bilden. Jedenfalls gelingt es mir nicht, mir irgendeine Form des Denkens vorzustellen, die von dieser Grundlage unabhängig wäre" (Lorenz, 1973, S. 175).

Gedankliche Prozesse werden wie selbstverständlich mit Bildern und Begriffen beschrieben, die der räumlichen Dimension entstammen: Wir wenden ein Problem hin und her, wir betrachten es von allen Seiten, um uns einen Überblick zu verschaffen. Dieses Denken trifft für alle Menschen, gleichgültig welcher Rasse oder ethnischen Gruppe, zu. Auch Zeitverhältnisse werden räumlich ausgedrückt. Hierzu W. Porzig (1950):

„[...] vor oder nach Weihnachten, innerhalb eines Zeitraumes von zwei Jahren. Bei seelischen Vorgängen sprechen wir nicht nur von außen und innen, sondern auch 'über und unter der Schwelle' des Bewusstseins, vom Unterbewussten, vom Vordergrunde oder Hintergrunde, von Tiefen und Schichten der Seele. [...]
Räumliche Begriffe beschreiben unanschauliche Zustände. Überhaupt dient der Raum als Modell für alle unanschaulichen Verhältnisse: Neben der Arbeit erteilt er Unterricht, das ist unter aller Kritik, er handelt im Rahmen des Möglichen, hinter dieser Maßnahme stand die Absicht [...] Es ist überflüssig, die Beispiele zu häufen, die man in beliebiger Anzahl aus jedem Stück geschriebener oder gesprochener Rede sammeln kann."

So tragen die Ausdrücke, die wir für unsere höchsten geistigen Leistungen gefunden haben, wie z.B. „das Jenseits", „überirdisches Reich", „außerirdisches Reich" immer noch den Stempel ihrer Herkunft aus der räumlichen Dimension.
Begriffliches Denken befähigt den Menschen, Einzelheiten der menschspezifischen Wirklichkeit als solche zu erfassen.

„In dem Augenblick, in dem unser Ahn zum erstenmal die eigene, greifende Hand und den von ihr ergriffenen Gegenstand gleichzeitig als Dinge der realen Außen-

welt erkannte und die Wechselwirkung zwischen beiden durchschaute, wurde sein Verständnis für den Vorgang des Greifens zum Begreifen, sein Wissen um die wesentlichen Eigenschaften des ergriffenen Dinges zum Begriff"(Lorenz 1943).

Eibl-Eibesfeldt (1997): *„Begriffe spiegeln vielfach Vorstellungen, Normen, Empfindungen des Menschen wider, die offenbar universell sind. Bereits das Wort „Begriff" weist nach K. Lorenz (1973) darauf hin, dass sich in unserer Begriffsbildung das Primat des Haptisch-Optischen manifestiert, das wohl altes Primatenerbe ist. Lorenz spricht auch davon, dass wir Einsicht in Zusammenhänge gewännen, 'wie ein Affe in das Gewirr der Lianen'. Wir müssen uns Dinge 'vorstellen', Zusammenhänge 'erfassen' können, sonst bleibt uns ein Geschehen 'unbegreiflich'"*.

Begriffe als Grundbausteine des Denkens finden ihren Ausdruck in den Wörtern. Wörter fungieren beim Sprechen als akustisches Medium des begrifflichen Denkens. Die menschliche Sprache entwickelte sich parallel zum Denken in Begriffen. Mit anwachsenden Erkenntnissen über die Welt vermehrten sich die Begriffe und Wörter als ihre medialen Zeichen, deren freie Kombinierbarkeit Kreativität und Produktivität förderte.
Umgangssprachlich wird in der Regel kein Unterschied zwischen Begriff und Wort gemacht. Es fehlt dabei an der Einsicht, dass Begriffe das Ergebnis von Abstraktionsleistungen sind, wohingegen Wörter solchen Leistungen (lediglich) akustischen Ausdruck verleihen.
So umfasst zum Beispiel das Wort „weiß" begrifflich die Gesamtheit aller weißen Gegenstände. Der Begriffsinhalt des Wortes „Säugetiere" umfasst alle Organismen, die ihre Jungen mit einem speziellen Sekret, nämlich der Milch, ernähren. Die wissenschaftliche Kategorie „Säugetiere" in der systematischen Erfassung der Organismen unter stammesgeschichtlichen Gesichtspunkten stellt also, mit Blick auf die schier unendliche Fülle an Lebewesen auf dieser Erde, ein imposantes Beispiel wissenschaftlicher Abstraktionsleistung dar.
Dieser Aspekt kultureller Entwicklung wurzelt in der vielschichtigen sozialen Kommunikation von Affengruppen. Zahlreiche in größeren Verbänden lebende Affenarten vermögen die Reaktionen ihrer Gruppengenossen vorauszusehen, deren soziale Stellung wie die momentane Situation einzukalkulieren, um gezielt das eigene Handeln danach auszurichten. Dies setzt abstrahierendes Denkvermögen voraus.
Menschenaffen können nicht sprechen, unter Anleitung jedoch Fähigkeiten einer der Sprache ähnlichen Verständigungsart entwickeln. Das Ehepaar

Gardner lehrte eine junge Schimpansin mit Namen Washoe die vereinfachte Form der amerikanischen Taubstummensprache „Ameslan", eine Handzeichensprache. Nach einem Jahr war Washoe in der Lage, Dinge und Zeichen zu belegen und frei über Zeichen zu verfügen, als wären sie Worte einer Sprache. Gorillas sind gleichfalls erfolgreich entsprechenden Versuchen unterzogen worden. Insgesamt zeigte sich, dass Menschenaffen grundsätzlich Gegenstände, Personen, Tätigkeiten und Eigenschaften mit Hilfe bestimmter Zeichen benennen und selbstständig unter Befolgung einfacher sprachlicher Regeln Sätze bilden können. Menschenaffen vermögen sowohl Wünsche zu äußern, als auch Aussagen und Kommentare abzugeben, einfache Dialoge zu führen, Emotionen auszudrücken und sogar Fragen zu stellen. So entwickelte sich bereits auf der Stufe tierischer Primaten eine Zeichensprache und damit eine Kommunikationsmöglichkeit auf der Basis begrifflichen Denkens.

Wann sich auf dieser Basis die menschliche Wortsprache entwickelt hat, ist schwer nachweisbar. Beim etwa zwei Millionen Jahre alten *Homo habilis* war bereits die Broca'sche Region – ein wichtiges motorisches Sprachzentrum – angelegt, wodurch dieser frühe Mensch schon eine einfache Wortsprache besessen haben mag.

Über die Frage, welche Anstöße die Entwicklung der menschlichen Wortsprache ausgelöst haben, wurde viel spekuliert. Die Notwendigkeit der Kooperation bei der Jagd wurde als eine der Ursachen diskutiert. Aber gerade bei der Jagd reden Jäger nicht viel. Auch die zunehmende Bedeutung von Geräten und das Erlernen ihrer immer komplizierteren Handhabung wurden angeführt. Beobachtungen bei den eingeborenen Eipo Neuguineas und den Kung-Buschleuten ergaben, dass handwerkliche Fähigkeiten nicht verbal vermittelt, sondern durch Zuschauen erlernt werden.

Für Eibl-Eibesfeldt ist für die Entwicklung der Sprache weniger die Notwendigkeit der Vermittlung von Sachwissen als die Verbesserung des Zusammenlebens in der Gruppe entscheidend gewesen. Verbaler Streit gefährdet die innere Harmonie weniger als ein tätlicher Kampf. Durch Sprache gestalten sich Wechselbeziehungen jedweder Form distanzierter. Redend ist man vom Zwang unmittelbaren Handelns befreit. Entreißt einer dem anderen mit Drohgebärden ein Objekt, ist eine unmittelbare Reaktion des Partners vonnöten. Verbal dagegen eröffnet die drohende Äußerung eine Diskussion, die ohne ins Tätliche zu eskalieren, den Konflikt lösen kann.

Das Forscher-Ehepaar Doris und David Jonas vermutet die Entstehung der Sprache in der Mutter-Kind-Beziehung. Menschenjunge durchleben eine im

Vergleich mit anderen Säugern weitaus längere Phase der Abhängigkeit von der Mutter. Dies war wohl eine wesentliche Voraussetzung für die Entstehung der menschlichen Sprache, denn infolge seiner Hilflosigkeit war das Menschenkind über einen längeren Zeitraum auf die ständige Fürsorge der Mutter angewiesen. Das Baby verlangt bis heute mittels akustischer und anderer Signale (Weinen, Lächeln) die Zuwendung der Mutter. Später entdeckt das Kleinkind die Möglichkeit, seine Stimme zur eigenen Unterhaltung und zur Äußerung seines Wohlbefindens einzusetzen. Es reagiert äußerst positiv auf ein gleiches Verhalten der Mutter, und so unterhalten sie sich monatelang miteinander, wobei sie lautmalerisch ihre Gefühle ausdrücken. Irgendwann, so Jonas und Jonas, könnte einmal der „Funke eines Sinngehaltes" in diesen Lautaustausch gesprungen sein und die Wortsprache ihren Anfang genommen haben.

Eine eindeutige Antwort auf die Frage, auf welcher Entwicklungsstufe unsere Vorfahren Sprachfähigkeit erlangt haben, kann offensichtlich noch nicht gegeben werden. Beim Neandertaler und *Homo erectus* weist die Mundhöhle noch nicht alle Umgestaltungen zum Sprechapparat auf, die *Homo sapiens* auszeichnen. Dies betrifft vor allem den Raum zwischen Kehlkopfdeckel und Gaumensegel, das sogenannte „Ansatzrohr" des Rachens, der sich noch nicht ausgebildet hat. Während nämlich der Kehlkopf die Stimme erzeugt, wird sie im Ansatzrohr zu Sprachlauten artikuliert. Diese Struktur in der Rachenhöhle fehlt den Säugern und auch den nichtmenschlichen Primaten, da bei ihnen der Kehlkopf mit dem freien Rand des Kehlkopfdeckels unmittelbar an die inneren Nasenöffnungen anschließt, wodurch die Atmungs- und Nahrungswege getrennt sind. So ist es auch beim menschlichen Säugling, der gleichzeitig atmen und trinken kann, ohne sich zu verschlucken. Im Verlauf des ersten Lebensjahres kommt es beim Menschen zu einem Abstieg des Kehlkopfes und nach etwa acht bis neun Jahren zur Trennung von Kehlkopfdeckel und Gaumenrand, wobei der genannte Raum entsteht. Wegen dieser dem Neandertaler und erst recht den noch älteren Menschenarten fehlenden Besonderheit konnte ein Sprechvermögen wie das unsere nicht ausgeprägt werden.

Die vergleichende Sprachforschung hat gemeinsame Wortwurzeln und grammatikalische Übereinstimmungen gefunden, die sich als Spuren alter Sprachen deuten lassen. Über das Proto-Indo-Europäische, das vor etwa 7000 Jahren gesprochen wurde, reichen diese Forschungen jedoch nicht hinaus und sind damit noch weit von der Ursprache entfernt.

Fest steht allein, dass die Sprache innerhalb Familie und Horde in jeder Hinsicht eine wirkungsvolle Verständigung ermöglichte und die kulturelle Entwicklung des Menschen zunehmend beschleunigte. Die Werkzeugkultur unserer Vorfahren wurde über mehrere hunderttausend Jahre hinweg von wenigen, recht einfachen und gleichbleibenden Werkzeugen, wie dem Faustkeil, beherrscht. Funde bezeugen, dass sich diese Werkzeugkultur erst vor 50 000 bis 40 000 Jahren beschleunigt entfaltete. Es liegt nahe, dass dies mit der Entwicklung der Sprache zusammenhängt, die es erlaubte, Wissen auf effektivere Weise als durch Nachahmung weiterzureichen.

Parallel zur Sprachentwicklung verlief die Entstehung von Hochkulturen. Das komplizierte und stärker zentralisierte Leben in den anwachsenden Gemeinschaften erforderte eine größere Anzahl allgemeiner abstrakter Begriffe. Das zunehmende Erkennen von Naturgesetzlichkeiten bedurfte einer verfeinerten Grammatik, um kausale und logische Bezüge zwischen den einzelnen Begriffen herzustellen. Auf diese Weise wird das Niveau der kulturellen Entwicklung an differenzierten Sprachbegriffen ablesbar, und es kann auf die Denkweise des Individuums geschlossen werden.

Eingeborene der Sunda-Inseln verfügen z.B. über ungefähr 330 Wortstämme. Der Wortschatz primitiver Unterhaltungen in europäischen Sprachen übersteigt kaum 350 Wörter. Goethes Wortschatz belief sich auf rund 30 000 Wörter.

Bei unseren Vorfahren hat die erlernte Wortsprache in den einzelnen Gemeinschaften nach und nach eine Abwandlung erfahren. Sie entwickelte sich – entgegen ihrer ursprünglichen, der Verständigung dienenden Funktion – zu einem wirksamen Isolationsmechanismus zwischen den Gruppen.

Dieses effektive Verständigungsmittel, die Wortsprache, erweist sich innerhalb der Spezies *Homo sapiens* somit auch als Hindernis, z.B. im Bemühen der heutigen Menschheit um weltweiten Interessenausgleich und Krisenbewältigung.

4. Extracerebrale Speicherung und Verarbeitung von Informationen

Parallel zur Sprachentwicklung entstand das Problem, dass das gesamte Kulturgut von jeder Generation neu zu erlernen war in Abhängigkeit vom Fassunsvermögen der Gehirne einer Gruppe. Diesem kollektiven Gedächtnis waren von einem bestimmten Zeitpunkt an Grenzen gesetzt.

Die Erfindung der Schrift bot die Möglichkeit, Informationen auch außerhalb menschlicher Gehirne zu speichern und erlaubte es, Erfahrungen und Gedanken zu nutzen, die unter Umständen Jahrhunderte vorher niedergeschrieben wurden.

Die ältesten Methoden der Übermittlung von Nachrichten waren Knotenschnüre und Hölzer mit Einkerbungen (Kerbhölzer), die den Boten als Gedächtnishilfen mitgegeben wurden. Schrift knüpft teilweise an Bilder an, wie sie schon seit nahezu 40 000 Jahren, zunächst an Höhlenwände, gemalt wurden. Die Tierbilder, die über Generationen hinweg sichtbar blieben, zeigen ungeachtet ihrer möglichen mythologischen Bezüge, Eigenschaften und Verhaltensweisen der dargestellten Tiere. Auch spätere Betrachter konnten die in ihnen enthaltene Nachricht wieder aufnehmen. Vielleicht entstand so der Gedanke, Bilder zu konkreten Nachrichtenübermittlungen zu verwenden. Das Bild hat zudem den Vorteil, dass eine Information auch ohne Kenntnis einer bestimmten Sprache verständlich wird. Diese Einsicht findet noch heute ihren Niederschlag in sog. Piktogrammen. Zu nennen sind die Straßenverkehrszeichen, die Piktogramme der olympischen Spiele, heute generell im Sport gebräuchlich, viele internationale Symbole usw. Diese Zeichen haben den Vorzug, in ihrer Bedeutung für Menschen ganz unterschiedlicher Sprache sofort verständlich zu sein.

Das Bild als Informationsträger hat jedoch auch Nachteile. Nicht jeder kann es in ordentlicher Qualität herstellen, man braucht Zeit und einige Geschicklichkeit dazu. Außerdem lassen sich nur konkrete Sachverhalte weitergeben. Vor mehr als 5000 Jahren entstanden die ersten Bilderschriften. Für jedes Wort bzw. jeden Begriff wird ein bestimmtes, durch Übereinkunft festgelegtes Bild gesetzt. So entsteht eine Wortschrift, wie es die chinesische Schrift noch heute ist. Die älteste Bilder-Wortschrift ist die sumerische Schrift. Sie enthielt offenbar von Anbeginn an auch Bezeichnungen für abstrakte Begriffe. Solche Symbole nennt man Ideogramme. Die sumerische Schrift ist also aus Piktogrammen und Ideogrammen aufgebaut.

Eine reine Bilderschrift war zu Anfang auch die ägyptische Hieroglyphenschrift. Je reicher die Sprache wurde als Folge kultureller Evolution, desto mehr Bildzeichen bzw. Ideogramme waren zu entwickeln. Die sumerische Schrift umfasst etwa 1500 Zeichen, die Mehrzahl der Chinesen kennen rund 5000 Schriftzeichen. Dies erforderte mit der Zeit einen eigenen Berufsstand des Schreibers, der sich in langer Arbeit die Kenntnis des Lesens und Schreibens erwarb. So wurde diese

Fähigkeit zum Privileg einer kleinen Minderheit. Die Art des Schreibens zwang im Laufe der Zeit zur Vereinfachung der Zeichen, da das Einritzen in

Tontafeln oder Aufmalen auf Papyrus bei längeren Texten sonst zu viel Zeit erfordert hätte. So wurden die Bildzeichen zu Schriftzeichen und in Richtung zügigeren Niederschreibens mehr und mehr umgeformt, so dass ihre Herkunft immer weniger erkennbar wurde.

Als weitere Rationalisierung des Schreibens erscheint der Übergang von Wortzeichen zu Silbenzeichen und schließlich zu Lautzeichen. Auf diese Weise lässt sich durch Kombination von immer weniger Zeichen eine beliebige Zahl von Wörtern bilden. Diesen Vorgang kann man bei mehreren Hieroglyphenschriften verfolgen. Schon die sumerische Schrift hat Übergänge zur Silbenschrift, und die aus ihr entwickelte Keilschrift Vorderasiens besaß bereits einen Silbenschrift-Charakter. Durch Kombination von Silben ließen sich vollständige Sachverhalte ausdrücken, und der Bedarf an Schriftzeichen sank dadurch drastisch.

Die im neuen Reich Ägyptens begonnene Überführung der Schriftsymbole in Buchstaben-Zeichen wurde von den Phöniziern konsequent weitergeführt. Ihre Schrift hatte aber zunächst noch keine Vokalzeichen; sie wurden erst von den Griechen in die Schrift aufgenommen, dann aber auch von den Phöniziern übernommen. So entstand das heutige aus Konsonanten und Vokalen bestehende Alphabet. Die Römer gaben den auf etwa 25 Buchstaben geschrumpften Schriftzeichen die vereinfachte und klare graphische Form. Diese Schriftform blieb seitdem die rationellste Art schriftlicher Kommunikation. Das Lernen einer solchen Schrift ist jetzt für jeden möglich, und der schriftliche Gedankenaustausch wird Allgemeingut.

Es liegt auf der Hand, dass durch die schriftliche Fixierung der Sprache die Traditionsbildung sehr erleichtert wurde. In Stein gemeißelte, in Lehm eingedrückte, auf Papyri oder Holz gemalte Schriftzeichen konnten im Gegensatz zum recht flüchtigen Wort viele Generationen überdauern. Zudem konnten sie immer wieder kopiert werden, wie das in Ägypten schon im "Alten Reich" (etwa 2700-2200 v. Chr.) üblich war.

Ein weiterer entscheidender Fortschritt entstand schließlich durch die Erfindung des Druckens. In China wurde schon im 2. Jahrhundert n. Chr. auf einzelne Blätter, seit dem 10. Jahrhundert auch in Buchform gedruckt.

Die Erfindung der europäischen Buchdruckerkunst im 15. Jahrhundert führte zu einer beschleunigten Wissensvermittlung. Zahlreiche wichtige theoretische Schriften konnten rasch verbreitet werden. Zudem konnten Bücher über Jahrzehnte und Jahrhunderte hinweg aufbewahrt und gelesen werden. Entscheidende Abschnitte konnten immer wieder nachgelesen, Bücher konnten auch zum Unterricht der Jugend verwendet werden und dergleichen mehr. Es ist sicherlich kein Zufall, dass die durchschlagenden Erfolge der Reformation und die Erfindung der europäischen Buchdruckerkunst zeitlich zusammenfallen.

In jüngster Vergangenheit wurde schließlich diese Wissensüberlieferung noch weiter gesteigert durch die Möglichkeit, farbig zu reproduzieren, Wissensstoff, Musikwerke auf Schallplatten und Tonbändern zu konservieren und zu verbreiten.

Biologisch gesehen bedeutet diese Speicherung des Wissens in Büchern und anderen Medien etwas prinzipiell Neuartiges: mit seiner Literatur, mit seinen Büchereien, mit seinen Computerspeichern usw. schuf sich der Mensch gewissermaßen ein soziales Übergehirn, an das sich jeder Mensch beliebig anschalten kann, um so Erfahrungen zu verwenden, die unser Gehirn nicht mehr in der Lage wäre, selbst zu speichern. Literatur und Datenbanken bereichern also die Welt unserer Gedanken in unvorstellbarem Ausmaß mit sogenannten „extracerebralen Assoziationsketten".

Mit den elektronischen Rechenmaschinen schuf die Wissenschaft dann sogar Apparate, die in manchen Belangen mehr leisten können als die Menschen selbst. Die Weltraumflüge, gesteuert durch Elektronengehirne, sind in dem Sinne „übermenschliche" Leistungen.

5. Vervollkommnung und Höherentwicklung in der kulturellen Evolution

Es war oft der Fortschritt der Technik, der in der Menschheitsgeschichte auf die kulturelle Evolution Einfluss nahm. Ohne primitive Waffen hätte sich der Mensch schon in der Altsteinzeit nicht halten können. Die Erfindung der Feuererzeugung, des Rades, des Pfluges und der Metallbearbeitung führten zu jeweils völlig neuartigen höheren Kulturstufen. Ohne Mikroskop, chemische und physikalische Apparaturen wäre unsere Lebenserwartung wohl immer noch auf 30 bis 35 Jahre beschränkt, weil wir nur wenig von der Funktion unserer Organe, fast nichts von Krankheitserregern und von deren Bekämpfungsmöglichkeiten wüssten.

Häufig waren es technische Erfindungen, die den Gang der politischen Geschichte beeinflussten. Bessere Bewaffnung und Kriegstechnik verhalfen den Römern zum Sieg über die „Barbaren", die Gewehre und Kanonen der Europäer trugen zur Niederwerfung von Indianern, Negern und anderen Völkern bei; Atombomben und ferngelenkte Raketen spielen heute eine wesentliche Rolle bei politischen Entscheidungen.

Wie man solche Vorgänge auch bewerten mag, lassen sie doch Gesetzmäßigkeiten erkennen, die in erstaunlicher Weise denen der biologischen Evolution gleichen. So treten, genau wie Erbsprünge (Mutationen) im biologischen Bereich, neue Ideen, Erfindungen und geistige Erfahrungen zunächst als Gedankenkomplexe eines Individuums auf, und sie müssen sich dann, in der gleichen Weise wie Mutationen, bewähren und durchsetzen, um die Gesamtheit tradierter Erfahrungen fallweise zu erweitern.
Dies ist in allen menschlichen Einrichtungen zu beobachten, an Bauwerken, staatlichen Strukturen, in der Kunst, an wissenschaftlichen, philosophischen, religiösen Vorstellungen, an Maschinen und weiteren technischen Errungenschaften.
So wurden Pfeil und Bogen verdrängt durch Armbrüste, diese durch Vorderladergewehre, diese wiederum durch Hinterlader, jene durch Zündnadelgewehre und schließlich durch Maschinengewehre. Der Gänsekiel zum Schreiben wich dem Halter mit Stahlfedern, dieser dem Füllhalter, der Schreibmaschine, dem PC. Das Hochrad wurde verdrängt durch das Fahrrad mit Kettenantrieb, später dann mit Freilauf, Rücktrittbremse und Gangschaltung.
Aber auch bezüglich der Höherentwicklung haben wir Parallelen zu rein stammesgeschichtlichen Gesetzmäßigkeiten: Höherentwicklung bedeutet die Zunahme der Vielfalt in der Einheit, also die Schaffung einer harmonischeren Integration innerhalb eines Organismus, was in der Regel größere Leistungsfähigkeit und größere Umweltunabhängigkeit mit sich brachte. So können wir uns vorstellen, dass unter den zahlreichen Ideen der einzelnen Menschen hin und wieder solche sind, die einen Fortschritt bedingen, insofern, als sie sowohl strukturell komplizierter als auch funktionell rationeller in Erscheinung treten.
Als das Rad zunächst als volle hölzerne Scheibe erfunden war, entstanden schon im vierten Jahrhundert v. Chr. primitive zweirädrige Karren. Diese wurden sukzessive vervollkommnet in dem Maße, wie neue Ideen für eine rationellere Funktion auftraten. Es wurden Nabe und Speichen erfunden, eiserner Beschlag und Schmierfett. Durch gedankliche und tatsächliche Kopplung von zwei zweirädrigen Karren entstand der vierrädrige Wagen, hinzu kamen Trittbretter, bessere Sitzgelegenheiten, Verdeck, Türen, Fenster, Federung, Lampen, Motor, Gummireifen, Autoradio für Verkehrsfunk usw. Auch andere wissenschaftliche Apparaturen, Fluggeräte, Computer erfuhren sukzessive komplizierte und rationelle Weiterentwicklung.

Der gleiche Trend zeigt sich auch in der Weiterentwicklung des Wortschatzes, in der staatlichen Verwaltung, in Gebietsreformen, in den Erkenntnissen und Erfahrungen der Naturwissenschaften, in den Forschungsergebnissen und Heilmethoden der Medizin usw.
Es ist festzustellen, dass sich die Kultur in Teilbereichen aufgrund ständiger Selektion stets weiter entwickelt.
Immer wieder wird die Frage diskutiert, ob evolutive Veränderungen lediglich nur quantitative Unterschiede zu Vorausgegangenem darstellen, oder ob es echte (bisher nicht erklärbare) Entwicklungssprünge gibt, die zu qualitativ neuen Phänomenen führen. Einen derartigen qualitativen Sprung sieht z.B. Chomsky (1970) im Auftreten der Sprache.
Beide Standpunkte kommen, im Extrem vertreten, dem tatsächlichen Geschehen kaum nahe. Für Physiker, Chemiker, Biologen, Kybernetiker, Systemtheoretiker ist nämlich das Auftreten völlig neuer Systemeigenschaften durch die Vereinigung von Untersystemen etwas ganz Natürliches.
Elektron und Proton sind geladene Elementarteilchen: Zusammen bilden sie ein *neutrales Atom* (Wasserstoff). Die Gase Sauerstoff und Wasserstoff verbinden sich zu der *Flüssigkei*t Wasser. Kohlenstoff C und Stickstoff N sind harmlose Stoffe, Cyan C2N2 ist *hochgiftig*. Ein Stromkreis mit einer Spule und einem Kondensator ergeben zusammengeschaltet einen *Schwingkreis* (Lorenz, 1973). Auch die Regeln eines Fußballspiels lassen sich nicht für einen einzelnen Menschen, sondern nur auf mehrere Spieler anwenden.
Die Eigenschaften eines Systems können sich also wesentlich (qualitativ!) von denen seiner Teile unterscheiden. Diese Tatsache ist für einige der wichtigsten zurzeit diskutierten Probleme relevant: für die Frage der Entstehung des Lebens, für das Reduktionsproblem (Rückführbarkeit der Biologie auf Physik und Chemie), für die Evolution von Bewusstsein und Sprache oder auch für psychosoziale Probleme. Leben, Bewusstsein, Erkenntnisfähigkeit sind nämlich Systemeigenschaften und nur als solche verständlich.
Es ist auch für die Entwicklung zum Menschen nicht nötig, echte Entwicklungssprünge oder gar außernatürliche Einflüsse zu postulieren. So ist die Qualität des spezifisch Menschlichen nach K. Lorenz (1973) durch eine Synthese zwischen Raumvorstellung, Greifhand, Aufrichtung, Neugierverhalten und Sprachentwicklung entstanden. Leben selbst ist eine spezifische Systemgesetzlichkeit, die in keiner seiner physikalisch-chemischen Eigenschaften allein enthalten ist.

Die Begriffe Evolution oder Entwicklung werden den dargestellten Sachverhalten nicht gerecht. Beide Begriffe bedeuten nämlich die Abstreifung der Hüllen von etwas Fertigem, und gerade das liegt nicht vor. Vielmehr verbinden wir heute mit diesen Begriffen den allmählichen Wandel lebender Systeme in Richtung zunehmender Komplexität, wobei die Vereinigung von Untersystemen eine entscheidende Rolle spielt.
Lorenz (1973) verwendet für das Auftreten neuer Systemeigenschaften den scholastischen Begriff Fulguration. Er soll daran erinnern, dass wie bei einem Blitz (fulgur) oder – besser noch – wie bei einem Kurzschluss schlagartig etwas Neues auftritt, eine völlig neue Verbindung geschaffen wird, die vorher nicht, auch nicht in Andeutungen, vorhanden war.

6. Entwicklungstrends zum Negativen

Im Bereich der Technik ist die Entwicklung speziell der Waffen nunmehr an einem bemerkenswerten Punkt angelangt, nämlich der Vernichtungsmöglichkeit der gesamten Menschheit. Dieser Tatbestand lässt die Technik urplötzlich als eine sehr zwielichtige Kulturblüte erscheinen, was umso fataler darin zum Ausdruck kommt, als diese Entwicklung so sehr beschleunigt erscheint, dass die Menschen, wie man meinen möchte, fast hoffnungslos mit der Entwicklung der dafür so dringend notwendigen ethischen Vorstellungen und Bräuche und auch mit ihren sozialen und politischen Strukturen hinterherhinken. Hier zeigen sich aktuelle Probleme von fast unvorstellbarer Tragweite. So stellt sich die Frage, ob der alles vernichtende atomare Holocaust abgewendet werden kann. Für Verhaltensphysiologen wie Eibl-Eibesfeldt ist Frieden möglich, aber es braucht nach ihrer Auffassung mehr als den Hinweis auf die Schrecken des Atomkrieges und die hoffnungsvolle Botschaft der Bergpredigt, um ihn zu erreichen.
Die Entwicklung der Waffen ist natürlich nur ein spezieller Fall einer ganzen Reihe solcher Fälle, die den selbstzerstörerischen Trend offenbaren. So haben zum Beispiel auch die Errungenschaften der Medizin paradoxerweise zu einem explosiven Zuwachs der Weltbevölkerung beigetragen. Rein arithmetische Überlegungen zeigen bereits, dass es so nicht weitergehen kann.
Allerdings ist dies leichter gesagt als getan. Das Paradoxon wird darin erkennbar, dass überall, wo die Kunst der Ärzte den vorzeitigen Tod besiegt hat, die Populationen wachsen. Um sie niedrig zu halten, muss man jetzt erneut Ärzte bemühen, die nach der Waffe gegen den Tod die Waffe gegen das reichlich entstehende Leben liefern sollen.

Doppelt so schnell wie der Mensch vermehren sich die Automobile; es ist leicht zu ermessen, wann wir an einer Automobilverstopfung ersticken werden. Mehr als doppelt so schnell, vielleicht gar vier oder fünfmal so schnell, vermehren sich die Errungenschaften von Technik und Naturwissenschaften. Allein die Forschungsergebnisse der Wissenschaft werden die intellektuelle Welt unter einer Lawine von wissenschaftlichen Ideen und Schriften begraben, dass auch der Genialste nicht mehr im Stande sein wird, „den Wald vor lauter Bäumen zu sehen".

Dies sind nur einige der düsteren Perspektiven einer Entwicklung, die bis in unsere Tage die Menschheit zu einer so gewaltigen Höhe geführt hat, nun aber den Kulminationspunkt eines positiven Verlaufs zu überschreiten droht, angesichts der Umweltschäden, ihn insbesondere in den hochindustrialisierten Gebieten, bereits überschritten hat. Die hierdurch weltweit entstandenen Probleme bedürfen weltweit wirkender Maßnahmen, zu denen es aber nicht so ohne weiteres kommt.

In allen dargestellten Entwicklungstrends zum Negativen liegt das Ergebnis einer bislang adaptiven Entwicklung vor. Diese scheint nun das Optimum überschritten zu haben und wird ins Gegenteil verkehrt.

Alle biologischen Systeme sind nach dem Optimalitätsprinzip konstruiert, und in allen gibt es einen Umschlagpunkt, von dem an sozusagen aus dem Guten ein Zuviel des Guten wird. Ferner entwickelt jedes organische System eine Eigendynamik. Es wächst, vermehrt sich, gewinnt Macht. Dies kennzeichnet insbesondere die vom Menschen geschaffenen Organisationen, was unter anderem Ausdruck dafür ist, dass auf der Ebene der kulturellen Evolution die Geschwindigkeit evolutiver Prozesse gegenüber denen im biologischen Bereich gewaltig zugenommen hat. Seit dem Cro-Magnon vor 40 000 Jahren hat sich die Biologie des Menschen so gut wie nicht verändert, aus dem Sammler und Jäger von damals ist mittlerweile aber ein Weltraumfahrer geworden.

Dem Menschen fällt zudem die einmalige Aufgabe zu, den roten Faden des Lebens selbst in der Hand zu halten. Plötzlich muss er selbst die Verantwortung dafür tragen, wie es mit ihm und allen anderen Geschöpfen auf diesem Planeten weitergehen soll. Welche Ziele sind zu setzen? Soll ein neuer Mensch geschaffen werden? Nach welchem Katalog wünschenswerter Eigenschaften soll dies vorgenommen werden? Oder wird man den Menschen so belassen müssen, wie er nun mal ist, dafür aber aus dem umfangreichen Verhaltensprogramm solche Merkmale stärker fördern, die bisher mehr oder weniger unterdrückt waren, die aber geeignet erscheinen, ein menschenwürdiges Leben zu garantieren? Oder können wir es so einrichten, dass wieder Bedingungen hergestellt werden, die dem Menschen angemessener sind, und zwar im Verbund mit der Natur und nicht gegen sie?

Hier einige dem Werk „Die Biologie des menschlichen Verhaltens" (Eibl-Eibesfeldt, 1997) entnommene Beispiele zur Veranschaulichung des Wirkens von Eigendynamik und Optimierung im menschlichen Bereich.

Ruft man eine Organisation zur Trockenlegung von Mooren und Feuchtwiesen ins Leben, dann ist das für ein Gebiet mit vielen Feuchtwiesen sicher zunächst ein Segen. Aber einmal aktiv, baut eine solche Organisation einen Maschinenpark und einen Mitarbeiterstab auf, der beschäftigt sein will. Sie wächst und wird, solange sie für ihre Tätigkeit bezahlt wird, nicht aufhören, tätig zu sein, bis auch die letzte Feuchtwiese, nunmehr zum Schaden der Gemeinschaft, trockengelegt ist. Eine vergleichbare Eigendynamik zeigt sich im subventionierten Kohleabbau.

Entsprechend verhält es sich mit dem staatlichen Ausbau des Straßennetzes; er ist ein höchst verdienstvolles Werk. Doch scheint auch hier das Optimum bereits überschritten, und es wird nicht leicht sein, die biotopzerstückelnde Zubetonierung der Landschaft zu bremsen. Die Organisation will nämlich leben und wachsen. Jedermann kann diese Liste plötzlicher Wertumkehrung mühelos weiterführen. Betraue ich etwa eine Organisation mit der Aufgabe, elektrischen Strom zu erzeugen, dann wird sie, dieser Aufgabe ernsthaft nachkommend, nicht aufhören, bevor nicht der letzte Bach aufgestaut ist. Wälder von Wind -Turbinen zieren mittlerweile weite Bereiche unserer Landschaft. Dies geschieht nicht aus irgendwelchen bösen, naturzerstörerischen Intentionen, es ist vielmehr Frucht einer Eigendynamik mit der Tendenz, sich beschränkender Kontrolle zu widersetzen.

Man kann die Energiepolitik nicht von denen bestimmen lassen, die die Energie herstellen, so wie man ja auch die Militärpolitik nicht den Militärs überlassen darf, oder die Pharmaindustrie bestimmen lassen, wie viel Pillen wir brauchen, wie es auch nicht der Entscheidung der Walfangindustrie obliegen darf, in welchem Umfange welche Meeressäuger weiterhin abgeschlachtet werden usw.

Entwicklungstrends zum Negativen haben also stammesgeschichtliche Wurzeln, zu denen noch eine weitere sehr wichtige hinzuzufügen ist, nämlich die, dass die zum Teil sehr destruktiven Folgen unseres Tuns nicht in hinreichender Weise bedacht werden. Dies zeigt sich etwa hinsichtlich der Belastun-

gen der Biosphäre : Wasser- und Luftverschmutzung, Aufheizung der Atmosphäre, Waldsterben, Vergiftung des Bodens, Strahlenbelastungen durch Atombombenabwürfe und versuche usw.
In der Vergangenheit konnte unsere Mutter Natur ohne weiteres mit den Spuren, die unsere herumziehenden Vorfahren allenthalben hinterlassen haben, fertig werden. Heute gelingt ihr dies nicht mehr wegen der übergroßen Zahl an Menschen und der gesteigerten Effizienz unserer Handlungen. Gleichwohl wird weiterhin ein ziemlich unbekümmertes Verhalten an den Tag gelegt. So wie ein Müller in früherer Zeit alles nicht Verwertbare demselben Gewässer, das die Mühle antrieb, bedenkenlos überließ, verfahren heute Großindustrien an fast allen Flüssen der Erde. In den Ballungsräumen türmt sich der Müll zu riesigen Bergen, zu gigantischen Geschwüren in der Landschaft, wie auch der Weltraummüll mittlerweile geradezu gigantische Ausmaße angenommen hat.
Hierzu ist anzumerken: unsere in Gruppen herumziehenden Vorfahren haben sich, seit eh und je herzlich wenig um die Umwelt gekümmert. Sie brauchten es auch nicht, im Gegensatz etwa zu Murmeltieren, die in ihrem beengten Lebensraum sehr auf Umweltschutz achten müssen, im Winter beispielsweise in ihren Bauten Kammern zur Unterbringung ihrer Exkremente anlegen und dergleichen mehr. Hätte die Natur in langen Ausleseprozessen ihnen diese Fähigkeiten nicht gegeben, sie existierten heute nicht mehr. Der Mensch tut sich in der Vermeidung möglicher negativer Auswirkungen seines Tuns sub specie evolutionis sehr schwer. Er ist offenbar erst durch schlimme Erfahrungen zu den notwendigen Maßnahmen zu bewegen. Oft ist es dann zu spät. So täte es gut, wenn die Einsicht in solche stammesgeschichtlichen Hintergründe unsere Vernunft stärker mobilisieren würde, denn mit Blick auf die dadurch ermöglichte Vermeidung von Folgelasten wäre dies nicht nur weniger destruktiv sondern auch sehr viel ökonomischer.
Es erscheint nicht übertrieben, von einer Krise der Menschheit zu sprechen. Im Evolutionsgeschehen ist dies nichts Besonderes. Unzählige Arten sind schon ausgestorben. Warum sollte ausgerechnet der Homo sapiens von einem solchen Schicksal verschont bleiben? Sterben, Aussterben ist etwas Natürliches. Warum können wir nach solcher Feststellung dennoch nicht zur Tagesordnung übergehen? Deshalb nicht, weil wir uns eingestehen müssten, dass das baldige Verschwinden unserer Art von diesem Globus eine vorzeitige, weitgehend selbstverschuldete Auslöschung bedeuten würde. Dies gehört eben auch zum Bild des Menschen, dass er als einziges Geschöpf unter der Sonne für sein Tun persönlich verantwortlich gemacht werden kann. Nach dem Ge-

sagten bleibt nur die Hoffnung, dass der Blick in die Vergangenheit unsere Sinne für die Probleme der Gegenwart schärfen und darüber hinaus Visionen für eine gedeihliche Zukunft erschließen möge.

Die kulturelle Evolution, stammesgeschichtliches Produkt eines so ungemein effizienten Verfahrens der Gewinnung von Information und ihrer Weitergabe auf dem Verhaltenswege, hat offensichtlich auch ihre Schattenseite. Bleibt zu hoffen, dass sich zu den grandiosen Möglichkeiten des Kulturwesens Mensch noch die verhaltensbiologischen Rahmenbedingungen hinzugesellen, die den „Homo sapiens" vielleicht doch noch vor der selbstverschuldeten Ausrottung zu bewahren vermögen.

Die Probleme unserer Zeit weisen aber auch, wie man einräumen muss, tragische Züge in bemerkenswerter Häufung auf. Viele menschliche Triebfedern, die ursprünglich naturhaft und sinnvoll waren und sich auch in der bisherigen Menschheitsgeschichte überwiegend segensreich auswirkten, entfalten in der heutigen Zivilisation unheilvolle Konsequenzen: das Verlangen nach Wachstum, die Funktionslust, also die Freude am Tun und Teilhaben am aktiven Geschehen, das Streben nach Arbeitsteilung und übersichtlicher Ordnung, die Begeisterung für das Erreichen begehrter Ziele im Wettstreit. Diese vitalen, zum vollen Menschsein gehörenden Verhaltensrichtungen führen heute dazu, dass Wachstum und Vermehrung der Wirtschaft und der Bevölkerung die Kapazität der Umwelt überfordern. Die Funktionslust verführt zum Selbstgenuss. Die Arbeitsteilung tendiert zu abnehmender Vielfalt der Arbeit des Einzelnen, zu deren Sinnentleerung und zu geistiger Enge des Spezialistentums. Das Streben nach Ordnung endet in erstickender Überorganisation. So verkehrt sich Gutes zum Verhängnis.

Wortsprache und Schrift, diese beiden allein dem Menschen zukommenden Möglichkeiten der Weitergabe und Speicherung von Information, haben, wie schon gesagt, das Tempo seiner kulturellen Evolution in ständig zunehmender Weise gesteigert, während seine weitere biologische Evolution langsamer verlief. Dies ist der Grund dafür, dass alle heute lebenden Menschen in ihren biologischen Eigenschaften weitgehend übereinstimmen, sieht man von klimabedingten Anpassungen wie unterschiedlichen Pigmentierungsgraden der Haut ab, die im wahrsten Sinne des Wortes nur sehr oberflächliche Merkmalsunterschiede darstellen.

Im Hinblick auf die Produkte ihrer kulturellen Evolution dagegen bestehen bedeutende Unterschiede. Neben hochentwickelten Kulturen sind auch ursprünglichere Verhältnisse bei geographisch isolierten „Naturvölkern" erhalten

geblieben, wie z.B. bei der Urbevölkerung in entlegenen Bergtälern Neuguineas, die in manchem noch eine Steinzeitkultur besitzen.
Die kulturelle Differenzierung stellt ein Analogon zur biologischen Differenzierung dar, die über die Aufspaltung in verschiedene biologische Arten, über Artbildung (Speziation) verläuft. Sie tritt gewissermaßen als kulturelle „Pseudospeziation" (Scheinartbildung) an die Stelle biologischer Artbildung.

F: Altruismus – Diskriminierung und Pseudospeziation

Die Sprache ist ein hochdifferenziertes Mittel, den Artgenossen Gedanken und Erfahrungen mitzuteilen; es setzt die Bereitschaft voraus, miteinander zu teilen, sich „mitzuteilen", also Altruismus.
Für die Entwicklung wichtiger Sozialstrukturen des Menschen hat das Teilen von Nahrung sehr wahrscheinlich eine entscheidende Rolle gespielt. Neuere Funde von Werkzeug- und Beuteknochenansammlungen am Turkana-See in Ostafrika, die zum Teil über 2 Millionen Jahre alt sind, weisen darauf hin, dass unsere Vorfahren damals schon mit ihrer Beute zu einem Heimplatz zurückgekehrt sind und sie dort mit den Gruppenmitgliedern geteilt haben, also eine Verhaltensweise übten, die es ansonsten bei den Primaten nicht gibt. Eine solche Nahrungsteilung hat zwanglos eine entsprechende Teilung der Arbeit zur Folge. Frauen, die durch Schwangerschaft und Kinderpflege mehr an den Heimplatz gebunden waren, und die älteren Mitglieder der Gruppe konnten Kleintiere und Pflanzen sammeln, während die jüngeren Männer Beutezüge unternahmen. Die unterschiedliche Rolle der Geschlechter mag hierin eine ihrer Wurzeln haben. Arbeitsteilung ist auch in der Gegenwart noch sinnvoll und unerlässlich für ein gutes Zusammenleben in der Gesellschaft, vorausgesetzt, die Bereitschaft hierzu ist das Ergebnis einer freien Willensentscheidung. Allzu oft aber ist dieses vernünftige Prinzip der Teilung innerhalb weiter Bereiche der Gesellschaft zum Rollenzwang mutiert, der insbesondere im weiblichen Geschlecht mitunter extrem menschenunwürdige Formen angenommen hat.
Der Mensch lebte von seinem Entstehen an in Sozialverbänden, innerhalb derer sich ein Gruppen-Altruismus entwickelt hat, also Selbstlosigkeit im Dienste der Gruppeninteressen. Normiertes Verhalten und damit die Berechenbarkeit, letztlich die Verlässlichkeit des Gruppenmitgliedes, hat die Gruppe maßgeblich gefestigt. Wertvolle Erfahrungen blieben aus verständlichen Gründen stets auf die Mitglieder der Gruppe beschränkt. Diesem Altruismus der eigenen Gruppe gegenüber entsprach die Ablehnung anderer Gruppen. Unter sol-

chen Gegebenheiten sind Isolationsmechanismen entwickelt und wirksam geworden, die zur Bildung der verschiedenen Kulturen geführt haben. Hier liegt die Ursache dafür, dass sich neben dem Altruismus gegenüber der eigenen Gruppe ein gruppenegoistisches Verhalten anderen Gruppen gegenüber herausschälte. Auch die Ursache der sog. Ausstoßreaktion ist hier zu suchen. Individuen, die sich den allgemeinen Spielregeln nicht unterwarfen oder sich ihnen gar widersetzten, wurden von der Gruppe als untragbar verbannt. Eine milde Form der Ausstoßreaktion liegt im Verspotten vor; im Spotten belegt man ein Gruppenmitglied mit Namen, die ihn zum lächerlichen Außenseiter stempeln. Diese Verhaltenstendenz, die in früheren Zeiten das Überleben der Gruppe sicherte, ist heute wohl noch in jedem Menschen als ein archaisches Verhaltensmuster verankert. Seiner im heutigen Sinne oftmals inhumanen Manifestation kann nur durch entsprechende Erziehung abgeholfen werden. Mit anderen Worten: Toleranz ist eng verknüpft mit der Kulturfähigkeit des Menschen.

In diesen verhaltensbiologischen Rahmen passt auch das sogenannte „Mobbing" (aus dem Englischen „to mob" = anpöbeln, schikanieren). Mobbing bedeutet, dass eine Person oder Gruppe am Arbeitsplatz von gleichgestellten, vorgesetzten oder untergebenen Mitarbeitern schikaniert, belästigt, beleidigt, ausgegrenzt oder mit kränkenden Arbeitsaufgaben bedacht wird. Die „gemobbten" Personen fühlen sich mit der Zeit unterlegen, nicht selten erkranken sie. Mobbing existiert jedoch nicht nur in der Arbeitswelt, sondern geschieht auch im Bildungsbereich, in Freizeit-Institutionen, in der Nachbarschaft oder innerhalb von Familien und Sippen.

Verspotten ist also eine vergleichsweise harmlose Manifestation eines bestimmten gruppenspezifischen Verhaltens. Im Mobbing nimmt die Ausstoßreaktion eine besonders böse Form an.

An solchen Negativbeispielen der Pseudospeziation zeigt sich die Notwendigkeit, ein allgemein verbindliches Menschenbild zu schaffen, das – und das wäre doch endlich mal ein positiver Effekt der Globalisierung – weltweit Geltung hat und ausschließt, dass Menschen wegen ihrer Religion, ihrer Hautfarbe, ihrer Rassenzugehörigkeit, ihres Geschlechtes wegen usw. diskriminiert werden.

Im unmittelbaren Vergleich biologischer Speziation und kultureller Pseudospeziation zeigen sich verblüffende Parallelen (Analogien). Hier wie dort sind beispielsweise Isolationsmechanismen am Werke. In der biologischen Evolution beschränken sie bei der Differenzierung in verschiedene Arten den Aus-

tausch von genetischer Information auf Artgenossen und geben somit Barrieren zur Aufrechterhaltung der Arttrennung ab. In gleicher Art und Weise tendiert auch die kulturelle Evolution zur Errichtung von Barrieren gegen einen Austausch, in diesem Falle erfahrungsbedingter Information.
In diesem Zusammenhang ist von besonderem Interesse, dass die menschliche Sprache in den Gruppen besonders schnell spezifische evolutive Abwandlungen erfuhr und somit (entgegen ihrer ursprünglichen kommunizierenden Funktion) zu einem besonders wirkungsvollen Isolationsmechanismus wurde. Es kam zu der „babylonischen Sprachverwirrung", zu den über 3000 verschiedenen Sprachen, die heute gesprochen werden, sieht man von den zahllosen Dialekten ab. Hieran wird erkennbar, wie aus einem effektiven Kommunikationsmittel ein ebenso effektives Kommunikationshindernis werden kann. Die Sprache, die man nicht versteht, wird als Fremdsprache empfunden, und derjenige, der sie spricht als „andersartig".
In der Tat bedeuten eine ganze Reihe der Stammesnamen von Naturvölkern, wie z.B. Massai und Innuit einfach *Mensch*, ein Prädikat, das zuvorderst nur der eigenen Gruppe zugestanden wurde.
Geht man davon aus, dass der Mensch schon in seiner Frühphase Reviere verteidigt hat, also gruppenterritorial war, so könnte in der Pseudospeziation eine der Wurzeln für sein kriegerisches Verhalten liegen, vor allem im Hinblick darauf, dass die im Menschen angelegte intraspezifische Tötungshemmung zwischen den Kulturen nicht mehr in ausreichender Weise zum Tragen kommt. *„Der Kampf der Kulturen"* (so ein Buchtitel) kann auf dieser eng gewordenen Erde durchaus ernste Formen annehmen, in manchen Teilbereichen scheint er schon in vollem Gange.
Abschließend ist festzustellen: so wie heute lebten auch früher die Menschen in Gruppen, die durch ein Gefühl der Zusammengehörigkeit gekennzeichnet waren. Sie setzten sich dadurch von anderen ab. Normiertes Verhalten gewährleistete die Berechenbarkeit des Partners in der Gruppe, zugleich stellte es ein Mittel der Absetzung gegenüber anderen Gruppen dar. Eine solche Verhaltensweise war umso dringlicher, je weniger abgeschlossen die Gruppen untereinander waren, denn früher wie heute dürften die Familien verschiedener Gruppen miteinander verschwägert gewesen sein. Von daher galt es, ständig drohender Überfremdung zu begegnen, was umso besser gelang, je stärker die gruppeneigenen Verhaltenseigentümlichkeiten, die von Zugewanderten übernommen werden mussten, ausgebildet waren. So hat die Neigung resp. die Notwendigkeit zur Kontrastbetonung bei Gruppennormen wie Sprache,

Brauchtum, Kleidung, Eingriffe am Körper, Schmuck zur raschen kulturellen Differenzierung, zur Pseudospeziation geführt und es dem Menschen insofern auch gestattet, sich rasch an verschiedene Lebensräume anzupassen. Phänomene wie Bemalung der Haut, Tätowierungen, Stammestrachten, Eingriffe am Körper wie Zähneabfeilen und Unterlippenvergrößerung können als optische Pseudospeziesmerkmale gelten. Sie legen beredtes Zeugnis hinsichtlich der angesprochenen Kontrastbetonung ab. Die allbekannte Unauslöschlichkeit von Tätowierungen wird in diesem Zusammenhang voll verständlich, denn Merkmale dieser Art boten eine besonders nachhaltige Garantie der Einbindung in die eigene Gruppe. Auch heute noch erfüllen Trachten und Uniformen diese Funktion.

Ergebnis der Bildung von Kulturarten sind die verschiedenen Religionsgemeinschaften, die verschiedenen Formen des Zusammenlebens, die verschiedenen Eheformen, die unterschiedlichen Wirtschaftssysteme, die unterschiedlichen Maßeinheiten und Verkehrsregeln. Die ganze Fülle solcher Differenzierungen ist sicherlich ein Wert. Wer möchte auf die kulturelle Buntheit verzichten? Sie ist aber nur die eine Seite der Medaille ‚Pseudospeziation', denn Abgrenzung beschwört stets auch die Gefahr der Entfremdung und Feindseligkeit herauf, wie man an der augenblicklichen Aufspaltung unserer Gesellschaft in immer Reichere und immer Ärmere erkennen kann. Dass in Deutschland alle, bis auf rund 5 Millionen, die inzwischen von der Aufstiegsleiter gefallen sind, ihre Besitzstände auf den verschiedenen Stufen der Leiter verteidigen, wobei die weiter oben Sitzenden den unten Sitzenden zurufen, sie sollten den Gürtel enger schnallen, ist Ausdruck für Pseudospeziation. Dies trifft auch für die Besitzverteilung unter globalen Gesichtspunkten zu. Auch hier geht die Schere zwischen Arm und Reich immer weiter auseinander. Es ist höchste Zeit, den Reichtum dieser Erde gerechter zu verteilen, um das Konfliktpotenzial für kriegerische Auseinandersetzungen zu minimieren. Über 50% der Erdbevölkerung leben in Armut, ein besonders düsteres Ergebnis von Pseudospeziation. Generell führt Pseudospeziation zur Ignorierung von Informationen und Abwehr von Emotionen, vor allem, wenn sie negativ und für die eigene Gruppe belastend sind. Dies hat verschärfende Wirkung und kann den sozialen Frieden in höchste Gefahr bringen.

Fazit:

Die Tendenz zur Speziation steht der generellen Verbrüderung entgegen. Dieser Zwiespalt menschlichen Wesens ist nur sehr schwer aufhebbar. Allenfalls kann durch Erziehung zur Toleranz und zur Vernunft, z.B. zur Vernünftigkeit des Teilens, dem Prozess der Abgrenzung die Schärfe genommen werden. Auf dieser Basis könnte es vielleicht gelingen, z.B. Rassismus und Fremdenfeindlichkeit abzubauen, des Weiteren, den Weg zur Integration von Ausländern zu ebnen, um somit die Voraussetzung für eine wünschenswerte Assimilation zu schaffen, die indessen nur im Verlaufe von Generationen möglich sein dürfte. So ist die Assimilation der Hugenotten in Preußen zu Zeiten Friedrich des Großen nicht von heute auf morgen erfolgt. Toleranz ist also eine Grundvoraussetzung dafür, Konflikte der angesprochenen Art zu lösen. Damit aber nicht genug; aus Toleranz sollte Akzeptanz werden, so wie sich heute mit Blick auf Ökumene Christen verschiedener Glaubensrichtungen nicht mehr nur tolerieren, sondern auch akzeptieren.

Ob indessen die Einsicht in die Notwendigkeit zu gemeinsamem Planen und Handeln ausreichen wird, die geschilderten pseudospezifischen Verhaltenseigentümlichkeiten zu überwinden und modernen Überlebensstrategien (Nachtigall, 1983) zu weltweiter Geltung zu verhelfen, d.h. ob die Gratwanderung zwischen der Bewahrung eigener (kulturartlicher) Identität und ihrer Preisgabe z.B. zugunsten überregionaler Interessen auf Dauer gelingt, ist ungewiss. Gewiss aber trifft zu:

„Die Menschheit der Zukunft wird eine friedliche, sich vertrauende Gemeinschaft der Völker sein – oder es wird keine Menschheit mehr geben. Auf lange Sicht sind unser Steinzeitcharakter, unsere Angst, unsere Bereitschaft zu töten unvereinbar mit den ins Uferlose wachsenden Möglichkeiten unserer Technik“ (Voigt, 1984, S.180).

G: Archaische Verhaltensmuster

„Archaische Verhaltensmuster“ sind solche, die sich ursprünglich adaptiv entwickelt haben, in der gegenwärtigen Welt aber nicht mehr unbedingt ihrer ursprünglichen Funktion gerecht werden. Darunter fallen Begriffe wie Besitz- und Profitstreben, Revierverhalten, Hierarchieverhalten, Autoritätsgläubigkeit, Aggression, Verführbarkeit zum Krieg und Sexualität.

1. Besitz- und Profitstreben

Erich Fromm stellte fest, dass wir in einer Gesellschaft leben, die sich fast ausschließlich dem Besitz- und Profitstreben verschrieben hat. Die meisten Menschen sehen die auf das Haben gerichtete Existenz als die natürliche, ja die einzig denkbare Art zu leben an. Bedenklich stimmt nicht der Wille zum Besitz, sondern seine Ausschließlichkeit resp. Maßlosigkeit. Gewiss brauchen wir eine zum Leben notwendige Mindestausstattung; auch gegen Dinge, die unsere Umgebung kulturell bereichern, ist nichts einzuwenden; es geht um das Sammeln und Horten in einem Umfange, der die aktuellen persönlichen Bedürfnisse bei weitem übersteigt. Das Ergebnis ist uns allen, wie schon dargelegt wurde, bekannt. Das Besitzgefälle zwischen den Reichsten und Ärmsten dieser Welt hat ein unvorstellbares Ausmaß angenommen. Die Hälfte des Besitzes und des Einkommens der ganzen Menschheit verteilt sich auf weniger als 500 (!) Menschen, das sind angesichts von 8 Milliarden Erdenbürgern etwa 0,00000001 %. Es ist wohl nur noch eine Frage der Zeit, dass es (wenn es so weitergeht) zum gewaltsamen Ausgleich kommt, und zwar auf erdrutschhaft plötzliche und unerwartete Weise.

Diese Disproportionierung hängt wesentlich mit exponentiellen Wachstums- und Vermehrungsprozessen unserer Wirtschaft zusammen.

Der Mensch ist ein Wachstumsfanatiker, wahrscheinlich aus Dummheit. Es fehlt vielfach an Vorstellungskraft, welche Konsequenzen beharrliches Wachstum hat. Unser Gehirn kommt ganz gut zurecht mit arithmetischen Vermehrungsreihen nach der Art der Zahlenreihe 2 . . 4 . . 6 . . 8 . . 10 und so weiter, was die Aufeinanderfolge identischer Vermehrungsschritte bedeutet, es versagt aber total, wenn es sich um Vermehrungsschritte handelt, bei denen jeder einzelne ein bestimmtes Vielfaches des vorangegangenen beträgt, der Verlauf also der Zahlenreihe 2 . . 4 . . 8 . . 16 . . 32 und so weiter entspricht, bei der jeweils Verdopplungsschritte aufeinanderfolgen. Der folgenden Scherzfrage liegt eine solche sogenannte geometrische Progression zugrunde: Nehmen wir an, auf einem See wüchsen Seerosen, deren Zahl sich mit jedem neuen Tag verdoppelt. Nehmen wir weiter an, dass diese Seerosen nach 99 Tagen die Seeoberfläche zur Hälfte zugewuchert hätten. Die Frage lautet dann: Wie viel Tage müssten wir danach noch warten, bis der See ganz von den Rosen bedeckt ist? Antwort: nur einen einzigen weiteren Tag, und nicht nochmals so viele Tage, wie vorher nötig waren. Wer die Frage zum ersten Mal hört, stellt in der Regel fest, dass er doch einige Augenblicke braucht, um sie zu durchschauen.

Das Seerosenbeispiel weist noch einen bezeichnenden zusätzlichen Aspekt auf: es sprengt in dieser Darstellung den Rahmen alles realistisch Denkbaren. Nach 100 Verdopplungsschritten würden die Seerosen nämlich eine Seeoberfläche bedecken, die 1014 mal größer wäre als die gesamte Oberfläche der Erde, und – bei einem angenommenen Gewicht von einem Gramm pro Einzelblüte – ein Gesamtgewicht haben, das größer wäre als das von 100 Erdkugeln. Es gibt weitere Fälle, die menschliche Anschauung vor definitiv unlösbare Probleme stellen. Ein einziger von vielen: Man stelle sich vor, man hätte ein gewöhnliches Blatt Zeitungspapier mit der Dicke von rund 0,1 Millimeter vor sich und begänne, es zusammenzufalten. Nach dem ersten Mal hat das Resultat dann eine Dicke von 0,2 Millimeter, nach dem zweiten Mal eine von 0,4 und so weiter. Die entscheidende Frage: Wie dick fiele der Papierstoß aus, wenn man den Faltvorgang fünfzigmal wiederholte?

Durch bloßes Vorstellen oder Abschätzen wird niemand das richtige Ergebnis auch nur annähernd treffen: Nach fünfzigmaligem Falten hätten wir ein Gebilde von mehr als hundert Millionen Kilometer Ausdehnung erreicht, das heißt, es würde von der Erde aus über die Marsbahn hinaus bis in den Asteroid-Gürtel ragen.

Exponentielle Geldvermehrung liegt im zinsbedingten Wachstum der Geldvermögen vor. Dies ist letztendlich die Ursache dafür, dass die Reichen immer reicher und die Armen immer ärmer werden. Ab einem bestimmten Vermögensstand, so hat man errechnet, fließt automatisch, also ohne die Erbringung irgendeiner Leistung, Geld, das den Armen entzogen wird, auf die Konten der Reichen. Ein Rechenbeispiel möge verdeutlichen, wohin das durch Zinseszins bewirkte exponentielle Wachstum auf Dauer führt, nämlich das Beispiel des sogenannten „Josephs-Pfennigs".

„Auf welchen Betrag wäre ein Pfennig (hätte es ihn schon zu Christi Geburt gegeben) angewachsen, wenn Joseph ihn zu 5% Zinseszins festverzinslich angelegt hätte und wenn es seither weder Inflation noch Währungsreform gegeben hätte und auch keine Erbschaft-, Vermögen- und Zinssteuer, keinen Diebstahl des Vermögens und auch keine Revolution und Enteignung? Dieser Pfennig wäre schon bis 1990 auf einen Betrag mit so vielen Nullen angewachsen, dass sich niemand mehr diese Zahl vorstellen kann. Deshalb hat sich einer die Mühe gemacht und die Geldsumme in Gold umgerechnet, zum Goldpreis an einem Stichtag 1990. Und wie viel Gold kam dabei heraus? Goldkugeln vom Gewicht der Erde! Aber nicht eine Goldkugel, sondern: Aus einem Pfennig zu Christi Geburt wären bei 5% Zinseszins bis 1990 134 Milliarden Goldkugeln vom Gewicht der Erde geworden!" (J. Sikora, 2004).

Dieses Beispiel auf der Grundlage der Zinseszinsformel lehrt uns, dass die vom Zinseszins in Gang gesetzte Dynamik auf Dauer nicht funktionieren kann, denn ein entsprechendes Wachstum der Produktion ist nicht möglich.
Viele Probleme der Menschheit basieren auf einer Maximierungsstrategie, die sich bislang bewährt hat, nun aber nach dem Optimalitätsprinzip zu dem Punkt führt, an dem ein rein quantitatives Wachstum dem Gemeinwohl abträglich ist. In Staaten wie Indien ist mit Blick auf die dortige Bevölkerungsexplosion dieser Punkt erreicht. Dieses Land wird nicht, wie dies in der Vergangenheit zutraf, stärker, wenn es jährlich um einige Millionen Bürger zunimmt, vielmehr schwächt es sich auf diese Weise. Länder wie China haben dies erkannt und bevölkerungspolitische Maßnahmen ergriffen, die – etwa mit Blick auf die Familienpolitik – unvorstellbar hart erscheinen, die aber größeres und staatsgefährdendes Elend verhindern.

2. Revierverhalten

Eine besondere Form von Besitz, bei Tier und Mensch gleichermaßen weit verbreitet, ist der Besitz eines Reviers, das man gegen Fremde, und zwar vornehmlich gegen solche der eigenen Art, abgrenzt.
Revierverhalten zeigt sich beim Menschen unabhängig von Bildungsniveau und sozialer Stellung. Auch Erwachsene beeilen sich, am Strand ihr Revier abzustecken, eine Strandburg zu bauen und ärgern sich über jeden „Eindringling“. Man setzt sich am Familientisch, in der Kneipe, im Hörsaal, auf dem Campingplatz oder im Reisebus auf seinen „Stammplatz“. Man baut Gartenzäune oder stellt Schilder auf: „Betreten verboten“ und Ähnliches.
Revierverhalten hat primär eine wichtige biologische Bedeutung. Tinbergen (1967) hat zwei bedeutende Kriterien erkannt: Ortsbindung und Feindseligkeit gegen andere. Die Ortsbindung sichert dem Individuum bestimmte Vorteile: es lernt den Lebensraum genau kennen und kann sofort in Deckung gehen, wenn ein Räuber auftaucht, aus dem gleichen Grunde wird die Nahrungssuche erleichtert. Was die Feindseligkeit anbelangt, ist sie für Fremde ein Hemmnis, an den Vorteilen des schon besetzten Reviers zu partizipieren. Dadurch wird die nötige Störungsfreiheit für Paarbildung und Fortpflanzung gesichert.
Schließlich bewirkt das Revierverhalten eine optimale räumliche Verteilung der Individuen und wirkt in dieser Weise einer Überbevölkerung entgegen. Ohne Revier keine Nachkommen. Diese Strategie sichert dem Revierinhaber

eine ausreichende Nahrungsmenge. Sie stellt möglicherweise den ursprünglichen Anlass der Entwicklung von Aggression dar.
Revierverhalten hat sich auch bei unseren Vorfahren notwendigerweise entwickelt. So können wir davon ausgehen, dass der Frühmensch in kleinen, überschaubaren Horden gelebt hat, also in sozialen Gemeinschaften, wo jeder jeden kannte, in Kampf- und Schutzgemeinschaften, die ihm Sicherheit, Nahrung und Überlebenschancen boten. Ein Verband von etwa drei oder vier Familien lebte in einem abgegrenzten „Streifgebiet", einem Jagd- und Sammelrevier, das ihm Lebensunterhalt bot. Im Zuge der Sesshaftwerdung haben sich dann größere Gruppenterritorien wie Stammesgebiete und ähnliches gebildet. Aus diesen wurde schließlich das „Vaterland", ein Superterritorium, in dem man sich zu Hause fühlen kann, wenngleich ein persönliches Kennenlernen aller Bewohner untereinander nicht mehr möglich ist. Der soziale Zusammenhalt wird heutzutage wesentlich durch die gemeinsame Kultur gewährleistet, durch die Erkenntnis gleicher kulturhistorischer Wurzeln. Mit Blick auf die in historischer Zeit gewachsene Kultur des Abendlandes ist man gegenwärtig bestrebt, ein Europa der Vaterländer zu schaffen. Die Entwicklung zum Weltbürger ist indessen noch Vision. Aber auch hier sind die Chancen nicht schlecht, vertraut man darauf, dass z.B. alle großen Religionen bei allen Unterschieden im Detail viele Gemeinsamkeiten erkennen lassen. Hierzu Bernd Lindemann, 2004:

„Als gemeinsam zu nennen ist an erster Stelle etwas, das aus den Einzelbeschreibungen freilich nur erahnt werden kann: die große kulturelle Leistung, die jede der Religionen erbracht hat. Millionen von Menschen wurde in schweren Zeiten eine Alternative geboten. Dem Kampf ums Überleben, dem Ringen um den persönlichen Vorteil, der Ausbreitung von Gewalt und Egoismus entgegengestellt wurden Lehren vom Menschen als einem geistigen, einem spirituellen Wesen mit besonderer Verantwortung für sich und andere. Für lange Zeiten waren es vor allem die Religionen, die zu Nachdenklichkeit und Verantwortung ermutigten, die naive Selbstbezogenheit der Menschen in Frage zu stellen. Sie waren es auch, die Kulturtechniken wie Lesen und Schreiben förderten, die Sammelbecken für Begabungen darstellten. Und natürlich waren sie es, die den Verzweifelten Trost und Hoffnung geben konnten. […] Schließlich geben alle Weltreligionen ethische Gebote, die das Zusammenleben der Menschen regeln und unseren zivilisatorischen Prozess ermöglichen. Die Gebote und Weisungen sind aber nicht in äußerer Observanz zu befolgen, sondern aus Einsicht".

Solcher Sachverhalte eingedenk, auch des Umstandes, dass die heute lebenden Menschen sehr nahe miteinander verwandt sind – die Menschheit geht auf eine kleine Population zurück, die vor rund 100 000 Jahren in Ostafrika lebte – erscheint der Weg zum Weltbürgertum gangbar.

In den Zeiten der geschriebenen Geschichte legen gewaltige, zum Teil monströse Festungswerke beredtes Zeugnis menschlichen Revierverhaltens ab: die chinesische Mauer, der Limes, die Maginotlinie, der Westwall, der Atlantikwall. Am 9. 11. 1989 „fiel" die Berliner Mauer, ein in seiner Art unvergleichlicher Grenzwall, kam ihm doch eine umgekehrte Aufgabe zu, nicht vor Eindringlingen zu schützen, sondern zu verhindern, dass jemand das von ihm begrenzte Territorium verlässt. Dergleichen ist aus dem Tierreich nicht bekannt.

3. Hierarchieverhalten

Wie Besitzstreben und Revierverhalten ist auch das „Wichtig-sein-wollen", das Streben nach Macht und Rang, Produkt stammesgeschichtlicher Entwicklung. Es gehört zu den wichtigsten Erkenntnissen der Ethologie, dass es in jeder sozial strukturierten Gruppe von Säugetieren, gleichgültig wie ausgeprägt das Zusammenwirken ist, stets ein Ringen um die soziale Vorherrschaft gibt. Indem jedes erwachsene Individuum sich an diesem Ringen um den Rang beteiligt, erwirbt es eine bestimmte soziale Ranghöhe, die ihm in der Hierarchie der Gruppe zu einer Stellung, seinem Status, verhilft. Das zwangsläufige Ergebnis solcher Verhaltensweisen ist das Herausschälen eines obersten Ranginhabers. Entsprechend dürften die frühen Menschen einen „Häuptling" gehabt haben, der die Tradition sicherte und für Ordnung in der Gruppe sorgte. Die Überlebenschancen einer Gruppe waren am größten, wenn der Beste Häuptling wurde. So musste jeder einzelne Häuptling werden wollen, damit dieses Gruppenziel erreicht wurde.

Tief in uns allen steckt immer noch dieses Bestreben. Wir wollen in der Regel immer eine Stufe höher: in der Rangordnung, in der Gehaltsgruppe, in allen Bereichen des Lebens. War die Rangordnung mal hergestellt, hatte sie eine Weile Bestand, bis etwa der Ranghöchste altersbedingt ausschied oder Mitglieder der Gruppe unerwartet durch Krankheit oder Unfalltod ausfielen und so Lücken hinterließen, die schnell geschlossen werden mussten.

Der moderne Massenmensch lebt in ständig wechselnden Gruppen: in der Schule, im Beruf, beim Sport, beim Einkauf, im Freundeskreis, im Verein. Immer wieder ist er mit anderen Menschen zusammen, und immer wieder, in unterschiedlicher Stärke, wird Rangstreben mobilisiert. Dies bedingt perma-

nente Unruhe, bietet aber auch die Möglichkeit, die Chancen des einzelnen zu erhöhen, in wenigstens einer der vielen Gruppen ganz oben zu landen. Hat man es im Beruf oder in der Politik nicht geschafft, ist es vielleicht ein Trost, Landesvorsitzender der Briefmarkensammler zu sein oder Boss des Schützenvereins. Die permanente Unruhe hat aber auch zur Folge, dass der Ehrgeiz der Zeitgenossen immer wieder (mal mehr mal weniger) angestachelt wird und in der Regel eigentlich zu viele etwas bedeuten und wichtig sein wollen. Manche Menschen werden mit solchen Lebensbedingungen nur schwer fertig und geraten in eine tiefe Lebenskrise, wenn es mit dem Aufwärtsstreben nicht klappt. Bezeichnend ist der Fall eines amerikanischen Direktors. Er wurde befördert. Nach Tagen stellte sich heraus, dass eine Namensverwechslung vorlag, man stufte ihn wieder zurück. Am nächsten Tag war er vor Gram gestorben.
Die Jugendlichen heute haben es besonders schwer. Vielen wird verwehrt, aus sich etwas zu machen, um aufsteigen zu können. Es fehlt an Ausbildungsplätzen, der Unterricht in den Schulen findet teilweise unter erbärmlichen Bedingungen statt. Folge: Perspektivlosigkeit. Sie weckt Aggressionen und fördert die Neigung, das Heil in extremen Gruppen, die Abhilfe versprechen, zu suchen. Indessen sind diese sog. Randgruppen, die zum Teil eine antidemokratische Gesinnung haben, noch weniger in der Lage, die anstehenden Probleme zu lösen. Die ärgerliche, politisch aber notwendige Auseinandersetzung mit den Extremisten könnte auch etwas Positives haben, nämlich jeden Bürger dazu zu ermuntern, über Demokratie nachzudenken und sich darin zu üben, mit Argumenten für sie einzutreten. Demokratie ist wie ein Garten, der der ständigen Pflege bedarf. Nichtstun lässt ihn verwildern.
In der menschlichen Gesellschaft finden sich als Ergebnis des Rangstrebens Rangordnungsstrukturen mit eindeutig autoritärem Charakter. Die Ranghohen übernehmen meist gewisse Führungsfunktionen. Die Ausbildung einer solchen Rangordnung setzt aber nicht allein voraus, dass einige Mitglieder der Gruppe sich Autorität, sei es durch Rangkämpfe oder besondere Leistungen, verschaffen sondern auch, dass die Untergeordneten diese Ränge anerkennen. Unter verbrecherischer Führung können Menschen auf diese Weise leicht zu Verbrechern werden. Untersuchungen haben verdeutlicht, dass sich der Mensch zwar gegen die Herrschaft brutaler Gewalt wehrt, dass er sich aber einer freiwillig anerkannten Autorität aufgrund deutlicher Disposition bereitwillig unterordnet. Dieser Autorität hat er sich daher gewissermaßen „ausgeliefert“. Die Folgen einer extrem unkritischen Autoritätsgläubigkeit gegenüber einem nur mäßig gebildeten, verbrecherischen „Führer“ während des 3. Rei-

ches, wie z.B. der Holocaust, sind in der Geschichte der Menschheit ohne Beispiel.

Ein positives Gegenbeispiel scheint in dem am 2. April 2005 verstorbenen Papst Johannes Paul II. vorzuliegen. Dieser Papst als höchste Autorität der katholischen Kirche hat in seinem Amt sehr großes Ansehen erlangt, das nach seinem Tode noch eine Steigerung erfuhr.

Was ist das Geheimnis seiner Autorität? Der Papst war mit ungewöhnlicher Kraft gesegnet, die er aus seinem Glauben schöpfte und die von der unerschütterlichen Überzeugung ausging, das Richtige zu denken und zu tun. Sein Appell lautete: „Fürchtet euch nicht". Kriege bezeichnete er als Niederlagen der Menschheit. Und weil er den Menschen, weit über das Christentum hinaus, auch Werte und Orientierung vermittelte, wurde er zum globalen „Superstar". Keine Frage: die Weltgemeinschaft ist sich weitgehend einig, in diesem Papst eine Autorität höchsten moralischen Anspruchs gehabt zu haben. Unter diesen Umständen wird es für viele Menschen schwer sein, eine grundsätzlich kritische Haltung zu bewahren, geschweige denn wird man sich einer solchen Autorität „ausgeliefert" fühlen.

Was Autoritäten an Negativem bewirken können, zeigt die weltweite Diskriminierung der Frauen. Immer waren es Männer, die Solches bewirkt haben. In vielen Staaten ist die sexuelle Folter, Vergewaltigung, Verstümmelung, Verstoßung, Deklassierung und Demütigung üblich, ja sogar auch überwiegend rechtlich sanktioniert. Die Weltreligionen müssen sich schwerste Vorwürfe gefallen lassen, sind sie doch in weitem Umfange die geistigen Urheber des frauenfeindlichen Klimas in großen Teilen der Welt. Christentum wie Islam haben als Ausgangspunkt der Diskriminierung die Behauptung, Eva sei den Einflüsterungen der Schlange erlegen und habe den unschuldigen Mann dazu verführt, vom Baum der Erkenntnis zu essen. „Von einer Frau nahm die Sünde ihren Anfang; ihretwegen müssen wir alle sterben", so Jesus Sirach, einer der Propheten des Alten Testaments.

Es sollen hier die unheilvollen Auswirkungen in der späteren Kirchengeschichte nicht weiter vertieft werden. Bis auf den heutigen Tag hält die katholische Kirche im Geiste des Distanzpostulats gegenüber den Frauen daran fest, dass Priester nicht heiraten und Frauen nicht Priester werden dürfen.

St. Milgram (USA) konnte Anfang der 1960er Jahre in Versuchen in geradezu erschütternder Weise zeigen, wie ganz normale Menschen in Scheinexperimenten (über deren Absichten sie also nicht informiert waren) in der ihnen zugewiesenen Rolle von Lehrern unter dem autoritären Druck des Versuchs-

leiters zu Strafmaßnahmen in Form von Elektroschocks griffen, die ohne weiteres zum Tod der in der Scheinrolle von Schülern agierenden Personen geführt hätten.
Die Nachschrift, die St. Milgram seiner Arbeit 1966 anfügte, mahnt zum Nachdenken.

„Mit betäubender Regelmäßigkeit sah man gute Leute sich den Forderungen der Autorität unterwerfen und Handlungen ausführen, die gefühllos und hart waren. Menschen, die im Alltagsleben verantwortungsbewusst und anständig waren, wurden durch die Aufmachung der Autorität (oft genügte schon der weiße Kittel des Versuchsleiters) und von der kritiklosen Übernahme der vom Versuchsleiter gesetzten Definition der Situation dazu gebracht, grausame Taten zu begehen".

Es empfiehlt sich, Autoritäten in der heutigen Gesellschaft stets kritisch zu beurteilen. Denn in der Auseinandersetzung mit dem Mitmenschen bedeuten neben ethischen und ästhetischen Werten auch minderwertige moralische Grundhaltungen eine Chance. Ein Menschentyp, der nicht offen verbrecherisch, aber von unedler Hemmungslosigkeit im Kleinen ist, kommt mitunter besonders schnell zum Erfolg. Er wird zu einer gefährlichen Autorität. Die Hauptgefahr liegt darin, dass ein solcher Typ in der Regel die Gesellschaftsordnung, in der er sich hochgerangelt hat und die ihn selbst hervorgebracht hat, nicht aufrechterhalten kann. Gelangt er endgültig zur Herrschaft, bricht das Gebäude zusammen. Vermutlich liegen darin im Wesentlichen die Ursachen des Auf- und Untergangs menschlicher Kulturen in historischer Zeit. Demokratisch geführte Gesellschaften bieten (bei allen Mängeln) eine gewisse Gewähr, solche Menschen zu entlarven und ihnen das Handwerk zu legen.

4. Aggression

Ein weiterer wichtiger Aspekt im Menschenbild der Biologie ist die Aggressivität des Menschen. Aggressivität bedeutet Bereitschaft zur Aggression. Diese leitet sich begrifflich vom lateinischen *aggredi* (herangehen) ab und wird im Sinne von Angreifen, aber auch als „Sich einer Herausforderung stellen" verstanden. Es geht dabei um das Durchsetzen von Wünschen gegen Widerstände anderer und, damit verbunden, um das Erwirken einer repressiven Dominanzbeziehung. Tier und Mensch setzen Aggression instrumental in sehr verschiedenen Funktionszusammenhängen ein, zum Beispiel, um Zutritt zu Ressourcen zu erzwingen, zur Verteidigung von Besitz, Territorium und sozialen

Bindungen, zur Erhaltung von Normen, zur Verteidigung von Rangpositionen und Nachkommenschaft, zur Ausschaltung von Rivalen. Auch Hindernisse, die sich einem zielstrebigen Verhalten entgegenstellen, bewirken Aggressionen mit dem Ziel, diese Hindernisse zu beseitigen. So wird ein schwieriges wissenschaftliches Problem „in Angriff genommen". Aggression erscheint uns also als ein unabdingbares, temporär auftretendes Verhaltensmuster zur Bewältigung verschiedener Lebensaufgaben; destruktiv negative, gar pathologische Aspekte gehören nicht zum Repertoire normalen aggressiven Verhaltens.
Das aggressive Verhalten von Tier und Mensch wird von stammesgeschichtlichen Anpassungen bestimmt. In seinem Buch *Das sogenannte Böse* rückt Konrad Lorenz (1963) diesen Aspekt in den Brennpunkt der Diskussion. Er vertrat die Ansicht, dass Aggressionsverhalten als arterhaltende Anpassung zu verstehen sei und als solche auf eine lange stammesgeschichtliche Entwicklung zurückgehe. Was das Hervorbringen von Aggression, die Aggressionsgenese anbelangt, gibt es eine Reihe von Theorien. So spricht Konrad Lorenz von einem Aggressionstrieb, der, wie Triebe allgemein, spontan auftritt und nach Befriedigung drängt. Andere vertreten dagegen die Auffassung, dass aggressives Verhalten nur durch äußere Umstände ausgelöst wird und somit als Reaktion zu beurteilen ist. Es geht also um die Kontroverse exogener versus endogener Verursachung aggressiven Verhaltens und um das daraus resultierende Problem der Aggressionsbewältigung. Beide Positionen kommen, im Extrem vertreten, der Wahrheit nur wenig nahe. In der Lerntheorie lässt sich zeigen, dass Aggressionsbereitschaft nicht immer triebhaft sein muss, sondern erworben werden kann.
In einer Untersuchung von A. Bandura und R.H. Walters (1963) wurden Kindergartenkinder in vier verschiedene Gruppen eingeteilt: Eine Gruppe sah dabei zu, wie ein Erwachsener eine Gummipuppe misshandelte; eine andere Gruppe bekam dies weniger unmittelbar über einen Fernsehschirm vorgeführt; eine dritte Gruppe sah einen Zeichentrickfilm, in dem eine Katze eine Puppe misshandelte; eine vierte Gruppe schließlich sah in der Vorführung keinerlei aggressive Handlungen. Nach der Vorführung wurden die Kinder aller vier Gruppen durch Wegnehmen der Spielsachen frustriert und danach ihr Spiel mit Puppen beobachtet. Die Kinder, die ein aggressives Modell beobachtet hatten, verhielten sich ihren Puppen gegenüber aggressiver als diejenigen der Kontrollgruppe, die kein Modell aggressiven Verhaltens wahrgenommen hatten. Diese und andere Untersuchungen belegen die Bedeutung des

Lernens am Modell für die Ausbildung aggressiver Einstellungen. Dieses Beispiel steht für exogene Verursachung aggressiven Verhaltens.
Das folgende Beispiel zeigt, dass auch endogene Faktoren im Spiel sein können.
Von besonderer gesellschaftlicher Bedeutung ist für den heranwachsenden Menschen die erkundende oder explorative Aggression (B. Hassenstein 1973), die die Funktion hat, den sozialen Handlungsspielraum auszuloten. Die Frage ist hierbei: „Was darf ich tun, wo liegen die Grenzen?“ Durch Aggression fordert das Kind eine Antwort heraus, etwa indem es mit einem Stock ein anderes Kind schlägt, ihm etwas wegnimmt, es hänselt und dabei darauf achtet, was die anderen und was der direkt Betroffene dazu sagen. Unterbleibt eine Antwort, dann wird die nächste Frage eindringlicher, denn das Kind setzt ja seine Aggressionen instrumental ein, um Antworten, die soziale Normen betreffen, zu erhalten. Es liegt darum im Wesen der explorativen Aggression, dass sie zur Eskalation neigt, wenn keine Grenzen gesetzt werden. „Bis hierhin und nicht weiter!“ muss daher die Devise guter Erziehung lauten. Aufgeklärte Eltern werden versuchen, den Explorationstrieb zu steuern, das heißt, dem Kind insofern hilfreich zur Seite zu stehen, als sie dieses einsichtsvoll, d.h. ohne selbst aggressiv zu werden, in die notwendigen Schranken verweisen. Durch antiautoritäre Erziehung ist darum, wie leicht einzusehen ist, dieses wichtige Erziehungsziel nicht oder nur schwer zu erreichen.
Es ist also als positiv zu bewerten, dass sich ein Kind aktiv mit seiner Umwelt auseinandersetzt und dadurch den Partner zum Dialog auffordert. Dabei stellt es das Verhalten der anderen in Frage und kann somit eventuelle Neuanpassungen erzwingen. Dies gilt insbesondere für den Dialog der Generationen, in dem sich Traditionen zu bewähren haben.
Auf eine kurze Formel gebracht liegt die Bedeutung der Aggression darin, einen Konflikt zwischen Individuen offensiv zu schlichten. Tiere bewältigen dies in den meisten Fällen durch Imponiergehabe, Drohungen und Gegendrohungen. Blut fließt dabei selten. Tierische Aggression ist alltäglich, aber ernsthafte Kämpfe kommen selten vor. Und wenn doch Hiebe ausgeteilt werden, sind sie meist durch Rituale reglementiert. Tiere halten sich in der Regel zurück. Man kann sogar sagen, dass bei Tieren die Anwendung von roher Gewalt gewissermaßen ein Versagen des aggressionsgesteuerten Verhaltens bedeutet.
Beim Menschen ist Aggression ebenfalls alltäglich. Ein Streit zwischen Nachbarn, in der Familie oder zwischen Autofahrern zeigt die typischen

Merkmale der tierischen Aggression, bei der so lange gedroht und gegengedroht wird, bis die Meinungsverschiedenheit beigelegt ist.
Das aggressive Imponiergehabe besteht dabei meist aus verbalen Beschimpfungen. Das kann zwar äußerst feindselig sein, aber kein noch so böses Wort allein, beispielsweise in Parlamenten, schlägt blutige Wunden. Außerdem verfügt der Mensch über ein beeindruckendes Arsenal von bedrohlichen Gesichtsausdrücken und Gebärden, mit deren Hilfe er ohne Blutvergießen einschüchtern kann. Und selbst dann, wenn die Fäuste fliegen, was selten vorkommt, zieht der Verlierer hinterher höchstens mit einigen Beulen oder blauen Flecken von dannen.
Ernsthafte Gewalttätigkeit hat mit solcher Alltagsaggression wenig zu tun. Ob eine Straßenbande einen Passanten zusammenschlägt, oder ob Terroristen unbeteiligte Menschen in die Luft sprengen, das geht über die Alltagsaggression weit hinaus. Desmond Morris führt diese Exzesse auf das in der Steinzeit entwickelte Jagdverhalten zurück, das in unserer Gesellschaft in dieser Weise ein destruktives Ventil findet.
Wie viele Tiere verfügt auch der Mensch über Verhaltensweisen, über die er Aggressionen eines Mitmenschen neutralisieren und abblocken kann. Ein diesbezüglich stammesgeschichtlich altes Verhaltensmuster besteht darin, dass sich der Unterlegene kleiner, wehrloser macht, Demut zeigt, wodurch die Aggression des Kontrahenten abgeschwächt wird. Demonstratives Ablegen von Waffen gibt unmissverständlich die Bereitschaft kund, den Kampf einzustellen.
Ein stark umstimmendes Signal ist das Weinen. Es löst Mitleid und Mitempfinden aus; es handelt sich um einen Fall von „Stimmungsübertragung". Versuche mit Neugeborenen ergaben, dass sich bereits in diesem Alter, in dem noch keine Erfahrung stattgefunden haben kann, eine solche Wirkung des Weinens nachweisen lässt.
Ein weiteres aggressionsabblockendes Signal ist das Lächeln, das sehr stark umstimmend wirkt. In gleicher Weise wirken in infantiler Sprechweise vorgetragene Appelle um Betreuung.
Schließlich kann der Mensch durch Androhung eines Kontaktabbruches beschwichtigen. Wird uns angedroht, dass die uns tragenden sozialen Bindungen gekappt werden sollen, dann alarmiert uns das aufs höchste, und wir bemühen uns, die Störung der Beziehung wieder in Ordnung zu bringen. Bereits kleine Kinder verfügen über diese Strategie der Aggressionsabblockung.

Sie agieren dabei nicht verbal, sondern senken den Blick, wenden sich abrupt ab und schmollen. Dies geschieht in aller Welt auf die gleiche Weise.
Kommt es trotz der angesprochenen Signale zu kämpferischen Auseinandersetzungen, so werden andere angeborene Mechanismen wirksam, die Kontrahenten vor größeren Schäden bewahren, und zwar indem Konfliktaustragungen, wie schon angedeutet, in ritualisierter Form ablaufen, das heißt, sie unterliegen Regeln, sind also nicht gesteuert von Verhaltensbeliebigkeit.
Die Reglementierung der Aggression durch Rituale zeigt sich besonders deutlich in Zweikämpfen. Diese können sportlich oder ernst ablaufen; sie finden überwiegend zwischen Männern statt. Bei Ring- und Faustkämpfen zwischen Männern wird unter Einhaltung bestimmter Regeln vermieden, dem Kampfpartner ernsthafte Beschädigungen zuzufügen. Dabei sinkt auch das Risiko, selbst zu Tode zu kommen. Bei den Ringkämpfen geht es darum, den andern zu Boden zu zwingen, d.h. ihn ‚unterlegen' zu machen, womit der Kampf beendet ist und der ‚Überlegene' sich als Sieger fühlen kann.
Das Wortgefecht kann als die höchste Form der Ritualisierung angesehen werden, da es zu keiner Handgreiflichkeit kommt, der Gegner jedoch durchaus in Mitleidenschaft gezogen werden kann, beispielsweise in seiner Ehre, in seinem Stolz, in seinem Prestige. Die große Angst hierbei ist, das Gesicht zu verlieren. So kann man im Deutschen einen anderen provozieren, indem man ihn mit „Du" anredet und damit keinen respektvollen Abstand mehr zu ihm einhält.
Wie steht es mit der Aggression im Zusammenhang mit dem Krieg?

5. Verführbarkeit zum Krieg

Krieg wird definiert als bewaffneter Konflikt zwischen Gruppen. Er zielt unter Einsatz von Waffen auf die Verletzung und Tötung von Feinden. Dies ist ein hervorzuhebendes Kennzeichen, denn in allen anderen Fällen der aggressiven Konfliktaustragung, etwa zwischen Mitgliedern derselben Gruppe, wird, wie dargelegt, durch Einhaltung bestimmter Regeln eine Eskalation ins Destruktive vermieden. Das Kräftemessen ist, wie schon erwähnt, so weit ritualisiert, dass es nicht tödlich für einen der Kontrahenten enden muss. Ganz anders im Krieg, wo Töten beabsichtigt ist. Dazu müssen allerdings die biologischen innerartlichen Aggressionshemmungen ausgeschaltet werden, die auf Signale der Submission (Unterwerfung) und verschiedene Aspekte der Beschwichtigung, Bandstiftung und Mitleiderweckung ansprechen. Dies geschieht durch den Einsatz schneller und auf Distanz tötender Waffen, ferner durch Indoktrinierung, die die Auseinandersetzung im Sinne der Pseudospeziation auf das Ni-

veau zwischenartlicher Aggression abschiebt. Man erniedrigt dazu den Gegner zum Menschen minderer Art, er wird behandelt wie Jagdwild oder wird zum Ungeziefer degradiert. Zivilisierte verhalten sich da nicht anders als Vertreter der verschiedenen sog. Naturvölker. Eipo beschimpfen beispielsweise ihre Gegner als Dungfliegen, Eidechsen oder Würmer. Hand in Hand mit dieser Dehumanisierung des Gegners geht eine Überhöhung der Selbsteinschätzung einher.
Beim Kriegführen kommen angeborene Dispositionen zum Tragen:

- Die Neigung, einander in geschlossenen Gruppen loyal beizustehen.
- Die Bereitschaft, bei Bedrohung von Gruppenmitgliedern aggressiv zu reagieren.
- Der Hang des Mannes zu kämpfen, seine Kräfte zu messen und zu dominieren.
- Die Neigung, Reviere zu besetzen und zu verteidigen.
- Die Fremdenscheu.
- Die Intoleranz gegenüber Abweichungen von der Gruppennorm.

All dies würde indessen zwar zum Streit, nicht aber zum Krieg führen. Krieg setzt Planung und Führung voraus, er muss propagandistisch aufgebaut werden, und oft sind es der Ehrgeiz und das Machtstreben Einzelner, die die Truppe in Bewegung setzen. Unter diesem Gesichtspunkt scheinen Demokratien weniger der Versuchung zu unterliegen, Kriege vom Zaun zu brechen als totalitäre Systeme, denn zu den Grundregeln der Demokratie gehört, dass den Politikern Macht nur für begrenzte Zeit anvertraut wird, während der Diktator die Machtausübung gerne auf Lebenszeit ausdehnen möchte.
Mit Kriegen sind immer bestimmte Ziele verfolgt worden. Der Krieg führt letztlich zur Dominanz einer Gruppe über eine andere, was früher oft die Vernichtung der unterlegenen Gruppe zur Folge hatte und heute noch regelmäßig zu deren Vertreibung führt. Landnahme und territoriale Abgrenzung sind geschichtlich nachweisbare Konsequenzen. Gruppen sichern sich damit ihre Existenzgrundlage. So kämpfen die Rinderhirtenvölker wie die Himba in Südwestafrika gezielt um den Zugang zu Wasserlöchern, um Weiden, und sie rauben einander schließlich auch die Rinder. Kriege um kultivierbares Land führen z.B. die Stämme der südamerikanischen Flachlandindianer, ebenso die Yuma im Gebiet des Colorado- und Gila-Flusses (USA). Es ging dabei nur um die Ebenen, die die Flüsse umgaben. Die in angrenzenden Gebieten le-

benden Gruppen, die eine andere Lebensweise führten, sah man nicht als Konkurrenten an. Dass auch bei den modernen Staaten das Motiv der Landnahme eine bedeutende Rolle spielt, dürfte jedermann bekannt sein. Es kann sich natürlich auch um andere Ressourcen handeln. Bei den Beduinen geht es um Kamele, bei den Irokesen um Felle. Um Ölfelder und Erzlagerstätten geht es u.a. in den modernen Kriegen, wie es uns augenblicklich am Persischen Golf überdeutlich vor Augen geführt wird. Wer diesen instrumentalen Charakter des Krieges nicht wahrhaben will, wird keine konstruktiven Beiträge zur Befriedung der Welt leisten können. Wer den Krieg einfach als pathologische Entartung abtut, was die Meinung vieler Menschen nach dem 2. Weltkrieg war, erfüllt nicht die Voraussetzungen zur Friedensstiftung.

Die Funktionen, die der Krieg bisher erfüllte, müssen klar erkannt werden, um sie angesichts der modernen Massenvernichtungswaffen auf andere, unblutige und vielleicht auch menschlichere Weise wahrzunehmen. Es ist zu hoffen, dass die UNO auf diesem Wege erfolgreich vorankommt. Nur dann macht es Sinn, Nachkommen zu zeugen, sie in besonderer Weise zu umsorgen, und das über eine größere Zeitspanne, als es alle anderen Lebewesen tun. So muss es, von allem anderen abgesehen, als geradezu grotesk unökonomisch erscheinen, den Nachkommen nahezu zwei Jahrzehnte elterlicher Energie zuzuwenden und sie dann fortzuschicken, um sie von den Nachkommen anderer Menschen totschlagen, erschießen, verbrennen, erstechen und bombardieren zu lassen.

Es bleibt die Hoffnung, dass sich bei den Politikern weltweit die Einsicht durchsetzt, dass mit der zunehmend zerstörerischen Waffentechnik Kriege immer mehr zu einer Hochrisikostrategie werden und ihre Funktionen auf menschlichere Weise wahrgenommen werden sollten.

Glauben Machthaber dennoch nicht umhin zu können, Kriege zu führen, so müssen diese nicht nur geplant, sie müssen auch, wie dies schon immer für notwendig gehalten wurde, mit Methode beendet werden. Hierzu sind Konventionen dienlich, die es zu allen Zeiten erlaubten, Waffenstillstand zu schließen, die es dem Verlierer ermöglichten, sich ohne allzu großen Gesichtsverlust zu unterwerfen, die auch den Weg offen hielten, Frieden zu schließen und damit die zerstrittenen Parteien wieder normale Beziehungen aufnehmen zu lassen. Voraussetzung für das Funktionieren der vereinbarten Konventionen ist, dass beide Parteien sich daran halten. Verstößt einer gegen die Regeln, dann schadet er sich mit einiger Wahrscheinlichkeit selbst.

„Durch die einseitige Ausrichtung der Deutschen unter dem Nationalsozialismus auf die Tugenden des Mutes bei gleichzeitiger Verachtung der Tugenden der Menschlichkeit verschlossen sie sich im Zweiten Weltkrieg zuletzt die Möglichkeit, einen ehrenhaften Frieden zu schließen" (I. Eibl-Eibesfeldt, 1997).

Immanuel Kant in „Zum ewigen Frieden":

„Irgendein Vertrauen auf die Denkungsart des Feindes muss mitten im Krieg übrig bleiben, weil sonst kein Frieden geschlossen werden kann."

6. Sexualität und Fortpflanzung

Die spezifischen sexuellen Verhaltensweisen des Menschen sind ebenfalls der Kategorie archaischer Verhaltensmuster zuzuordnen. Ihnen wollen wir uns abschließend zuwenden.

Menschspezifisches Sexualitäts- und Fortpflanzungsverhalten lässt sich unmittelbar mit der Entstehungsgeschichte des Menschen in einen kausalen Zusammenhang bringen. Dieser Prozess liegt etwa 5 bis 8 Millionen Jahre zurück und stellt aus heutiger Sicht ein Schlüsselereignis dar. In diese Epoche fällt der Erwerb des aufrechten Ganges. Die damit verbundene Freistellung der Hand mit ihrer damit verbundenen Funktionserweiterung ebnete den Weg zur Entwicklung des kulturfähigen Menschen.

Der amerikanische Bewegungsanatom Owen Lovejoy hat die Hypothese aufgestellt, dass die Entwicklung des aufrechten Ganges nicht mit einfachen Ursache-Wirkungsprinzipien zu erklären sei, sondern nur als Bestandteil einer komplexen Überlebensstrategie richtig verstanden werden könne. So gehöre zu den Faktoren, die das Überleben und die Ausbreitung der Populationen beeinflussen, im Allgemeinen die Fortbewegung genauso wie die Nahrungsaufnahme, das Sozialverhalten wie die Sexualität.

Entscheidend hierbei ist, dass die höheren Primaten des Pliozäns, aus deren Kreis der Mensch hervorgegangen ist, durch eine extreme Reduzierung der Nachkommenschaft unter gleichzeitiger Vervollkommnung der Brutfürsorge gekennzeichnet waren, wie wir dies an den heutigen Menschenaffen noch feststellen können. Sie bringen nur alle fünf oder sechs Jahre ein Junges zur Welt; erst wenn dieses sich selbst am Leben erhalten kann, wird das nächste Junge geboren.

Dieser Fortpflanzungsmodus, bei dem die elterliche Fürsorge das Wichtigste ist, während die Geburtenzahl auf ein Minimum beschränkt bleibt, wird als

K-Strategie bezeichnet. Ihr kann man die sog. r-Strategie gegenüberstellen, deren Kennzeichen ist, eine möglichst große Zahl von Eiern zu erzeugen, ohne dass die Eltern für die Nachkommenschaft sorgen. Ein extremes Beispiel für die r-Strategie liegt bei der Auster vor, die jährlich bis 500 Millionen Eier zu produzieren vermag. Dies ist die für die Auster angemessene Fortpflanzungsmethode, denn sie kann ihre Eier nicht pflegen, ja nicht einmal an einem sicheren Ort ablegen. Sie ist nur in der Lage, sie auszustoßen. Deshalb vergrößert sie die Überlebenschancen dadurch, dass sie eine möglichst große Zahl von Eiern erzeugt. So erfüllt die r-Methode bei den Austern zwar ihren Zweck, denn sie hat bis zum heutigen Tag überlebt, aber es ist eine extravagante Methode. Im Laufe der Evolution boten sich andere, sparsamere Methoden an. Die Folge ist, dass sich heute zwischen den beiden genannten Strategien eine große Zahl von Mischungen finden.

Die Menschenaffen repräsentieren ein extremes Beispiel der K-Strategie. Es ist leicht vorstellbar, dass eine derartige langsame Fortpflanzung Gefahren mit sich bringt, insbesondere, wenn die Lebensbedingungen für eine Population schlechter werden. Bei hohem K-Wert ist die Gefahr relativ raschen Aussterbens groß. Möglicherweise ist die heute erkennbare sukzessive Schrumpfung der Menschenaffenpopulationen allein schon in deren hohem K-Wert begründet und ist weniger die Folge eines negativen Einflusses auf die Bestände durch den Menschen.

Es gibt Wissenschaftler, die der Ansicht sind, dass die Menschenaffen, auch ohne Zutun des Menschen, früher oder später dem Untergang geweiht sein dürften, sollten sie an der bislang geübten Fortpflanzungsstrategie festhalten. Wie dem auch sei, die frühen Hominiden dürften beim Übergang an das Leben in offener Waldlandschaft oder Savanne in jedem Fall Probleme mit ihrer dahin hochentwickelten K-Strategie bekommen haben. Es kann angenommen werden, dass unter den veränderten Bedingungen einer offenen Landschaft wie der Savanne der Verlust an Jungen, und sei es nur geringfügig, zugenommen hat. Bliebe es dabei, dass die Mutter immer nur ein Kind mit sich herumtrug, es fütterte und beschützte, um erst nach durchschnittlich fünf Jahren ein weiteres zu bekommen und diesem dann die gleiche intensive Zuwendung angedeihen zu lassen, könnte dies leicht das Ende durch Aussterben bedeutet haben.

Die hochentwickelte K-Strategie konnte also unter diesen Umständen nicht beibehalten werden. Das Überleben der Populationen konnte nur dadurch gesichert werden, dass die Mutter in die Lage versetzt wurde, für mehr als ein

Kind gleichzeitig zu sorgen. Wie konnte ihr das gelingen? Beispielsweise dadurch, dass sie weniger umherging und deshalb weniger Energie verbrauchte. Das Leben am Boden verringerte ohnehin die Gefahr, dass das Kind fiel bzw. aus größeren Höhen abstürzte. Am Boden konnte auch der Schutz vor Raubtieren durch die Gruppe wirksamer werden als im Geäst der Bäume. Gingen andere Tiere der Gruppe auf Futtersuche und versorgten die kinderhütenden Mütter, so bedeutete dies Zeitgewinn. Darüber hinaus konnte sich eine hütende Mutter, nachdem es nicht mehr ihr allein oblag, sich und ihre Nachkommen zu ernähren, auf ein kleineres Wohngebiet beschränken, das sie genau kannte und von dem sie wusste, wo es Bäume zum raschen Erklettern gab. Im Falle der Gefahr war ihr der kürzeste Weg dahin vertraut.

In einer solchen auf adaptive Weise veränderten Gruppensituation konnten von einer Mutter unter Umständen mehr Kinder mit Erfolg durchgebracht werden, dies allein schon aufgrund des Umstandes, dass das Verharren an einem Ort die Möglichkeit verbesserte, dem Kind früher als bisher zu einem selbständigen Leben zu verhelfen. Der zeitliche Abstand von Geburt zu Geburt konnte auf diese Weise verkleinert werden. Dadurch wuchs aber wiederum der Bedarf an Nahrung. Dem konnte dadurch Rechnung getragen werden, dass die männlichen Tiere einen Teil der Fürsorge für die Jungen mit übernahmen. Doch daraus ergaben sich neue Probleme. Braucht das Weibchen Hilfe, musste die Zusammenarbeit in der Gruppe ein gutes Niveau erreicht haben. Die Tiere mussten in erster Linie gut miteinander auskommen. Es durfte keinen Streit innerhalb der Gruppe geben, der aber am leichtesten entflammt, wenn männliche und weibliche Tiere zusammenleben, vor allem, wenn es zu sexualitätsbedingten Rivalitäten kommt. Bei den Lemuren und Pavianen sind die Männchen am aggressivsten, wenn die Weibchen in Hitze kommen.

Ein möglicher Weg zur Entschärfung solcher Aggressionen ist die Verringerung der Rivalitäten, und zwar durch die Bindung einzelner Paare aneinander. Wenn jedes Männchen sein eigenes Weibchen hat, braucht es nicht immer wieder aufs neue mit anderen Männchen darum zu kämpfen. Zuvor musste dafür jenes Verhaltensmuster aufgegeben werden, nach dem sich jedes Männchen mit jedem beliebigen Weibchen paart, also die Promiskuität. Hierfür war das Verschwinden gewisser sichtbarer oder mit den Sinnesorganen wahrnehmbarer sexueller, d.h. Paarungsbereitschaft anzeigender Signale, wie die Schwellungen und die erregenden Gerüche, erforderlich. Denn durch solche Signale werden alle Männchen erregt. Angenommen, es würde nur die

Hälfte der Männchen von einem bestimmten Weibchen erregt, reduzierte sich die Kampfbereitschaft schon auf die Hälfte.

Solche Entwicklungen sind möglich, wenn die sexuellen Schlüsselreize individualistischer werden, was zur Folge hat, dass ein bestimmtes weibliches Tier nur wenige männliche, unter Umständen sogar nur eines erregen wird. Für die anderen ist dieses Weibchen nicht attraktiv, und sie beachten es nicht. Ausdruck für eine solche Individualisierung der Sexualbeziehungen ist die (wahrscheinlich nur dem Menschen zukommende) Fähigkeit, sich zu verlieben. Damit war der Grundstein gelegt für das Erkennen individueller Qualitäten und einer dauernden Bindung zwischen bestimmten männlichen und weiblichen Individuen. Dies war der Beginn der Ehe als Dauerpartnerschaftsform des Menschen. Bei Pavianen etwa gibt es Liebe in diesem Sinne nicht, sondern nur sexuelle Erregung, die von jedem paarungsbereiten Weibchen ausgehen kann. Alle Weibchen erregen im Oestrus alle Männchen. Das Zusammenleben ohne allzu große Konflikte wird dadurch gewährleistet, dass eine sog. Dominanzhierarchie entwickelt wird, indem das stärkste Männchen eine beherrschende Stellung einnimmt. In diese Spitzenposition haben ihn siegreiche Kämpfe mit anderen Männchen gebracht, und er behält sie, solange die potentiellen Rivalen den Kampf mit ihm fürchten. Er hat von daher als erster die Gelegenheit, sich mit einem in Hitze befindlichen Weibchen zu paaren. Die Schwäche des Systems kommt darin zum Ausdruck, dass die Autorität des dominierenden Männchens nur in seiner Gegenwart wirksam ist. Verlässt das Männchen die Gruppe, um am Fluss zu trinken, verliert es augenblicklich seine Vormachtstellung, denn es ist immer ein aufmerksamer, seine Chance suchender Rivale in der Nähe. Diese Probleme entfallen bei individualisierter Partnerschaft. Die männlichen Tiere können die Gruppe für eine gewisse Zeit verlassen, ohne fürchten zu müssen, den weiblichen Partner augenblicklich an einen Rivalen zu verlieren. Dies war bei unseren Vorfahren auch wohl die Voraussetzung dafür, dass sich die Männchen an der Aufzucht der Jungen beteiligten und sie und ihre Mutter mit Futter versorgten. Folglich konnten die weiblichen Tiere darauf verzichten, größere Streifzüge zu unternehmen.

Aufgrund solcher Überlegungen stellt Lovejoy einen unmittelbaren Bezug zum Erwerb des aufrechten Ganges her. Der Verzicht auf einen Teil der Mobilität gestattete nämlich ein häufigeres Aufrechtgehen. Dies ist so zu verstehen, dass bei mangelnder Veranlassung, viel und schnell zu laufen, nunmehr Tätigkeiten ausgeführt werden konnten, die für das Überleben wichtiger waren, also das Sammeln und Transportieren größerer Futtermengen angesichts einer nun größeren Zahl aufzuziehender Jungen. Desgleichen konnte das Männchen in aufrechter Haltung sehr viel mehr Futter tragen und zu seinem Weibchen bringen. Führt man sich vor Augen, welch enorme Lasten, etwa dem Nacken aufliegend, dank der Tatsache, dass beim aufrechten Stehen und Gehen Hüftgelenk, Knie- und oberes Sprunggelenk in der Ebene des Schwerpunktlots liegen, der Statik unseres aufgerichteten Rumpfes zugemutet werden können, so verdeutlicht dies, wie der steigende Bedarf, Futter, aber vielleicht auch andere lebensnotwendige Dinge, etwa Grabwerkzeuge und dergleichen, über größere Strecken mit sich zu führen, sich förderlich auf die Entwicklung des aufrechten Ganges ausgewirkt haben muss. Schließlich gilt es zu bedenken, dass der Menschenaffe als Vierfüßer nur eine Hand frei hat, die andere braucht er für die Fortbewegung. Dem frühen Hominiden standen zwei Hände zur Verfügung. Mit der einen konnte er Futter sammeln bzw. festhalten, mit der anderen hielt er das Junge fest. Diese Feststellung berührt einen entscheidenden Punkt unserer Überlegung. Die Hominidenmutter dieser Entwicklungsphase hatte sich um mehr als ein Junges gleichzeitig zu kümmern. Dies erschwerte es ihr, mit ihren Kindern auf einen Baum zu flüchten. Das war ihr noch mit einem einzigen, aber nicht mit mehreren möglich. Hier bietet wiederum die veränderte Fortpflanzungsstrategie eine Erklärung dafür, dass das Baumbesteigen vermieden wurde, auch wenn dafür noch mit Sicherheit die Befähigung bestand, wie sie auch heute noch von Schimpansen, die in offenen Baumsteppen leben, wahrgenommen wird, denn diese Tiere führen auch heute noch immer nur ein Junges mit sich, was ihnen grundsätzlich erlaubt, auch bei überwiegendem Bodenleben die Baumkronen in den Lebensbereich in einem gewissen Umfange mit einzubeziehen. Anders dagegen die frühen Hominiden. Es gilt hier noch einen weiteren Gesichtspunkt zu beachten, nämlich den, dass ständig baumbewohnende Primaten das Leben und die Fortbewegung in diesem Biotop individuell erst erlernen müssen. Die Kinder erlangen die Sicherheit der Fortbewegung im Geäst durch „Erfahrung am Substrat“ (Fischer, 1965). Bleiben den Nachkommen aus den dargelegten Gründen die erforderlichen Lernprozesse für das Leben in den Baumkronen verwehrt, werden sie verständlicherweise diesen Biotop auch als Erwachsene nicht zu ihrem Hauptentfaltungsort machen. Über längere Zeiträume dürfte dies zu einer dauernden Lebensweise am Boden geführt haben, wie auch die Entwicklung des Fußes zum Schreitfuß hierbei die unausweichliche Konsequenz gewesen sein dürfte.

War die Spezialisierung so weit gediehen, dass die Großzehe nicht mehr zu einem umklammernden Griff den lateralen Zehen entgegengestellt werden konnte, waren diese Wesen endgültig dem Boden verhaftet. Dies wiederum machte es in stärkerem Maße notwendig, dass die Mütter ihre Jungen mit den Händen festhielten, denn diese konnten sich nicht mehr so gut an der Mutter oder am Vater festhalten. Der Fuß, mittlerweile zu einem Werkzeug des Aufrechtgehens entwickelt, hatte die Fähigkeit zu greifen eingebüßt. Mit anderen Worten: der Hominidensäugling konnte sich nicht mehr mit den Füßen an der Mutter festhalten. Die Hände reichten hierfür nicht aus. Dem Schimpansenbaby kommt diese Fähigkeit noch zu, dennoch muss es noch sehr oft von der Mutter festgehalten bzw. unterstützt werden.

Die Kernaussage der bisher dargelegten Aufrichtungsthese heißt: Änderung der Fortpflanzungsstrategie. Wie müssen uns immer wieder vorstellen, dass die Fähigkeit, sich fortzubewegen, nicht nur dem Bedürfnis dient, von hier nach dort zu gelangen, sie ist Bestandteil des ganzen Überlebensmechanismus der Spezies, wozu auch die Paarung und das soziale Verhalten gehören, ebenso wie das Laufen, die Art der Ernährung und das Spiel der Kinder.

In den bisherigen Ausführungen ist unter anderem gezeigt worden, dass die individualisierte Partnerschaft die Aggressionen zu verringern vermag und das friedliche Zusammenleben der männlichen Individuen fördern kann. Wie aber, so die noch unbeantwortete Frage, wurde das Männchen veranlasst, seinem Weibchen Futter zu bringen? Die Antwort könnte lauten: das Weibchen dehnt den Zeitraum aus, in dem es für ein bestimmtes Männchen sexuell anziehend ist. Angenommen, das Weibchen gab seine sexuellen Signale über längere Zeit. Vielleicht verzichtete es zunehmend auf Gerüche und Schwellungen, die mit dem Östrus einhergehen. Vielmehr verließ es sich auf gewisse dauerhafte körperliche Reize wie Haare, Haut und die Gestalt. Es fällt auf, das dies Verhaltensweisen sind, die den rezenten Menschen in besonderer Weise kennzeichnen. In der Tat ist es so, dass Männer und Frauen unserer Zeit, ohne Rücksicht auf die Empfängnisbereitschaft oder Jahreszeiten, sich dauernd sexuell wirksam anziehen, der Menstruationszyklus spielt hierbei nur noch eine untergeordnete Rolle. Dies ist von keinem sonstigen Säuger bekannt. Wie kam es zu dieser menschenspezifischen Verhaltensweise?

Rufen wir zur Beantwortung der Frage nochmals folgendes in Erinnerung: bei den frühen Hominiden ist das System der dauernden, d. h. ehigen Paarbildung entwickelt worden. In ihr zog ein weibliches Individuum ein bestimmtes männliches dauernd an. Dies war mit Blick auf den Umstand, dass das

Weibchen den Zeitpunkt des Östrus nach außen nicht mehr signalisierte, neben dem auf sexueller Belohnung basierenden Bindungseffekt auch zu einer fortpflanzungsbiologischen Notwendigkeit geworden, denn nur auf diese Weise – in der Abfolge ständig wiederholter Paarungsakte – wurde sichergestellt, dass das Weibchen zum richtigen Zeitpunkt, nämlich auf dem Höhepunkte des Menstruationszyklus, geschwängert wurde. Hier treten die gegenseitigen Bedingtheiten hinsichtlich der dauerhaften Paarbildung, der Reduktion nach außen hin wirkender sexueller Signale und der dauernden Paarungsbereitschaft, deutlich zutage. Bedeutungsvoll in diesem Zusammenhang ist die Feststellung, dass sich auch bei der Frau die Fähigkeit des Orgasmus, der sie ihrerseits stark an den Mann bindet, entwickelt hat. Es gibt Hinweise, dass das gegenseitige Orgasmuserleben von geradezu prägender Wirkung auf die Bindungsqualität der sich liebenden Partner ist. Bei den Säugern scheinen sonst nur einige wenige weibliche Primaten etwas dem Orgasmus Vergleichbares zu erleben (Goldfort u. Mitarbeiter, 1980). Der Sexualakt des Menschen hat damit angesichts persönlicher Partnerbindung eine über die Reproduktion weit hinausreichende Bedeutung erlangt. Das Vorkommen dieses spezifisch menschlichen Verhaltens ließ schon oft als unmoralisch erscheinen, was ganz im Gegenteil bedeutende Liebesfunktion besitzt.

Mit dem Übergang zur Ehe wurden dauerhafte Einheiten innerhalb der Gruppe geschaffen. Jede Einheit bildete als Mutter-Kind-Vater-Triade den Kristallisationskern der Hominidenfamilie, oft wird auch von der Kernfamilie gesprochen. Im Hinblick auf eine relativ lange Kindheit der Nachkommen bot diese Art des Zusammenlebens eine relativ sichere Gewähr für eine möglichst gedeihliche Entwicklung des Nachwuchses. Dieser Effekt wurde noch gesteigert durch die Entwicklung der auch noch heute bedeutsamen Tatsache, dass über diese Triade hinaus in der Regel noch die Generation der Großeltern in die Dauergemeinschaft einbezogen wurde. Dies ist wiederum nur Ausdruck für eine besonders den Menschen kennzeichnende Verhaltensweise, an der familiären Einbindung der eigenen Kinder über deren fortpflanzungsfähiges Alter hinaus festzuhalten, was zwangsläufig persönliche Großelternschaft zur Folge hat.

In Ansätzen findet sich solches schon bei den Schimpansen, wo die Mutter-Kind-Bindung bis in die Pubertät hält. Auch seit Jahren abgestillte Juvenile besuchen ihre Mutter und zeigen deutliche Zeichen der Zuneigung und Gebundenheit. In der Welt des Kindes spielen die Großeltern eine nicht zu unterschätzende Rolle. Damals wie heute dürften ihre Beziehungen zu den En-

keln ungezwungener gewesen sein als die der Kinder zu ihren Eltern. Letztere sind als Erzieher Respektspersonen, denen gegenüber man in der Regel ein formalisiertes Verhalten zeigen muss. Den Großeltern gegenüber können sich dagegen die Enkel freier geben und sich bezüglich ihrer Innovationstriebe stärker austoben. Großeltern sind oftmals sog. Scherzpartner; die Heranwachsenden können sich in solchen Partnerschaften in Neckereien und anderen Formen scherzhafter Aggression von inneren Spannungen befreien, was bekanntermaßen den Lernprozessen zuträglich ist. Führt man sich noch vor Augen, dass vor allem den Alten (zumindest in früheren Zeiten) die wichtige Funktion zukam, das in einem langen Leben angereicherte Wissen weiterzugeben, wird – unter dem Aspekt einer möglichst effizienten Tradierung – die bedeutsame Verquickung von Großeltern und Enkelgeneration besonders augenscheinlich. Soweit die auf einem fortpflanzungsbiologischen Aspekt fußenden Vorstellungen zur Entwicklung des aufrechten Ganges.
Folgend wollen wir das bisher Gesagte zusammenfassen.

Merkmale der Pongidenstufe	**Neuerwerb früher Hominiden**
Einige meist auf den Bäumen, keine Art nur auf dem Boden	Ausschließliches Leben am Boden andere meist auf dem Boden,
Östrus der Weibchen zur Zeit der Fortpflanzung	Fortpflanzungsperiode der Weibchen ohne Signalgebung nach außen
Paarung beschränkt sich auf die Paarungszeit	Ständige Sexualität
Promiskuität	Ehige Paarbildung und Familie Aufzucht mehrerer Jungen zur gleichen Zeit
Einzelaufzucht der Jungen Dauernder Ortswechsel aller Individuen	Basisverhalten der Familie; Weibchen verweilen längere Zeit an einem Ort, Männchen schweifen umher
Die Weibchen nehmen ihr Junges auf Futtersuche mit und ernähren dieses und sich selbst	Standorttreue der Weibchen mit ihren Jungen. Männchen tragen zu deren Nahrungsversorgung bei
Nur gelegentliche Bipedie	Dauernder aufrechter Gang

Aus der Tabelle lässt sich herauslesen, dass der Erwerb des aufrechten Ganges nach den dargestellten Vorstellungen in ein komplexes Geschehen eingebunden ist. Es ist also so, dass Verhaltensvariablen wie Vermehrung der Nachkommenschaft, aufrechter Gang, Suche und Teilen des Futters ein Wirkungsgefüge darstellen, das einen Ausweg aus der Sackgasse einer zu starken K-Orientierung ermöglichte.
Der entscheidende Gesichtspunkt im Rahmen dieser Abhandlung ist der, dass die in der Vergangenheit mit dem Erwerb des aufrechten Ganges veränderte Fortpflanzungsstrategie in der heutigen Zeit ihren arterhaltenden Sinn verloren hat. Die im Hinblick auf die Bevölkerungsexplosion zu ergreifenden Maßnahmen müssten von der Erkenntnis ausgehen, dass die im Organismenreich funktional stets zusammenfallenden Phänomene der Begattung und Fortpflanzung beim Menschen prinzipiell voneinander abkoppelbar sind, also fallweise u.a. eigenständige biologische Funktionen erfüllen. Die beim Menschen zu verzeichnende immerwährende Begattungsbereitschaft hatte in der Vergangenheit neben dem sozialen partnerbindenden Effekt die biologische Funktion, die Fortpflanzungswahrscheinlichkeit zu maximieren.
Der letzte Aspekt ist in der heutigen Zeit kein wünschenswertes Ziel mehr, während der erste allerdings weiterhin seine wichtige Aufgabe erfüllt. Dieser Sachverhalt müsste alle verantwortlichen Menschen viel entschiedener als bisher zu einem Verhalten bewegen, das gewährleistet, dass die Entwicklung unerwünschter Nachkommen gar nicht erst in Gang gesetzt wird, was umso besser gelingen dürfte, je weniger Verhütung zum Preis eines schlechten Gewissens erkauft werden muss. Verhütungsmaßnahmen sind heute unabdingbar. Darüber ist man sich in weiten Bereichen der menschlichen Gesellschaft einig. Der Streit dreht sich mehr um die Methoden, die heute zur Verfügung stehen, die zweifellos noch stark verbesserungsbedürftig sind. Es ist unverständlich, dass hier nicht alle Register gezogen werden, um zu menschenwürdigen und einfach handhabbaren, sicheren Ergebnissen zu kommen. Dies würde zwangsläufig dem Streit um die gesetzliche Handhabung von Schwangerschaftsabbrüchen mehr und mehr den Boden entziehen. Solchen Zielen wird man allerdings nur dann näher kommen können, wenn man bei bestimmten Institutionen unserer Gesellschaft davon abkommt, bei jeder Begattung nur den Aspekt der Fortpflanzung gelten zu lassen, was wohl für das Tierreich zutrifft, der Natur des Menschen aber auf keinen Fall gerecht wird.
Doch dies allein ist es ja nicht. Die sexuelle Lust wird zwar als die unvermeidliche aber eigentlich verabscheuungswürdige Variante des Fortpflanzungsaktes

angesehen. Besonders konsequent kommt diese Einstellung bei afrikanischen Islamisten zum Tragen. Sie belassen es nicht bei der Theorie, sondern schreiten zur Tat und schneiden die Quelle der „weiblichen Lust", die Klitoris, einfach ab. Die Beschneidung der Frauen ist die zu Ende gedachte Perversion eines autoritären, religiös verbrämten Irrglaubens.

Diese Ausführungen zum Menschenbild der Biologie lassen viele Fragen offen. So war nicht die Rede von dem, was doch die ureigenste Erfahrung unsrer Menschlichkeit ausmacht: unserer Freiheit der Willensentscheidung, unserer Befähigung zu sittlicher Autonomie, unserer Neigung, Grenzen zu überschreiten bis hin zur Transzendenz, unserer Verpflichtung zur moralischen Verantwortung, kurz von alldem, was uns zu mehr als einem hominiden Individuum, nämlich zu einer humanen Person macht.

Dies ist aus mehrfachem Grunde nicht geschehen, vorrangig aus der Einsicht, dass der biologische Erklärungsanspruch genau dort endet, wo es um den Menschen in seiner geistig sittlichen Qualität geht. Diese allein auf biologische Anpassungsprozesse zurückführen zu wollen, wäre eine Anmaßung, der kein Erfolg beschieden sein kann. Andererseits trifft zu, dass der Mensch als Geisteswesen nur durch den Menschen als Naturwesen zu handeln vermag. Und deshalb müssen wir auch diese biologische Natur erkennen, wenn wir uns wirklich ganz begreifen wollen. Die Biologie erklärt nie den ganzen Menschen, aber der Mensch erkennt sich nie ganz, wenn er nicht auch die Bedingungen seiner biologischen Herkunft kennt.

Literaturverzeichnis Teil 1:

Darwin, Ch. (1976): Die Entstehung der Arten durch natürliche Zuchtwahl. Stuttgart (Reclam)

Ditfurth, H. von (1987): Unbegreifliche Realität. Hamburg – Zürich (Rasch und Röhring)

Ditfurth, H. von (1993): Innenansichten eines Artgenossen. München (dtv)

Dzwillo, M. (1978): Prinzipien der Evolution. Stuttgart (Teubner)

Eibl-Eibesfeldt, I.von (1997): Die Biologie des menschlichen Verhaltens. München - Zürich (Piper)

Engeln, H. (1997): Die Hand. Geniestreich der Evolution. Zeitschrift Geo, Heft 7

Fromm, E. (1979): Haben oder Sein. München (dtv)

Huxley, J. (1954): Entfaltung des Lebens. Frankfurt (Fischer Bücherei)

Kant, I. (1795): Zum ewigen Frieden. Ein philosophischer Entwurf. In: Cassirer, E. (Hg.): Immanuel Kants Werke, Bd. 4. Berlin 1923, 424-474.

Kant, I. (1966): Kritik der reinen Vernunft. Stuttgart (Reclam)

Klein, ST. (2004): Die Tagebücher der Schöpfung (vom Urknall zum geklonten Menschen). München (dtv)
Küng, H. (2005): Der Anfang aller Dinge (Naturwissenschaft und Religion). München – Zürich (Piper)
Lindemann, B. (2004): Der innere Weg. – Adam, wer bist du? Homburg/Saar (invoco-verlag)
Lorenz, K. (1963): Das sogenannte Böse. Wien (Borotha Schoeler)
Lorenz, K. (1973): Die Rückseite des Spiegels. München (dtv)
Lovejoy, C. O. (1989): Die Evolution des aufrechten Ganges. Spektrum der Wissenschaft, Heft 1, Seite 92 – 1oo
Mayr. E. (1967): Artbegriff und Evolution. Hamburg – Berlin (Parey)
McGrath, A.E. (1999): Naturwissenschaft und Religion. Freiburg – Basel – Wien (Herder)
Milgram, St. (1966): Einige Bedingungen von Autoritätsgehorsam und seiner Verweigerung. Zeitschrift für experimentelle und angewandte Psychologie, 13, Seite 433 – 463
Nachtigall, W. (1971): Biologische Forschung. Heidelberg (Quelle und Meyer)
Nachtigall, W. (1983): Biostrategie. Hamburg (Hoffmann und Campe)
Osche, G. (1972): Evolution. Freiburg – Basel – Wien (Herder)
Popper, K.R. (1934): Logik der Forschung. Wien (Springer)
Porzig, W. (1950): Das Wunder der Sprache. München -Basel (Francke)
Roth, G. (1996): Das Gehirn und seine Wirklichkeit. Frankfurt/M. (Suhrkamp)
Sikora, J. / Hoffmann, G. (2001): Vision einer Gemeinwohl-Ökonomie. Köln (Katholisch-Soziales Institut)
Sikora, J. / Hoffmann, G. (2005): Vision eines „regionalen Aufbruchs“. Köln (Katholisch-Soziales Institut)
Steitz / Stengel (1984): Die Stämme und Klassen des Tierreichs. Weinheim (Verlag Chemie)
Steitz, E. (1993): Die Evolution des Menschen, 3 Aufl. Stuttgart (Schweitzerbartsche Verlagsgesellschaft)
Tinbergen, N. (1967): Tiere untereinander. Hamburg (Parey)
Voigt J. (1984): Vom Urkrümel zum Atompilz. Niederhausen/ Ts. (Falken)
Vollmer, G. (1988): Was können wir wissen? Band 1: Die Natur der Erkenntnis. Band 2: Die Erkenntnis der Natur. Stuttgart (S. Hirzel Verlag)

2. Teil: Schöpfung

Manfred Müller

Vorbemerkung: Die Schöpfungserzählungen der Bibel

Jedes Volk erzählte einst seine Version davon, wie es selbst, die Menschen überhaupt und die Welt entstanden sind. Diese Mythen – unter rituellen Bedingungen immer wieder vorgetragen und gläubig aufgenommen – wurden von Generation zu Generation als heiliges Gut weitergegeben. Denn sie bedienten nicht etwa physikalisch-biologische Wissbegier, sondern lehrten zu verstehen, warum Menschen so sind, wie sie nun einmal sind, z.B. dass sie über das Lebensnotwendige hinaus Kultur schaffen, sich auch in Gemeinschaft einsam fühlen, eine erhebliche ungerichtete Aggressivität besitzen, sterben müssen. Man wusste ja schon längst, ehe Genetik wichtig wurde, dass wir alle von unserem Ursprung geprägt sind. Indem die Menschen eines Volkes ihre Entstehungsmythen immer wieder hörten und erzählten, verständigten sie sich einst über sich selbst, ihre Stellung im Kosmos, ihren Wert. Im alten Israel suchte man sich durch Mythen zu erkennen, zu deuten, zu verstehen und zu bewerten. Sie erhielten ihre endgültige Fassung in den Kapiteln 1-3 des biblischen Buches Genesis.

Lange Zeit waren diese Kapitel für Juden, Christen und Muslime die verlässliche Grundlage ihrer Überzeugung, wie Gott die Welt geschaffen hat. Heute sind diese Erzählungen für nicht wenige Menschen der hinreichende Grund, an den biblischen Gott nicht zu glauben, denn die Schöpfungsdarstellungen seien unvereinbar mit den gesicherten Erkenntnissen der Naturwissenschaften, dass sich Kosmos, Erde, Lebewesen und auch Menschen in Jahrmilliarden zu ihrer gegenwärtigen Gestalt entwickelt haben, dass sie so, wie sie gegenwärtig sind, nicht von Gott verursacht wurden, jedenfalls nicht unmittelbar; wenn aber die biblischen Lehren über die Entstehung unserer Welt nachweislich falsch seien, könne man auch den anderen Aussagen der Bibel, zumal denen über die Existenz und das Wirken Gottes, keinen Glauben schenken. Aber es gibt auch zunehmend mehr Menschen, die die naturwissenschaftliche Evolutionslehre für falsch halten, denn die Bibel sei Satz für Satz Gottes Wort, durch das er sich und sein Wirken sowie das Wesen und Sollen des Menschen offenbare; der gute Gott könne aber nichts Unwahres sagen, also sei jede Aussage der Bibel wortwörtlich wahr, auch die, wie Gott die Welt geschaffen habe. Gemäß einer Meinungsumfrage des Jahres 2004 sind 50% der erwachsenen Bürger der USA überzeugt, dass „Gott den Menschen in seiner

heutigen Gestalt irgendwann in den vergangenen 10000 Jahren erschuf", so die Formulierung der Umfrage. (Die Zeit vom 11.08.05).
Um entscheiden zu können, ob und wie biblische Schöpfungsaussagen mit der naturwissenschaftlichen Evolutionstheorie kompatibel sind, ist es notwendig festzustellen, was für Aussagen die bildhaften Schöpfungserzählungen denn eigentlich machen. Seit dem 18. Jahrhundert befassen sich kritische Bibelwissenschaft und wissenschaftliche Exegese mit diesem Problem. Es ist weitgehend gelöst. Ehe die Forschungsergebnisse referiert werden können, muss die Entstehungsgeschichte des Ersten Testaments (Altes Testament) und in ihm des Pentateuch skizziert werden.
Das Erste Testament besteht aus einer Vielzahl sehr verschiedenartiger Schriften mit sehr unterschiedlicher Entstehungs- und Überlieferungsgeschichte. Sie wurden um die Mitte des 2. Jahrhunderts v. Chr. zum „Buch der Bücher" (Biblia) zusammengestellt. Die glaubens- und religionsgeschichtlich bedeutsamste dieser Schriften ist die Tora, griechisch: der Pentateuch. Er gliedert sich in die Bücher Genesis, Exodus, Levitikus, Numeri, Deuteronomium. Die Weltentstehungserzählungen – es sind zwei – füllen die ersten drei Kapitel des Buches Genesis im Pentateuch. Nur ihre Aussagen werden hier analysiert.

1. Entstehung der zwei Schöpfungserzählungen

Gegen Ende des 4. Jhds. v. Chr. geriet das Volk Israel in den Wirkungsbereich hellenistischer Kultur und damit in die Gefahr der Hellenisierung seines Glaubens und Kults. Wahrscheinlich deswegen verflochten eben zu dieser Zeit Jerusalemer Tempelpriester mehrere bis dahin getrennt überlieferte, stark unterschiedliche Geschichtswerke zu einem monumentalen Geschichtswerk, dem Pentateuch. Er erzählt, ähnlich wie die in ihm verflochtenen Schriften, die Geschichte des Volkes Israel, richtiger: Gottes Geschichte mit seinem Volk vom Anfang bis zum Beginn der Einnahme des „gelobten Landes" durch Israel.
Die beiden für unser Thema wichtigen Quellen-Geschichtswerke wurden von den Bibelwissenschaftlern aus dem Pentateuch heraus isoliert; sie erhielten die Bezeichnungen „Jahwist" und „Priesterschrift". Die zweite Schöpfungsgeschichte (Genesis 2.4b bis 3.24) gehört zum Jahwist, die erste (Gen. 1.1 bis 2.4a) zur Priesterschrift. Beide Schriften sind ihrerseits redaktionell bearbeitete Sammelwerke wesentlich älterer mündlicher und schriftlicher Überlieferungen. Die Redakteure jeder der beiden Schriften antworteten mit ihren Werken zu verschiedenen Zeiten auf die erste große Katastrophe des alten Israel: Die

Assyrer hatten 722 v. Chr. das Nordreich („Israel“, später „Samaria“) erobert und unterworfen, die Neubabylonier 598 und 587 v. Chr. auch noch das Südreich („Juda“), sie hatten Jerusalem zerstört, auch den Tempel, die Oberschicht beider Teile des ehemaligen Davidreiches ins Zweistromland deportiert, die David-Dynastie war erloschen. Durch diese Ereignisse endete die souveräne Staatlichkeit des Volkes Israel, und vor allem brach sein gesellschaftlich-religiöses Identitätsbewusstsein zusammen. Denn Israel hatte sich bis zu dieser Katastrophe verstanden als das auserwählte Volk Jahwes, der durch die Könige aus dem „Hause Davids“, von denen jeder als „Sohn Gottes“ galt, und durch die Bundeslade des Jerusalemer Tempels inmitten seines Volkes „da war“ (Jahwe = ich bin da). Durch die Katastrophe am Anfang des 6. Jhds. v. Chr. brachen im Volk verzweifelte Fragen auf wie: Lebt Jahwe? Wer ist Jahwe eigentlich? Ist Jahwe schwächer als die Götter des Zweistromlandes? Was ist es wert, sein Volk zu sein? In dieser politisch und spirituell desaströsen Situation trugen die Verfasser des Jahwist und der Priesterschrift nicht etwa eine Geschichte des Volkes zusammen im Sinne des Berichts von dokumentierbaren, zusammenhängenden Ereignissen, sondern sie erzählten Sagen und Sagenketten, vergegenwärtigten das vergangene Handeln des getreuen, barmherzigen Gottes, der ja, nach dem bisherigen Glauben, mit der Menschheit durch Noah und mit Israel durch Mose einen unauflösbaren Bund eingegangen ist.

Zu Beginn des Exils, um 590 v. Chr., schreiben die Redakteure des Jahwist ihr Geschichtswerk mit der Absicht, Jahwe von jeglicher Schuld an der nationalen Katastrophe zu entlasten (Theodizee), zugleich Trost zu spenden und Hoffnung zu wecken. Der zentrale Gedanke in allen jahwistischen Erzählungen ist dabei: Seit Adam und Eva „gesündigt“ haben, versagen Menschen immer wieder, straft Gott sie immer von neuem, erbarmt Gott sich ihrer aber auch stets wieder, wenn sie umkehren. Gegen Ende des Exils, während der Jerusalemer Tempel wieder aufgebaut wird, also in einer völlig anderen mentalen Situation, verfassen die Redakteure der Priesterschrift um 510 v. Chr. ihr Geschichtswerk. Es entwirft über weite Strecken durch Vergegenwärtigung von Vergangenem ein Zukunftsprogramm für das Volk, das keinen König und keine Souveränität mehr hat; und dieses Geschichtswerk spornt an, diese Zukunftsvision im Vertrauen auf Jahwe zu verwirklichen.

Trotz divergierender Erzählabsichten wollen also beide Schriften durch das verinnerlichende Erinnern von vergangenen Ereignissen Zukunft eröffnen. Denn die Israeliten waren wie die meisten alten Völker überzeugt, dass jedes

Ereignis der Vorzeit, zumal der Urzeit, von dem eine Sage oder ein Mythos erzählte, auf je eine „arché", auf einen Ursprung hinweisen, aus dem in die Geschichte des Volkes hinein immer wieder Ähnliches erwächst. Ein solches „arché-typisches" Ereignis ist z.B. Kains Brudermord, Jahwes Gericht über ihn, Kains Reue und seine schließliche Begnadigung. Es ist verständlich, dass trotz aller Gemeinsamkeiten die unterschiedlichen Erzählabsichten von Jahwist und Priesterschrift sich auswirken, vor allem darauf, was jede Redakteursgruppe für archetypisch hält, d.h., was sie aus der Menge der überlieferten Sagen auswählt. Die unterschiedlichen Erzählabsichten bestimmen auch die Deutungen und Wertungen, die in die Erzählungen einfließen. So erklären sich die großen Unterschiede der beiden Schöpfungserzählungen, insbesondere ihre stark divergierenden Grundtönungen: die jahwistische ist sehr realistisch, die priesterschriftliche sehr optimistisch, fast utopisch.

2. Stellenwert der Schöpfungslehren im Pentateuch

Jedes der zum Pentateuch verflochtenen Geschichtswerke erzählt neben vielen anderen Sagen, dass Gott Israel aus Ägypten befreit, durch die Wüste geführt, mit ihm den Bund geschlossen und ihm eigenes Land zugesprochen habe. Zweifellos sind die Gotteserfahrungen, die in diesen Sagen überliefert werden, der Kern von Israels Glauben, ihre ständig wiederholte Vergegenwärtigung bildet das Zentrum des privaten und offiziellen Kults. Bekenntnistexte finden sich im Pentateuch in den unterschiedlichsten Zusammenhängen. Sie wurden schon Jahrhunderte vor der Endredaktion beim Jahwe-Kult verwendet. Sie waren, so wissen kritische Bibelwissenschaftler, Israels Ur-Credo. Hier die Fassung aus Deuteronomium 26: „Ein umherirrender Aramäer war mein Vater. Als er nach Ägypten hinab zog, wurde er dort ein Fremdling, dem nur wenige Leute angehörten. Aber er wurde zu einem großen, starken, zahlreichen Volk. Die Ägypter behandelten uns übel, bedrückten uns und legten uns harte Fronarbeit auf. Da schrien wir zu Jahwe, dem Gott unserer Väter. Und Jahwe hörte uns, sah unser Elend, unsere Mühsal, unsere Bedrängnis. Und Jahwe führte uns aus Ägypten mit starker Hand und ausgestrecktem Arm, mit Zeichen und Wundern. Er brachte uns an diesen Ort und gab uns dieses Land, was von Milch und Honig fließt." (Deut. 26.5 ff)

Dieser Text formuliert nicht nur den Kern altisraelitischen Glaubens, sondern ist auch die Kurzform des Ur-Jahwist. Für unser Problem ist wichtig: Weder in diesem Ur-Credo, noch in dem Ur-Jahwist ist von Gott als dem Schöpfer der Welt die Rede. Ja, der ganze Pentateuch nimmt außerhalb der ersten drei

Kapitel kaum Bezug darauf, dass Gott Kosmos, Erde, Lebewesen und Menschen geschaffen hat. Dieser Sachverhalt ist für heutige Gläubige befremdlich, ist aber von den Kulturen rund um das alte Israel her und von der Aussageabsicht des Jahwist her verständlich: Im alten Orient glaubte jedes Volk, dass seine Hauptgottheit zumindest wesentlich Mitursache von allem ist, was ist. Das brauchte Israel während seiner nationalen und mentalen Katastrophe weder vor den „Heiden" noch vor sich selbst zu bekennen und zu erzählen, denn es war einfach selbstverständlich. Das aber, was Israel von all seinen Nachbarn unterschied und was es in seiner nationalen Katastrophe brauchte, war dieser Glaube: Auch wenn wir wegen unserer Sünden von Gott schrecklich gestraft werden, so ist er dennoch Jahwe, d.h. er „ist da", und zwar als der Befreier aus Unterdrückung, Ausbeutung und jeglicher Unfreiheit, auch aus der selbstverschuldeten. Dies zu bekennen und es durch Erzählen der nationalen Sagen immer wieder zu vergegenwärtigen, das ist der Glaube, der zur Zeit der Entstehung des Jahwist notwendig war. Man sollte also den ganzen Pentateuch einschließlich der Schöpfungserzählungen lesen als eine große Anzahl von immer neuen Variationen des einen, einzigen Themas: Gott ist barmherzig, auch wenn er straft, und Gott ist mächtig genug, um seiner befreienden Barmherzigkeit Geltung zu verschaffen, auch gegen die Beherrscher der Welt, z.B. den mächtigen Pharao. Weil dies der Kern von Israels Glaube ist, berufen sich die Redakteure des Pentateuch nicht einmal zur Begründung des „Gesetzes" auf das Recht des Schöpfers, seinen Geschöpfen Richtlinien für ihre Existenz zu geben, sondern sie gründen Jahwes Berechtigung, Recht zu setzen, in seiner Befreiungstat. „Ich bin Jahwe, dein Gott, der dich aus Ägypten geführt hat, aus dem Sklavenhaus. Du sollst [...]". (Ex. 20, Deut. 5)

Die Redakteure des Deuteronomium kommentieren das Zentrum altisraelitischen Glaubens so: „Welche große Nation hätte Götter, die ihr so nahe sind, wie Jahwe, unser Gott, uns nahe ist, wo immer wir ihn anflehen? Oder welche große Nation besäße Gesetze und Rechtsvorschriften, die so gerecht sind wie alles in dieser Weisung?" (Deut. 4.7 f)

Dass Gott die Welt geschaffen hat, ist also für das alte Israel so selbstverständlich, dass das – von den ersten drei Kapiteln des Pentateuch abgesehen – in diesem monumentalen Glaubenswerk kaum erwähnt wird. Es ist nur konsequent, dass es den Redakteuren des Pentateuch weitgehend unwichtig erschien, wie Gott die Welt erschaffen hat. Andere Völker erzählen einen nationalen Mythos über die Art und Weise der Entstehung von Welt. Der Pentateuch, die Tora, das heilige Buch Israels, trägt auf seinen ersten Seiten zwei Erzählun-

gen vor, auf welche Art und Weise Gott Kosmos, Erde, Lebewesen und Menschen, und zwar in der uns bekannten Gestalt, verursacht hat. Die beiden Darstellungen unterscheiden sich in so wesentlichen Teilen voneinander, dass sie einander logisch ausschließen, obwohl sie einige theologische Aussagen gemeinsam machen, sich durch andere ergänzen (s. unten).
Wenn es für die Redakteure des Pentateuch selbstverständlich war, dass Israels Nationalgott die Welt geschaffen hat, und uninteressant, wie er es tat, erhebt sich die Frage, warum sie überhaupt Weltentstehungserzählungen in ihr Werk aufgenommen haben. Menschen fragen nun einmal immer weiter zurück nach dem Davor, letztlich nach der Ursache der Kette aus Ursachen und Folgen. So musste das monumentale Geschichtswerk Israels hinter die Stammesväter Isaak, Jakob, Abraham zurückfragen nach der absoluten Verursachung von allen und von allem. Doch nach den Anfängen zu forschen ist nicht nur Neugier, erst recht nicht Unterhaltungssucht, sondern immer auch, ja vor allem, der Wille zu erkennen, von welchen Wurzeln die je gegenwärtige Situation, vor allem man selbst bestimmt oder zumindest mitbestimmt ist. Die Individual- und die Volksgeschichte bis zum allerersten Anfang aufzudecken, indem man die Sagen und Mythen der Familie, des Stammes erzählt, das bedeutet, die archai sichtbar zu machen, die immer wieder arche-typisches Verhalten und Handeln in archetypischen Situationen entstehen lassen, bedeutet also, sich selbst zu erkennen. Die Schöpfungserzählungen ermöglichen Israel ein Verständnis seiner selbst, auch seiner Gottesbeziehung, weil sie die Grundmotive zeigen, die der Jahwist und die Priesterschrift, also der Pentateuch, in je eigener Weise durch Israels Geschichte hindurch variieren.
Den Pentateuch, insbesondere seine ersten drei Kapitel, daraufhin zu befragen, ob er mit der naturwissenschaftlichen Evolutionstheorie zu vereinbaren ist, geht an dem Gehalt und der Aussageabsicht dieser Schrift, insbesondere der ersten drei Kapitel vorbei. Auch auf diesen ersten Seiten macht der Pentateuch durch seine Erzählungen nur theologische Aussagen über Gott, über den Kosmos, über die Menschen und deren Soll-Verhalten. Grundsätzlich sind diese Glaubensaussagen mit jeder Kosmologie und Biologie kompatibel, so lange diese ihre methodologischen Grenzen nicht überschreiten, mit der naturwissenschaftlichen des 21. Jhds. n. Chr. ebenso wie mit der naturkundlichen und naturphilosophischen des 4. Jhds. v. Chr. Der Pentateuch bekennt erzählend Jahwe als den Gott, der immer wieder orientierend, strafend und begnadigend in die Volks- und Individualgeschichte der Israeliten eingreift, um Menschen, die „sein Bild" sind und als solche sich verhalten sollen, aus al-

len Fesseln zu befreien; all die Erzählungen sollen mahnen, Trost spenden, Hoffnung schenken. So ist der Pentateuch in seinen ersten Kapiteln eine einzige, immer neu variierte Explikation von Gottes Namen. „Jahwe“ bedeutet ja „Ich bin da, bin bei dir“. Dass das Werk diesen Glauben, diesen Trost, diese Hoffnung mittels der geschichtlichen, soziologischen, naturkundlichen Sprachbilder derer ausspricht, die er im 4. Jhd. v. Chr. überzeugen will, versteht sich eigentlich von selbst.

3. Die jahwistische Erzählung – Thema und Aufbau

Genesis 2.4b bis 3.24 lehrt im Unterschied zu Genesis 1 nicht die Entstehung der Welt. Bis zur Entstehung des Menschen wird alles mit einer Reihe von sprachlich sehr archaisch anmutenden Erklärungen abgetan (2.5-2.6). Die Autoren scheinen möglichst schnell ihr Thema – das Thema des ganzen Jahwist – erreichen zu wollen: Wie lässt sich der Glaube an Jahwe, der fürsorgend immer da ist, vereinbaren mit der allen Menschen eigenen Erfahrung äußerst mangelhafter natürlicher Lebensbedingungen: Scham, Angst, Mangel an lebensnotwendigen Kenntnissen, Ungenießbarkeit vieler Pflanzen, Bedrohung durch Tiere, Mühsal der Arbeit, Armut, sexuelles Begehren, Geburtsschmerzen, Härte des Patriarchats, Wissen um den Tod, Sterben. Die Autoren beantworteten diese Theodizee-Frage, indem sie von dem archetypischen, unumkehrbaren Weg erzählen, den der Mensch (Adam) aus der ganz unmittelbaren Nähe des umsorgenden Gottes (2.7-2.25) über seine Entscheidung zum autonomen Selbstsein (3.1-3.7) bis in die (vermeintliche) Gottesferne gegangen ist – wohl immer wieder geht (3.8 -3.24), aus dem leidfreien Garten Eden in die reale Welt, in der er ein „Fremdling“ ist, – auch ein Motiv des ganzen Jahwist. In diese Erzählung sind Elemente alter, außerisraelitischer und israelitischer Mythen eingegangen, auch die Skizze einer uralten Erdvorstellung (2.10-2.14), die in die Textwiedergabe nicht aufgenommen ist.

Text (nach Jacob und von Rad)

Kap. 2.4b

Als Jahwe, Gott, den Himmel und die Erde machte – 5 es war kein Busch auf
der Steppe, noch irgend ein Kraut auf einem Feld, Jahwe, Gott, hatte noch
nicht regnen lassen auf die Erde, kein Mensch war da, die Adama (=Erdbo-
den) zu bestellen, 6 nur Dunst stieg aus der Erde auf und tränkte die ganze
Adama – 7 da bildete Jahwe, Gott, den Adam (=Mensch) aus Staub von der
Adama und blies seiner Nase das Leben ein; so ward Adam zu einem lebendi-

gen Wesen. 8 Jahwe, Gott, pflanzte einen Garten in Eden gegen Osten und da hinein setzte er den Menschen, den er gebildet hatte. 9 Und Jahwe, Gott, ließ aufsprießen aus der Adama jeglichen Baum – jeder begehrenswert zum Anschauen, gut zum Essen – und auch den Baum des Lebens in der Mitte des Gartens und den Baum des Erkennens von Gutem und Schlechtem [...] 15 Und Jahwe, Gott, nahm den Menschen und setzte ihn in den Garten Eden, ihn zu bebauen und zu hüten. 16 Und Jahwe, Gott, gebot dem Menschen und sprach: Von allen Bäumen darfst du essen. 17 Aber vom Baum des Erkennens von Gutem und Schlechtem sollst du nicht essen; denn des Tages, da du davon isst, wirst du sterben. 18 Da sprach Jahwe, Gott: Es ist nicht gut, dass der Mensch allein sei. Ich will ihm eine Hilfe machen, die ihm entspricht. 19 So bildete Jahwe, Gott, von der Adama alles Getier des Feldes und alle Vögel des Himmels und führte sie zu dem Menschen, um zu sehen, wie der sie nennen werde; wie der Mensch sie nennen würde, so sollten sie heißen. 20 Und der Mensch gab allem Vieh, allen Vögeln des Himmels und den Tieren des Feldes Namen. Aber für den Menschen fand er keine Hilfe, die ihm entsprochen hätte. 21 Da ließ Jahwe, Gott, Tiefschlaf auf den Menschen fallen, so dass er schlief, und er nahm ihm eine Rippe und verschloss die Stelle mit Fleisch. 22 Und Jahwe, Gott, baute ein Weib aus der Rippe, die er von dem Menschen genommen hatte, und führte es dem Menschen zu. 23 Da sprach der Mensch: Dies ist nun endlich Bein von meinem Bein, Fleisch von meinem Fleisch. Diese wird man issa (=Männin, Weib) nennen, weil sie vom i s (=Mann) genommen ist. 24 Darum verlässt der Mann Vater und Mutter und hängt einem Weib an, und sie werden ein Leib. 25 Die beiden aber, der Mensch und sein Weib, waren nackt. Aber sie schämten sich nicht. – 3.1 Die Schlange aber war listiger als alle Tiere des Feldes, die Jahwe, Gott, gemacht hatte, und sie sprach zum Weib: Wie? Gott hat gesagt, ihr sollt nicht von allen Bäumen des Gartens essen? 2 Da sprach das Weib: Von den Früchten der Bäume im Garten dürfen wir essen, 3 nur von den Früchten des Baumes mitten im Garten hat Gott gesagt: Esst nicht davon, rührt sie auch nicht an, damit ihr nicht sterbt. 4 Da sprach die Schlange zum Weib: Sterben, sterben? O nein! 5 Vielmehr weiß Gott, dass, sobald ihr davon esst, euch die Augen aufgehen und ihr wie Gott sein werdet, erkennend Gutes und Schlechtes. 6 Und das Weib sah, dass von dem Baum zu essen gut wäre und dass er lieblich anzusehen sei und auch begehrenswert, um klug zu werden. Da nahm sie von der Frucht und aß und gab auch ihrem Mann neben ihr, und er aß. 7 Da gingen beiden die Augen auf, und sie erkannten, dass sie nackt waren. Da flochten sie Feigenlaub zusammen und machten sich Schürzen. 8 Als sie nun das Geräusch Jahwes, Gottes, hörten, der beim Tageswind im Garten wandelte, da versteckten sie sich, der Mensch und sein Weib, vor Jahwe, Gott, unter den Bäumen des Gartens. 9 Aber Jahwe, Gott, rief den Menschen und sprach zu ihm: Wo bist du? 10 Der sprach: Ich hörte dein Geräusch im Garten; da fürchtete ich mich, weil ich nackt bin, und versteckte mich. 11 Da sprach er: Wer hat dir gesagt, dass du nackt bist? Hast du von dem Baum gegessen, von dem zu essen ich dir verboten habe? 12 Da sprach der Mensch: Das Weib, was du mir beigegeben hast, gab mir von dem Baum und ich aß. 13 Da sprach Jahwe, Gott, zum Weib: Was hast du getan? Das Weib antwortete: Die Schlange hat mich verführt und ich aß. 14 Da sprach Jahwe, Gott, zur Schlange: Weil du das getan hast, sei verflucht vor allem Vieh und Getier des Feldes. Auf dem Bauch sollst du kriechen und Staub fressen dein Leben lang. 15 Feindschaft will ich setzen zwischen dir und dem Weibe, zwischen deinem Samen und ihrem Samen. Er wird dir nach dem Kopf trachten und du nach seiner Ferse schnappen. 16 Zum Weibe sprach er: Ich will dir viel Beschwerden machen in der Schwangerschaft, unter Schmerzen sollst du Kinder gebären. Nach deinem Manne verlangst du, obwohl er herrscht über dich. 17 Und zum Menschen sprach er: Weil du auf deines Weibes Stimme gehört und von dem Baume gegessen hast, von dem ich dir sagte, du sollst nicht von ihm essen, sei die Adama um deinetwillen verflucht. Mit Schmerzen sollst du dich von ihr ernähren, alle Tage deines Lebens. 18 Denn Dornen und Disteln werden aus ihr wachsen, und Kraut vom Feld wirst du essen. 19 Im Schweiße deines Angesichts wirst du Brot essen, bis du zur Adama zurückkehrst, von der du genommen bist; denn Staub bist du und zum Staub kehrst du zurück. 20 Da nannte der Mensch sein Weib Chawwa (=Leben), denn sie wurde die Mutter aller Lebenden. 21 Und Jahwe, Gott, machte dem Menschen und seinem Weibe Leibröcke und zog sie ihnen an. 22 Und Jahwe, Gott, sprach: Siehe, der Mensch ist nun geworden wie unsereiner, erkennend Gutes und Schlechtes. Nun aber, damit er nicht auch noch seine Hand ausstrecke, um vom Baum des Lebens zu nehmen, zu essen und dann ewig zu leben! 23 So schickte ihn Jahwe, Gott, fort aus dem Garten Eden, damit er die Adama bebaue, von der er genommen war. 24 Da vertrieb er den Menschen und hieß östlich des Gartens Eden die Cherube sich lagern und die Flamme des Zickzackschwertes, um den Weg zum Baum des Lebens zu bewachen.

4. Interpretierende Bemerkungen (jahwistische Erzählung)

Die Beziehung zwischen Gott und Menschen, nicht die Erschaffung der Welt, ist Gegenstand von Gen. 2 und 3. Die Autoren erwähnen in einem Nebensatz, dass „Gott Erde und Himmel machte", deuten in nur einem einzigen Satz an, wie Gott das Lebewesen Mensch erschuf, erzählen aber in zwei längeren Kapiteln, wie durch das Zusammenwirken von Gott und diesem Lebewesen das geschichtlich greifbare Kulturwesen Mensch und seine Umwelt entstanden sind.

Die Erdoberfläche war zunächst nur eine wasserlose Wüste ohne Leben, wurde dann von Gott zum formbaren und fruchtbaren Erdboden (adama) umgestaltet, schließlich zusammen mit dem Menschen (adam) zur Kulturlandschaft, zuerst zum Garten Eden, dann zum agrarisch genutzten Land.

Um das (männliche) Lebewesen Mensch herum und um seinetwillen schuf Gott der Reihe nach den Baumgarten, die Landtiere und die Vögel, sowie die Frau.

Das Lebewesen Mensch – das betont der Text mehrfach – ist geformter Erdboden, der von Gott belebt wurde. Der „Odem", den Gott dem geformten Erdboden einhauchte, ist nicht die Geistseele, sondern das Leben. Das AT kennt die Dichotomie von Leib und Geistseele nicht, sondern nur lebende, weil von Gott belebte, geformte Materie. Das menschliche Leben ist, weil von Gott eingehaucht, etwas Heiliges, aber Endliches. Nur solange das Lebewesen Mensch im Garten Eden vom „Baum des Lebens"essen konnte, war es unsterblich.

Das Lebewesen Mensch entfaltete sich zum Kulturwesen in mehreren Phasen:

- Der (männliche) Mensch lebte nicht in einem nur dem Genuss gewidmeten Paradies, sondern in Gottes Baumgarten, den er in Gottes Auftrag „pflegte und schützte" (wohl gegen die umliegende Wüste). Er arbeitete dort unter Anleitung Gottes, denn er hatte noch nicht das Vermögen zu urteilen, welche Handlungen „gut" (sinnvoll, nützlich, lebensfördernd), welche „schlecht" (sinnlos, schädlich, lebenswidrig) sind. Mythologisch ausgedrückt: Vom „Baum des Erkennens von Gutem und Schlechtem" zu essen, war im Garten Eden verboten.
- Von Gott dazu aufgefordert, entfaltet der Mensch seine Sprachfähigkeit. Sprache ist hier nicht Kommunikationsmittel – der Mensch ist ja allein –, Sprache ist vielmehr das Medium, mit dem der Mensch jedes Einzelne, sei es Tier, Ding oder Mensch als Exemplar einer Gat-

tung begreift. Der Name, den der Mensch in Gottes Auftrag jedem Tier gibt, ist kein Eigenname, also kein Symbol der Gefühlsbeziehung zu einem Individuum, sondern er ist hier der Gattungsbegriff, der von allen individuellen Merkmalen abstrahiert, damit auch von der emotionalen Beziehung zu ihm absieht. Am Beispiel: Wenn man denkt „ein Hund", hat man schon von Verhaltenseigenheiten, von Farbe, von Größe, ja sogar von Rasse abgesehen, denkt vielleicht, „kann als Bewacher nützlich sein", denkt sicher, „ist ersetzbar durch andere Exemplare". Ganz anders, wenn jemand „Ella" denkt: das ist das geliebte Hundewesen, das schwanzwedelnd auf sein „Herrchen" zuläuft, an ihm hochspringt, das gestreichelt zu werden erwartet, das kaum ersetzbar ist. Immer, wenn Menschen innerlich für etwas einen Begriff gebrauchen, ist es nur noch ein grundsätzlich austauschbares Exemplar einer Gattung, über das Menschen, zumindest in Gedanken, herrschaftlich verfügen und es sich selbst als Objekt gegenüber stellen. Menschen erfahren sich selbst als von dem Objekt, letztlich von der Welt emotional und instinktiv losgelöste Subjekte, sind grundsätzlich einsam, weil in der zum Objekt gewordenen Welt nichts ihnen „entspricht".

- „Es ist nicht gut" (nicht lebensfördernd) für den Menschen, dass Welt durch Sprache immer wieder zum distanzierten Objekt des isolierten Subjekts Mensch wird. Er bedarf einer „Hilfe" zum Leben – nicht etwa zu irgend welchen Verrichtungen – er bedarf eines Wesens, das ihm „entspricht", dem er trotz seiner sprachlich erzeugten Weltdistanz instinktiv und emotional so verbunden ist, dass er durch diese Partnerschaft in der Welt gehalten wird.
- Seit der Mensch mit den Dingen und Lebewesen, vorwiegend sprachlich, kaum noch instinktiv und emotional verbunden ist, also nur in geringem Maße durch Instinkt und Gefühl zu lebenserhaltendem Handeln gesteuert wird, bedarf er einer neuen Art von Kenntnis: Welches Handeln ist für meine Umwelt und für mich selbst „gut" (lebensfördernd), welches „schlecht" (lebensschädigend)? Als begrifflich denkendes Wesen braucht der Mensch lebensnotwendig das Wissen, das bislang nur Gott hatte: Der Mensch entwickelt Grundsätze der Nützlichkeit und der Sittlichkeit. Mythologisch: Er isst vom Baum des Erkennens von Gutem und Schlechtem. Durch dieses Wissen wird der Mensch also „wie Gott"; das sagt nicht nur die Schlange,

sondern auch Gott. Der Mensch emanzipiert sich also aus Gottes ständiger und totaler Betreuung. Mythologisch: Er fertigt sich in äußerst unbeholfener Weise selber „Schürzen“ an und beginnt dadurch die Umgestaltung des Gegebenen nach seinen Bedürfnissen.

- Die Schlange ist im jahwistischen Verständnis nicht eine Verkörperung Satans, sondern eindeutig Geschöpf Gottes. Sie lügt auch nicht. Die Menschen sterben ja nicht sofort, nachdem sie von dem Baum gegessen haben, und sie werden, auch nach Aussage ihres Schöpfers, „wie Gott“.
- Als ein seiner selbst bewusstes Wesen weiß der Mensch nun um seine Schutzlosigkeit vor dem auch objektivierten, also nicht mehr vertrauten Gott. Mythologisch: Er versteckt sich vor Gott. Er empfindet also Gottesfurcht, die der Kern jeder Religion ist. Der Mensch empfindet, außer in den Momenten, wo er mit seiner Partnerin „ein Leib wird“, ein essentielles Ungenügen, gemessen an der beiderseitigen Hoffnung, einander „Hilfe“ zu sein: Er schämt sich.
- Aus dem begrifflichen Bewusstsein von sich und von seiner Situation in der Welt erwachsen dem Menschen eine Reihe von Erkenntnissen: Notwendigkeit der Abwehr bedrohlicher Tiere, z.B. der Schlangen, Notwendigkeit der Beseitigung von Unkraut, z.B. Dornen und Disteln, Notwendigkeit der Bearbeitung und Bestellung des Bodens, Wissen um sexuelle Begierde trotz Beschwerden bei Schwangerschaft und Geburt und trotz der demütigenden Härte der patriarchalen Familienstruktur, Gewissheit des eigenen Sterbens und des eigenen Todes.

Nach dem Glauben der jahwistischen Erzähler kann die mit diesen Übeln belastete reale Welt von dem guten und mächtigen Gott nicht so geplant und eingerichtet worden sein. Sie deuten daher die reale Welt als Exil, in das Gott die Menschen archetypisch einmal und seitdem immer wieder verbannt, weil sie sich nie vollständig und vor allem nicht dauerhaft der alltäglichen Fürsorge des guten und getreuen Gottes anvertrauen, sondern von Anfang ihrer Menschwerdung an immer wieder bestrebt sind, sich die Normen und Ziele ihres Handelns selbst zu setzen. Die Autoren des jahwistischen Geschichtswerks deuten sich, ihre israelitischen Mitmenschen, ja die Menschen überhaupt als „Fremdlinge“ in der je realen Welt, deren Heimat also woanders ist – biblisch – in Jerusalem. Doch nach der Glaubensüberzeugung dieser Erzähler bleibt Gott immer der getreue Jahwe, der Ich-bin-da. Mythologisch ausgedrückt: Gott verflucht zwar die Schlange und den Erdboden, aber nicht Adam und Eva (den Menschen und die „Mutter alles Lebenden"). Im Gegenteil: Gott spricht mit ihnen, um ihnen den Grund für ihr Leben im Exil zu erläutern, ja er fertigt ihnen Kleider, zieht sie ihnen sogar eigenhändig an, um sie auszustatten für ihren unumkehrbaren Gang in die Fremde.

Gen. 2 und 3 sind eine sehr stark mythologisch durchsetzte Erzählung, in der die „archai", die Ursprünge all dessen aufgezeigt werden, was in der individuellen und in der kollektiven Geschichte der Menschen immer wieder in Erscheinung tritt. Sie sind ein großes Bekenntnis zu Jahwe als dem Gott, der immer da ist, und eine tiefgründige Anthropologie. Es ist einfach unsinnig, an diesen Text die Frage zu stellen, ob er mit der naturwissenschaftlichen Evolutionstheorie vereinbar ist.

5. Die priesterschriftliche Erzählung – Themen

Auch Gen. 1.1 bis 2.4 ist keine Kosmogonie, die erzählt, auf welche Art und Weise die Welt entstanden ist. Zwar lag dem Text, der in den Pentateuch eingegangen ist, ursprünglich ein uralter Weltentstehungsmythos zu Grunde, dessen Spuren noch sichtbar sind. Aber viele Generationen von Gläubigen und von Theologen haben den Mythos aus ihrem Glauben an den einen, absoluten, machtvollen und guten Gott heraus meditiert, reflektiert und diskutiert, bis er schließlich fast alle anschaulich erzählenden Elemente verloren hatte und auf wenige lehrende Bekenntnisaussagen reduziert war. Worauf es den Endredakteuren von Gen. 1.1 bis 2.4 ankam, wird sichtbar an der Stellung und an der Sprache der Aussagen über die Menschen (V. 26-29), an dem eigenartigen Schluss (2.22.4a) – Gott „vollendet" sein Werk durch den gesegneten und geheiligten Tag der Ruhe – und vor allem an den drei Sätzen, die dem Leser gleichsam eingestanzt werden: „Gott sprach" (erscheint sieben Mal), „entsprechend geschah es" (vier Mal), „Gott sah, wie gut es ist" (sieben Mal). Der Text bekennt also den Gott Israels als den machtvollen und guten Gott, der das, was er denkt und will (=spricht), zu einer in seinen Augen guten Realität werden lässt, die ihre Vollendung in fruchtbarer (=gesegneter) und abgesonderter (=geheiligter) Ruhe findet. Über die Art und Weise, wie Gott sein Wollen Realität werden lässt, sagt der Text, im Gegensatz zu allen Weltentstehungsmythen, auch im Unterschied zum jahwistischen Kapitel 2 der Genesis, überhaupt nichts. Denn wie Gott beim Erschaffen der Welt (und auch in der Geschichte Israels), das, was er denkt, tatsächlich verwirklicht, entzieht sich menschlichem Beobachten und Begreifen, auch dem Begriff des

Glaubens. Denn der Vorgang des Erschaffens selbst ist – wie Gott – unsinnlich, ungegenständlich, ist transzendent. Für den Glaubenden gilt als sicher: Was ist, ist von Gott gedacht und gewollt, ist gemäß göttlicher Vorstellung wirklich geworden, ist gut. Das trifft in besonderem Maße auf die Menschen zu: Sie sind „Bild“ Gottes.

Durch das lehrende Bekenntnis dieses Glaubens ist Gen.1.1 bis 2.4a der großartige, weil orientierende Eingang in das priesterschriftliche Geschichtswerk, ja in den ganzen Pentateuch: Mit diesem Glauben soll, nach dem Willen der Endredakteure des Pentateuch, auch Gen. 2, vor allem Gen. 3 (der sog. Sündenfall und seine Strafen) gelesen werden, ja die ganze Tora, auch und gerade, wenn sie von scheinbarem Unheil erzählt. Die Priesterschrift, vor allem Gen. 1, will ja gegen Ende des babylonischen Exils, bei Beginn der Wiedererrichtung des Jerusalemer Tempels die Hoffnung, ja sogar die Gewissheit vermitteln: Der Gott, an den Israel glaubt, verwirklicht in dieser Welt, was er sich als Ziel seines Tuns gesetzt hat, und zwar auf eine Art und Weise, die für Menschen meist nicht erkennbar, unbegreiflich ist und unbekannt bleibt. Für den Glaubenden aber steht fest: Gott wirkt; er wirkt machtvoll; er wirkt das Heil. – Auch aus diesem Grund übernehme ich für Gen. 1.1 die Übersetzung von E. Zenger: „ A l s Anfang schuf Gott den Himmel und die Erde“, nämlich als Anfang seines Heilstuns, dessen Geschichte der Pentateuch erzählt.

Text (nach G. von Rad und E. Zenger)
1.1 Als Anfang schuf Gott den Himmel und die Erde. 2 Und die Erde war
Wüste und Leere. 3 Und Finsternis lag über der Urflut. Und Gott sprach: Es
werde Licht. Und es wurde Licht. 4 Und Gott sah das Licht, wie gut es ist.
Und Gott schied zwischen dem Licht und der Finsternis. 5 Und Gott berief
das Licht als Tag und die Finsternis als Nacht. Und es wurde Abend und es
wurde Morgen: Ein Tag. 6 Und Gott sprach: Es sei eine Ausdehnung inmitten der Wassermasse, sie bilde eine Scheidewand zwischen den Wassern. 7
Und Gott machte die Ausdehnung, so dass sie schied zwischen den Wassern
unterhalb und oberhalb der Ausdehnung. 8 Und Gott berief die Ausdehnung
als Himmel. Und es wurde Abend und es wurde Morgen: Zweiter Tag. 9 Und
Gott sprach: Das Wasser unterhalb des Himmels sammle sich an einem Ort,
so dass Trockenes sichtbar werde. Und dementsprechend geschah es. 10 Und
Gott berief das Trockene als Erde, die Ansammlungen der Wasser als Meere.
Und Gott sah, wie gut es ist. 11 Und Gott sprach: Aufgrünen lasse die Erde
Grünes, Pflanzen, die Samen bringen nach ihrer Art, und Bäume, die Früchte

tragen nach ihrer Art auf Erden, in denen Same ist. Und dementsprechend
geschah es. 12 Und die Erde brachte Grünes hervor, Pflanzen, die Samen bilden, Bäume, die Früchte tragen, in denen ihr Same ist. Und Gott sah, wie gut
es ist. 13 Und es wurde Abend und es wurde Morgen: Dritter Tag. 14 Und
Gott sprach: Es seien Leuchten an der Ausdehnung des Himmels, damit sie
scheiden zwischen Tag und Nacht und Zeichen seien für Festzeiten, für Tage
und Jahre. 15 Und sie seien Leuchten an der Ausdehnung des Himmels, um
zu leuchten über die Erde hin. Und dementsprechend geschah es. 16 So
machte Gott die beiden großen Leuchten, die größere zur Herrschaft über
den Tag, die kleinere zur Herrschaft über die Nacht. Dazu die Sterne. 17 Und
Gott setzte sie an die Ausdehnung des Himmels, damit sie leuchten über die
Erde hin, herrschen über Tag und Nacht und scheiden zwischen Licht und
Finsternis. Und Gott sah, wie gut es ist. 19 Danach wurde es Abend und es
wurde Morgen: Vierter Tag. 20 Und Gott sprach: Wimmeln sollen die Wasser
von dem Gewimmel lebender Wesen, und Vögel sollen über die Erde hinflie-
gen vorn an der Ausdehnung des Himmels. 21 Und Gott schuf die großen
Meeresungeheuer und alle lebendigen Wesen, sich selbst regende Wesen, von
denen die Wasser wimmeln, und alles geflügelte Fluggetier nach seinen Arten.
Und Gott sah, wie gut es ist. 22 Und Gott segnete sie und sprach: Seid
fruchtbar und werdet zahlreich und füllt die Wasser in den Meeren, und das
Fluggetier soll zahlreich werden auf Erden. 23 So wurde es Abend und es wurde Morgen: Fünfter Tag. 24 Und Gott sprach: Die Erde bringe hervor lebendige Wesen nach ihren Arten: Vieh, Kriechgetier, Wildtiere nach ihren Arten.
Und dementsprechend geschah es. 25 So machte Gott das Wildgetier der
Erde nach seinen Arten und alles Kriechgetier des Erdbodens nach seinen Arten. Und Gott sah, wie gut es ist. 26 Und Gott sprach: Lasst uns Menschen
machen als unser Bild, uns ähnlich, damit sie herrschen über Fische im Meer
und über Fluggetier am Himmel und über das Vieh und über alles Wildgetier
auf der Erde und über alles Kriechgetier, das über die Erde hinkriecht. 27
Und Gott schuf den Menschen als sein Bild, als Gottesbild schuf er ihn,
männlich und weiblich schuf er ihn. 28 Und Gott segnete sie und sprach zu
ihnen: Seid fruchtbar, werdet zahlreich und füllt die Erde und macht sie euch
untertan und herrscht über die Fische im Meer und über das Fluggetier am
Himmel und über jedes Tier, das sich auf Erden regt. 29 Und Gott sprach:
Siehe, hier übergebe ich euch alle Pflanzen, die Samen tragen auf der ganzen
Erde und alle Bäume mit samentragenden Früchten. Sie sollen euch Nahrung
sein. 30 Und allem Wildgetier auf Erden und allem Fluggetier am Himmel

und allem Kriechgetier auf der Erde, in denen lebendiges Wesen ist, gebe ich
alles Blattwerk der Pflanzen zur Nahrung. Und dementsprechend geschah es.
31 Und Gott sah alles, was er gemacht hatte und siehe: Es ist sehr gut. Danach wurde es Abend und es wurde Morgen: Sechster Tag.
2.1 So wurden vollendet der Himmel und die Erde mit ihrem ganzen Heer. 2
Und Gott vollendete am siebten Tag sein Werk, das er gemacht hatte und er
hörte am siebten Tag auf mit all seinem Arbeiten, das er geleistet hatte. 3 Und
Gott segnete den siebten Tag und er heiligte ihn, denn an ihm ruhte er nach
all seiner Arbeit, die Gott geleistet hatte um zu erschaffen. 2.4a Dies ist die
Entstehungsgeschichte des Himmels und der Erde bei ihrem Geschaffenwer-
den.

6. Interpretierende Bemerkungen – (priesterschriftliche Erzählung)

„Wüste", „Leere", „Urflut", „Finsternis" bezeichnen nicht einen Urstoff, den Gott vorgefunden und dann zu Geschöpfen geformt hätte. Jedes der Wörter für sich ist im alten Orient eine Metapher für Unbegrenztheit, für Unmöglichkeit zu leben, wahrzunehmen, sich zu orientieren, vor allem eine Metapher für Tod. In ihrer Häufung benennen die Wörter das eigentlich unbenennbare Absolut-Un-Seiende, ja die Unmöglichkeit von Seiendem, zumal von Lebendigem. Sie benennen also das, was Gott durch sein Erschaffen zurückdrängt, was aber in der Schöpfung als permanente Möglichkeit zum Nicht Mehr-Sein anwesend ist: In philosophischer Sprache: Anwesend ist die Kontingenz jedes Geschöpfes. In biblischer Bildsprache: Anwesend ist Nacht, obere Wassermasse, die über „Himmel und Erde" hängt, untere Wassermasse, die das „Trockene" umgibt. Dass Nacht und Wassermassen als bedrohlich für die ganze Schöpfung empfunden werden, zeigt der Sintflut-Mythos.

Indem die Autoren von Gen. 1 diesen Hintergrund der Schöpfung benennen, weisen sie auf die Notwendigkeit hin, die Schöpfung permanent zu erhalten. Gen. 1 fasst die Erschaffung von „Himmel und Erde" nicht als punktuellen, einmaligen Akt auf, sondern als immerwährendes Fortwirken des göttlichen Willens: Die Form der Verben, die Gott in seinen Befehlen verwendet, bedeutet, dass immer weiter geschehen soll, was da befohlen wird. Statt „es werde Licht" wäre es z.B. angemessener zu übersetzen „es sei Licht".

„Licht", das erste, was geschaffen wurde (3-5), ist unabhängig von den erst wesentlich später (14-19) geschaffenen Lichtquellen Sonne, Mond, Sterne. „Licht" wird also von Gen 1 gesehen als die geschaffene Urgegebenheit, die

Seiendes, zumal Lebewesen, erst möglich macht. „Licht“ ist also der äußerste Fundamentalgegensatz zu „Finsternis“ und „Leere“.
Das erschaffende Tun Gottes ist sicher auch das ins Sein rufende Machen. Doch der Genesis-Text hebt etwas anderes hervor: Gottes Scheiden und Ordnen. Gott scheidet das Licht von der Finsternis, die obere von der unteren Wassermasse; er ordnet die Pflanzen und Tiere in Gruppen und teilt diese wiederum in Arten ein, er scheidet Tag und Nacht voneinander, gliedert die Zeit in Jahre, Tage; er ordnet den Menschen und den Tieren bestimmte Nahrung zu, beruft jedes Geschöpf zu je einem bestimmten Dienst. – Gottes Tun wird nicht nur als ordnend, sondern auch als geordnet gezeigt: geordnet in die sieben Tage, geordnet in die stufenweise aufbauende Ermöglichung von Leben, zumal von menschlichem Leben. Der Text weist also weniger den Gegensatz von Absolut-Un-Seiend und Seiend auf als vielmehr den Gegensatz von Chaos und Kosmos (=Ordnung).
Pflanzen haben nach ersttestamentlicher Meinung kein Leben; daher sind sie wie alle anderen Sachen Ermöglichung von, Mittel zum Leben. Leben kommt nur den Tieren und vor allem den Menschen zu. Tiere dürfen daher ebenso wenig wie Menschen als Mittel zum Leben dienen, dürfen nicht getötet werden: Leben soll unantastbar sein. Unterstrichen wird die Heiligkeit von menschlichem und tierischem Leben dadurch, dass Gott alle anderen Geschöpfe „macht“. Nur für die Erschaffung des Gesamten, also von „Himmel und Erde“, sowie für die Erschaffung von Tieren und Menschen verwendet Gen. 1 ein Verbum, das sonst im Ersten Testament nicht vorkommt: bara. Nur dieses Verb sollte, nach Meinung vieler Exegeten, mit „erschaffen“ übersetzt werden. Das Leben, menschliches wie tierisches, wird von Gen. 1 noch dadurch ausgezeichnet, dass Gott es „segnet“, nämlich mit dem – biblisch gesehen – Wunder der Fruchtbarkeit.
Einige Übersetzungen verwenden zur Bezeichnung der letzten Aktion innerhalb jedes „Machens“ das Wort „nennen“. Das ist formal richtig, aber missverständlich; denn einen Namen zu geben bedeutete in der ganzen alten Welt, etwas oder jemanden zu seinem Eigentum erklären, sein Wesen und seine Funktion festzulegen, ihn in Dienst zu nehmen. In der vorgelegten Übersetzung sollen all diese Funktionen des „Benennens“ durch das Wort „berufen“ bewusst gemacht werden.
Pflanzen und Landtiere sind nicht unmittelbar aus Gottes Schöpferwillen hervor gegangen. Sondern Gott befahl: „Aufgrünen lasse die Erde Grünes, Pflanzen ... und Bäume ... Und entsprechend geschah es“ (11-12). Gott befahl

auch: „Die Erde bringe hervor lebendige Wesen ... Vieh, Kriechtiere, Wildtiere ... Und entsprechend geschah es ... So machte Gott das Wildgetier" (24-25). Das Geheimnis, auf welche Art und Weise er die Lebewesen schuf, bleibt wie bei den anderen Geschöpfen gewahrt. Aber bei der „Entstehung der Arten" (Darwin) ist die Erde – die mythische Magna Mater, die Natura Naturans – zwar theologisch gesehen die geschaffene und beauftragte Zweitursache, aber menschlich, auch wissenschaftlich gesehen die unmittelbare Ursache aller Pflanzen- und (Land-) Tierarten. Es ist für das Problem der Kompatibilität von biblischem Schöpfungsglauben und biologischer Evolutionstheorie bedeutsam, dass der schöpfungstheologische Text der Priesterschrift die Aussage macht:

„So machte Gott" die Landtiere, nämlich durch Inanspruchnahme der Kraft der Erde, der Natur, mit heutigem Begriff: der Evolution.

Gemäß Gen. 1 erreicht Gottes schöpferisches Tun seinen Höhepunkt und sein Ziel in der Erschaffung der Menschen. Das wird deutlich durch die Stellung dieser Erschaffung im Gesamttext, auch durch die feierliche einleitende Selbstaufforderung Gottes: „Lasst uns Menschen machen" und durch den dreimaligen Gebrauch des Verbs „erschaffen" (=bara) in dem entscheidenden Satz. Die theologische Anthropologie von Gen. 1 unterscheidet sich deutlich von der, die in Gen. 23 vorgetragen wird.

- Gott formt nicht – wie in Gen.1 berichtet wird – zunächst den Leib des Menschen aus der Adama und haucht diesem dann das Leben ein, was christliche Theologen lange Zeit veranlasste, eine Dichotomie von Leib und Seele im Menschen zu lehren. Sondern nach Gen. 1 schafft Gott die Menschen nach einem einzigen Willensakt: Jeder Mensch ein ungeteiltes, unteilbares Ganzes.
- Die Erschaffung der Menschen wurde durch Gen.1 in eine außerordentliche zeitliche, und das bedeutet ontologische Nähe zur Erschaffung der (Land-)Tiere gerückt: Menschen sind, wie diese, (Land-)Lebewesen, aber, wie noch zu zeigen sein wird, mit einer alles übersteigenden Berufung. An demselben Tag, dem sechsten, erschafft Gott zunächst die (Land-)Tiere, danach die Menschen, teilt diesen ihre Aufgabe und ihre Nahrung zu, um dann auch den (Land-)Tieren ihre entsprechende Nahrung zuzuordnen. – Dem gegenüber betont Gen 2 den großen Unterschied, der zwischen Mensch und Tier besteht.
- Von besonderer Bedeutung, zumal in der Alten Welt, ist die vollständige ontologische Gleichstellung von Mann und Frau. Eindeutiger als

Genesis 2 betont Gen. 1, dass das Mensch-Sein, zumal das Bild-Gottes-Sein beiden Geschlechtern in derselben Weise und in demselben Maße zukommt. Dementsprechend segnet Gott Frau und Mann in derselben Weise, damit sie beide zusammen gleichursächlich Kinder erzeugen – eine im Alten Orient ungewöhnliche Vorstellung von Fruchtbarkeit. Gen.1 weist also jegliche Leib-, Geschlechts- und Frauenabwertung deutlich zurück.

- Menschen sind „Gottes Bild, Gott ähnlich“ (26,27). Im Laufe der jüdisch-christlichen Theologiegeschichte ist immer wieder spekuliert worden, worin denn dieses Bild-Gottes-Sein bestehe. Archäologen und Orientalisten des 19.und 20. Jhds. gaben der Deutung dieser Aussage eine sichere Grundlage: „Bild Gottes“ bedeutet „lebende Statue Gottes“. – Statuen repräsentierten im Alten Orient die Pharaonen und mesopotamischen Könige in Gegenden, wo diese nie leibhaftig sein konnten. Man glaubte, der Herrscher sei durch die Statue mit seiner ganzen königlichen (Heils-) Macht anwesend. Daher brachte man den Statuen ähnliche Verehrung entgegen wie den Herrschern selbst. Auch Götterstatuen waren die Gegenwart der dargestellten Gottheit und zwar so sehr, dass nicht selten Eroberer die Statuen der Götter des eroberten Landes köpfen ließen, um dies unterworfene Volk seiner schützenden Götter zu berauben. Und in Ägypten galt der Pharao selbst als „lebendes Bild“ der obersten Gottheit mit ähnlicher Heilsmacht wie diese. Eine solche (Heils-) Wirklichkeit überträgt Gen. 1 auf jeden Menschen. Eigentlich selbstverständlich, dass das „Bild Gottes“, der Mensch, sich „kein Gottesbild machen soll“ (Ex. 20.4). Er selbst ist ja das von Gott gemachte Gottesbild. Also nicht in einem Teil des Menschen, etwa der Seele, dem Geist, oder in einer Fähigkeit, etwa dem Sprachvermögen oder in Kreativität gründet das „Bild-Gottes-Sein“ der Menschen, sondern der ganze Mensch ist „Bild Gottes“, ihm „ähnlich“: Menschen vergegenwärtigen Gott sinnlich wahrnehmbar in dieser Welt, wenn sie der dieser Gottähnlichkeit untrennbar verbundenen „Berufung“ gerecht werden.
- Die Berufung besteht darin, sich „die Erde untertan zu machen“ und über die Tiere im Wasser, in der Luft, auf dem Lande zu „herrschen“. Diese Aussagen wurden und werden manchmal heute noch als Freibrief für die Ausbeutung der Natur verstanden. Ihr Sinn erschließt sich aber von dem hebräischen Verbum her, das mit „herrschen“

missverständlich übersetzt wird. Es bedeutet nämlich, „mit der (Schaf-) Herde umherziehen." Das gesamte Tun des tüchtigen Hirten für seine Herde diente im Alten Orient als Modell für das Herrschen eines guten Königs, im Ersten und im Zweiten Testament für das Verhalten Gottes gegenüber den Menschen. „Sich untertan machen" besagt in diesem Kontext: Die Erde als Eigentum anzuerkennen, wie ein guter Hirt die Herde anerkennt. Wer die Erde in der Weise annimmt, akzeptiert die Aufgabe, sie zu behüten, zu pflegen, all ihre Möglichkeiten zu entfalten. Berufung der Menschen ist also, alle Geschöpfe, auch die Mitmenschen, als ihm anvertrautes Gut zu verstehen, von ihnen Schaden abzuwenden, verantwortlich für sie zu sorgen, zumal für die Schwachen, und sie alle zu ihrem Optimum zu entwickeln. In der Verwirklichung der Fähigkeit des Menschen, verantwortlich fürsorgender Hüter der Schöpfung zu sein, besteht das „Bild-Gottes-Sein" des Menschen.

- Diese Würde und diese Aufgabe spricht Gen. 1 nicht etwa einer besonderen Gruppe von Menschen, etwa einem Volk, zu, sondern allen Menschen, denn die von Gott unmittelbar angesprochenen, gerade geschaffenen Menschen segnet Gott mit Fruchtbarkeit, trägt ihnen auf, zahlreich zu werden und die Erde zu besiedeln.

Das gesamte Schöpfungswerk der sechs Tage bewertet Gott als „sehr gut". Das hebräische Wort, das mit „gut" übersetzt wird, trägt vor allem die Bedeutung „lebensfördernd", dann auch „sinnvoll", „zweckmäßig". Die griechische Übersetzung des Ersten Testaments, die Septuaginta, benutzt hier das Wort „kalos", was meist mit „schön" übersetzt wird. Auch das ist richtig. Neuere Exegeten weisen nämlich darauf hin, dass Gott wohl nicht etwas Schlechtes oder auch nur weniger Gutes hätte schaffen können, sondern nur etwas, was seinem absoluten Gutsein entspricht. Also sei die Aussage, „es ist gut bzw. sehr gut" weniger eine Bewertung als vielmehr ein Ausdruck der Freude über die Schöpfung. Das meinten wohl auch die Übersetzer der Septuaginta mit dem Ausdruck „sehr schön". Dennoch sollte die wertende Bedeutung des Satzes nicht außer Acht gelassen werden. Gnostische, platonische, platonistische Weltanschauungen hielten nämlich die materielle Welt, zumal die Leiblichkeit und die Geschlechtlichkeit der Menschen, insbesondere der Frauen, für minderwertig. Für die biblische Schöpfungslehre dagegen ist die ganze materielle, sinnlich wahrnehmbare Schöpfung so lebensfördernd, so sinnvoll, so schön angelegt, dass Gott sich ihrer freut.

Die Vollendung des göttlichen Erschaffens, auch der menschlichen „Herrscher"-Rolle, ist nicht etwa immer weiteres Tun, sondern die Ruhe. Vielleicht sollte man sinngemäßer „Muße" sagen. Denn Gott wird durch das Erschaffen der Welt sicher nicht erschöpft, so dass er sich im menschlichen Sinn erholsame Ruhe gönnen müsste. Wieder halten sich die Autoren der Priesterschrift zurück; sie versuchen nicht zu sagen, auf welche Art und Weise Gott seine Muße ausfüllt. Wieder ist ihr Blick nur auf das Ergebnis gerichtet: Gott vollendet sein Schöpfungswerk, indem er jede siebte Zeiteinheit, jeden siebten Tag „heiligt", d.h. aus dem werktäglichen Ablauf von Besiedeln, Aneignen, Bestellen und Behüten der Schöpfung herausnimmt. Und er segnet diesen Tag der Muße, d.h. im Verständnis des Pentateuch, er macht gerade ihn fruchtbar. Die Schöpfungserzählung der Priesterschrift (Gen.1) ist im Laufe der jüdisch-christlichen Geistesgeschichte immer wieder als Quelle naturkundlicher Aussagen in Anspruch genommen worden. Doch sie bietet keine naturwissenschaftliche Kosmogonie. Wer an diesen Text die Frage stellt, auf welche Art und Weise der Kosmos und die Arten der Lebewesen entstanden sind, geht an Intention und Gehalt dieses Textes völlig vorbei. Der ist nämlich durch und durch eine theologische Bekenntnis- und Lehrschrift. Vor allem bekennt sie Gott als die Letztursache von allem Seienden und aller Ordnung. Sie bestimmt Wert und Sinn der materiellen Welt, vor allem der Menschheit, von dem Schöpfungswillen Gottes her.

Die ganze Schöpfung ist berufen, Leben auf Dauer zu ermöglichen, zu entfalten, zu erhalten, insbesondere menschliches Leben. Sinn der Existenz von Menschen ist es nicht, wie in vielen Mythen, Gott als Schöpfer anzuerkennen, ihn zu loben, ihm zu danken, ihm Opfer darzubringen; der Text deutet so etwas nicht einmal an. Sinn menschlichen Lebens ist es, die Schöpfung und in ihr die Menschen zu behüten und zu entfalten. Gen.1 lehrt, dass Gott die ganze Schöpfung als Haus gebaut und eingerichtet hat, die Menschen aber zu Hütern ihrer Mitmenschen und dieses Hauses bestellt hat.

Gen. 1 lehrt das Handeln Gottes als das Setzen und Erhalten von Sein, zumal lebendem Sein. In äußerster Verknappung könnte man sagen: das Handeln Gottes wird auf die Erschaffung, Erhaltung, Berufung der Menschen hin bestimmt. Doch das ist eine zu verkürzte Wiedergabe des Textes. Wichtiger als das Setzen von Sein ist den Autoren beim Handeln Gottes, dass er das Wasser-Finsternis-Chaos und dann alles Seiende ordnet und will, dass diese Ordnung von Dauer ist. So muss das Schöpfungswerk Gottes gemäß Gen.1 bestimmt werden als die unzerstörbare Ordnung des Seins, des Lebens, die „sehr schön" ist. Gottes Erschaffen hat gemäß Gen. 1 eine Struktur: die Äußerung des göttlichen Willens, das Eintreten des Gewollten, die In-Dienst-Nahme des Eingetretenen, die Freude Gottes an der Realität des geordneten Seins. Die Art und Weise, wie das eintritt, was Gott will, bleibt in der priesterschriftlichen Schöpfungserzählung ungesagt. So lässt sie also viele Vorstellungen über das Wie der Entstehung von „Himmel und Erde" zu. Was die „Entstehung der Arten" der Lebewesen anlangt, so gestattet der Text durchaus die Theorie der biologischen Evolution. Die Art und Weise, wie die Natur (=Erde) den Willen Gottes bezüglich Pflanzen und Tieren verwirklicht, interessiert die Priesterschrift überhaupt nicht.

Das Interesse des Pentateuch und seiner Quellenschriften gilt nur der Geschichte Israels, genauer: der Geschichte Gottes mit Israel. Gen. 1-3 bekennt und lehrt in der Form von zwei Schöpfungserzählungen die Glaubenssätze, die dem gläubigen Israeliten in der Geschichte seines Volkes sichtbar werden sollen, die also Schlüssel zum richtigen Verstehen der Geschichte sind: Gott ist die Letztursache für alles, was ist und geschieht. Gott hat allem Sein und Geschehen eine Ordnung und ein Sinnziel gegeben. Erde und Menschen sind Zweitursachen für irdisches Sein und Geschehen. Irdisches Sein und menschliche Geschichte tragen die Möglichkeit in sich, in Ur-Meere und Ur-Finsternis zu versinken. Gott ist so machtvoll, dass er die Schöpfung permanent davor bewahrt und dass er Israel (die Menschheit) auf das von ihm gesteckte Ziel hinlenkt: das „Reich Gottes". Wie das geschieht, bleibt verborgen. Für die natürliche und auch für die wissenschaftliche Beobachtung gründet der Fortbestand der Welt im Wirken der Natur (-gesetze), und der Fortgang der Geschichte gründet im menschlichen Wollen. Gott kündigt sein Handeln – in Israels Geschichte durch die Propheten – an, das Angekündigte tritt ein, Gott nimmt die neue politische Situation in seinen Dienst, Gott freut sich des Heilsgeschehens. Gott bleibt seiner Schöpfung trotz der Sünden der Menschen treu. Seine Sündenstrafen bringen die Heilsgeschichte voran. Gottes Heilsschaffen, das mit der „Erschaffung von Himmel und Erde" anfängt, zielt auf die Befreiung (=Erlösung) der Menschen aus allen Fesseln, auch den selbst angelegten. Menschen sollen frei sein für das Handeln, durch das sie ihr „Bild-Gottes-Sein" verwirklichen, das also ihrer Verantwortung für einander und für die Schöpfung entspricht.

Literaturverzeichnis Teil 2:

Jacob, Benno: Das Buch Genesis. 1934
Kehl, Othmar/Schroer, Silvia: Schöpfung – Biblische Theologie. 2002
Levin, Christoph: Das Alte Testament. 2001
Löning, Karl/Zenger, Erich: Als Anfang schuf Gott Biblische Theologie. 1997 von Rad, Gerhard: Das Erste Buch Mose – Genesis. 1972
Schmoldt, Hans: Das Alte Testament. Einführung. 1993
Zenger, Erich: Gottes Bogen in den Wolken. 1982

Zwischenresümee Teil 1 und 2

Der Leser wird ohne Mühe die im Titel dieses Buches gestellte Frage „Evolution oder Schöpfung?" selbst beantworten können. Die Antwort muss lauten: „Evolution und Schöpfung".

Die von Naturwissenschaftlern entworfene Evolutionstheorie (mit Charles Darwin als Ahnherren) basiert auf Fakten. Darunter versteht man Sachverhalte, die mithilfe besonderer Denk- und Arbeitsmethoden unter Anerkennung unwandelbarer Naturgesetze ermittelt, hypothetische Behauptungen über die Natur darstellen. Diese müssen, insbesondere hinsichtlich ihrer zu fordernden Widerspruchsfreiheit, ständig kritisch beleuchtet werden. Unter Zugrundelegung solcher Fakten ist der Erklärungswert der Evolutionstheorie groß, aber nicht endgültig. Sollten neue, mit der Theorie nicht vereinbare Befunde bekannt werden, so müsste die Theorie entsprechend abgeändert werden. In diesem Sinne ist die Evolutionstheorie ergebnisoffen, begründet, hinterfragbar, undogmatisch und innerhalb der Naturwissenschaft unwidersprochen.

Die Schöpfungserzählungen der Bibel sind mit dem methodischen Instrumentarium der Naturwissenschaften nicht zu behandeln. Ihr Darstellungsziel ist die Darlegung der Beziehung zwischen Gott und dem Menschen. Sie sind quasi Dichtungen der Geistesgeschichte der Menschheit, die für sich stehen und ebenso wenig abgewandelt werden können wie etwa das Nibelungenlied, Goethes Faust oder ein Bild von Picasso. Solches trifft für alle Sektoren der Kunst zu. Keinem Menschen würde gestattet, in den Louvre einzudringen, um dort eine Plastik von Rodin aufgrund verbesserter Einsichten zu verändern. Kurzum: in der Bibel stehen (zeitbedingte) Sichtweisen, die der Deutung bedürfen.

Bezüglich der Gattung der Erzählungen handelt es sich zumeist um Mythen, die – im Unterschied etwa zu Märchen – bestimmte wirkliche Naturerscheinungen und geschichtliche Erkenntnisse in ihre Texte einbezogen haben. Der Sintfluterzählung beispielsweise liegen nach neusten Erkenntnissen der Klimaforscher und Geomorphologen entweder die periodischen Überschwemmungen im Zweistromland, oder katastrophale Flutwellen vor etwa 7000 Jahren infolge eines Durchbruchs von Wassermassen aus dem Mittelmeer ins schwarze Meer (infolge einer drastischen Erhöhung des Meeresspiegels während einer postglazialen Wärmeperiode) zugrunde. Solche Ereignisse haben, nach langen Perioden mündlicher Überlieferung, schließlich Eingang in die biblischen Erzählungen gefunden. Jedes Zeitalter ist gehalten, bezüglich der Glaubensinhalte biblischer Mythen eine eigene Deutung zu finden. Die Bibel wortwörtlich zu nehmen, bedeutet deshalb einen unfassbaren Verzicht auf die Ausschöpfung des Deutungspotenzials des in der Bibel niedergelegten Schriftgutes.

So macht es wenig Sinn, die theologischen Problemstellungen mit naturwissenschaftlichen Methoden angehen zu wollen. Denn wenn Gott als Parameter im Wissenschaftsbetrieb (aus guten Gründen!) ausgeklammert ist, lassen sich über ihn beim besten Willen von Seiten der Naturwissenschaft keine Aussagen machen. Umgekehrt kann die Theologie mit ihrem geistigen Instrumentarium zum Verständnis der Naturvorgänge nichts oder nur wenig beitragen. Vielmehr ist es Sache der Theologie, sinnhafte Aussagen zu machen über Gott als Urgrund des Seins, sowie über dessen erfahrbare Dimension in der Psyche des Menschen. In diesem Sinne kann z.B. auch die menschliche Fähigkeit, „Transzendenz zu denken", nicht Gegenstand naturwissenschaftlicher Forschung sein; hierfür ist die Theologie zuständig.

Und doch sehen wir die Chance einer Harmonisierung der Argumente bzw. der Glaubensinhalte von Naturwissenschaft und Theologie. Die Naturwissenschaft kann nicht widerlegen, dass es Gott gibt und dass er Schöpfer ist. Die Theologie kann nicht übersehen, dass der Kosmos ein Alter von mehr als 13 Milliarden Jahren hat, dass die Arten der Lebewesen auseinander hervorgehen usw... Wer also die Glaubenswahrheit voraussetzt, dass es einen Schöpfergott gibt, wird mit uns folgern: Offenbar bedient sich Gott in seinem (noch andauernden) Schöpfungswerk einer Reihe von Evolutionsmechanismen wie Mutation und Auslese: *Die Natur ist die Schöpfung Gottes, die Evolution eine seiner Methoden.*

3. Teil: Der unbegrenzbare Gott – Erklären und Verstehen vor der Frage nach dem Ganzen

Winfried Anslinger

Vorbemerkung zu Teil 3:

„Die Natur ist die Schöpfung Gottes, die Evolution eine seiner Methoden." Dieser resümierende Schlusssatz fasst die ersten beiden Teile des Buches zusammen (siehe oben Teil 2). Was wie ein Ergebnis aussieht, ist tatsächlich jedoch eine Hypothese, die erst noch zu beweisen wäre, ggf. auch zu widerlegen. Oder der Versuch einer Deutung, die aber zu begründen wäre. Unser Zwischenresümee ist jedenfalls alles andere als denknotwendig. Manches spricht sogar dagegen: Kann die Natur nicht ebenso gut Ergebnis zufälliger Entwicklungen sein? Oder auf vorgegebene Automatismen zurückgehen im Sinne einer anonymen „natura naturans", die sich in rekursiven Endlosschleifen selbst begründet? Ist Gott als Schöpfer wirklich notwendig, und wenn ja, warum hat er sich für eine so ineffektive und destruktive Methode wie die Evolution entschieden? Für Mechanismen, die viel mehr Leiden und Scheitern bewirken als Erfolg? Das o.g. Resümee ergibt sich also keineswegs zwingend aus dem empirisch Feststellbaren. Bleibt es ohne Erläuterung einfach so stehen, wird es den bekannten Glaubensbekenntnissen bloß ein weiteres hinzufügen. Ließe sich aber zeigen, dass es sachlichen Gehalt hat, kann es spannend werden.

In der voran gegangenen Untersuchung biblischer Schöpfungserzählungen (s.o. 1. Teil C 5 und 2. Teil Zwischenresümee) mit Blick auf die aktuelle Evolutionsforschung (s. 2. Teil Zwischenresümee) kam heraus, dass naturwissenschaftliche Aussagen und biblische Schöpfungskonzepte einander nicht ausschließen. Da beide Disziplinen unterschiedliche Erkenntnismethoden verwenden, liefern sie Ergebnisse auf verschiedenen Ebenen: Die Evolutionsforschung trifft ihre Aussagen in einer Welt, die von Hypothesen und Fakten regiert wird, die Theologie in einer Welt von Deutungen. Zwischen Wissen und Glauben kann es keine Konkurrenz um das richtige Weltverständnis geben, denn was man weiß, muss man nicht glauben und was man glaubt, kann man nicht wissen. Trotzdem gibt es gute Gründe, beides nicht ganz zu trennen und die „Chance einer Harmonisierung" zu ergreifen.

Eine Bemühung um Harmonisierung erscheint sogar notwendig. Denn würden die Deutungspotenziale der Theologie künftig in einem weltlosen Sonderbereich gehalten, abseits vom gesellschaftlichen mainstream, seinen Entwicklungen und Debatten, verlöre auch die Gottesfrage und deren Reflexionenpotential ihre Relevanz. Über Sinn und Zweck der gesellschaftlichen Prozesse würde auf andere, reduzierte Weise nachgedacht, wenn überhaupt. Im Fach „Poesie, Unterhaltung, Freizeitbeschäftigung" fände sich zwar sicherlich ein eigenbrötlerisches Unterkommen, und Hollywood interessierte sich immer schon für gesellschaftlich Randständiges, doch fragt sich, welcher Preis dafür zu zahlen wäre. Der Modephilosoph Peter Sloterdijk nimmt solche Zustände bereits vorweg, indem er urteilt: „Im nachaufgeklärten Zeitalter ist ‚Gott' präzise dasjenige Thema, das unter allen Umständen kein Thema sein kann." Und wenn er fortfährt: „jenseits von Torheit und Ärgernis bezeichnet Peinlichkeit die Seinsweise des Religiösen in unserer Zeit" (Sloterdijk, Zorn S. 116 f), spricht er offen aus, was im akademischen Milieu derzeit viel Beifall findet. Dabei wird immer deutlicher, dass die Ergebnisse der empirischen Naturwissenschaften – wenn es um deren Anwendung und wirtschaftliche Anwendung geht – ohne Wertorientierung Schaden anrichten können. Angesichts von Atomunfällen, Umweltzerstörung und Klimawandel braucht es Instanzen, die Wegweiser aufstellen. Wollen wir nicht Opfer einer aus dem Ruder laufenden Eigengesetzlichkeit der technischen Systeme werden, die unsere Zivilisation am Ende zerstören, oder zumindest an Google, Apple und Monsanto ausliefern, benötigt das Wissen ein „Wozu." Dieses *Wozu* kann nicht an bloß fachspezifisch besetzte Ethikkommissionen delegiert werden, es hat ja Rückwirkungen auf alle. Es braucht einen breiten gesellschaftlichen Diskurs darüber, was wünschenswert ist und was nicht, und da kommen ethische Wertorientierungen ins Spiel. Diese wiederum hängen von grundlegenden Sinnkonzepten ab, wie sie von Theologie und Religion verwaltet werden. Eine weitere Gefahr droht von einer Seite, die man längst für erledigt gehalten hat. Wie aus dem Nichts tauchen in unserer modernen, rational verwalteten Welt Prediger des Irrationalen auf und erzielen unter den orientierungslos gewordenen Massen erstaunliche Missionserfolge. Vornehmlich in Großstädten mit niedrigem Restbestand an Kirchlichkeit machen fundamentalistische und kreationistische Ideologien, fernöstliche Heilslehren und Gesundheitsrituale die Runde – und es wird geglaubt, dass sich die Balken biegen. Wie ein trockener Schwamm scheinen sich die durstigen Seelen mit allem vollsaugen zu wollen, was entfernt an Religion erinnert. Das religiöse Bedürfnis wird durch die säkulare Askese, wie sie in aufgeklärten Bezirken gepflegt wird, offenbar nicht ausgetrocknet, sondern stimuliert. Und zwar auf eine Weise, dass man um Vernunft und Rationalität fürchten muss. Wenn Errungenschaften, die unsere Kultur bisher positiv prägen, so leicht zu unterwandern sind, kann einem um die Zukunft bange werden. Ich meine, wir sind gut beraten, wenn wir unseren agnostischen Zeitgeist auf seine Konsequenzen hin hinterfragen. Der wechselseitige Bezug zwischen Wissen und Weltdeutung ist weder töricht noch peinlich, sondern gehört als Thema mitten in die Debatten unserer Zeit. Ich möchte im Folgenden den Bezug zwischen Wissen und Weltdeutung in vier Themenbereichen erläutern:

A: Wo es um die Geschichtlichkeit der Natur geht;

B: Wo es um das Verhältnis von Unbestimmtheit und Determination, Emergenz und Zufall im System des Wissens geht;

C: Wo es um nichtlineare Systeme geht, um Selbstorganisation und Komplexität;

D: Wo es um die Deutung des Gesamtprozesses von natürlicher und menschlicher Evolution geht, um Bodenlosigkeit, Wertangebote und verborgene Kontingenz.

Beim Rekurs auf biblische Belege müssen wir den Blick über die Erzählungen des Pentateuch hinaus erweitern und gelegentlich auch in die biblische Weisheitsliteratur schauen. Außerdem kommen Dogmen und philosophiegeschichtliche Themen ins Spiel.

A: Voraussetzungen – Die Geschichtlichkeit der Natur

1. Mechanistisches und geschichtliches Denken

Evolutionstheorien beziehen nur objektiv feststellbare Sachverhalte in ihre Betrachtung ein. Sie verwenden den naturwissenschaftlichen Methodenkanon und unterstellen eine mechanistische Entwicklungslogik (s.o.). Alle Erscheinungen lassen sich demnach auf objektiv feststellbare Verhältnisse und Fakten zurückführen und finden – z.B. im Fachbereich der Biologie – ihre Erklärung im Nachzeichnen biochemischer Vorgänge und populationsgenetischer Prinzipien. Diese gelten zeitunabhängig. Der Forschungsalltag ist von Empirie und Mathematik bestimmt, von technischen Apparaturen und Theorieentwicklung. Im Gegensatz dazu finden wir bei den biblischen Schöpfungserzählungen eine subjektgesteuerte Kontingenz: Gott bestimmt den Lauf der Welt. Er handelt allein nach seinen personalen Willen. Er schert sich nicht um Naturgesetze. Als er einst Himmel und Erde angefertigt hat, genügte sein Machtwort, um Gras, Kraut und Bäume aus der Erde sprießen zu lassen. Er setzt den Menschen in eine wohlgeordnete Welt hinein, weil er Freude daran zu haben scheint (Gn. 1, 31). Er bleibt auch im weiteren Verlauf der Weltge-

schichte präsent und lenkt die Geschehnisse nach eigenem Entschluss. Bis in die Gegenwart der biblischen Autoren bleibt dieser interventionistische Charakter Gottes erfahrbar:
In der prophetischen Literatur rettet Gott das Volk Israel vor seinen Feinden oder straft es, je nachdem, ob es den am Sinai geschlossenen Bund hält oder verlässt. Wird das Volk untreu, zürnt er und schickt Dürren oder Epidemien, lässt räuberische Nachbarvölker das Land verwüsten. Wahrscheinlich handelt es sich bei diesen Berichten um Deutungen historischer Ereignisse aus späterer Sicht. Man bezeichnet solche Explikationen als Geschichtstheologie. In der überlieferten Form erscheinen uns die biblischen Deutungen naiv. Doch sie stellen einen der ersten Versuche dar, Zeitereignisse mit Sinn zu versehen. Ein solches Bedürfnis ist nachweisbar, seit uns schriftliche Zeugnisse vorliegen. Schon ein gutes Jahrtausend vor der Niederschrift unserer biblischen Erzählungen führten im Zweistromland die Götter Katastrophen herbei, um menschliches Fehlverhalten zu strafen. Die Schuld am Missgeschick liegt bei solchen Deutungen immer bei den Betroffenen oder ihren politischen Führungsfiguren. Das macht keine Freude, aber erklärt das Unerklärliche (Der Ägyptologe Jan Assmann spricht von „Semiotisierung der Geschichte"). Menschen können in diesem Deutungshorizont sogar als Objekte himmlischer Konflikte fungieren. So löst in der Ilias die Göttin Aphrodite im Streit mit Athene und Hera den trojanischen Krieg aus. Uns sind solche Denkfiguren nicht ganz so fremd, wie es scheint. Parteitagsreden, Kolumnen, Predigten, Expertenbefragungen im Fernsehen bedienen ein vergleichbares Bedürfnis nach Sinndeutung und erscheinen unbefangen Zuhörenden manchmal nicht weniger irrational als antike Mythen. Geschehen heutzutage Katastrophen wie Erdbeben, Dürren, Terroranschläge, Kriege und Epidemien, gehen wir freilich anders damit um. Sie werden nicht mehr auf kollektive Schuld gegenüber Gott zurückgeführt, sondern auf natürliche Ursachen. Aufgeklärte Zeitgenossen suchen nach Fakten. Zornige Himmelskönige kommen im Weltbild der großen Mehrheit ohnehin nicht vor. Das Bedürfnis nach sinnhafter Deutung wird in solchen Fällen durch die Aussicht befriedigt, mit Hilfe exakter Analyse und pragmatischer Vorkehrungen künftiges Unheil verhindern zu können. Doch lässt sich die Willkür, mit der natürliche und politische Ereignisse in unser Leben einbrechen, damit bannen? Werden wir nicht trotzdem immer wieder überrascht von Unvorhergesehenem? Wir bräuchten keine Wohngebäudeversicherung, könnte man Unwetter, Brände, Stürme vorhersehen. Schon auf die Frage, ob sich nächste Woche über unserer Stadt ein Sommer-

gewitter austoben wird, gibt es keine sichere Antwort, weil es sich nicht exakt genug berechnen lässt. So entziehen sich zahllose Ereignisse des Alltags einfacher Geschehensmechanik. Es wäre leichtsinnig, sich auf Berechenbares allein zu verlassen. Wer ein Flugticket gebucht hat, braucht einen Plan B, wenn das Auto morgens nicht anspringt. So beziehen wir manches Unwägbare in unsere Planungen ein, rechnen mit Kontingenz und Zufall. Damit erhält unser Denken, Planen und Handeln eine geschichtliche Dimension. Geschichtliche Momente, die niemals berechenbar oder exakt voraussehbar sind, finden wir auch in den Naturwissenschaften selbst. Deren Erkenntnisfortschritte, die jeweils bevorzugten Methoden und die herrschenden Paradigmen sind Ergebnis historischer Entwicklungsprozesse: Namen wie Aristoteles, Nikolaus Kopernikus, Isaak Newton, Charles Darwin, Max Planck und Albert Einstein markieren über ihre eigentlichen Leistungen hinaus zugleich Entwicklungsstufen der Erkenntnis. Durch ihre epochemachenden Neuerungen haben sie das Weltbild ihrer Zeit grundlegend verändert, so dass man in der Folge nicht mehr dahinter zurück konnte. Kein Physiker unserer Tage käme auf die Idee, wieder zur spekulativ-intuitiven Methode zurückzukehren, welche die griechischen Naturphilosophen zur Verfügung hatten. Umgekehrt ist einsichtig, dass ein Philosoph wie Parmenides (ca. 520-460 v. Chr), der nichts von der klassischen Physik wusste, Bewegung in der Welt für eine Illusion halten konnte und das Seiende für gänzlich unveränderbar. Daher müssen wir bei der Beurteilung des aktuellen Wissensstandes immer dessen historische Bedingtheit in Anschlag bringen und damit rechnen, dass schon in wenigen Jahren, erst recht in Jahrzehnten oder Jahrhunderten die physikalische Welt sich ganz anders präsentieren kann als das heute der Fall ist, ja es ist sogar äußerst wahrscheinlich.

2. Geschichtlichkeit als grundlegendes Merkmal natürlicher Vorgänge

Der Höhepunkt der letzten Eiszeit in Mitteleuropa liegt gerade einmal 18000 Jahre zurück. Das ist geologisch betrachtet eine sehr kurze Zeitspanne. Unsere Landschaften waren damals kahle Tundren. Skandinavien, Teile Norddeutschlands und die Alpen lagen unter gewaltigen Eisschilden. Gletscherzungen reichten bis kurz vor München. Die Reste sind heute noch erkennbar: Der Bodensee und die oberbayerischen Seen, die Ketten von Endmoränen im Alpenvorland, riesige Ablagerungen von Kies und Schutt in der Norddeutschen Tiefebene. 18000 Jahre später ist alles völlig verwandelt. Blühende Landschaften, Wälder, Badestrände, Traktoren bringen reiche Ernten ein, wo früher nur

Moose und Flechten wuchsen. Warum hat sich die Erde wieder erwärmt? Wird irgendwann eine weitere Eiszeit kommen? Niemand kann es sagen. Das Eintreten solcher Zustände folgt keinem berechenbaren Rhythmus. Das Beispiel zeigt: Nicht nur die Menschheit hat eine Geschichte, auch Klima und Natureinrichtung zeigen kontingente Entwicklungen, die sich mathematischem Kalkül entziehen. Also hat sie ebenfalls eine Geschichte. Wir bemerken sie nur nicht, weil sich alles in Zeiträumen abspielt, die eine menschliche Lebensspanne weit übersteigen. Das ist übrigens der Grund, warum z.B. in der Bibel Umweltveränderungen kein Thema sind, obwohl sie nachweislich stattgefunden haben. Hinzu kommt ein systemisches Problem. Langfristig wirksame Vorgänge werden meist von kurzfristigen Schwankungen überlagert. Das verwirrt Beobachter zusätzlich. Warum verhält sich die Natur so? Weil sie übergeordneten Prinzipien folgt und eines davon besagt: Sämtliche Vorgänge folgen einem unumkehrbaren Zeitstrahl (Staguhn S. 229). Selbst zyklische Abläufe wie Jahreszeiten gleichen einander nicht vollkommen: Mal ist der Sommer verregnet, mal heiß. Selbst die scheinbar stabilen Konstellationen am Sternhimmel verschieben sich – über längere Zeiträume beobachtet – in neue Zustandsbereiche. Seit der „Klimawandel“ ins öffentliche Bewusstsein rückte, ist dieser Sachverhalt allgemein geläufig. Unumkehrbarkeit ist ein Grundgesetz der Physik. Der zweite Hauptsatz der Thermodynamik liefert die Erklärung: Alle Vorgänge der Natur kennen nur ein unwiderstehliches Gefälle hin zu fortschreitender Entropie (Briggs/Peat S. 222 f). Was einmal zu Wärme geworden ist, lässt sich in geschlossenen Systemen nicht mehr zurückverwandeln in Kraft, Licht oder andere Formen von Energie. Diese neuzeitliche Erkenntnis widerlegt alle zyklischen und statischen Weltbilder der Vergangenheit.

3. Kontingenz im Größten und im Kleinsten

Wenn Klima und Landschaftsgestalt geschichtlichen Charakter haben, ist Kontingenz vielleicht ein universales Phänomen? Wir finden sie tatsächlich überall. Ob wir natürliche Entwicklungen betrachten oder Vorgänge in der menschlichen Gesellschaft, ob wir in die Welt mikroskopischer Größenordnungen vordringen oder mit dem Teleskop die Sterne beobachten. Überall begegnet uns Unregelmäßigkeit, die man offensichtlich nicht berechnen kann. Den Kosmologen der Renaissance erschien die Welt noch wie ein fest gefügtes göttliches Bauwerk, in dessen Zentrum die Sonne stand. Erde und Planeten kreisten auf stabilen Bahnen um ihr Zentrum. Diese kugelförmige Entität wurde rundum von einem Fixsternhimmel begrenzt. Die Sterne waren an diesem „Firmament" wie Lampen „fixiert." Deshalb sprach man von „Fixsternen." Dieses Kugelweltall wurde von einem Satz „unveränderlicher" Naturgesetze regiert, welche – quasi platonisch – alles Geschehen bestimmten und begleiteten, ohne selbst verändert zu werden. Alles war prinzipiell berechenbar. Mit dem Aufkommen der Newtonschen Mechanik folgte die Welt einer einfachen, „linearen" Logik. Dieses erste neuzeitliche Weltmodell musste freilich immer wieder an neuere Erkenntnisse angepasst werden. Die Kugelwelt wurde immer größer und es kam immer mehr Dynamik hinein. Die Gestirne wurden als sonnenähnliche Gebilde erkannt, viele Nebelflecken als ferne Galaxien. Unsere vertraute Welt rückte aus dem Zentrum. Im 20. Jahrhundert schließlich entdeckte Edwin Hubble, dass der Kosmos insgesamt keine festgefügte Struktur hat, die seit unendlichen Zeiten existiert, sondern sich in einer Expansionsbewegung befindet: Fast alle sichtbaren Himmelsobjekte entfernen sich voneinander. Weil das Licht mit konstanter Geschwindigkeit unterwegs ist, sind Ereignisse, die wir heute am Himmel beobachten, längst geschehen. Wir blicken also mit dem Fernrohr tief in die Vergangenheit. Die besten Teleskope ermöglichen Beobachtungen bis nahe an den hypothetischen Ursprung des Weltalls. Grenzbetrachtungen über diesen Anfang ergaben schließlich, dass das Universum vor ca. 13,7 Mrd. Jahren aus einer **„Singularität"** hervorgegangen sein muss, was sich jeder konkreten Beschreibbarkeit entzieht. Es ist anzunehmen, dass die uns bekannten Naturgesetze gleichzeitig mit dem Weltall entstanden sind. Daraus folgt, dass sie nicht zu allen Zeiten Geltung haben konnten. Es muss Zustände gegeben haben, die damit nicht vereinbar sind. (alternative Theorien: s.u.). Wenn nicht einmal mehr die Naturgesetze konstant sind, ist das frühneuzeitliche Weltbild, das seit Kopernikus galt, erledigt. Es wurde abgelöst von Modellen, dessen gängigstes heute mit dem Begriff „Urknall" populär ist. Demnach hatte das Universum seinen Anfang in einer Singularität mit „unendlicher" Energiedichte. Die Physik kann diesen Zustand nicht näher bestimmen, weil er sich jeder Anschauung entzieht. Nur die Mathematik kann wie mit Zauberhand einen Weltursprung rechnen, der unendlich klein, unendlich dicht, unendlich heiß war. Ob er je bestand, ist sehr fraglich. Das erste definierbare Ereignis war der Beginn einer Expansion aus diesem Status heraus, der mit dem Anfang der Zeit zusammen fällt (Dedie S. 39 ff). Die Geschwindigkeit dieser primordialen „Explosion" lag kurz nach ihrem Beginn höher als die Lichtgeschwindigkeit, die in unserer Welt einen nicht überschreitbaren Betrag hat. In der „Ursuppe" des Anfangs scheinen

Dichteschwankungen noch keine bedeutende Rolle gespielt zu haben. Als der frühe Kosmos jedoch anfing, stabile Atome zu bilden, während das Plasma langsam abkühlte und durchsichtig wurde, lassen sich plötzlich erhebliche Ungleichgewichte feststellen: die Temperatur ist nicht mehr gleichmäßig verteilt, die Materie verklumpt, indem sie sich zu sogenannten „Kontraktoren" hin orientiert und große Leerräume zurücklässt. Diese Vorgänge sind heute noch in der kosmischen Hintergrundstrahlung messbar. Sie erklären auch die großräumig ungleichmäßige Verteilung der Galaxien durch „Voids" und „Filamente", was dem Universum eine Art Wabenstruktur verleiht. Unabhängig von künftigen Theorien, welche die beobachtbaren Sachverhalte ins physikalische Weltbild wohl irgendwann einfügen werden (denkbar ist die Annahme von Quantenfluktuationen während der Expansionsphase oder im frühen Plasma, Einwirkungen der dunklen Energie bzw. einer ungleichmäßigen Vakuumenergie oder ein genereller Paradigmenwechsel zu völlig anderen kosmologischen Modellen) bleibt festzuhalten, dass in den Superstrukturen Geschichtlichkeit ebenso erkennbar ist wie im Bereich unserer bekannten irdischen Welt. Auch die Zukunft des Universums ist weitgehend offen (Hawking S. 111 ff).

Wie sieht es auf der anderen Seite der Größenskala aus, im Kleinsten? Auch dort öffnet sich für uns eine Welt, in der es anders zugeht als im Vertrauten. Die Quantenphysik hat zu Beginn des 20. Jahrhunderts Dimensionen erschlossen, deren Existenz man vorher nicht vermutet hat (Wichmann S. 1 ff). Die Vorgänge dort sind nicht weniger faszinierend als das, was sich im unbegreiflich großen Weltall abspielt. Die winzige Quantenwelt ist für uns ebenso unbetretbar wie ein ferner Planet. Das erklärt, warum man sie erst so spät entdeckt hat. Regieren im Kleinsten wenigstens die Naturgesetze lückenlos? Es geht dort noch viel schlimmer zu. Die vertrauten Gesetze der Mechanik verlieren vollkommen ihre Gültigkeit (siehe B 5). Kräfte und Massen wirken nicht mehr in skalierbaren Größen, sondern in diskreten (abzählbaren) Quanten. In ihrem engeren Geltungsbereich spricht die Quantenphysik schon gar nicht mehr von „Gesetzen", sondern eher von veränderlichen Systemzuständen, die sich in statistischen Näherungswerten ausdrücken (dto). Auch im Mikrokosmos ist nichts vorhersehbar (siehe unten B 5). Ob überhaupt allzeit feststehende Gesetze regieren, wird diskutiert.

4. Die Nichtsymmetrie der Natur als Voraussetzung allen Seins

Physiker sind glücklich, wenn ihre Theorien sich zu einem „vollkommenen" Gebäude fügen. Diese Vollkommenheit drückt sich in geordneten Strukturen aus, im Idealfall durch Symmetrien. Das Periodensystem der Elemente ist so ein griffiges Modell. Leider könnte ein vollkommen symmetrisches Universum überhaupt nicht existieren. Dies wird an drei Beispielen offenkundig.

- Die Theorie der „Baryonenasymmetrie" besagt, dass es keine Welt gäbe, wenn sich in der Anfangszeit des Universums, nach der Entstehung der ersten Generation von Elementarteilchen, das Verhältnis von Materie zu Antimaterie nicht zu Gunsten der Materie verschoben hätte. Dieser Vorgang, auch als „spontane Symmetriebrechung" bezeichnet, hat unser bekanntes Universum erst möglich gemacht. Normalerweise löschen sich Teilchen und Antiteilchen bei jeder Begegnung gegenseitig aus, indem sie zu reiner Energie zerstrahlen. Bei völliger Gleichheit der Teilchenzahl wäre immer nur Energie übrig geblieben, Inseln von Materie hätten sich nicht gebildet, Sterne und Planeten wären nicht entstanden, erst recht kein Leben. Der Grund für diesen ersten spontanen „Schöpfungsakt" ist unbekannt.
- Bei der Masse von Protonen und Elektronen, beim Betrag der starken Kernkraft, wie bei der elektromagnetischen Kraft, sowie bei der Bildung stabiler Isotope, gibt es eine erstaunliche „Feinabstimmung" der Größenverhältnisse. Nur innerhalb eines engen Kräftespielraums sind z.B. stabile chemische Bindungen möglich. Davon hängt die Existenz fast aller Stoffe ab, aus denen Sofas, Gebirge, Planeten, Sterne und Galaxien bestehen. Auch die Bildung von C 12 Kohlenstoff und damit von Leben, wie wir es kennen, hängt von spezifischen Zerfallsmechanismen ab. Die Feinabstimmung hält sich ebenfalls nicht an Symmetrien.
- Aus der Singularität des Anfangs entstanden Raum und Zeit. Innerhalb einer ersten, sehr kurzen Spanne, erfolgte eine gewaltige Aufblähung der Raumzeit, die man „Inflation" nennt. Sie geschah mit einem Vielfachen der Lichtgeschwindigkeit und bildete eine erste Weltblase. Danach verlangsamte sich plötzlich die Ausdehnung auf Werte weit unterhalb von c und blieb in diesem Zustand lange Zeit relativ stabil. Während dieser Phase entstanden nach und nach Sterne, Planeten, Superstrukturen, das ganze für uns sichtbare Weltall. Seit einigen Milliarden Jahren jedoch nimmt die Geschwindigkeit der Expansion wieder zu. Wie kommt es zu dieser Schwankung? Verantwortlich könnte eine Fundamentalkraft sein,

die von Albert Einstein einst „kosmologische Konstante“ genannt wurde. Sie könnte Ausdruck der „Dunklen Energie“ sein, als „Vakuumenergie“ oder „Quintessenz“ interpretiert werden, die auf der Zeitachse nicht konstant bleibt. Wie unsere Welt ohne diese Schwankungen aussähe, ob sie überhaupt existieren könnte, entzieht

Die Bedeutung dieser asymmetrischen Verhältnisse ist strittig. Theorien über ein „anthropisches Prinzip“ behaupten, das Universum sei auf das Hervortreten des Menschen zugeschnitten. Gegner sagen, der Mensch könne ebenso gut Zufallsprodukt sein, mehr als Tatsachenfeststellung sei sinnlos. Die Sachlage gibt jedenfalls keinen Anlass, aus der Nichtsymmetrie einiger Naturkonstanten Gottesbeweise im Sinne eines „intelligent design“ zu folgern (wie es in kreationistisch gesinnten Kreisen, vor allem im evangelikalen Spektrum der USA verbreitet ist). Festzustellen bleibt aber, dass nur deswegen über das Universum Gedanken existieren, weil die Vorgänge genauso abliefen. Die meisten alternativen Verläufe hätten das verhindert.

5. Unvorhersehbarkeit begleitet die gesamte Evolution

Vor vielleicht dreieinhalb Milliarden Jahren entstanden im Urmeer unseres Planeten Moleküle, die sich selbst identisch reproduzieren konnten und über einen ersten, primitiven Stoffwechsel verfügten. Aus diesen Vorformen entwickelten sich in Verlauf einer langen chemischen Evolution Lebensformen in großer Vielfalt, wie wir sie heute kennen. Diese haben die Verhältnisse auf der Erdkruste und in der Lufthülle des Planeten mit der Zeit fundamental verändert, indem sie z.B. Kohlendioxid und andere Gase aus der Luft resorbierten, Sauerstoff freisetzten, Kohlenstoff in Form von Erdöl und Kohleflözen fossil einlagerten, Kalk in Sedimentschichten ablagerten. Vor allem aber erfüllten sie Meere wie Kontinente mit neuen Formen belebter Materie, die sogar aus dem Weltraum sichtbar sind: Je nach Jahreszeit erscheint einmal ein Streifen auf der Nordhalbkugel, einmal auf der Südseite in sattem Grün. Leben ist kein Nebenprodukt der Erde mehr, sondern hat planetarische Ausmaße und Bedeutung gewonnen und bestimmt die Verhältnisse auf der Oberfläche mit. Wie kam es überhaupt dazu? Entweder es war Zufall oder es ist unvermeidliche Folge aus dem Vorhandensein entsprechender Voraussetzungen. Im zweiten Fall wäre Leben zwangsläufig und müsste sich auch außerhalb der Erde finden. Die für Leben notwendigen Randbedingungen sind im Universum allerdings nicht die Regel und dürften auf jedem potentiell geeigneten

Planeten wiederum verschieden sein. Für einen zeitunabhängigen Beobachter wäre es auf der Erde kaum vorhersehbar gewesen. Aber selbst dann wären viele Verläufe denkbar. Angenommen, es existierte im Weltall eine zweite Erde mit identischen Verhältnissen und Leben sei zwangsläufig, hätte es dort ganz andere Gestalten hervorgebracht (s. S. J. Gould). Warum? Weil unser heutiges Arteninventar entscheidend mitgeprägt wurde durch Einflüsse, die von außen kamen. Nehmen wir z.B. den großen Faunenwechsel zum Ende der Kreidezeit, möglicherweise verursacht durch einen großen Meteoriteneinschlag. Wäre er nicht geschehen, gäbe es womöglich heute noch die Dinosaurier; Auto fahrende Echsen bräuchten nicht mal einen Airbag. Die Eiszeiten, vielleicht verursacht durch Sonnenzyklen, verschoben zeitweise die Klimazonen, was viele Lebensformen nicht überstanden. Unser mitteleuropäisches Arteninventar wäre ohne die Eiszeiten viel reichhaltiger. Epochen mit starkem Vulkanismus ließen die Ozeane versauern und verdrängten dort alle Lebewesen, die Kalk benötigen. So erklärt man heute das plötzliche Verschwinden von 95 % der ozeanischen Arten am Ende des Perm. Jedes Mal wurde durch exogene Einflüsse die weitere Entwicklung des Lebens in eine neue, nicht vorhersehbare Richtung getrieben.

Auch endogene Faktoren bringen Unerwartbares hervor: die Kohlenstoffchemie, auf der alles Leben basiert, bringt eine Reihe emergenter Eigenschaften zum Vorschein, die im Reich des Anorganischen nirgendwo anzutreffen sind. Die große Bindungsfähigkeit des Kohlenstoffatoms, das bei Raumtemperatur eine unübersehbare Vielfalt von Verbindungen bilden kann, macht überhaupt erst komplexe Moleküle möglich, auf denen Leben beruht. Hielt die Natur dafür einen Plan bereit? Es sind zumindest Zweifel angebracht. Die zweite endogene Ursache für Unerwartetes bietet die Genetik. Der Bauplan eines Organismus und sein Funktionsprogramm sind im Zellkern gespeichert. Dort kann alles Nötige für den Lebensprozess auf einem Makromolekül abgelesen werden, der DNS. Ihre Struktur enthält fast alle Informationen, die für Aufbau und Steuerung des Lebewesens nötig sind. Ändert sich etwas an ihrer Struktur, weicht die Information ab. Es entsteht möglicherweise ein anderer Organismus. Gibt es Regeln, nach denen sich die genetische Information ändert? Es unterliegt alles dem Zufall. Beim Teilen einer Zelle können so viele Fehler passieren, dass nichts vorhersehbar ist. Selbst der Einbau fremder Erbsubstanz erfolgt zufällig. Bekanntestes Beispiel sind die Mitochondrien, welche die Zellatmung optimieren. Sie gehen auf die Aufnahme ursprünglich selbständiger Bakterien ins Endoplasma früher Einzeller zurück. Dafür gab es keine Agenda. Die Entstehung neuer Erbinformationen folgt keiner Regel. Exogene und endogene Faktoren bewirken also, dass die künftige Entwicklung des Lebens nicht vorhergesagt werden kann. Wird die Artenvielfalt langfristig weiter zunehmen? Wird der Mensch ein weiteres Massenaussterben verursachen? Wird eine kosmische Katastrophe einmal mehr Richtungsänderungen erzwingen oder gar alles beenden? Oder wird der Mensch sich selbst den Garaus machen und die Stafette einem anderen Lebewesen überlassen? Was in der Evolution als Nächstes geschieht, lässt sich weder mit den Verfahren der Logik vorhersagen noch unter Anwendung der bekannten Naturgesetze berechnen. Dieser Befund steht im Gegensatz zu religiösen Konzepten, die eine göttliche Vorsehung am Werk sahen. Die Weltereignisse folgten hier einer höheren Agenda und kannten keinen Zufall als Auslöser. Göttliche Vorsehung wird heute als Konzept nirgendwo mehr vertreten, sieht man einmal ab von kreationistisch geprägten Strömungen. Der Befund zeigt aber ebenso deutlich, dass auch naturwissenschaftlich verfasste Entwicklungskonzepte nicht zutreffen. Sie folgten nämlich einer parallelen Logik, indem sie zwar auf Gott verzichteten, dafür aber naturgesetzliche Leitplanken setzen wollten. An die Stelle göttlicher Gesetze traten weltliche (s. E. Haeckel). Wäre die Welt jedoch gesetzlich verfasst, müsste man künftiges vorhersehen können. Mathematisch formulierbare Naturgesetze erlauben normalerweise die Berechenbarkeit künftiger Zustände. Wie wir gesehen haben, folgen schon die Theorien über den Anfang des Universums keinem physikalisch fassbaren Mechanismus. Die Entstehung und Entwicklung des Lebens ebenso wenig. Das Wirkgewebe, in dem wir uns befinden, ist viel zu komplex. Und eine nicht zu unterschätzende Rolle spielen eben Zufälle. Der „Rest" folgt entweder bislang unbekannten Wirkmustern oder es sind Faktoren im Spiel, die wir aus Prinzip nicht kennen, weil unserem Verstand dafür die Voraussetzungen fehlen. Dann werden wir es nie wissen. So bleibt uns die Entwicklungslogik der grundlegenden Naturvorgänge zumindest teilweise verborgen. An Schlüsselstellen begegnen wir kontingentem Geschehen, das sich weder vorhersehen noch berechnen lässt. Evolution und Geschichtlichkeit gehören untrennbar zusammen. Wo sich im Prozess der Menschwerdung Natur und Kulturgeschichte verschränken, folgt dieses Miteinander einer parallelen evolutionären Dynamik.

6. Das Ende der Newtonschen Physik

Die Verfassung der Natur und die Mechanismen ihrer Entwicklung weisen also starke Momente von Kontingenz und Geschichtlichkeit auf. Im Größten, im Kleinsten und in langen Zeiträumen gelten andere Prinzipien als die uns vertrauten Gesetze der klassischen Physik. Damit ist ein Weltbild, welches alles auf das Wirken unabänderlicher „Naturgesetze" zurückführt, obsolet. Die Welt ist viel komplizierter. Faktoren, die Entwicklungen beeinflussen, wirken häufig zufällig, kontingent, oder unterliegen selbst Veränderungen. Die für menschliche Gehirne gut verständliche Determination nach klar formulierbaren Regeln erklärt nur einen Teil der Phänomene. Damit ist auch nur ein Teil der Naturerscheinungen berechenbar. Daraus dürfen jedoch keine vorschnellen Schlüsse gezogen werden. Wer z.B. aus der Kontingenz vieler Vorgänge direkt auf das Wirken einer göttlichen Intelligenz schließt, begeht einen klassischen Denkfehler: Eine unbekannte Ursache ist nicht dadurch erklärt, dass man eine Hypothese aufstellt. Die Hypothese wäre zunächst zu prüfen, und erst wenn sie nicht widerlegt werden kann, darf sie als vorläufige Wahrheit gelten (siehe K. Popper S. 62). Doch wie will man Gottes Wirken prüfen, widerlegen oder beweisen? Es gibt keine empirischen Kriterien dafür. Was wir empirisch erkennen, ist nicht mehr, als das Vorliegen extremer Komplexität und die daraus folgenden Freiheitsgrade auf der Zeitachse. Wer diese Möglichkeiten letztlich „nutzt", erschließt sich uns nicht. Einen Gott sehen wir jedenfalls nicht am Werk. Die menschliche Unfähigkeit, extreme Komplexität zu verstehen, rechtfertigt nicht die Einführung außerweltlich – „jenseitiger" Einflüsse. Diese würden im Übrigen nur die eine Unbekannte durch eine andere ersetzen und damit letztlich nichts erklären. Diese Vorsicht gegenüber vorschnellen Schlüssen nötigt uns aber, überkommene Denkweisen zu überprüfen. Die einfache, symmetrisch gebaute Welt der Newtonschen Physik ist ebenso Vergangenheit wie eine natürliche Theologie, die aus Erklärungslücken auf ein Walten Gottes schloss.

7. Fazit

Die Natur ist kein fest eingerichteter, statischer Kosmos. Sie unterliegt geschichtlichen Veränderungen, die meist große Zeiträume beanspruchen. Die Gesetze der klassischen Physik gelten nur in Größenordnungen, die uns vertraut sind, sowohl zeitlich, als auch räumlich. Im Größten wie im Kleinsten, am Anfang und bei grundlegenden Verhältnissen finden sich Kontingenz und Asymmetrie. Am deutlichsten zeigt sich das bei der Entwicklung des Lebens. Seiner Unvorhersehbarkeit entspricht die Unmöglichkeit, künftige Entwicklungen vorherzusehen.

Das geschlossene Weltbild der klassischen Naturwissenschaft hat erhebliche

Lücken bekommen. Das macht neue Deutungen nötig, die über strukturelle und funktionalistische Aufklärungen hinaus gehen müssen und die Geschichtlichkeit des Gesamtprozesses einbeziehen.

B: Prozesse – Zum Verhältnis von Determination und Unbestimmtheit, Emergenz und Zufall in der Zeit

1. Der Laplacesche Dämon

Die Newtonsche Physik ist obsolet, weil sie von der Überzeugung geprägt war, alle Vorgänge der Natur folgten eindeutigen Gesetzen, die sich auf mathematische Formeln bringen lassen. In diesem Weltbild schien alles determiniert. Die extremste Ausprägung fand dies in der These des Mathematikers Pierre Simon Laplace (1749-1824), wonach es für „eine Intelligenz" möglich sein müsste, unter Kenntnis sämtlicher Naturgesetze und der Anfangsbedingungen der Welt jedes Ereignis im Kosmos zu berechnen, auch im Voraus. (zit. n. Sambursky). Demnach wären seit dem „Urknall" alle Weltvorgänge festgelegt. Die von Laplace angenommene Intelligenz, auch als „Laplace ′scher Dämon" bekannt, schien mit einer Gottheit in Verbindung zu stehen, welche die Welt zu Beginn zwar weise eingerichtet hatte, sie im weiteren Verlauf aber nicht mehr beachtete, so dass sie wie ein gigantisches Uhrwerk weiter lief, nur noch ihrer eigenen Mechanik gehorchend.

2. Folgen des radikalen Determinismus

Diese starke Determination müsste dann auch für Lebewesen wie den Menschen gelten. Der abendländische Glaube an das autonome Ich und dessen Entscheidungsfreiheit müsste demnach auf Selbsttäuschung beruhen. In Wahrheit handelt nicht die Person, sondern es wirken deren Verursachungsmomente. Fast spielt diese Laplace ′sche Intelligenz die Rolle einer antiken Schicksalsmacht, einer Tyche, die den Menschen ihrer Willkür unterwirft, ohne ihm die Chance einzuräumen, eigene Entscheidungen zu treffen. Manche Ergebnisse der heutigen Neurowissenschaften (z.B. das Libet Experiment in seiner mehrheitlichen Interpretation) scheinen diese Einschätzung zu bestätigen. Nach Ansicht vieler Neurowissenschaftler ist das menschliche Verhalten determiniert, wir merken es nur nicht, weil uns der Einblick in die Mechanismen unserer „Bewusstseinsmaschine" fehlt. Der Philosoph und Neuroethiker Thomas Metzinger spricht von einem „Ego Tunnel": Was uns als Wirklichkeit erscheint, sind in Wahrheit Projektionen, die durch neuronale Netzwerke aufgrund von Sinnesreizen oder Erinnerungen erzeugt werden. Sie bilden die empfangenen Eindrücke auf einen Projektionsschirm ab, der uns wie eine Blase vollständig umhüllt. Da wir uns auf der Zeitachse bewegen, verlängert sich diese Projektionsblase nach vorne zu einem Tunnel, dessen Wände mit den selbst erzeugten Bildern gepflastert sind. Wir halten dieses 3D-Kino für „wirklich", weil uns eine entscheidende Fähigkeit fehlt: Wir können die neuronal erzeugten Repräsentationen unseres Gehirns auf der Tunnelwand nicht als künstliche Modelle erkennen. Wir würden als „naive Realisten" geboren, welche ihrer Umwelt objektive Realität zumessen, obwohl sie sich im geschlossenen Gehäuse ihrer inneren Welt befinden (Metzinger, S. 65 ff). Wir durchschauen den konstruktiven, vielleicht illusionären Charakter unseres Bewusstseins nicht, obwohl wir es seit Kant besser wissen müssten (s. 1. Teil C1). Subjektive Freiheit kann aus diesem Bewusstseinskonzept nur schwer abgeleitet werden. Ähnlich argumentiert der Verhaltensforscher Gerhard Roth: Die limbischen Strukturen und Funktionen unseres Gehirns und deren Erfahrungsgedächtnis bestimmen weitgehend unser Handeln (Roth, S. 553f). Das subjektive Gefühl eines freien Willensaktes entsteht, „nachdem limbische Strukturen [...] bereits festgelegt haben, was wir zu tun haben" (dto). Für autonome Entscheidungen im Sinne eines tatsächlichen Anders – Handeln – Könnens bliebe auch da wenig Raum.

3. Warum niemand mit dem Laplaceschen Dämon tauschen will

Der Laplacesche Dämon ist nicht zu beneiden. Sein Schöpfer, der französische Mathematiker und Zeitgenosse Napoleons, Pierre Simon Laplace, hatte ihn nämlich innerweltlich gedacht. Er folgte damit dem Zeitgeist. Welches Problem ergibt sich daraus? Er scheitert ganz schnell am Berechnungsaufwand seiner Variablen. Je weiter er vom Weltanfang weg rechnet, desto mehr Rechenleistung und desto mehr Zeit wird nötig. Sehr schnell übersteigt die erforderliche Rechenzeit den Ablauf der realen Zeitereignisse, die er vorhersehen soll. Auch mathematische Schwierigkeiten und die spezielle Relativitätstheorie sprechen dagegen. Da es weder einen absoluten Raum, noch eine absolute Zeit gibt, können Informationen nicht schneller fließen als die Lichtgeschwindigkeit. Dadurch erhält der Dämon seine Daten viel zu spät. Ereignisse in großer Entfernung sind längst geschehen, während er noch auf die Daten wartet, die er braucht, um sie im Voraus zu berechnen. Allenfalls könnte eine außerweltliche „Intelligenz", die unabhängig von der Raumzeit ist, diese Probleme lösen, doch davon später. Auch der „Ego Tunnel" ist nicht vollständig determiniert. Das bewusste „Ich" muss beim Handeln häufig auswählen. Ihm bieten sich Alternativen an. Sie repräsentieren mögliche Zielzustände, die wir mit unserem biographisch bestimmten Selbstmodell vermitteln müssen. Da passt nicht alles und wir müssen manches abweisen. Diese Wahlmöglichkeit schafft einen Wirklichkeitsraum, in welchem sich selbstmächtige Subjektivität dann doch realisieren und erlebbar machen kann (Metzinger, S. 177 ff). Insofern darf der radikale Determinismus im Stile von Pierre Simon Laplace – von der objektiven wie von der subjektiven Seite her – als widerlegt gelten. Unsere Wirklichkeit umfasst ein weites Feld von Unbestimmtheit, das weder von Seiten der Mathematik, noch von der Neurobiologie her in den Griff zu bekommen ist.

4. Schwache und starke Emergenz

Bedeutet die Unmöglichkeit einer Vorhersage sämtlicher Weltereignisse, dass die Welt nicht determiniert sei und ihre Vorgänge willkürlich ablaufen? Keineswegs. Vieles können wir ja berechnen. Zahlreiche Fälle von Unbestimmtheit sind es nur dem Anschein nach. Es ist möglich, dass wir nicht alle Determinanten kennen. Von einer plötzlich auftretenden Krankheit wurden wir vielleicht nur deswegen überrascht, weil wir seit Jahren nicht beim Arzt waren. Der hätte anhand eines Blutbildes durchaus sehen können, was sich anbahnt. Eine andere Möglichkeit wäre, dass uns die Fähigkeit abgeht, alle zureichenden Kenntnisse zu erfassen, zu begreifen, zu verarbeiten. Die Sachverhalte erschienen in diesem Fall nur deswegen zufällig oder durch „höheren Willen“ bewirkt, weil uns die Vorbildung fehlt, um sie zu verstehen, oder weil unser Verstand sie nicht fasst. Das vormoderne Welt- und Menschenbild spiegelt diese Situation. Es beruhte auf einem Staunen über numinose Vorgänge in der Umwelt, über ihren Reichtum an Pflanzen und Tieren, die als Lebewesen manche Ähnlichkeit mit uns Menschen aufwiesen. Deren Herkunft konnte man sich nicht erklären, ebenso wenig wie den eigenen Ursprung. Als Erklärungsmodell bot sich ein göttlicher Schöpfungsakt an, der wiederum Ähnlichkeit mit dem Anfertigen von Gegenständen hatte, was einem ja vertraut war. Götter traten als Schöpfer von Himmel, Erde, Mensch und Tieren auf. Das war noch bei den Autoren der biblischen Schöpfungserzählungen so (siehe Teil 2). Gott schuf alles was existiert und hält es am Laufen. Den Menschen formte er wie ein Töpfer aus einem Klumpen Erde. Seine Lebenswelt gestaltete er wie ein Landschaftsarchitekt. In Psalm 104 heißt es: „Du feuchtest die Berge von oben her, du machst das Land voller Früchte, die du schaffst, du lässt Gras wachsen für das Vieh, die Saat zum Nutzen der

Menschen“ (Ps 104, 13 f). Gott wird demnach als Urheber fundamentaler Naturvorgänge gepriesen. Allerdings beruht dieses Bekenntnis auf Unkenntnis der zugrunde liegenden Prozesse und leuchtet heutigen Lesenden nicht mehr ein. Niemand würde heute den Wechsel der Jahreszeiten, Regen und Pflanzenwachstum auf übernatürliche Einflüsse zurückführen. Es handelt sich hier um einen Fall von „schwacher Emergenz.“ Diese gilt nur vorläufig und fungiert als Platzhalter künftigen Wissens. Sobald die Lücke durch entsprechende neue Erkenntnisse geschlossen wird, verwandelt sich die schwache Emergenz in Wissen und damit in berechenbare Zukunft. Die universale Überzeugung von der Erschaffung des Menschengeschlechts durch Gott geriet ins Wanken, als Charles Darwin zeigte, wie sich die Vielfalt des Lebens auch ohne göttliches Handeln erklären ließ – allein mit Hilfe von Vererbung, Mutation und Selektion in einer langen Generationenfolge (s. 1. Teil, B und D). Das theologische Problem mit schwachen Emergenzen ist, dass mit den vormaligen Geheimnissen auch deren theologische Implikationen zu Fall kommen. Aus diesem Grund dürfen sich schöpfungstheologische Aussagen nie auf Wissenslücken stützen, weil göttliches Handeln jedes Mal widerlegt wird, wenn sie sich schließen. Von der schwachen Emergenz zu unterscheiden sind Fälle von starker Emergenz, die eine prinzipielle Nichterklärbarkeit beschreiben. Sie sind theologisch interessanter. Nicht weil sich davon taugliche Gottesbeweise herleiten ließen, sondern weil hier eine prinzipielle Begrenztheit menschlicher Verstehensmöglichkeiten erkennbar wird. Erst wo Wissen tatsächlich aufhört, kann Glauben ins Spiel kommen. Wo findet sich starke Emergenz?

5. Unbestimmbarkeit und Statistik regieren die Welt schon im Kleinsten

Seitdem man zu Beginn des 20. Jahrhunderts erkannt hat, dass die klassische Physik nur einen Grenzfall der grundlegenderen Quantenphysik darstellt, sind Quantenmechanik und Quantenfeldtheorie zu Basisdisziplinen geworden. Hier zeigten sich seit den zwanziger Jahren starke Gründe, die Vorstellung einer weitgehenden Determiniertheit der Welt aufzugeben und sie durch differenziertere Modelle zu ersetzen. Werner Heisenberg hat 1927 die nach ihm benannte „Unbestimmtheitsrelation“ formuliert. Sie besagt, dass es unmöglich ist, Ort und Impuls eines Elementarteilchens gleichzeitig exakt zu bestimmen. Der Messvorgang selbst stört die jeweils andere Variable so nachhaltig, dass sie verwischt wird. Nils Bohr entwickelte parallel dazu das Komplementaritätsprinzip, welches der Tatsache Rechnung trägt, dass Elementarteilchen sich wie Wellen verhalten können und umgekehrt, je nachdem, wie die

Versuchsanordnung war. Daraus folgt, dass Phänomen und Beobachtungsmittel untrennbar sind. Daraus ergeben sich unvermeidlich widersprüchliche Aussagen über den Gegenstand der Analyse. Ergänzt werden diese Befunde durch Beobachtungen in der Kernphysik, wo der Zeitpunkt des radioaktiven Zerfalls bei einem instabilen Nuklid nicht vorhergesagt werden kann. Er wird offensichtlich vom Zufall bestimmt. Die für ein Isotop charakteristische Halbwertszeit ist demnach eine rein statistische Größe. Was bedeutete das für unser Weltbild? Eine Revolution. Alte Gewissheiten galten plötzlich nicht mehr. Bis dahin waren Zeit, Ort und Zustand eines Gegenstands elementare Bestimmungsgrößen. Jetzt war plötzlich alles ungewiss. Und weil das Kleinste das Elementare ist, hatte das Folgen für das gesamte Weltbild. Sämtliche Gegenstände der klassischen Physik, ob es um feste Körper, Flüssigkeiten, Gase oder Kräfte geht, sind ja aus kleineren Elementen zusammengesetzt, und diese wiederum aus noch kleineren. Wer den Erscheinungen auf den Grund gehen will, muss seine Analyse immer weiter treiben, bis das Kleinste gefunden ist, aus dem sich alles andere ableiten lässt. Am vorläufigen Ende der Analysereihe kommen wir auf die Beschreibungsebene der Quantenphysik, die Welt der Atome, Elementarteilchen und Quantenfelder. Und wenn sich dort zeigt, es ist alles anders als gedacht, stürzt das gesamte Gebäude ein. Die kleinsten Teilchen verhielten sich völlig anders, als man das aus der klassischen Physik gewohnt war. Ganz anders als Steine oder Sterne blieben sie überhaupt nicht passiv an einem Ort, sondern flippten herum und machten, was sie wollten. Es war unmöglich, sie zu bestimmter Zeit an einer bestimmten Stelle aufzufinden. Wenn man versuchte, sie zu fixieren, reagieren sie unvorhersehbar wie Kinder im Trotzalter. Sie entzogen sich der exakten Beschreibung und hielten ihre Beobachter manchmal sogar zum Narren. Nun stellt die Quantenphysik aber eine der beiden Säulen der zeitgenössischen Physik dar und beeinflusst stark unser rezentes Weltbild. Wenn sich hier grundlegende Vorgänge selbst bei genauester Beobachtung als unbestimmbar erweisen, gilt das entsprechend für alles, was aus Materie besteht. Die „Naturgesetze" alten Stils liefern in Wirklichkeit also keine exakten Befunde, sondern nur Aussagen über Wahrscheinlichkeiten. Daraus ergeben sich zwar im Großen und Ganzen verlässliche Ergebnisse, mit denen sich Häuser bauen und Brücken berechnen lassen, doch sind es in Wahrheit immer nur Näherungen. Auf der fundamentalen Quantenebene sieht es anders aus als gedacht. Damit ist einem strengen Determinismus auch da die Grundlage entzogen, wo wir bisher glaubten, auf der sicheren Seite zu sein. Kehren damit Verhältnisse zurück, wo wieder personaler göttlicher Wille regiert? Sicherlich nicht. Mit der Selbsterklärlichkeit der Natur mittels einfacher Prinzipien und Formeln dürfte es allerdings vorbei sein. Es bedarf von Neuem eines „Woher" und „Warum", das in letzter Konsequenz „nicht von dieser Welt" sein kann. Jedenfalls nicht von der Welt, die wir kennen und verstehen.

6. Rückkopplungsschleifen, Nichtlinearität und Komplexität in der Zeit

Es gibt eine zweite Beschreibungsebene, auf der Unbestimmbarkeit zutage tritt: Wir verlassen die Welt der Quanten und begeben uns in einen Bereich, wo es um komplizierte Zusammenhänge geht. Unser Alltag ist umgeben von Vorgängen, die wir zwar grob beschreiben, aber nicht bis ins Letzte aufklären können: Das siedende Wasser, in das wir unser Frühstücksei legen; die Eigenschaften des Windes, der an einem Wintertag ums Haus pfeift; die Vorgänge auf einer Wiese im Sommer. In allen Fällen gelten die Naturgesetze, doch jedes Mal weht der Wind anders und die Wiese sieht in jedem Sommer ein wenig anders aus. Chaostheorien behandeln das Verhalten von Systemen, die zwar nach deterministischen Regeln funktionieren, jedoch unvorhersehbare Entwicklungen nehmen. Beispiele finden wir auch außerhalb der Natur: In Wirtschaftskreisläufen, im Verhalten neuronaler Netze, bei einem Fußballspiel. Diese Systeme folgen scheinbar chaotischer Dynamik, tatsächlich handelt es sich jedoch um durchaus regelhafte Prozesse. Woher kommen deren unvorhersehbare Ergebnisse?

Zum einen durch Rückkopplungsschleifen, welche die Ausgangsbedingungen des folgenden Systemdurchlaufs verändern. Jeder Durchlauf erzeugt neue Ausgangsbedingungen für den nächsten. Auf dem Fußballrasen kann aus einem 0 : 3 beim Halbzeitpfiff ein 4 : 3 beim Schlusspfiff werden, je nachdem, welche Ressourcen sich z.B. während der Pause in der Mannschaftskabine vom Trainer aktivieren lassen. Manchmal genügen kleine Abweichungen, um eine Entwicklung nach mehreren Zeitintervallen völlig anders laufen zu lassen als vorhergesehen.

Zweite Voraussetzung ist eine hohe Empfindlichkeit der Prozessdurchläufe für ihre jeweiligen Ausgangsbedingungen. Jeder Durchlauf hängt auf empfindliche Weise an seinem vorangegangenen. Einfaches Beispiel für solche Entwicklungen ist das exponentielle Wachstum. Ein Weiser namens Sissi Ibn Dahir hat für seinen Herrscher das Schachspiel erfunden, damit dieser sich die Zeit vertreiben kann. Er darf sich eine Belohnung aussuchen. Der listige Brahmane sagt: „Legt mir auf das erste Feld vom Schachbrett ein Reiskorn. Auf das zweite Feld das Doppelte, auf das dritte wiederum das Doppelte und so fort, bis alle vierundsechzig Felder voll sind. Das wünsche ich mir. Der König lacht und gewährt ihm den Wunsch. Als die erste Reihe voll ist, gehen die Körner schon nicht mehr aufs Feld. Am Ende der zweiten Reihe braucht man einen Sack, um die Menge zu fassen. Man kann sich denken, wie die Geschichte ausgeht: Schnell wird klar, dass sämtliche Reiskörner der Welt nicht ausreichen, um das letzte Feld zu belegen: Der Weise soll geflohen sein, um dem Zorn des Herrschers zu entgehen. Dabei hatte er seinem Herrn bloß eine Lektion über nichtlineare Zusammenhänge erteilt.

Was sind „nichtlineare" Zusammenhänge? Einfache Vorgänge, die sich durch mathematische Formeln leicht fassen und berechnen lassen, nennen wir „linear." Wir kennen sie aus dem frühen Matheunterricht: Ein Korb Äpfel kostet 2 Mark. Wie viel kosten drei Körbe? Die meisten Vorgänge in der Natur sind leider nicht so einfach. Sie hängen nicht von einer oder zwei Variablen ab, sondern von vielen Einflussfaktoren. Unterwegs verändern sich zusätzlich einzelne Parameter usw. Dann werden die Formeln schnell sehr kompliziert oder wir müssen es aufgeben. Das Gemeinsame nichtlinearer Prozesse ist deren Überraschungsmoment. Unserem Verstand fehlt die Anschauung, um sie spontan zu erfassen. Die Lebenswelt unserer steinzeitlichen Vorfahren war von einfachen, linearen Zusammenhängen geprägt: Für einen doppelten Pirschgang benötigte der Jäger doppelt so lang. Der Weg zur nächsten Wasserstelle war in halber Zeit bewältigt, wenn er doppelt so schnell lief. Kam man vor Sonnenuntergang an? Reichte der Wasservorrat? Es gab keine Notwendigkeit, komplizierte quadratische oder gar Wurzelfunktionen zu beherrschen. Unsere Anschauung versagt daher schon bei einfachen nichtlinearen Zusammenhängen. Trotzdem wird unser Leben oft gerade davon regiert. Das machen sich Banken zunutze, die uns eine günstige Hausfinanzierung bieten und dabei wissen, mit Zinseszins zahlen wir bis zum Ende der Kreditlaufzeit locker 40% drauf. Die Zahlen auf dem Papier offenbaren es uns nicht. Wir müssten nachrechnen, um es zu erkennen. Ein weiteres kommt hinzu: Die meisten Vorgänge hängen nicht von einer einzigen Variablen ab wie die erstaunliche Reisvermehrung, sondern es wirken gleichzeitig mehrere Faktoren. Dadurch wird das Ganze noch undurchschaubarer. Wir haben es mit Komplexität zu tun. Zu deren Bewältigung sind uns es erst recht keine geistigen Werkzeuge angeboren. Dafür haben wir gelernt, uns pragmatisch zu behelfen. Die Lebenserfahrung lehrt uns einzuschätzen, dass eine Alkoholfahrt nach durchzechter Nacht auf kurviger Strecke mit erhöhter Wahrscheinlichkeit zu einem Unfall führt, auch wenn es dreimal gut gegangen ist. Aus vergleichbaren Fällen wissen wir: Ob die Fahrt tatsächlich am Baum landet oder im Bett, entscheidet ein Geflecht von Ursachen, Wirkungen und Rückkopplungen, das zwar nicht aufzuklären ist, aber eine fatale Neigung kennt. Deshalb lässt man es lieber. In solchen Beispielen regiert nicht der Zufall, sondern eine deterministische Dynamik, die für unsere Wahrnehmung freilich vom Zufall schwer zu unterscheiden ist. Wir sprechen von „Glück", wenn die Alkoholfahrt gut ausging, in Wirklichkeit haben günstige Faktoren und Rückkoppelungen Schlimmeres verhindert und der Wagen war vorher beim TÜV. Ergänzend kommt noch hinzu, dass kein System von seiner Umwelt völlig abgeschlossen ist. Kleinste Einflüsse von außen bringen zusätzliche Störungen: Wäre die Straße glatt gewesen, wäre ein Wagen entgegen gekommen, hätte es anders ausgehen können. Wir schließen solche Überlegungen meist von unseren Betrachtungen aus. Die Alltagsklugheit wehrt allzu große Unübersichtlichkeit ab mit dem Sprichwort: „Hätt der Hund nicht sein Geschäft gemacht, hätt er den Hasen bekommen...". Trotzdem beruhen gerade die entscheidenden Vorgänge unserer Biographie auf solchen Zusammenhängen. „Wär ich früher heimgegangen von der Feier, hätte ich meine Frau nicht kennen gelernt". Der Eindruck, wir wären der Willkür von Schicksalsmächten ausgesetzt, erklärt sich aus Komplexität. Die Komplexität nichtlinearer Dynamiken ist nach Ansicht vieler Chaosforscher auch einer der Gründe, weshalb die Zeit immer nur in eine Richtung fließt. Auf Quantenebene spielt die Zeitrichtung noch keine Rolle. Die linearen Gleichungen, welche die Bewegung der Teilchen beschreiben, sind umkehrbar. Doch da nichts autonom existiert und alle Vorgänge auf irgend eine Weise miteinander vernetzt sind, wirkt alles aufeinander zurück, stört sich, bringt sich gegenseitig in neue Zustände. Diese unendlich komplexe Verschränkung schafft schließlich ein Dickicht, durch welches nichts mehr zu seinem früheren Zustand zurückkehren kann (Briggs/Peat S. 219 f). Sinnfällig wird dieser Sachverhalt, wenn man einen rückwärts abgespulten Film anschaut. Nicht erst die Dramaturgie mit ihrer verkehrten Kausalität, schon Sprache und Bewegungsmuster machen klar, dass so etwas nicht in unsere Wirklichkeit passt. Der Naturphilosoph und Chemiker Ilya Prigogine spricht angesichts dieser kausal verwucherten Dornröschenhecke von einer „Symmetriebrechung" – in Anspielung auf die „spontane Symmetriebrechung" der Kosmogonie (siehe unter A 4) und auf den zweiten Hauptsatz der Thermodynamik (der uns unumkehrbar in die Entropie stürzen will).

7. Bifurkation und Unumkehrbarkeit

Ein weiterer Vorgang, der strenger Gesetzlichkeit entgegen steht, ist die Bifurkation. Deren einfachste Form ist die Weggabelung. Wer dort steht, muss eine Entscheidung treffen, wie er weiter gehen will. Die Entscheidung ist meist nicht rückgängig zu machen. Im Spielcasino heißt es z.B.: „rien ne va plus." Erstaunlicherweise gibt es auch bei natürlichen Vorgängen unzählige Beispiele für diese Art von Kausalität. Ein Versuch mit dem Doppelpendel zeigt den typischen Verlauf: An ein frei aufgehängtes Pendel wird ein zweites Pendel gehängt. Beide können unabhängig voneinander schwingen. Stößt man sie an, bewegen sie sich bei schwachem und bei sehr starkem Anstoß regelmäßig. Bei Einwirken einer mittleren Kraft jedoch entwickeln beide ein Eigenleben: Am Scheitelpunkt jeder Schwingung entscheiden sich beide Glieder unabhängig voneinander, wie es für sie weiter geht und diese Entscheidung folgt keinem erkennbaren Gesetz. Trotzdem folgen sie ausschließlich mechanischen Regeln (E. Steitz, S. 19 f). Voraussetzung für die Unregelmäßigkeit ist zum einen die leichte Störbarkeit des Systems, zum anderen deren Verstärkung durch Rückkopplung. In einem repetitiven Verlauf potenzieren sich die Abweichungen (dto. S. 19). Der Vorgang entwickelt sich nichtlinear. Entscheidend ist aber, was an den Scheitelpunkten passiert. Jedes Mal trifft das System eine Entscheidung. So folgen bald viele Bifurkationspunkte aufeinander. Man kann die Vorgänge in Form eines Entscheidungsbaums aufzeichnen, der alle ergriffenen und verworfenen Möglichkeiten zeigt. An jeder Verzweigung wurde unwiderruflich eine mögliche Zukunft gewählt. Selbst bei einfachen Vorgängen wie dem Doppelpendelversuch ergibt sich eine beeindruckende Anzahl möglicher Zukünfte, von denen keine vorausberechnet werden kann. Dies bedeutet ein überraschendes Maß an Freiheit, erkauft freilich mit der Unumkehrbarkeit des Verlaufs, der in seiner „Individualität" Geschichte geschrieben hat (Briggs/Peat S. 215). Schon die Natur nimmt für Freiheit und Geschichtlichkeit Unumkehrbarkeit und damit Vergänglichkeit in Kauf. In der einmaligen Entwicklungsgeschichte eines Embryos mit ihren zahllosen Bifurkationspunkten ist seine Biographie bis zum Tod schon mitbestimmt, auch wenn sein Weg dorthin noch nicht feststeht.

Indem wir hier einen Blick hinter die Kulissen der Weltverfasstheit werfen dürfen, wird uns bewusst, wie inadäquat unser lineares Denken dem Gestrüpp aus Einzelentscheidungen begegnet, welches hinter uns liegt.

Bifurkation ist (vergleichbar mit Emergenz und Geschichtlichkeit) universal. Sie lässt sich in der Chemie beobachten, in der Soziologie, in der Wirtschaft und in der Weltgeschichte. Ihr Charakteristikum ist die Entscheidungssituation: Sobald ein komplexes System die nächste Gabelung erreicht, gibt es ein Moment in deterministischem Chaos, dessen Ausgang unvorhersehbar ist. Hätte Stauffenbergs Bombe 1944 Hitler getötet, wäre die Weltgeschichte wahrscheinlich anders verlaufen. Die Folgen aus dem Überleben Hitlers lassen sich nicht revidieren. Als Stauffenberg seine Bombe am Konferenztisch platzierte, konnte er das alles nicht wissen. Es gab keinen vernünftigen Grund, es nicht zu tun, es gibt selten einen rationalen Grund, etwas Wichtiges, Notwendiges zu unterlassen. Beweisen diese Beispiele, dass Kausalität im Augenblick der Entscheidung außer Kraft gesetzt ist? Keineswegs. Selbst ein frappantes Ereignis muss nicht auf Zufall beruhen. Ob die Bombe eines Terroristen explodiert, hängt von Bauart und Routine der Hersteller ab. Ein Sprengstoffexperte könnte es eventuell beurteilen. Trotzdem lässt sich nicht vorhersagen, ob am avisierten Tag und Ort das Schreckliche passiert, der Experte kommt nämlich erst im Nachhinein.

8. Starke Emergenz in Reinkultur: Der Zufall

Die bisher betrachteten Vorgänge beschreiben natürlich nur einen Teil der Wirklichkeit. Ein anderer, bedeutsamer Teil wird vom Zufall bestimmt. Was ist Zufall? Wie wir sahen, unterliegen Entwicklungen, in denen z.B. Rückkopplungsprozesse eine Rolle spielen, trotz aller Unvorhersehbarkeit strikten Regeln. Beim Wettergeschehen etwa sind es Luftdruck, Feuchtigkeit, Sonneneinstrahlung usw. Alle wirksamen Parameter sind bekannt.

Anders ist es bei zufälligen Ereignissen. Da können ebenfalls alle möglichen „Gesetze“ wirken, doch daneben herrscht Willkür. Mitten im gesetzlich bestimmten Geschehen taucht plötzlich etwas Fremdes auf, das alles durcheinander wirbelt. Genetische Veränderungen z.B. geschehen inmitten hoch organisierter Strukturen. Die Basensequenz in der DNS reproduziert sich normalerweise nach algorithmischen Regeln und es ist kein zweiter Vorgang in der Biochemie bekannt, welcher so stabil und störungsfrei abläuft. Bei der identischen Reproduktion der Basenfolgen passieren jedoch trotzdem gelegentlich Fehler. Durch Einwirkung chemischer Noxen, durch ionisierende Strahlen o.ä. Diese Einwirkungen sind vollkommen zufällig. Ob, wann und wie ein solches Ereignis eintritt, ist völlig offen. Die meisten Änderungen sind nachteilig und werden durch die natürliche Auslese wieder beseitigt. Einige wenige jedoch führen zu vorteilhaften Effekten. Diese bleiben in den folgenden Generationen erhalten, vermehren sich unter Umständen und werden zum

Merkmal einer ganzen Art. Auf diesem Weg erfolgt die Evolution des Lebens. Allerdings existiert hier keine planende Instanz, die darüber entscheidet, in welcher Richtung die Entwicklung voran schreiten soll. Kreationistische Behauptungen über„Gottes Hand" bei der Erschaffung des Lebens können sich nur so lange halten, wie man nicht genauer hinschaut. „Gottes Hand" bei der Schaffung des Adam war in Wahrheit äußerst zittrig. Es hätten auch Monster mit Rüsseln und Reißzähnen dabei herauskommen können. Wer mag bestreiten, dass ein Rüssel beim Tauchen, beim Bohnenlegen, beim Begrüßen auf große Entfernungen von Nutzen wäre? Wer weiß, welche Gestalt andere intelligente Lebensformen im Universum haben? Leider werden Menschen es wahrscheinlich nie erfahren (siehe unten).
Weitere Beispiele für zufällige Ereignisse: Ein Würfel fällt jedes mal anders, sonst würde „Mensch ärgere dich nicht" keinen Spaß machen. Die Roulettekugel fällt fast immer in ein anderes Fach, auch wenn in der Spielbank mancher mit hochrotem Kopf und Notizblock am Seitentischchen sitzt und an „Serien" glaubt. Es gibt kein System. Dasselbe gilt für Billardkugeln. Jedes Mal landen sie woanders. Der Grund liegt bei diesen Beispielen in der Quantenmechanik: Selbst bei identischen Anfangsimpulsen mit dem Queue löst jede Folgekollision in der Billardkugel Kräfte aus, die in ihrer Wirkung jeweils ein wenig voneinander abweichen. Warum? Weil auf der atomaren Ebene nichts in Ruhe ist: Bei jedem Impuls ist die zufällige Anordnung der Atome oder Moleküle, sind ihre Schwingungsmuster und Impulse, im Rahmen der umgebenden Strukturen, anders. Diese Unterschiede sind unmessbar klein, potenzieren jedoch mit jedem folgenden Stoßereignis ihre Auswirkung. Nach dem achten Aufprall erreicht der Unterschied die Größenordnung unserer Erfahrungswelt und lässt die Kugel in eine andere Richtung rollen als beim letzten Mal. In der Quantenwelt verhalten sich die einzelnen Teilchen vollkommen willkürlich, gehorchen lediglich statistischen Wahrscheinlichkeiten (siehe B 5). Ob es nicht doch verborgene Variablen gibt, die aus dem Hinterhalt wirken, befeuert die Diskussion der Physiker bis heute. Albert Einstein meinte dazu: „Ich bin überzeugt, dass der Alte (Gott) nicht würfelt." Die Mehrzahl seiner Fachkollegen folgte ihm darin nicht. Die Erfahrung lehrt, dass „der Alte" doch würfelt. Und so lange aus der Welt der Quarks und Strings keine neuen Regeln auftauchen, die das bisher Zufällige erklären, muss es dabei bleiben.

9. Griechische Kosmosbühne versus biblischem Weltdrama

Das Weltbild der klassischen Physik war statisch. Es setzte einen absoluten Raum voraus und absolute Zeit. Isaak Newton postulierte einen Raum, der unabhängig von einem Beobachter existiert, weil er ein zuverlässiges Bezugssystem für seine klassische Mechanik brauchte. Alle Naturvorgänge spielten sich dort wie auf einer Bühne ab. Sie konnten so mit ausreichender Genauigkeit vermessen und analysiert werden. Unabhängig vom Raum war lediglich die Zeit. Sie verging, ohne sich um die übrigen Messgrößen zu kümmern. Zusammen mit dem Raum bildete sie einen „Behälter der Ereignisse." Dieses Weltbild erinnert stark an den Kosmos der alten griechischen Welt, der ebenfalls statisch und absolut war, so dass selbst die Götter sich mit ihm arrangieren mussten. Demgegenüber entfaltet die moderne Physik ein dynamisches Weltbild, in welchem das Universum eine Geschichte hat und die fundamentalen Beobachtungsgrößen eng zusammen hängen: Masse, Energie, Raum und Zeit. Die Bühne wird ständig umgebaut. Das erinnert stark an das biblische Weltbild, welches ebenfalls viel Dynamik kannte: Der Weltbau, zu bestimmter Zeit in aufeinander folgenden Schritten – „Tagen" – geschaffen, war dazu bestimmt, am Ende der Zeit noch einmal grundlegend umgestaltet zu werden. Zweck des finalen Enddramas war zum Einen die Vollendung des Kosmos, zum anderen die Korrektur der „Verderbnis", also der Fehler, welche durch „die Sünde" herein gekommen waren (Westermann, S. 130 ff). Dieses Drama hatte allerdings in der biblischen Gegenwart eine merkwürdige Pause eingelegt. Das Schöpfungshandeln Gottes sistierte zugunsten seines Geschichtshandelns. Während die „Säulen der Erde" vorläufig fest stehen blieben, erfuhren Israel, die Völkerwelt und die Kirche Gottes strafendes und heilsames Eingreifen. Und zwar in aktuelle Geschehnisse auf dem Erdkreis: Der babylonische Turm blieb unvollendet; die Erzväter überlebten alle Gefährdungen; am Schilfmeer rettete Jahwe das Volk vor dem Pharao, David behielt den Sieg gegen Goliath und andere übermächtige Feinde; die späteren Könige erlitten wegen ihrer Verfehlungen Gottesstrafen durch Heimsuchungen und feindliche Weltmächte usw. Diese Interventionen veränderten nicht die grundlegenden Naturkonstanten. Selbst die Globalkatastrophe der Sintflut rüttelte nicht an den Grundfesten von Himmel und Erde. Dadurch blieben natürliches und geschichtliches Handeln Gottes getrennt. Das Gesamtdrama entfaltete sich in drei Akten: Zunächst die Schöpfung, dann die Geschichte der Menschheit, darin eingewoben das Geschick Israels und der Kirche. Im letzten Akt die eschatologische Vollendung. Das zeitweilige Sistieren des göttlichen Schöpfungshandelns erklärt sich hauptsächlich aus der Zeitwahrnehmung: Die Naturgeschichte verläuft in so langen Zeiträumen, dass sie vom antiken Weltwissen nicht wahrgenommen werden konnte. Aus der Sicht einer Eintagsfliege dauert der Sommer ewig. Die Parallele zwischen biblischem Drama und moderner Physik endet, wo die Bibel eine Aufteilung der Geschichtlichkeit in kosmische Rahmenhandlung und historische Aktualhandlung vornimmt. Die Physik kennt nur eine Art von Zeit; es gibt darin keine perspektivische „Mitte", wie z.B. im Lukasevangelium (siehe Conzelmann, Mitte S. 87 ff). Auch eine lenkende Instanz wird heute nicht mehr vorausgesetzt.

10. Die „Hand Gottes"

Die klassische Physik ist nicht erledigt, sie hat aber ihre Bedeutung als Fundamentalwissenschaft verloren, weil sich gezeigt hat, dass ihre Gesetze nur Grenzfälle von grundlegenderen Gesetzen sind: Quanten, Relativitätstheorie und ihrer Abkömmlinge. Wir sind auf dem Weg zu einem umfassenderen Naturverständnis, welches allerdings noch viele weiße Stellen aufweist. Wenn es einmal vollendet ist, wird man mehr verstehen. Ob man es auch wird deuten können? Einige Modelle, die derzeit diskutiert werden, fordern unsere Phantasie stark heraus (z.B. die verschiedenen Stringtheorien, die Branenkosmologie u.a.). Wohin die Entwicklung führt, vermag niemand zu sagen. Nur eines scheint klar: Auch das künftige Weltbild wird zunächst keinen Platz für Gott vorsehen (siehe Teil 1, S. 49 ff). Das spricht nicht gegen Gott, im Gegenteil: Es verhindert Grenzüberschreitungen, die beiden Seiten schadeten. Damit ist nicht verboten, sich über das zweifelsfrei Feststellbare hinaus Gedanken zu machen. Religiös gestimmte Betrachter können die Formel von einer „Geschichte der Natur" als ein äußerlich sichtbares Merkmal göttlichen Wirkens im Weltprozess deuten. Voraussetzung dafür ist die Prämisse, Geschichtlichkeit als ein mögliches Signum göttlichen Handelns zuzulassen. In einem umfassenden künftigen Gesamtsystem könnte zunächst das gesamte bisherige Naturwissen als „Grenzfall" eines allgemeineren Ordnungssystems erscheinen, vergleichbar dem Verhältnis von klassischer Physik zur Quantengravitation. Alles Naturwissen (das Notwendige, das Mögliche und das Zufällige) wäre darin systematisiert. Was bisher erst in Umrissen erkennbar ist, würde in einem vollendeten Zustand aus einer Anzahl zusammenhängender Sätze bestehen, die das Wichtigste beschrieben, ohne alles berechnend verfügbar zu machen. Ob an der Spitze dieser gewaltigen Pyramide dann eine Weltformel stünde, oder ob alles auf eine Pluralität von Sichtweisen hinausliefe, spielt keine große Rolle. Wichtig wäre nur, dass jenseits dieses Satzsystems Platz wäre für Deutungen, die Naturkenntnis mit Sinnfragen vermitteln. Nehmen wir das Bild einer Stufenpyramide, wie sie in manchen alten Kulturen errichtet wurden. Auf der Spitze stand immer ein Tempel, wo sich Menschenwelt und Götterwelt begegneten.

11. Fazit

Die Vorgänge der Welt sind prinzipiell nicht determiniert. Dafür sorgen die Unbestimmbarkeit der Materie, die Relativität von Zeit, Ort und Masse sowie die Freiheit des Subjekts. Die klassische Physik ist damit nicht widerlegt, sondern relativiert. Die meisten Vorgänge unserer Lebenswelt unterliegen durch Rückkopplungsschleifen, Empfindlichkeit, Bifurkation, Verstärkung, Emergenz und andere nichtlineare Prozesse einer komplexen Dynamik, die Überraschungen hervorbringt. Oder sie werden vom Zufall bestimmt bzw. mitbestimmt. Solche scheinbar chaotischen Entwicklungen überfordern schnell unser spontanes Verstehen, das sich in stabilen Bezugssystemen orientieren möchte. Die Welt ist jedoch kein fest eingerichteter Kosmos, in dem alles symmetrisch ist und die Zukunft berechnet werden kann. Sie hat geschichtlichen Charakter und unterliegt dem unumkehrbaren Zeitstrahl. Darin ähnelt das aktuelle Weltbild wieder mehr dem biblischen, welches vom kontingenten Willen Gottes abhing. Das eröffnet Freiheiten, die zeitweise verschüttet waren. Allerdings geben Naturvorgänge, die sich der Berechenbarkeit entziehen, keinen Anlass, eine „Hand Gottes“ am Werk zu sehen, der man beim Arbeiten zuschauen kann. Eher könnte sich göttliches Handeln hinter der Kontingenz mancher Vorgänge verbergen, evtl. zugleich den Begründungshorizont aufspannen für einen Ordnungsrahmen, in dem sich das Naturgeschehen abspielt.

C: Systeme – Das Funktionieren nichtlinearer Systeme, Selbstorganisation und Komplexität

1. Nichtlineare Systeme sind offen

In B 6 sahen wir, dass nichtlineare Systeme sich ungleichförmig entwickeln. Durch Rückkopplungsschleifen, Empfindlichkeit für Ausgangsbedingungen und andere Effekte erzeugen sie Phänomene, die vorher nicht vorhanden oder zumindest nicht sichtbar waren. Lineare Systeme reagieren demgegenüber vorhersehbar und sind prinzipiell umkehrbar. Auf der schiefen Ebene wird eine Kugel immer zur tieferen Seite hin rollen. Zwischen Ursache und Wirkung besteht ein proportionaler Zusammenhang (Davies S. 40 f). Gravitation, Wärmefluss, Gasdiffusion, elektromagnetische Wellen, viele Erscheinungen der klassischen Physik und Chemie gehorchen dieser Logik. Nichtlineare Vorgänge lassen sich dagegen weder vorhersehen noch umkehren, da ihre Ausgangsbedingungen praktisch nie wiederkehren. Wenn man z.B. einen akustischen Verstärker übersteuert, verzerrt er die Töne und es entsteht ein chaotisches Gemisch aus Intermodulationen, Kreuzmodulationen etc. – es pfeift, kratzt und nimmt kein Ende, bis jemand den Lautstärkeknopf herunterdreht. Die Signale stehen in einem Rückkopplungsprozess, der jeden Systemzustand zur Ausgangsbedingung des folgenden Zustands macht. Die Rückkopplung wirkt wie ein primitives Gedächtnis, welches künftiges Verhalten beeinflusst (siehe B 6). Der Augenblick, in dem sich entscheidet, ob ein Verlauf entgleist, enthält ein Moment von „deterministischem Chaos", wo keine Vorhersage möglich ist (siehe B 7). Ist die Entscheidung erfolgt, kann der weitere Verlauf nicht mehr eingefangen werden, es sei denn man bricht den ganzen Vorgang ab. Nichtlinearität kommt häufiger vor als man denkt. Bis heute ist es nicht gelungen, die Planetenbahnen exakt zu berechnen, weil neben der Sonne auch die übrigen Himmelskörper gravitativ einwirken und selbst unser Zentralgestirn sich durch die Wirkung von Nachbarsternen auf einer unregelmäßigen Bahn durch die Milchstraße bewegt. Jeder Umlauf eines Planeten um sein Zentralgestirn ist daher einmalig, ebenso wie der Umlauf der Monde um ihre Planeten.

Im geologischen Zeiträumen zeigt sich das sehr deutlich: Auf der Erde sind die Tage immer länger geworden und der Mond entfernt sich jedes Jahr um ein paar Zentimeter von der Erde. Die Wahrscheinlichkeit nichtlinearen Verhaltens steigt, je komplexer ein System ist. Viele Physiker meinen heute sogar, lineares Verhalten sei die Ausnahme von der Regel der Natur, die sich normalerweise chaotisch entwickelt (Davies S. 79). Daher ist unser Weltgeschehen als offenes System anzusehen, dessen Entwicklung wir nicht absehen (ders., S. 83).

2. Ungewissheit ist Teil unserer Welt

Unvorhersehbares kennen wir aus vielen Alltagsvorgängen. Die scheinbare Willkür stört uns, aber wir haben uns damit arrangiert. Gern wüssten wir, was das kommende Jahr an Ereignissen bringt. Für Investoren wäre ein Vorauswissen über Konjunkturentwicklung, Zinsen und Börsenkurse essentiell. Manche Ehe würde nicht geschlossen, wüssten die Partner, wie es in wenigen Jahren mit ihnen steht. Könnten die kanonischen Methoden des Wissenserwerbs Anwendung finden, wäre das Leben einfacher. Die essentielle Ungewissheit begründet das Geschäftsmodell der Astrologen, „Börsengurus“ und Kolumnisten, die nichts anderes tun, als eine Lücke im Weltbild mit unscharfen Begriffen auszufüllen, ohne sich festzulegen. Im Geltungsbereich der klassischen Physik erschien die Welt noch einfach. Mittels mathematischer Modelle konnte analysiert und berechnet werden. Das ergab relativ sichere Prognosen: Ein Flugzeug mit bestimmter Reisegeschwindigkeit kommt bei bestimmtem Gegenwind zu bestimmbarer Zeit am Zielflughafen an. Mit Gewissheiten dieser Klasse verband sich meist ein ontologischer Materialismus, für den nur durch Energie angeregte Stoffe relevant waren. Diesem vereinheitlichten Weltbild entsprach ein reduzierter Methodenkanon, dem es in erster Linie auf Kausalbeziehungen und Funktionsanalysen ankam. Erkenntnisgewinn und technisch wirtschaftliche Anwendbarkeit gaben dieser Vorgehensweise Recht. Allerdings versagt die Methodik, sobald es um komplizierte Vorgänge geht. Wer das Wetter vorhersagen will, kann zwar mit einer überschaubaren Anzahl von Formeln und Parametern auskommen wie Gasgesetze, Thermodynamik, Temperatur und Luftfeuchtigkeit. Doch sind die Beziehungen so kompliziert, das Gesamtsystem so riesig, dass eine Prognose, soll sie über vier Tage hinausreichen, schnell ungenau wird. Was zwei Wochen überschreitet, kommt über die Exaktheit von Bauernregeln nicht mehr hinaus. Die Entwicklung einer Depression im psychiatrischen Fachbereich entzieht sich der Analyse neurowissenschaftlicher oder tiefenpsychologischer Art, weil die Krankheit sich meist über Jahre hin entwickelt hat, viele Facetten kennt und von zahlreichen Determinanten abhängig ist (Mitchell S. 17). Das mindert den durchschnittlichen Behandlungserfolg erheblich. Bei der Erklärung von Lebensprozessen versagen reduktionistische Ansätze ganz. Die Umsetzung der Erbinformation in Proteine, deren Faltung und genaue Funktion in verschiedenen Kontexten, das ist bisher alles kaum verstanden, und es ist fraglich, ob das angesichts der ungeheuren Datenmenge jemals vollständig gelingt.

3. Einfache Formen von Selbstorganisation

Aristoteles wird der Satz zugeschrieben: „Das Ganze ist mehr als die Summe seiner Teile“. Dieser in seiner „Metaphysik“ geäußerte Satz bedeutet, dass Erkenntnis nicht nur aufwärts, von erklärbaren Einzelbeobachtungen hin zu zusammengesetzten Modellen, zu gewinnen ist. Es gibt auch den umgekehrten Weg: Vom „Ganzen“ her absteigend zu den Einzelheiten. Für die absteigende Bewegung sind reduktionistische Methoden nur teilweise tauglich. Um in beiden Richtungen erfolgreich zu sein, braucht es zusätzliche Verfahren und Theorien. Kybernetik und Systemtheorie nutzen solche Methoden schon seit Ende der 1940er Jahre, um technische und soziale Systeme zu beschreiben. Werden sie auf die Naturwissenschaften angewandt, kommt es zum Paradigmenwechsel. Der russisch-belgische Nobelpreisträger Ilya Prigogine hat ihn mit seinen Forschungen über dissipative Strukturen und Erscheinungen von Selbstorganisation eingeleitet. Er beschrieb Vorgänge in nichtlinearen chemischen und biologischen Systemen. Bei der näheren Betrachtung von Fließgleichgewichten und Organismen stellte er fest: Nach den Regeln der klassischen Physik sollten sich überall die Verhältnisse von einfachen, relativ geordneten Zuständen hin zu mehr Entropie entwickeln. Von der Ordnung hin zum Chaos. Doch bei seinen Forschungen sah er das Gegenteil. Spontan bildeten sich bei chaotischen Grundzuständen Ordnungsmuster heraus, die fern vom thermodynamischen Gleichgewicht neue, „Nichtgleichgewichtsstabilitäten“ hervorbrachten und erhielten: Warum bildeten sich z.B. in einem Wassertopf, der auf dem Herd steht, beim Sieden seltsame wabenförmige Muster aus? Heizte die Platte darunter nicht gleichmäßig? Prigogine fand den Grund. Er hatte es mit einem Beispiel für Benard-Zellen zu tun. Benard-Zellen sind physikalische Systeme, in denen sich der Wärmetransport selbst organisiert. Die auf und absteigende Bewegung von wärmeren und kälteren Zonen organisiert sich nach einiger Zeit von selbst (Briggs/Peat S. 202 f). Das führt zu stabilen Konvektionszonen, in denen ein relativ geordnetes Fließen stattfindet. Ergebnis sind stabile Benard-Zellen, die sich so lange halten, wie der Wärmetransport anhält. Das geschieht nicht nur beim Eierkochen. Auch in Ozeanen, in der Atmosphäre und im Erdmantel finden gewaltige Fließbewegungen statt, die sogar Kontinente verschieben und die Erdplatten zum Be-

ben bringen. Selbst Vulkanausbrüche lassen sich so erklären. Die Benard-Zellen stellen die einfachste Form von Selbstorganisation dar. Die Übertragung von Wärme geschieht nicht chaotisch, sondern durch geordneten Stofftransport und führt zu einem Zustand von Nichtgleichgewichtsstabilität. Komplexe Vorgänge finden so eine einfache Erklärung. Widerspricht das nicht dem zweiten Hauptsatz der Thermodynamik? Das Naturgesetz wird nicht außer Kraft gesetzt, seine Wirkung wird nur verschoben. Die Entropieeinschränkung im selbstorganisierenden System wird durch ein Mehr an Entropie in seiner Umgebung kompensiert. Vulkanausbrüche organisieren und ordnen zwar den Wärmetransport vom Erdkern zur Oberfläche, führen aber zu erheblichen Schäden und Chaos in ihrer Umgebung. Bildet der Energieumsatz fern des thermodynamischen Gleichgewichts stabile Systeme aus, spricht Ilya Prigogine von dissipativen Strukturen. Die meisten Erscheinungen unserer Alltagswelt weisen solche Strukturen auf: Alles Leben existiert fern vom thermodynamischen Gleichgewicht, auch das Wetter, Turbulenzen, die Gestalt der Erdoberfläche können mit deterministischen Prozessmodellen nicht beschrieben werden. Stattdessen herrschen Chaosprinzipien, die z.B. durch interaktive Rückkopplung, Selbstreferenz und Pfadabhängigkeit funktionieren. Aus mikroskopischem Chaos entsteht makroskopische Ordnung. All diese Erscheinungen sind indeterminiert.

Die Forschung der letzten Jahrzehnte hat gezeigt, dass Selbstorganisation in der Natur nicht die Ausnahme darstellt, sondern den Normalfall (Dedie´, S. 27). Ein besonders eindrückliches Beispiel bietet das Taxon der Kieselalgen, welche hochkomplexe Strukturen allein durch Selbstorganisation entwickelt haben, ohne dass dafür irgend ein Bauplan existiert. Die Natur entscheidet offensichtlich vieles spontan. Dass man darauf nicht früher gekommen ist, lag einfach daran, dass zum einen die Verhältnisse auf der Quantenebene völlig unbekannt waren und zum zweiten, dass man „chaotische“ und nichtlineare Prozesse wissenschaftlich nicht für beachtenswert hielt. Im Licht rezenter Naturbetrachtung erscheint uns die Welt mehr und mehr als durchgängige Hierarchie von selbstorganisierten Systemen (Greve/Schnabel). Das beginnt schon auf der untersten Ebene der Naturverfassung, bei den Elementarteilchen, deren Eigenschaften nicht erklären können, wie die darüber liegende Ebene der Atome und Moleküle funktioniert. Schon kleine Atome zeigen emergente Eigenschaften, die nicht von den Quarks, Gluonen und der Elektronenhülle abgeleitet werden können, aus denen sie bestehen. So geht das weiter auf allen Ebenen und zieht sich durch alle Größenordnungen: Die physikalischen Eigenschaften einer Flüssigkeit erklären sich nicht aus den beteiligten Molekülen, die Funktionsweise und Eigenart lebendiger Systeme nicht aus ihren biochemischen Strukturen und Prozessen, Bewusstsein nicht aus den bioelektrischen Vorgängen im Gehirn. Dabei gelten auf jeder Organisationsebene und in jeder Größenordnung besondere Regeln, die für andere Bereiche keine oder nur geringe Bedeutung beanspruchen können. Die Hoffnung früherer Epochen, die Welt einmal durch wenige Grundgesetze, ja vielleicht durch eine einzige Weltformel erklären zu können, die universell gilt, hat sich (zumindest bisher) nicht erfüllt. Dieser Befund steht nicht im Widerspruch zum klassischen, reduktionistischen Sektor der Wissenschaft, dessen analytische Verfahren nach wie vor zu exakten Ergebnissen führen. Es hat sich nur einfach gezeigt, dass der mathematisch-analytische Bereich mit seinen reduktionistischen Theorien eine Insel im Ozean der komplexen Realität darstellt. Auf dieser Insel ist unsere moderne Zivilisation erbaut. Wir sollten uns bewusst werden, dass wir von einem Ozean der Wahrheit umgeben sind. Der Beobachtungsradius unserer Aussichtstürme ist begrenzt. Sobald wir unsere Insel verlassen, stehen wir auf schwankenden Schiffsplanken und freuen uns auf die Rückkehr.

4. Einfache Formen symbolischer Sicherung

Nichtlineare Verläufe bestimmen also die meisten Naturvorgänge. Ob es stürmt oder der Sommer heiß wird, ob ein Erdbeben kommt, können wir kaum vorhersehen und in keinem Fall beeinflussen. So lange wir keine Landwirtschaft betreiben und auf einer geologisch ruhigen Scholle wohnen, kann uns das gleichgültig sein. Die Unsicherheit holt uns jedoch sofort ein, wenn es um die eigene Gesundheit geht, eine Kündigung droht oder die nächste Finanzkrise, wo Jobs und Erspartes durcheinander gewirbelt werden. Wir merken dann: Unsere Existenz ist ein empfindliches System, welches stabile Umweltverhältnisse braucht. Kultur und Technik dienen in erster Linie dazu, die vorgegebenen Ungewissheiten zu begrenzen und wenigstens im Nahbereich Vorsorge zu treffen: Ernährung, Wohnung, Kleidung, soziale Verbände und tradiertes Wissen sollen uns schützen und Sicherheit schaffen. Unwägbarkeiten bringen Gefahren mit sich und erzeugen Ängste. Jeden Tag handeln wir diesen Ängsten entgegen, indem wir zur Arbeit gehen, uns fortbilden, einkaufen gehen, den Müll raus bringen. Obgleich wir nur zu gut wissen, dass uns all das am Ende nicht rettet. Irgendwann erleiden wir einen Unfall, tritt unvorhergesehen eine Krankheit auf, selbstverständlich unvorhergesehen, irgendwann geht alles zu Ende. Dagegen lässt sich keine Vorsorge treffen. Das Leben ist überhaupt nur innerhalb eines Korridors historisch gegebener Wahlfreiheit planbar. Spätestens wenn wir alt genug sind, um die tägliche Zeitungslektüre mit den Todesanzeigen zu beginnen, wissen wir Bescheid: Die Entropie holt alles ein, so oft wir den Hausarzt besuchen und im Reformhaus einkaufen gehen. Der antike Mensch war sich seiner existentiellen Abhängigkeit ebenso bewusst. Er versuchte damit umzugehen, indem er Gottheiten ins Spiel brachte. Das gesamte Potenzial drohender Existenzgefahren wurde in diese Vorstellungsgehalte projiziert. Götter setzen Lebensbedingungen fest und handeln folgenreich. Das unterscheidet sie von Menschen. Wenn es um Künftiges geht, füllen sie symbolisch die Lücke zwischen Möglichkeit und Wirklichkeit. Im handlungs- und entscheidungsträchtigen Charakter der Gottheiten spiegelten sich die Ungewissheiten des Daseins, die menschlichen Befürchtungen und Wünsche. Ob die Ernte gut ausfiel, hing von Demeters Launen ab, Hera behütete den heimischen Herd, Ehe und Mutterschaft, wenn man sie fleißig verehrte. Solche Zuschreibungen wandelten Phantasiegestalten zu Schicksalsmächten, die man sich durch Opfer und Gebet geneigt machen konnte – eine intelligente Strategie. Personale Mächte waren manipulierbar. Mit Personen kann man verhandeln, mit Flutwellen und Heuschreckenplagen eher nicht. Die Personalisierung ermöglichte apotropäisches Handeln: Mit Hilfe der fünf Opferarten der Thora, durch Bittgebete, Gesetzestreue und beschwörende Rituale hoffte man im alten Israel, die Mächte der Unwägbarkeit in den Bereich kalkulierbarer Handlungsstrategien zu bannen, um sie sich zu Verbündeten zu machen. Lebensbedrohliche Einflüsse erschienen weniger brisant, wenn man sie durch Symbolhandlungen abwehren und auf Feinde (Ps. 69,6 ff) oder Opfertiere (v. Rad, S. 284) lenken konnte. Kultischer Lobpreis und Dankopfer (ders., S. 367 ff) spielten dabei eine begleitende und verstärkende Rolle. Sie gaben vorausschauender Sorge Ausdruck. Daneben stifteten Opfer und Gebet eine personale Beziehung zur Gottheit, der man auf diesem Weg auch persönliche Anliegen vortragen konnte. Im alten Testament sind die Erzväter idealtypische Gestalten für solche Verhaltensmuster. Auf ihren abenteuerlichen Wanderungen sind sie auf Gott Jahwes helfende Begleitung angewiesen, um sich zu behaupten. Nach bedeutsamen Ereignissen und an wichtigen Stationen stiften sie Opferstätten, denen spätere Generationen noch ihre Referenz erweisen konnten. Andere Erzählungen drücken Freude über erfolgte Rettung aus. Nach bestandenen Gefahren brachen die Menschen in euphorisches Gotteslob aus. Bekanntestes

Beispiel ist das Mirjamlied in der Exodusgeschichte, das die gleichnamige Prophetin nach dem Entkommen des Volkes Israel am Schilfmeer anstimmt (Ex. 15,1ff). In Gefahren wurden Bittgottesdienste gehalten (Num. 21,2), in Entscheidungssituationen Priester oder Propheten (Jer. 21,1-7) befragt. Die großen theologischen Konzeptionen des Pentateuch (s. Teil 2, 2) lassen Gott konsistent und rational handeln. Er stellt Gebote auf und fordert Gehorsam (Ex. 20, 1 ff). Das Volk versucht die Gebote einzuhalten, die Verantwortlichen, angefangen beim König, über Stammesführer, Clanchefs bis zum Sippenältesten, hatten dafür zu sorgen. Das schenkt dem ganzen Kollektiv ein begrenztes Maß an Sicherheit. Den Ungewissheiten und Zukunftsängsten – verursacht durch Nichtlinearität und Entropietendenz aller fundamentalen Vorgänge – suchten die alten Kulturen mit regelhaften Kulthandlungen symbolisch zu begegnen. Dazu gehörte in Israel die Einführung von Jahresfesten durch historisierendes Erinnern an göttliche Heilstaten, die in der kollektiven Erzähltradition dokumentiert waren. Die Jahresfeste sollten regelmäßig an Gottes Treue zu seinem Volk erinnern und das Vertrauen in ihn stärken (Lev. 23 ff). Besonders intensiv wirkte die Erinnerungskultur im Wochenrhythmus mit der Sabbatfeier am Ende. Engmaschig wurde an Gottes Freude über die Vollendung seiner Schöpfung erinnert (Ex. 20, 11), die insgesamt gut gelungen schien. In einer landwirtschaftlich geprägten Produktionsweise erschien das Vertrauen auf Gottes Beistand für Regen, Sonne und Fruchtbarkeit fundamental. Alles zusammen sollte Stabilität und Selbstvergewisserung schaffen und Vertrauen in die Zukunft stiften. Die religiöse Praxis setzte schon durch ihre wöchentliche und jahreszeitliche Zyklik einen linearen Kontrapunkt gegen das Unwägbare. Heutigen Menschen reichen solche Konzepte nicht mehr. Zu weit ist der biblische Gott von der Alltagserfahrung entfernt. Zu unübersehbar ist der Welthorizont geworden, kosmologisch und im Alltagserleben. Schon zu alttestamentlicher Zeit zerbrach der statuierte Zusammenhang zwischen rituell korrektem Verhalten und lebensweltlichem Wohlergehen (Hiob). Das Bedürfnis nach ritueller und seelsorgerlicher Begleitung durchs Leben hat sich trotzdem bis auf den heutigen Tag erhalten und wird, wo Angebote bestehen, an biographischen Wendepunkten immer noch gern in Anspruch genommen. Die naheliegende Frage, wo der liturgisch angerufene Gott im unendlich gewordenen Himmel inzwischen Wohnung genommen hat, spielt dabei kaum eine Rolle.

5. Der Angriff auf die Kausalität und deren Ersetzung durch Wahrscheinlichkeit

Wenn nun der alte Gottesglaube zerbrochen ist und die auf ihn folgende materialistisch – mechanistische Physik ebenso: Gibt es dann überhaupt noch Verlässlichkeit im natürlichen Geschehen? Oder werden alle Versuche, Regelhaftigkeit neu zu begründen, immer wieder als Illusion entlarvt? Der schottische Physiker und Philosoph David Hume (1711-1776) hat genau dies schon vor mehr als 200 Jahren vermutet. Er griff die klassische Physik an der Basis an. Deren Weltbild beruht auf dem absoluten Bezugssystem von Raum und Zeit und der darauf fußenden Kausalität. Hume stellte die Kausalität in Frage. Kausalität bedeutet: Für jede Erscheinung muss es einen Grund geben, der in der Vergangenheit liegt. Dieser Grund, behauptet Hume, existiere aber nicht. Zumindest nicht so, dass man eine zwangsläufige Beziehung zur beobachteten Erscheinung beweisen kann. Unsere Vorstellung von Kausalität werde vielmehr von Gewohnheiten bestimmt. Viele Zustände, die aufeinander folgen, verknüpfen wir in der Weise, dass wir eine Abhängigkeit eines zweiten Zustands vom ersten behaupten. Doch kann man diese Abhängigkeit tatsächlich beobachten? Der Grund, warum ein Stein nach unten fällt, ist selbst unsichtbar. Gewiss wird der Stein das immer tun, doch ist dieses stete Nacheinander ganz gewiss auch ein „wegen einander"? Hume behauptet: Es gibt kein Beispiel, wo man ein „propter hoc" anschaulich machen kann. Wir beobachten immer nur ein „post hoc". Wenn wir von Kausalität reden, geben wir in Wirklichkeit unserer Gewohnheit Ausdruck, dass es eben immer so gewesen ist. Für den alltäglichen Gebrauch ist das korrekt, erkenntnistheoretisch jedoch ist es falsch. Damit entzieht Hume einer materialistischen Naturmetaphysik, welche die Natur von ehernen Gewissheiten regiert sieht, die Grundlage. An die Stelle der Kausalität rückt er den Begriff Wahrscheinlichkeit.

Hier schließt sich ein Kreis zur modernen Quantenphysik: Zahllose Experimente haben bewiesen, dass Regelmäßigkeit im Kleinsten auf stochastischen Prozessen beruht. Wir können nur die Wahrscheinlichkeit angeben, mit der z.B. das Atom X eines instabilen Isotops zerfällt, nicht jedoch den Zeitpunkt, an dem es dies tatsächlich tut. Die Halbwertszeit, mit welcher wir die Wahrscheinlichkeit eines radioaktiven Zerfalls angeben, ist trotzdem eine zuverlässige Zahl. Sie hat aber nur in unserer Welt eine Bedeutung. Wir können sie brauchen, um etwa die Gefährlichkeit eines Isotops festzustellen. Sie gibt keine Auskunft über die genauen Verhältnisse im atomaren Bereich. Wir existieren daher nur scheinbar im stabilen Gehäuse eines fest eingerichteten Kosmos. Nur so lange wir nicht allzu genau hinschauen. Tatsächlich jedoch beruht unsere Welt auf offenen Systemen, die sich in allen Größenklassen finden lassen: Im Mikrokosmos ebenso wie im Universum. Warum lassen wir uns so gerne täuschen? Im Mesokosmos unserer menschlichen Dimensionen, in den Größenklassen unserer Mitwelt, erscheint uns die Natur regelhaft, und das ist sehr wichtig. Denn nur so können wir sie mit pragmatisch begründeten Näherungen berechnen und unseren Zwecken dienstbar machen. Die Kausalität ist hier eine entscheidende Hilfe, in vielen Belangen jedoch ist sie nicht mehr als eine nützliche Fiktion. Sie hilft uns dabei, „Naturgesetze" aufzustellen, aus denen die mathematischen Berechnungsformeln abgeleitet werden können. Der eigentliche Grund für dieses Manöver ist aber das Bestreben unseres historisch ererbten Gehirns, die Komplexität seiner Umwelt auf eine Anzahl beherrschbarer Symbole und Modelle zurückzuführen, um sie besser bewältigen zu können. Ihr Motiv ähnelt den Beweggründen der alttestamentlichen Religion, welche die Ungewissheiten des Daseins auf eine überschaubare Zahl von Kontingenzformeln bringen wollte (Luhmann, Funktion S. 77 ff), um das Leben zu bestehen.

6. Systemtheorie als Ersatz für naturgesetzliche Ordnungen?

Fallen Kausalität und gesetzlich verfasste Natur als Garanten für Stabilität aus, worauf kann sich unser Interesse an zuverlässigen Strukturen sonst noch stützen? Vielleicht auf die dissipativen Strukturen im Sinne Prigogines? Auf Systeme in stabilen Ungleichgewichten wie Lebewesen? Komplexe Systeme solcher Art weisen eine Reihe gemeinsamer Eigenschaften auf, die im Zusammenwirken ihre charakteristischen Funktionsweisen erklären. Systemtheorien haben dafür eine Auswahl an verschiedenen Beschreibungsgerüsten entwickelt.

Was versteht man unter einem System? Ohne Anspruch auf Vollständigkeit seien folgende Prinzipien genannt:

- Es besteht immer aus mehreren Teilen oder Subsystemen, die miteinander in Wechselwirkung stehen (Vester, S. 27).
- Rückkopplungsmechanismen wirken als eine Art primitives Gedächtnis. Dieses beeinflusst das künftige Verhalten des Systems.
- Systeme reagieren empfindlich auf Anfangsbedingungen. Dadurch entwickeln sie sich nichtlinear und unvorhersehbar.
- Sie zeigen die Tendenz zur Selbstregulation, indem sie eine innere Balance anstreben und aufrechterhalten. Dem entspricht die Fähigkeit zur Selbstorganisation, die zu robusten Strukturen führt (Vester, S. 29

f). Geht zu viel davon verloren, „stirbt“ das System.

- Lebende Systeme existieren fern vom thermodynamischen Gleichgewicht. Dies ist nur möglich, wenn das System offen bleibt für den Austausch von Energie und Materie mit seiner Umwelt (Vester S. 29). Durch den Stoffwechsel stehen lebendige Systeme in einem dynamischen Fließgleichgewicht mit ihrer Umgebung (Briggs/Peat, S. 207).
- Systemverhalten ist nicht allein vom aktuellen Zustand abhängig, sondern zugleich von der Vorgeschichte. Im Verlauf bildet sich oft eine Pfadabhängigkeit heraus. Während an Gabelungen deterministisches Chaos herrscht, erscheinen die Verläufe dazwischen aufgrund von Feedback-Prozessen meist stabil.
- Systeme bilden oft emergente Eigenschaften aus, die in den Einzelteilen oder den darunter liegenden Ebenen von Teilsystemen noch nicht erscheinen. Sie wirken insofern auch abwärtskausal. Die prominentesten Beispiele von emergenten Systemeigenschaften sind: Das Leben (Briggs/Peat, S. 231 ff) und das Bewusstsein (dto., S. 251 ff).

Die genannten Funktionen charakterisieren vor allem komplexe Systeme, die sich prinzipiell ohne Einwirkung von außen selbständig organisieren können. Aufgrund von Selbstreferenz können sie abseits vom thermodynamischen Gleichgewicht autonome Strukturen bilden, die über „Autopoiesis“ starke Identitäten schaffen. Die funktionalistische Betrachtungsweise von Systemtheorien hat hohen Erkenntniswert. In welchem Maß sie dazu taugen, Momente der verlorenen symbolischen Sicherungen zu ersetzen, muss sich erst herausstellen. Wissen kann helfen – kann es auch trösten?

7. Das Leben als Beispiel systembedingter starker Emergenz

Von allen Systemen, die wir kennen, weist Leben den höchsten Grad an Komplexität auf. Reichen die genannten Systemansätze aus, um seine Entstehung und Entwicklung zu verstehen? Eine heikle Erwägung, denn gelänge dies vollständig, könnte man zum alten, mechanistischen Weltbild zurückkehren. Es ließe sich um einige trübe Freiheitsgrade erweitern, die aus den Zufällen und Unbestimmbarkeiten der Quantenmechanik stammen. Hinzu käme ein pragmatischer Verzicht auf das „Ausrechnen wollen“ nichtlinearer Prozesse. Wir befänden uns dann in einer Epoche schwacher Emergenzen, die sich irgendwann historisch erledigten, weil neu entdeckte Variablen und extrem erhöhte Rechenleistung ein vollständiges Organigramm ergäben, aus dem sich insgesamt wieder ein konsistentes naturalistisches Bild erschlösse. Schließlich würden sich nur noch Literatur und Esoterik für die unbedeutend gewordenen Erklärungslücken interessieren.

Selbstorganisierende Systeme wie das Leben zeigen jedoch Momente starker Emergenz, die nicht den Eindruck erwecken, als könnten einige neu zu entdeckende Sachverhalte einmal die Situation umkehren. Wie soll man einen lebendigen Organismus erklären? Als Apparat, der nach eindeutigen Regeln funktioniert? Das wird kaum gelingen. Man wird weder alle Funktionen aufklären, noch sein Verhalten zuverlässig vorhersagen können: Warum wird der eine krank, der andere nicht? Warum wird einer 90, sein Bruder stirbt mit 60? Beide haben weder geraucht, noch getrunken, wohnten im selben Dorf. Um solches zu erklären, müsste man weit ausholen. Mechanistische Modelle greifen zu kurz. Sie versagen auch vor dem Phänomen, dass Organismen Schäden relativ leicht kompensieren können, was für eine Maschine nicht zutrifft. Entnimmt man dem Motor ein wichtiges Teil, bleibt er sofort stehen. Organismen können das Fehlen ganzer Glieder ausgleichen, ja sogar selbsttätig ergänzen. Einem Seestern, der einen Arm verliert, wächst er nach. Schon die Rückkoppelungen und Wechselwirkungen einer einzigen Zelle sind so kompliziert und miteinander verschränkt, dass sich ihr Gesamtsystem der Beschreibbarkeit entzieht. Noch viel komplexer ist ein vielzelliger Organismus. Er muss zusätzlich Körpertemperatur regeln, Hormone und Neurotransmitter verteilen, Nahrungsumsatz und Bewegungsmuster organisieren. Mit wachsender Komplexität werden die Prozesse dynamischer und autonomer: Ab einer kritischen Schwelle können sich spontan neue Eigenschaften zeigen: umweltbezogenes Verhalten, strategisches Handeln, bewusstes Wahrnehmen der Welt. Doch warum wird der Schoßhund plötzlich aggressiv? Warum lässt die Zimmerpflanze von einem Tag auf den nächsten ihre Blätter hängen? Das wird man nicht immer herausfinden. Unerwartete Reaktionen stellen die Kehrseite hochkomplexer Systeme dar und lassen sich analytisch schwer dingfest machen.

Daher lassen sich die Erscheinungen des Lebens am besten abwärtskausal deuten. Als Systemeigenschaften lebendiger Individuen, im Sinne des Aristoteles, wonach das Ganze mehr ist als die Summe seiner Teile: Das Prinzip der Stammzelle besagt mehr als die Gesetze ihrer enzymatischen Funktionen im Einzelnen. Wer nur ihre Biochemie verstanden hat, kennt noch lange nicht das übergeordnete System und dessen Besonderheiten. Er wird es nicht reduktionistisch aus seinen Subsystemen erklären können. Das Übergeordnete ist eine eigene Entität.

Starke Emergenzen treten bevorzugt auf, wenn es in der Nähe von Phasenübergängen (z.B. in Flüssigkeiten durch Energiezufuhr) zu spontanen Symmetriebrechungen kommt. Was ist ein Symmetriebruch? Physikalische Systeme zeigen bevorzugt Symmetrien, wenn sie eine Zeitlang stabil bleiben. Dann ruht alles in sich. Masse, Energie, elektrische Ladung bleiben erhalten. Das ändert sich, wenn eine Selbstorganisation eintritt, verbunden mit einem Phasenübergang. Ein Eisenstab ist oberhalb einer kritischen Temperatur von 768 Grad ein ganz normales Stück Metall. Sinkt die Temperatur, wird er plötzlich magnetisch. Es taucht eine neue, emergente Eigenschaft auf: Der Magnetismus. Die normale Metalleigenschaft wird „gebrochen". Voraussetzung war der Phasenübergang durch Unterschreiten der kritischen Temperaturschwelle von 768 Grad. Auch das Leben dürfte an solchen Phasenübergängen entstanden sein. Im chaotischen Zwischenbereich, wo feste, flüssige und gasförmige Zustände aneinander stoßen, bilden sich autokatalytische chemische Zustände heraus, in denen sich Rückkoppelungsschleifen verfestigen können. Man nennt sie Hyperzyklen. Die ersten Moleküle, welche die Fähigkeit zu identischer Reproduktion ausbildeten, gingen vermutlich auf solche Hyperzyklusstrukturen zurück. Natürliche Bedingungen für derartige Prozesse finden sich heute noch in den Ozeanen, wo durch die Kontinentaldrift der Ozeanboden instabil ist und an Austrittsstellen heißer Gase und Flüssigkeiten hydrothermale Quellen entstanden sind, sogenannte „schwarze Raucher". Ergebnis dieser Selbstorganisation waren erste RNS Moleküle, die „Geburt von Selbstähnlichkeit aus dem Chaos" (Briggs/Peat, S. 230). Gab es dafür einen impliziten Plan? Oder beruht doch alles auf Zufällen? Physiker wie Robert Laughlin sehen darin einen starken Hinweis auf das Vorhandensein übergeordneter Ordnungsprinzipien der Natur, die der aufwärts gerichteten Kausalität, unserer herkömmlichen Betrachtungsweise, entgegenstehen (Laughlin, S. 78).

Überordnung zeigt sich umgekehrt aber auch da, wo Gesetzmäßigkeiten niederer Ordnung durch kollektives Zusammenwirken neue Gestalten auf höherer Ebene hervorbringen. Nehmen wir ein Beispiel aus der Verhaltensforschung: Staatenbildende Insekten zeigen kollektiv planvolles, arbeitsteiliges Verhalten. Es sieht nach einem detaillierten Organisationsplan aus, einer Agenda, die den Staat ebenso wie jedes Individuum steuert. Doch im Ameisenhaufen sucht man so etwas vergeblich. Das Gesellschaftskonzept ergibt sich allein aus den Aktivitäten der Einzelwesen, die ihr genetisches Programm abspulen. Die arbeitsteilige Organisation ist eine emergente Eigenschaft des Systems „Ameisenstaat“, das als Verhaltensprogramm in den Individuen abgespeichert ist. Dessen erstaunliche Eigenschaften erklären sich aus Genetik, Stoffwechsel und Kommunikation, sowie aus dem Wirken externer Faktoren. Dass dieser „Staat“ bestimmte, scheinbar genau definierte Regeln befolgt, ist auch direkte Folge seiner strikten Randbedingungen: „Staaten“, die sich von einer idealen Verfassung zu weit entfernen, werden von besser angepassten „Völkern“ verdrängt. Das hier wirksame Ursachenbündel setzt sich ebenfalls aus Einzelfaktoren zusammen, die sich im Nachhinein mehr oder weniger aufschlüsseln lassen: Wetter, Anpassungsfähigkeit, Umwelt. Sie entscheiden mit, wohin ein gegebener Zustand künftig verläuft, repräsentieren letztlich ebenfalls Übergeordnetes. Die Blickrichtung der Forschung hat sich, angeregt durch solche Beispiele „vom Verhalten der Teile auf das Verhalten des Kollektivs verlagert“ (Laughlin, S. 303 ff). Vergleichbares gilt generell für die Geschichte des Lebens auf der Erde. Es wurde und wird von übergeordneten Ursachenkonstellationen bestimmt, in die Klimaänderungen, globale Ereignisse, kollektives Verhalten, genetisch – biochemische Mechanismen und vieles mehr eingehen. Da die Ursachenbündel sich naturgeschichtlich ändern, sind leider auch die übergeordneten Ordnungsmuster schwer greifbar. Ein Kohlesumpf im Zeitalter des Karbon funktionierte nach anderen Prinzipien als ein Eichen – Buchen – Mischwald der Gegenwart. Was wir beobachten können, sind aber Tendenzen: Im Verlauf der Naturgeschichte zeigt sich eine Neigung zu mehr Formenvielfalt, zu wachsender Unabhängigkeit von der jeweiligen Umwelt, zu mehr Vernetzung der einzelnen Komponenten und damit höherer Komplexität und schließlich zu wachsender Intelligenz. Der Mensch erscheint in diesem Kontext als vorläufiges Endglied einer Kette verwickelter Prozesse. Dass er und seine „Mitgeschöpfe“ so geworden sind und nicht anders, dafür ist kein konkreter Schöpfungsplan bekannt. Wie im Ameisenstaat folgte seine Evolution übergeordneten Mustern, die sich im Zeitverlauf änderten. Die Biologie-Philosophin Sandra Mitchell spricht von „evolutionärer Kontingenz“ (Mitchell, S. 67). Die Evolutionsrichtung ist grundsätzlich unvorhersehbar, zeigt demnach Merkmale starker Kontingenz. Trotzdem zeigt sich als übergeordnetes Muster eine Tendenz, die den Menschen als Endglied einer insgesamt sinnvollen Entwicklungskette erscheinen lässt.

8. Evolution oder Schöpfungsglaube? Ein Vergleich

Der Schöpfungsglaube stützt sich nicht auf abstrakte Ordnungsprinzipien, sondern auf die starke Kontingenz eines göttlichen Willens. Die Schöpfung ereignet sich ausschließlich in abwärts gerichteter Kausalität durch das göttliche Wort: „Gott sprach: Es werde Licht! Und es ward Licht" (Gen. 1, 3). Die allgemeinen Ordnungsprinzipien ergeben sich hier nicht aus kollektivem Zusammenwirken untergeordneter Individuen oder Subsysteme, sondern allein „von oben", vom Willen Gottes her. Die Schöpfung von Himmel und Erde ist als historisch kontingentes Geschehen gedacht. Gott hätte alles auch anders machen können, und offensichtlich enthält sein Konzept auch genug Irrtums – und Bewegungsspielraum, um Ereignisse möglich zu machen wie den Sündenfall (Gen. 3), der eine rasch zunehmende Verderbnis des Menschengeschlechts bis hin zur Sintflut (Gen. 4-9) nach sich zieht. Erschrocken schildert die Urgeschichte nach all diesen betrüblichen Geschehnissen Gottes Gemütszustand: „und es bekümmerte ihn in seinem Herzen" (Gen. 6,6). Schließlich gereute es Gott sogar, dass er die Menschen gemacht hatte.

Dieser biblischen Abfolge von Freiheit, Verfehlung und Gottesstrafe entsprechen strukturell die Richtungsänderungen der Evolution. Mehrfach wäre das Leben fast von der Erde verschwunden, wie das Massenaussterben am Ende des Perm zeigt und der Artenschwund gegen Ende der Kreidezeit. Auch die Menschheit stand in ihrer Frühzeit mehrfach kurz vor der Auslöschung, wie die erstaunliche Einheitlichkeit unseres Genpools trotz hoher äußerlicher Gestaltvarianz beweist. Als apersonale Macht definiert, zeigt die Evolution unerwartet personale Merkmale: Versuch und Irrtum, Zweifel und Korrektur. So wie der biblische Schöpfergott sich seiner Sache nicht sicher scheint, zeigt die Evolution zahlreiche Richtungsänderungen, Bifurkationen, die andere Möglichkeiten ausschlossen und ein unerwartetes Erscheinen völlig neuartiger Eigenschaften zulassen. Eine klare Agenda gibt es hier zwar nicht. Doch scheint auch nicht alles nach Willkür und Zufall zu verlaufen. Eher sieht es danach aus, als habe Gott die Würfel manchmal beiseite gelassen und bewusst gesteuert. Zufälle allein ergeben keinen Sinn. Die Formenvielfalt unserer Biosphäre, deren Reichtum und Schönheit, lassen eine völlig sinnfreie Entwicklungslogik unplausibel erscheinen. Ein göttliches „es werde" lässt sich natürlich ebenso wenig belegen. Doch sind wir nachweislich Produkte historischer Entwicklung, nicht ausschließlich Ergebnis naturgesetzlicher Automatismen. Was sich historisch ereignet, kann auch anders sein. Geschichte lässt immer Entscheidungsfreiheit.

Handelt ein Schöpfergott, ist dessen Freiheit offensichtlich. Er wird nach seinem Konzept vorgehen, wie z.B. im Buch Genesis beschrieben (Gen. 1, 3-31). Sollte dies zutreffen, geschieht es freilich ganz im Verborgenen. Offensichtlich ist davon nichts. Wirken evolutionäre Prozesse, existiert kein explizites Konzept. Es wäre eher mit Zufällen zu rechnen, weil das System ohne übergeordneten göttlichen Willen auskäme. Dies bedeutet Spielraum für beide Seiten: Die Welt als natura naturans träte an die Stelle Gottes. Ihre Evolution wird von einer anonymen Hierarchie aus Gesetzen und Ordnungsprinzipien gesteuert, der Mensch handelte nach eigenem Gutdünken.Er hätte sich vor niemandem zu verantworten, die schöpferische Natur funktionierte aus sich selbst heraus (Briggs/Peat S. 225 f). Geht etwas schief, stellt sich aber die Frage: Wer ist schuld? In einem schöpfungstheologischen Konzept wäre die Verantwortung geklärt: Der Mensch genösse seine Freiheit nur innerhalb der Schranken göttlicher Gebote. Er verantwortete sie vor seinem Schöpfer, dieser trüge die Letztverantwortung. Würde der Mensch seine Möglichkeiten missbrauchen, müsste er die Folgen tragen. Daraus folgt im Umkehrschluss: Entfiele die Instanz Gottes, bestünde die Gefahr chaotischer Willkür. Alles höher Organisierte könnte sich in katastrophischen Ereignissen selbst zerstören. Ansätze dazu kennt man zur Genüge. Solche Szenarien sind jedoch nicht zwangsläufig. In einem evolutionären Modell kann an die Stelle Gottes auch eine Ersatzautorität treten: Die schon erwähnte evolutionäre Tendenz. Die bisherige Entwicklung erfolgte ja in die Richtung wachsender Formenvielfalt, Autonomie, Komplexität, Selbstorganisation, Vernetzung und Intelligenz. Das ergäbe durchaus einen alternativen Sinn. Schließlich ist daran zu erinnern, dass alles Leben aus chaotischen Zuständen hervorgegangen ist. Ordnung, Autopoiesis, Entwicklung, sind Phänomene, die spontan aus Chaoszuständen hervorgehen können. Für menschliches Dafürhalten könnte das ein alternatives Sinnkonzept ergeben, welches nach der Logik einer „natura naturans" in Konkurrenz zu einem göttlichen Schöpfungsplan träte. Welches Konzept besser ist, lässt sich nicht entscheiden, darum muss die Frage, ob Evolution besser theistisch oder besser agnostisch gedacht wird, vorläufig offen bleiben (siehe Teil D). Auffällig bleiben jedoch die strukturellen Parallelen.

9. Wissen und Bewerten

Wenn es so auffällige Ähnlichkeiten gibt zwischen schöpfungstheologischen Aussagen und den verschiedenen Evolutionstheorien, wenn beide Bereiche sogar ohne Widerspruch koexistieren können, erhebt sich die Frage: Kann es

Gründe geben, beides in eine engere Beziehung zu setzen? Oder empfiehlt es sich, sie weiterhin streng getrennt zu halten?

Eine Vermischung käme schon aus methodischen Gründen nicht in Frage: Physik und Biologie – mit hermeneutischen Methoden betrieben – wäre abwegig. Zählen und Messen, um theologische Entwürfe zu beurteilen – nicht weniger sinnlos. Welterklärung und Weltverstehen befinden sich aus gutem Grund in verschiedenen Fakultäten. Die einen wollen Sachverhalte durch Aufklärung wirksamer Ursachen verstehen und erklären. Die anderen suchen Sachverhalte durch Aufklärung von Bedeutungen, Absichten und Verständigungen zu erklären, indem sie historische, soziologische, psychologische und literarische Gesichtspunkte abprüfen. Wissen und Bewerten – beides hat seine Berechtigung. Das eine kann das jeweils andere nicht ersetzen.

Das Gegenteil wäre eine gegenseitige Abschottung der Fakultäten. Bliebe beides getrennt, kann man sich nicht gegenseitig stören. Das hätte vor allem für die naturwissenschaftliche Seite Vorzüge. Wenn kein Zweck mehr stört, indem der Erforschung des Evolutionsgeschehens von außen her „Sinn" verliehen werden müsste, bliebe der Wissenschaftsbetrieb frei von weltanschaulichen Vorgaben. Er könnte sich entfalten, ohne dass dem Forscher ein Kontrolleur, ein Schiedsrichter, ein Pfarrer, gar der Staatsanwalt über die Schulter schaut. Wissen könnte seinen eigenen Gesetzen gehorchen, mit gewaltigen Wirkungen: Allein die Aufklärung der Systemlogik des Lebens eröffnete eine Vielzahl von Verwertungsmöglichkeiten: Angefangen bei der Gentechnik, die zur landwirtschaftlichen Ertragssteigerung genutzt werden kann, über Vorhersagen zu drohenden Pandemien, neuartige Krebstherapien, Früherkennung von Krankheiten bis hin zu Biowaffen. Das zeigt, in welchem gesellschaftlichen Kontext Forschung immer schon steht. Universitäten und Akademien finanzieren Forschungsvorhaben, Ministerien stellen Mittel bereit und schaffen einen rechtlichen Rahmen. Die Gesellschaft erwartet dafür Gegenleistungen: Entweder in Form von Lehrtätigkeit und Ausbildung junger Akademiker, durch Beratung von Entscheidungsträgern oder in der Daseinsvorsorge, z.B. durch Betrieb von Kliniken. Privat finanzierte Forschung dient den Kapitalgesellschaften unmittelbar zur Entwicklung neuer Produkte. So hängt der gesamte Wissensbetrieb heute schon weitgehend von seinen Finanzierungsbedingungen ab. Eine Zweckbefreiung bliebe da nicht ohne Konsequenzen. An die Stelle staatlicher und gesellschaftlicher Kontrolle träten andere Akteure, die sich der Zwecke bemächtigten: wirtschaftliche, politische und private Interessenverbände, die aus der technischen Anwendbarkeit von

Ergebnissen Vorteile ziehen. Sie sind heute schon überall präsent, indem ein Großteil der universitären Forschungstätigkeit, insbesondere in den technischen Fachbereichen, durch Drittmittel aus der Industrie finanziert wird. Die Drittmittelforschung dient dazu, neue Produkte zu kreieren, Produktionsprozesse zu verbessern, aktuelle Probleme zu lösen usw. Es existieren also längst entsprechende Abhängigkeiten. Dies ist nicht grundsätzlich verwerflich, kann es doch indirekt dem Gemeinwohl dienen. Doch wer kontrolliert die sekundäre Verzweckung? Das Ideal „wertfreier Wissenschaft" lässt sich unter solchen Prämissen jedenfalls nicht aufrechterhalten. Der Philosoph Herbert Marcuse urteilte bereits Mitte der sechziger Jahre: „Die wissenschaftliche Methode, die zur wirksamen Naturbeherrschung führte, lieferte dann auch die Instrumente zur stets wirksamer werdenden Herrschaft des Menschen über den Menschen mittels der Naturbeherrschung" (Marcuse, S. 172 ff). Jürgen Habermas ergänzt: „Die befreiende Kraft der Technologie – die Instrumentalisierung der Dinge – verkehrt sich in eine Fessel" (Habermas, Technik S. 7). Atomunfälle, globale Umweltzerstörung und die wachsende Bedrohung durch kriegerische Konflikte zeigen, wie leicht eine Eigengesetzlichkeit von Wissen und technischer Kompetenz aus dem Ruder laufen kann. Sie kann das Ganze unserer Kultur und Lebenswelt bedrohen.

Darum sind wir gut beraten, wenn wir Ergebnisse und Konsequenzen unseres Wissenserwerbs einer ethischen Kontrolle unterziehen. Damit bauen wir eine Brücke zwischen Wissen und Bewerten. Da Kontrolle von Orientierungen abhängt, kommt über diese Brücke auch Sinndeutung mit ins Spiel. Nur wer weiß, wie etwas zu verstehen ist und welche Werte auf dem Spiel stehen, kann urteilen, welche Entscheidung ggf. richtig oder verkehrt ist. Ethik und Weltdeutung sind nicht zu trennen. Um recht bewerten zu können, müssen die kulturell überlieferten Maßstäbe mit dem neu erworbenen Wissen konfrontiert werden. Umgekehrt werfen die neuen Möglichkeiten auch Fragen auf, die unser Welt und Menschenbild verändern können. So hat z.B. die Evolutionslehre den Menschen als Krone der Schöpfung relativiert. Wir sehen unsere Rolle heute nicht mehr im Gegenüber zur Schöpfung, sondern im Miteinander der Geschöpfe als Teil eines Ganzen.

Vor 20 Jahren hat der amerikanische Autor John Brockman die Idee einer „Dritten Kultur" erneuert. Er meinte damit „eine Art von Philosophie, die dort weiter denkt, wo empirische Wissenschaft an ihre Grenzen stößt" (Brockman „The third culture"). Wir greifen das auf und erweitern im Folgenden unseren Blickwinkel.

10. Fazit

Das Universum ist ein dynamisches System von unüberschaubarer Komplexität und Verschachtelung. Es insgesamt zu verstehen, überfordert unsere Möglichkeiten um Größenordnungen. So weit wir in den zugänglichen Bereichen Überblick gewinnen können, haben wir es mit zukunftsoffenen Prozessen zu tun. Ihre Entwicklungsrichtung lässt sich nicht vorhersehen. Selbst im Einzelnen sind viele Vorgänge von Ungewissheit begleitet. Dies gilt besonders für komplexe, selbstorganisierende Systeme, die sich fern vom thermodynamischen Gleichgewicht durch Selbstreferenz, interaktive Rückkopplung und Pfadabhängigkeit auszeichnen. Prominentestes Beispiel dafür ist das Leben. Als Menschen ihrer existentiellen Unsicherheit innewurden, haben sie versucht, der Sorge ums Dasein durch symbolische Sicherungsstrukturen zu begegnen: Der Gottesbegriff brachte Ordnung ins kognitive System. Mit dem Zerbrechen von altem Gottesglauben und mechanistischer Physik scheinen wir auf systemtheoretische Ansätze verwiesen. Dabei zeigt sich, dass unsere gewohnte aufwärtskausale Denkrichtung durch abwärtskausale Konzepte zu ergänzen ist: So offenbart sich die Entwicklungstendenz der Evolution hin zu mehr Formenvielfalt, zu wachsender Unabhängigkeit von der jeweiligen Umwelt, zu mehr Vernetzung der einzelnen Komponenten und damit höherer Komplexität und schließlich zu wachsender Intelligenz. In dieser Tendenz erscheinen subjektive Freiheitsgrade eingebettet in objektive Vorgänge. Daraus können theistische und agnostische Sinnkonzepte abgeleitet werden. In beiden Fällen empfiehlt sich, Wissen und Bewerten näher zusammen zu rücken.

D: Versuch einer Deutung des Gesamtprozesses von natürlicher und menschlicher Evolution: Bodenlosigkeit, Wertangebote und verborgene Kontingenz

1. Zwei Paradigmenwechsel

Für den naturwissenschaftlichen Blick trägt der Weltprozess die Bezeichnung Evolution, der Bezugsrahmen ist das Universum. Theologen würden den Weltprozess als Geschichte Gottes mit seiner Welt deuten, der Bezugsrahmen ist die Schöpfung. Haben Universum und Schöpfung etwas miteinander zu tun, müssten sich Spuren Gottes im Weltgeschehen finden lassen. Die Offenbarungsreligionen behaupten das in ihren jeweiligen Mythen, Legenden, Erzählungen, in ihren Offenbarungen und Theologien. „Also hat Gott die Welt geliebt, dass er seinen eingeborenen Sohn gab, damit alle, die an ihn glauben, nicht verloren werden...“, bekennt beispielhaft das Johannesevangelium (Joh.

3,16). Freilich können sie solche Spuren nicht vermessen, wie man den Fußabdruck eines kreidezeitlichen Dinosauriers in Gesteinsschichten vermisst. Das „Wie" der Schöpfung und Details über eine künftige Erlösung bleiben im Dunkeln. Das Woher ihrer religiösen Offenbarungen wird gar nicht erst thematisiert. Unfassbar für den kritisch geschulten Blick moderner Forscher. Zwischen Faktizität und Deutung klafft ein breiter Graben. In den Fachwissenschaften, welche theologische Begriffe aus systematischen Gründen ausschließen müssen, wird man demzufolge keinerlei Hinweise auf Gottes Schöpfermacht finden. Umgekehrt kann die Theologie mit ihrem hermeneutischen Begriffsinstrumentarium kaum Beiträge zum empirischen Faktenwissen leisten (siehe oben). Allerdings erscheint der Graben im Licht aktueller Wissenschaftsdebatten weniger tief als während der letzten anderthalb Jahrhunderte. Wie wir gesehen haben, trugen dazu Entwicklungen in den Naturwissenschaften der letzten 100 Jahre bei: Die Entdeckung von Relativität, Kontingenz und Geschichtlichkeit, neu entwickelte Theorien über Komplexität, Selbstorganisation und Emergenz, die Neubegründung der Physik auf Basis von Quantenmechanik und Relativitätstheorie sowie die aus verschiedenen Ansätzen hervorgegangenen Disziplinen der Chaos und der Systemtheorie haben die Debatte völlig verändert. Schließlich taten die Aporien und Problemlagen hinzu, in welche sich eine von reduktionistischen Paradigmen bestimmte Forschungspraxis hinein manövriert hat (siehe C 9). So hat sich in verschiedenen Disziplinen ein verstärktes Nachdenken über Sinnfragen ergeben, das anschlussfähig scheint an geisteswissenschaftliche Diskurse. Auf der Gegenseite fanden auch in der Theologie einige Paradigmenwechsel statt, die einiges in Bewegung brachten: Die Forschungsergebnisse der exegetischen Fächer, das Programm der Entmythologisierung, interdisziplinäre Kontakte und die Öffnung der Kirchen für Zeitthemen. Es ist offensichtlich, dass derzeit eher konvergente Tendenzen das Verhältnis bestimmen und das drückt sich in konstruktiven Dialogen aus, die seit Jahrzehnten interdisziplinär geführt werden.

2. Der Weg „wohlgeprüfter Wahrheit"

Die einfache, symmetrisch gebaute Welt der Newtonschen Physik ist Vergangenheit. Sie macht einem neuen Bild Platz, das gerade im Entstehen ist und noch viele weiße Stellen aufweist. Wenn es einmal fertig ist, wird man darauf viel mehr erkennen als heute. Ob man es auch wird deuten können? Auch das künftige Weltbild wird aus gutem Grund zunächst keinen Platz für Gott vorsehen (s. Teil 1, C 4). Damit ist nicht verboten, sich über das zweifelsfrei Feststellbare hinaus Gedanken zu machen. Religiös gestimmte Betrachter können die Formel von einer „Geschichte der Natur“ durchaus als ein äußerlich sichtbares Merkmal indirekten göttlichen Wirkens im Weltprozess deuten. Voraussetzung dafür wäre die Entscheidung, Geschichtlichkeit als ein mögliches Signum göttlichen Handelns zuzulassen. Daraus ließen sich neue, umfassende Konzepte erstellen. Das gesammelte Naturwissen der einzelnen Disziplinen könnte darin jeweils als „Grenzfall“ eines allgemeineren Ordnungssystems erscheinen, das zur Zeit erst in Umrissen bekannt ist. Ein solcher „gewaltiger Turm aus Wahrheiten“ (Laughlin S. 304) würde wahrscheinlich eine große Anzahl zusammenhängender Sätze umfassen, die das Wichtigste beschrieben, ohne alles berechnend verfügbar machen zu wollen. Jenseits dieses „babylonischen“ Prachtbaus wäre Platz für weltanschauliche Deutungen.

Das ist keineswegs neu. Schon barocke Weltentwürfe kannten vergleichbare Ideen: In einem Kirchenlied von Cornelius Becker aus dem Jahr 1602 heißt es: „Dein Wort Herr nicht vergehet, es bleibet ewiglich/ so weit der Himmel gehet, der stets beweget sich/ dein Wahrheit bleibt zu aller Zeit/ gleichwie der Grund der Erden, durch deine Hand bereit“ (EG 295,4).

Unsere Menschenwelt – veränderlich wie das Wolkenbild am Himmel – gründet in der ewigen göttlichen Wahrheit. Gott hat Himmel und Erde durch „Wort“ und „Hand“ vor Zeiten bereitet, greift aber nicht mehr ins Geschehen ein. Daher wird auf Erden nicht mehr mit göttlichen Interventionen gerechnet. Die Seele begnügt sich damit, Gottes Gebote zu halten, was ihr einen guten Weg durchs Leben ermöglicht und Hoffnung im Jenseits begründet. Gott bleibt im Himmel, der im Glauben gerechtfertigte Mensch wirkt auf Erden gemäß dem „tertius usus legis“ (nach den göttlichen Richtlinien für die Lebensführung eines Christen, z.B. durch Befolgen der 10 Gebote).

Heutige Betrachter spüren angesichts der schönen Geschlossenheit dieses Weltbildes vielleicht ein Defizit. Dem möchte ein Teil der Wissenschaftsgemeinde durch Aufstellung einer „Weltformel“ abhelfen. Milliarden werden investiert, um über das Standardmodell der Elementarteilchenphysik letzte Fragen zum Aufbau der Materie zu beantworten und etwas über Herkunft und Geschick des Universums zu erfahren. Eine „theory of everything“ könnte die Einheit wiederherstellen, wie sie die klassische Physik auszeichnete, die in der Epoche des Barock entstand. Viele hoffen auf eine solche Lösung. Manche verbinden damit die Erwartung, das Religiöse würde damit endgültig erledigt. Da dürften sie falsch liegen. Wer nämlich sein Weltverständnis darauf beschränkt, alles auf ein paar reduktionistische Terme zu bringen, wird am Ende ebenso wenig erklären wie ein Theist, der aus Erklärungslücken Gott beweisen will. Für die zeitgenössische Theologie wäre das Aufstellen einer Weltformel ohnehin belanglos, weil sie sich von der Vorstellung verabschiedet hat, Gott überhaupt in die beschränkten Kategorien menschlichen Denkens zwingen zu können. Die biblische Erkenntnis, dass Gottes Realität „höher ist als alle Vernunft", eröffnet im Gegenzug ein Feld für neue, durch die Vernunft gelenkte Deutungsversuche. Die Vereinigungsurkunde der Evangelischen Kirche der Pfalz aus dem Jahr 1818 propagiert für das Selbstverständnis evangelischer Christen ein „mutiges Voranschreiten auf dem Weg wohlgeprüfter Wahrheit" (s. die Vereinigungsurkunde der Evang. Kirche der Pfalz). Wohlgeprüft ist eine Wahrheit, wenn sie sowohl bei näherem Betrachten überzeugen kann, als auch kritischen Einwänden standhält. Für religiöses Bewusstsein hängt „mutiges Voranschreiten" allerdings von einer Verheißung ab: Dass Gottes Wahrheit sich am Ende offenbart, weil hinter den genannten gültigen Ordnungsprinzipien der Natur sich ein für Menschen nicht mehr begreifbares Wirken Gottes verbergen kann.

Ideengeschichtlich wären wir mit einer solchen Deutung bei Psalm 51,8: „Siehe, dir gefällt Wahrheit, die im Verborgenen liegt und im Geheimen tust du mir Weisheit kund." Gott wirkt im Verborgenen und wird nur dort erkannt. In der endzeitlichen Vision der Apokalypse kündigt der Seher an: „In den Tagen, wenn der siebte Engel seine Stimme erheben und seine Posaune blasen wird, dann ist vollendet das Geheimnis Gottes." In beiden Fällen ist uns Grund und Ziel göttlichen Handelns in der Gegenwart nicht erkennbar.

Psalm 119, 89f benennt den Grund für die Unerforschlichkeit der „Geheimnisse Gottes." Er bekennt dessen Nicht – Weltlichkeit: „Herr, dein Wort bleibt ewiglich, so weit der Himmel reicht; deine Wahrheit währet für und für. Du hast die Erde fest gegründet". Gott gibt sich zu erkennen in seinem Wort und seiner Weisheit, die „ewiglich" feststehen, die „für und für" Geltung behalten. Dies qualifiziert ihn als wirksame Macht, die aus einem unbetretbaren Bereich jenseits der Zeit heraus handelt. Da er schon durch den Schöpfungsakt die Welt aus dem Nichts erschaffen und alles an seinen Platz gesetzt hat, darf man auf seine Macht vertrauen.

In all seinen Zeugnissen bekennt das alte Testament Gott als schöpferische und lenkende Kraft. Dieses Bekenntnis muss man sich nicht zu eigen machen, aber es hat offensichtlich eine überzeitliche Bedeutung, die von Wissensgehalten und Weltformeln nicht berührt wird (siehe auch D 8). Es stellt aber eine prominente Möglichkeit dar, dem Weltprozess insgesamt Sinn zu verleihen. Er wird aus seiner (heute zumeist materialistisch verstandenen) Selbstbezüglichkeit befreit, seine Deutung wird in die Zuständigkeit einer sinngebenden Instanz verlegt. Wäre die Welt Schöpfung, wäre sie nicht „notwendig" durch das Wirken von Naturgesetzen vorhanden, sondern kontingent, also Ergebnis eines gestaltenden Wollens (Moltmann, S. 52f). Die Alternative wäre eine sinnfreie Welt, die auf Zufällen, anonymen Ordnungsprinzipien oder Willkür beruht. Freilich darf auch ein theologisch „wohlgeprüfter" und gut begründbarer Sinnentwurf nicht mit einem Gottesbeweis verwechselt werden. Er markiert vielmehr eine Spur, welche vielleicht der für uns zurück gelassen hat, der „Himmel und Erde gemacht" hat (Gen. 1-2, Ps. 121,1 u.v.m.).

3. Was lässt sich über Gott sagen? (Das Postulat existentieller Vernunft)

Kann ein weltumspannender Sinnentwurf, der mit Gott rechnet, tatsächlich den Sinn für alles begründen? Das hängt davon ab, was wir unter Sinn verstehen. Die objektiv gegebene Welt enthält offenbar keine Sinn setzenden Aspekte, auch dem Subjekt ist nichts Derartiges vorgegeben. Wir müssen uns selbst darum kümmern. Unsere Bemühungen, im eigenen Leben Sinn zu finden, zielen meist darauf ab, die Grenzen unseres individuellen Daseins zu überschreiten. Da bietet sich an, eine tragende Rolle im Leben der Gemeinschaft zu finden, z.B. mittels einer Karriere. Als Mutter, Clanchef, Vereinsvorsitzende lassen sich befriedigende Aufgaben finden. In Kindern setzt sich das eigene Leben fort. Man kann versuchen, bleibende Werte zu schaffen – im Rahmen der Berufstätigkeit, im Gemeinschaftsleben oder in der Kunst. Oder es lässt sich die eigene Biographie in umfassendere Ziele, Pläne und Zwecke einordnen – etwa in die Emanzipationsbewegungen unserer Tage, die Bewahrung der Schöpfung, den Fortschritt der Menschheit. Solche Engagements verleihen dem Lebensvollzug Richtung und Ziel, setzen einen bedeutungsvollen Rahmen. Je mehr dies gelingt, desto eher kann die Person ihr „In-der-Welt-Sein" als „sinnerfüllt" empfinden, der „Ego-Tunnel" weitet sich (siehe B2). Umgekehrt führt der Verlust von Zielen regelmäßig zu Sinnverlust: Ohne Interessen und Aufgaben fühlt sich das Subjekt überflüssig. Menschen, die im Beruf aufgingen, erleben ihre Verrentung als Absturz in die Bedeutungslosigkeit, Politiker empfinden ihre Abwahl als biographisches Drama, manche Mütter stürzt das Erwachsenwerden der Kinder in eine Sinnkrise.

Solche Stimmungslagen untergraben das positive Lebensgefühl und füllen die psychotherapeutischen Praxen. Den Verlust sinngebender Ziele gilt es demnach unbedingt zu vermeiden, ebenso den Wegfall bedeutungsvoller Rahmungen.

Kann das gelingen? Das Leben endet mit dem Tod. Dieser Einschnitt trennt uns von allem, was bis dahin Sinn gab. Die Bedeutung für andere mag zwar noch eine Weile anhalten, doch sie verlischt, wenn von denen, die sich erinnern, keiner mehr lebt. In den Kindern setzt sich unser Leben zwar fort (ein sicherlich trostreicher Aspekt), doch wir spüren davon nichts mehr, wenn wir nicht mehr existieren. Selbst der Einsatz für große Ideale verliert seinen Wert, wenn unser Beitrag sich einmal anonym im Kollektiv auflöst wie der Wassertropfen im Rhein. Tod trennt uns von allen Zielen, Verdiensten, Erlebnissen, er nimmt uns aus dem dröhnenden Fluss der Zeit heraus, so dass Vergangenheit und Zukunft zerfallen und wir hilflos in die Einsamkeit absoluter Zeitabgeschiedenheit driften. Aus Sicht der gelebten Gegenwart erhebt sich am Ende der Straße eine unübersteigbare Mauer. Hinter deren türloser Unerbittlichkeit mag sich ein Paradiesgarten verbergen, ebenso gut auch ein vollkommen leeres Nichts. Jedenfalls gelangen wir dort an einen personalen „Ereignishorizont", der nichts preisgibt. Der Tod ängstigt die meisten Menschen. Die mit dem Bedeutungsverlust verbundene „Verhältnislosigkeit" (Jüngel, S. 145 ff) raubt jede Orientierung und kann uns in den Abgrund tiefer Verzweiflung stürzen. Gibt es eine Chance, diesem sinnzerstörenden Orkus zu entkommen? Für das Individuum wird eine erneute Sinnsuche notwendig, die sich nicht auf welthaft vergängliche Werte, Ziele und Bedeutungen stützen darf. Weder Psychologie, noch Neurowissenschaften, noch andere, objektivierende Disziplinen werden dabei helfen können, denn sie geben ihrerseits nur vergängliche Rahmungen her (siehe B2 und D4). Schlagen wir zunächst den Weg nach innen ein, dahin, wo wir uns durch die dramatisch erlebte Endlichkeit am tiefsten betroffen fühlen, zur Quelle unserer Beunruhigung.

Hier bietet sich ein Weg an, den Mystiker über Jahrhunderte beschritten haben, indem sie die Vereinigung der vergänglichen Seele mit einer außerweltlichen, unvergänglichen Instanz versuchten. Diese „außerweltliche" Instanz ist unserer Kultur unter dem Begriff „Gott" ja sehr vertraut. Voraussetzung dieser gottmenschlichen Vereinigung war ein streng dualistisches Seelenkonzept, welches einen weltlichen Sektor, der sich mit der Alltagsbewältigung beschäftigte, von einem nicht – weltlichen Kernbereich unterschied. Letzterem sprachen die Mystiker göttliche Qualitäten zu. Als „Seelengrund" stand er in striktem Gegensatz zu allen „natürlichen“ Bezirken. Dieser Kernbereich, bei Meister Eckhart (12160 – 1328) auch als „Fünklein“, „Bürglein“ oder „Haupt der Seele“ bezeichnet, wurde als ungeschaffen, unvergänglich und im Inneren permanent vorhanden angenommen. In diesem zeit und raumlosen Seelengrund herrschte vollkommene Ruhe, weil Gott selbst dort anwesend war. Allerdings verbarg er sich vor dem alltäglichen Bewusstsein und musste erst gefunden werden. Dies geschah durch einen Vorgang, den Eckhart „Gottesgeburt in der Seele“ nannte. Es ist das Gewahrwerden der Seele, dass sie in ihrem Innersten einen göttlichen Anteil besitzt. Diese Gottesgeburt setzte den Gläubigen in ein unmittelbares, intimes Verhältnis zu Gott, offenbarte ihm die Zeit – Enthobenheit seiner Kernpersönlichkeit. Sie bedeutete eine Art Selbst – Vergottung der Seele. Das war selbst der mittelalterlichen Kirche zu viel des Guten. Nur durch rechtzeitiges Ableben entging Meister Eckhart einem Ketzerprozess. Die kirchenamtliche Aufregung war freilich überzogen, denn Eckharts Weg ins Innerste war ohnehin nur für kleine Konventikel beschreitbar, die genügend Zeit für Meditationsübungen fanden und ausreichend radikale Gesinnung aufbrachten, um sich vom weltlichen Geschäft fernzuhalten. Es versteht sich von selbst, dass er für heutige Menschen erst recht verlegt ist. Im Gedröhn des modernen Stadtlebens finden sich kaum Ruhezonen für stundenlange Meditationsübungen, die allgemeine Terminnot engt den Zeitrahmen ein. Der radikale Weg nach innen führt uns weg von allen übrigen sinnsetzenden Rahmungen, die weiterhin denkbar sind. Schließlich wird ein radikaler Seelendualismus voraus gesetzt, der in dieser Form kaum noch vertreten wird.

Eine zeitgemäßere Option wäre, an Martin Heideggers „existentiale Analytik“ anzuknüpfen. In seinem ersten Hauptwerk „Sein und Zeit“ erhebt Heidegger (1889-1976) den Anspruch, das Leben auf philosophischem Weg zu verstehen (Volpi S. 29). Sein Blickwinkel ist durchgehend subjektiv und erinnert in vielem an Augustinus und Kierkegaard, auf die er sich gelegentlich bezieht. Mit Hilfe einer eigentümlichen Terminologie analysiert er das menschliche Dasein in seiner pragmatischen Alltäglichkeit, um „die Frage nach dem Sinn von Sein“ neu stellen zu können und die zeitgenössische „Seinsvergessenheit“ zu überwinden. Die Frage sei zwar in der griechischen Welt schon aufgekommen, doch bis zur Gegenwart nicht beantwortet, ja bisher nicht einmal richtig gestellt. Das Sein ist für ihn der geheimnisvolle Verständigungshorizont für alles Seiende. Er wirkt transzendierend, indem er sinnhafte Bezüge zum Ganzen herstellt. Auch das menschliche Dasein fällt unter das zu Transzendierende. Es wird beschrieben im begrifflichen Schema von „Existentialien." Es vollzieht sich nach Heidegger entscheidend im Modus der „Sorge", weil es sich von der Zukunft her versteht, an deren Zielpunkt der Tod wartet. Weil dem Subjekt darüber hinaus sein Woher und Wohin verdeckt bleiben, ist seine Befindlichkeit durch den Affekt der „Geworfenheit" bestimmt (Volpi, S. 43). Trotz seiner Zeitlichkeit und aller heiklen Gefühlslagen ist der Mensch aber handlungsfähig. Wenn er, dem Ruf des Gewissens folgend, mutige Entscheidungen auf sich nimmt, kann der Vollzug seiner Existenz den Charakter von „Eigentlichkeit" annehmen. Auch wenn er sein Dasein durch dessen „Unbehaustheit" und die ständige Drohung, dem „Man" zu verfallen, als defizitär empfinden mag, kann er durch Selbstwahl, Verantwortung und Entschlossenheit zu einer „eigentlichen" und damit sinnvollen Existenzweise finden (Luckner, S. 157ff). Heideggers Konzept hat etwas Heroisches. Er verzichtet auf jeden Gottesbezug, sucht stattdessen eine Lösung in Selbstvervollkommnung. Das wird besonders bei seiner Todesanalyse deutlich: Der Tod sei „die ergriffene Endlichkeit der Existenz." Er bringe „das Dasein in die Einfachheit seines Schicksals", reiße es aus „der endlosen Mannigfaltigkeit des Behagens, Leichtnehmens, sich Drückens zurück" und verspreche eine „unumstößliche Identität" (Hügli. S. 145 ff). Das klingt wie ein Pfeifen im dunklen Wald und erinnert beinahe an die Stahlhelm-Romantik der Kriegsgeneration, wo viele für eine mannhafte Geste den Heldentod in Kauf nahmen. Ob Heideggers gottgereinigte Rhetorik vom Sinn des Seins helfen kann, der Drohung des Nichts zu widerstehen, darf bezweifelt werden. Zudem geht in seinem aufs Private beschränkten Deutungshorizont jeder gesellschaftliche Bezug verloren.

Da beide Ansätze nicht überzeugen, stellen wir den Sektor subjektiver Sinnerfüllung besser zurück und fokussieren noch einmal auf unsere mögliche Bedeutung für andere: Zeigt sich im größeren Kontext vielleicht doch noch sinngebendes? Bedeutungsmomente, die durch den Tod nicht aufgehoben werden? Der Einsatz für die Familie, den Verein, den Stadtteil, die Partei, die Menschheit. Kann sich darin sinnhafte Qualität verbergen, die wir nur deswegen übersahen, weil sich das Subjekt angesichts seiner Endlichkeit „zu wichtig" nahm? Überschätzt sich in uns vielleicht ein allzu anspruchsvolles Selbst? Machen wir uns mit diesem Bedeutungshunger vor einer möglichen höheren Instanz sogar lächerlich? Nicht zum ersten Mal würde das Lachen der Götter über menschliche Vermessenheit durch die Himmelsräume dröhnen. Überprüfen wir also – ohne subjektiven Vorbehalt – die objektive Bedeutung dessen, was unsere natürlichen Grenzen überschreitet. Wie ist die tatsächliche

Rolle der genannten sinngebenden Rahmensetzungen zu bewerten?

Die Untersuchung enttäuscht. Unser Engagement für das Lebensumfeld wird relativiert durch das Engagement anderer für konkurrierende Kollektive. Auch übergeordnete Ziele, wie Gerechtigkeit für alle oder technischer Fortschritt, werden relativiert durch noch höherrangige Aspekte wie das außermenschliche Leben, welches leidet, wenn Gerechtigkeit verwirklicht wird und jeder sich Flugreisen zu exotischen Zielen leisten kann. Sollte die Menschheit ihr Ressourcen und Energieproblem lösen und in Harmonie mit der Natur leben lernen, verliert das Irdische seine Rolle angesichts der geradezu verstörenden Bedeutungslosigkeit unserer Erde – im Vergleich zu den üblichen Größenordnungen im Weltall. Jedes ideelle Ziel wird durch Aspekte, die noch höheren Rang beanspruchen können, aufgehoben: die Menschheit wird relativiert durch das übrige irdische Leben, das irdische Leben durch die Zeitbegrenzung unseres Planeten, das Planetensystem durch seine kosmische Umgebung, die ihre Gestalt teilweise den Supernovaexplosionen vergangener Sterngenerationen verdankt usw. Die Sinn- bzw. Verweisungskette endet scheinbar im Dunkel, das die Grenzen unseres Wissens umgibt.

Ist die Sinnsuche damit am Ende? Sinn könnte auch gewonnen werden, wenn wir uns der Wahrheitserkenntnis verschrieben, indem wir uns als Instanz verstehen, in der sich die Natur selbst erkennt und beobachtet, als „Auge Gottes." Was lässt sich über die menschliche Welterkenntnis sagen? Die moderne Kosmologie hat enthüllt, dass unser scheinbar unendliches Universum nur von begrenzter Größe und Dauer sein kann. Zwar ist die Raumzeit nach mehrheitlicher Meinung der Kosmologen „flach", hat also keine weiteren Raumdimensionen, doch krümmen Massen die Raumzeit und manipulieren den scheinbar absoluten Raum. Dies lässt sich am eindrücklichsten in extremen Entfernungen studieren. Die Astronomie, welche uns einen weiten Blick zurück in die Raumzeit werfen lässt, ermöglicht, durch einen „Rückwärtslichtkegel" die Objekte des Universums im Zustand ihrer Frühentwicklung zu erkennen. Da die Raumzeit jedoch durch Masse und Energie gekrümmt wird, beginnen die geraden Lichtstrahlen „mit der Zeit" sich einwärts zu krümmen, so dass der Lichtkegel sich ebenfalls krümmt, obgleich das Licht nach wie vor linear, also in gerader Richtung läuft. Durch die Raumkrümmung schrumpft der Querschnitt des Lichtkegels, bis er zum Zeitpunkt der „Urknall" – Singularität zum Punkt wird. Der astronomische Beobachtungskegel wird durch diese gravitationsbedingte Einwärtskrümmung birnenförmig (Hawking S. 44 ff). Damit ist zugleich bewiesen, dass die Zeit nicht unendlich sein kann, son-

dern einen Anfang hat, jenseits dessen keine Zeitpunkte mehr existieren und auch kein Raum. Dieser Befund ist logisch zwingend und empirisch gut belegt, hat aber den Nachteil völliger Unanschaulichkeit. Wenn man sich vor Augen führt, dass die eigentlich punktförmige Anfangssingularität des „Urknalls", die bei einem birnenförmig gebogenen Rückwärtslichtkegel im Scheitelpunkt steht, für unser beobachtendes Auge über den ganzen Himmel „verstreut" ist, erscheint uns im Größten das Kleinste. Wer kann sich das vorstellen? Unanschaulich geht es auch bei Theorien zu, die eine „imaginäre Zeit" postulieren. Diese muss wie eine weitere Raumdimension „senkrecht" zur erfahrbaren „reellen" Zeit gedacht werden. Sie ergeben sich aus dem Problem, dass sowohl der Weltanfang, als auch Materiezustände, wie sie in schwarzen Löchern vorliegen, Verhältnisse voraussetzen, in denen die derzeit bekannten Naturgesetze nicht gelten. Theorien über eine imaginäre Zeit könnten da helfen, weil sie einen Weg in höhere Dimensionen eröffnet. In einer imaginären Zeit könnten alle möglichen Dinge geschehen, die in unserer aktuellen Raumzeit nicht realisiert sind. Wir erführen darüber nur nichts, weil dies in Welten geschieht, die wir nie betreten können. Damit würde aber unsere Welt abgestuft zu einer unter unbegrenzbar vielen möglichen Universen. In unserer Raumzeit wird vielleicht nur kodiert was in höherdimensionalen Bereichen geschieht, so wie ein Hologramm auf einer zweidimensionalen Fläche dreidimensionale Gegenstände kodieren und wiedergeben kann (Hawking, S. 72).
Kein Menschengehirn kann sich solche Weltmodelle vorstellen. Für zusätzliche Verwirrung sorgt, dass die einsteinsche Raumzeit längst zu neuen Supersymmetrien ausgebaut werden musste, um das dynamische Universum stabil zu halten. Dabei entstanden Konzepte wie die „Supergravitation", welche der Raumzeit zusätzliche „Grassmann-Dimensionen" hinzufügten, und Feldern wie Teilchen jeweilige „Superpartner" beigesellten. Die sollten dafür sorgen, dass die Energiezustände der Weltelemente das Universum nicht schon von Beginn an zerstört haben. Ohne diese Supersymmetrien wäre alles entweder schnell wieder in sich zusammengestürzt, oder es hätte sich eine unbegrenzte Expansion ergeben, so dass weder Sterne noch Leben entstanden wären. Es erübrigt sich fast die Erwähnung der String-Theorien, welche eine Vereinigung der Quantenphysik mit den Gravitations- und Relativitätstheorie erstreben und bei den p–Brane Theorien landen, welche die Zusammenfassung all dieser Ansätze zu einer „theory of everything" versuchen, ohne bisher überzeugende Ergebnisse erzielt zu haben (Hawking S. 60).
Alle rezenten Weltmodelle haben ein gemeinsames Problem: Sie sind völlig

unanschaulich. Die klassische Physik hatte nur mit der Unendlichkeit dieses Problem. Wir haben mit der Schwierigkeit zu kämpfen, dass alle wichtigen Theorien unserer Zeit das Vorstellungsvermögen überfordern. Was sich in mathematischen Modellen noch ausdrücken lässt, kann sich kein Mensch mehr bildlich ausmalen, weil unsere Denkkategorien räumlich und zeitlich sind und sich z.B. vor höheren Raumdimensionen verschließen. Doch wenn die Welt wieder zum Rätsel wird, worauf gründet sich dann ihr Sinn?

So weit wir das gedankliche Netz, in welches sich mögliche Sinnkonstrukte einbetten ließen, auch knüpfen und ausdehnen, stets zerreißt es an einem Zweifel, der einen noch umfassenderen Horizont freigibt und dabei alles wieder aufhebt. Die Welt scheint grenzenlos, unsere Sinnsuche zielt ins Unendliche. Damit droht sie sich im „regressus ad infinitum“ zu verlieren, jenem Rückgriff ins Grenzenlose, welchem schon die skeptische Philosophie der Antike die rote Karte gezeigt hat (siehe Agrippas „5 Tropen“). Erneut stehen wir vor dem Abgrund. Diesmal droht nicht bloß unser individuelles Dasein hineinzustürzen, sondern alles, was uns scheinbar bergend umgab und vorläufige Stabilität versprach. Es existiert offensichtlich kein positiver Sinnhintergrund, der sich aus aktuellem Weltwissen erschließen ließe. Dieses Problem kannte schon die spätantike Theologie, als man versuchte, Wesen und Eigenschaften Gottes näher zu bestimmen.

Dionysius Areopagita, ein um 500 wirkender christlicher Philosoph, dessen Schriften einen enormen Einfluss auf die Folgezeit ausübten, geht von der Unerkennbarkeit Gottes aus. Da er transzendent ist, sind keinerlei gültige Aussagen über ihn möglich, außer verneinende Bestimmungen. Gott z.B. die Eigenschaft der Güte zuzusprechen, ist unangemessen, weil Güte ein weltlicher Begriff sei. Angemessen sind allein Verneinungen, die jede denkbare Eigenschaft und Wesensbestimmung Gottes zurückweisen. Erst wenn die letzte Negation gedacht ist und man sich von allen vertrauten Vorstellungen gelöst hat, kann sich Gottes Wirklichkeit entfalten, indem sich in der absoluten Leere des Begriffs und jenseits aller sinnlichen Wahrnehmungen plötzlich Gottes Fülle offenbart. Man nennt dieses Verfahren „negative Theologie.“

Das Verfahren der negativen Theologie machte es möglich, dem Dilemma fehlender Gotteserkenntnis zu entkommen. Die spätantike Theologie hatte u.a. mit dem Problem zu kämpfen, dass vor dem Hintergrund eines skeptisch gewordenen Zeitgeistes Epiphanien (Gotteserscheinungen) keine unbedingte Plausibilität mehr beanspruchen konnten. Wie sollte man dann noch zu verlässlichem Gottesbezug kommen, der skeptischen Einwänden standhielt? In-

dem man aus der Not eine Tugend machte. Man nahm alle Einwände auf, die gegen Gott sprachen. Alle konkreten Eigenschaften Gottes wurden verneint mit dem Hinweis auf seine Jenseitigkeit. Auf diesem Weg konnte man quasi „durch die Hintertür" zu einem neuen Verständnis gelangen von dem, was mit Gott gemeint war. Und es erwies sich als ein sehr brauchbares Verfahren.
Nikolaus v. Kues (1401-1464) griff diese Methode mit seiner Theorie von der „belehrten Unwissenheit" (docta ignorantia) auf. Nur im Dunkel unserer Unwissenheit leuchte die Wahrheit über Gott auf. Und zwar „in der Weise des Nichterfassens." Die „Unaussprechlichkeit Gottes" hat ihren Grund in seiner „unendlichen Erhabenheit" über alles, was sich mit menschlichen Worten bezeichnen ließe. Er ist in neuplatonischem Sinn das „absolut Eine." Da der Mensch in den Grenzen seiner Fähigkeiten befangen bleibt, ist er auf die Mithilfe des „intellectus" angewiesen, einer göttlichen Gabe, die uns in die Lage versetzt, seiner Wahrheit uns wenigstens anzunähern. Diese dunkle Erkenntnis, die einem Menschen nur durch ständiges Bemühen um die Einsicht ins Nichtwissen zuteil wird, hat ihren Ursprung in Gottes Gnade. Was offenbart sie uns? Dass Gott Mittelpunkt des Alls ist, und dass in ihm alle Gegensätze der Welt in Eins fallen. Er ist daher das widerspruchsfreie Urprinzip aller Wirklichkeit, aus dem die Welt hervorging (Christophersen, S. 64 f). Wenigstens bleibt Gott hier als spekulativ erfassbares Urprinzip erhalten. Er verbirgt sich freilich hinter der Paradiesmauer, umgeben von den in eins fallenden Gegensätzen. Dem Menschen gewährt er gerade so viel Einblick, dass dieser ihn über die Mauer noch wahrnimmt, als Sinnhintergrund allen Seins.
Kann ein solches Ausschlussverfahren für unser aktuelles Problem hilfreich sein? Die Welt erscheint grenzenlos und ohne Sinnhintergrund. Nirgendwo zeigt sich ein Gott. Kann die Lösung darin bestehen, diese Grenzenlosigkeit selbst zu thematisieren? Dann müsste als letzter denkbarer Sinngrund ein Unbegrenztes angenommen werden. Nur ein Unbegrenztes könnte die Grenzen transzendieren, die uns Sinn vorenthalten. Nur ein Unbegrenztes könnte den Abgrund der Sinnlosigkeit schließen, weil es der Abgrund selbst ist. Hier können wir an die „Leere des Begriffs" und der Sinneswahrnehmung des Areopagiten anschließen, die sich an einem Umkehrpunkt zu ihrem Gegenteil hin öffnet. Das hypothetisch angenommene Unbegrenzte umfasste das unendliche Universum ebenso wie die Zeit vor und nach allem Sein mit sämtlichen möglichen Ereignissen, es schlösse Realität jenseits aller Ereignishorizonte und „branes" ein, die eventuelle Parallelwelten von uns fernhalten. Es enthielte sogar das Nichts. Alles, was dem menschlichen Geist erkennbar und vorstellbar

ist, würde, zusammen mit dem, was unseren Horizont übersteigt, von diesem Unbegrenzten und Unbegrenzbaren umgriffen. Es transzendierte jeden menschlichen Welthorizont und wäre durch keinen höheren Standpunkt mehr einzuholen. Sollte dieses Unbegrenzbare tatsächlich existieren, könnte unser Verstand es allerdings nicht erkennen, weil er zu den begrenzten Entitäten der Welt gehört und sich mit dem Zustand einer „belehrten Unwissenheit" begnügen muss. Parallelen zur negativen Theologie des Nikolaus v. Kues sind auffällig. Im Unterschied zu diesem scheinen wir Heutigen aber nicht über den göttlichen „intellectus" zu verfügen, der uns in die Lage versetzte, auf spekulativ – neuplatonische Weise Gott als Mittelpunkt allen Weltgeschehens zu erfassen.

Unbegrenztheit darf nicht mit Unendlichkeit verwechselt werden. Unendliches kann durchaus in einer höheren Dimension endlich sein. Die Kreislinie ist unendlich, hat aber eine berechenbare Länge, weil sie in der zweiten Flächendimension gebogen und kurzgeschlossen ist.

Doch reicht Unbegrenztheit aus, um Sinn zu begründen? Einem unbegrenzten Gott könnte die Schöpfung gleichgültig geworden sein. Unbegrenztheit wäre auch gottlos vorstellbar. Vielleicht sogar besser vorstellbar, weil man auf eine unzuverlässige Transzendenz verzichten könnte. Unbegrenztheit in Gestalt einer anonymen Mechanik etwa, die sich durch Zufälle selbsttätig eingerichtet hat, als zielloser Prozess, der sich irgendwann von selbst erledigt.

Die scholastische Theologie hat eine ergänzende Denkfigur mit dem Begriff der Aseität Gottes geschaffen: Der Kosmos könnte sinnlos sein, wenn nicht Gott ihn begründet und ihm zugleich Ziel und Zweck setzte. Doch woher empfängt Gott Ursprung, Ziel und Zweck? Die Lösung ist seine Aseität. Gott empfängt sein Sein nicht von einer anderen Instanz oder Größe, es ist durch sich selbst begründet, er ist unbedingt und damit absolut. Die Scholastik stützt sich bei diesen Gedankengängen auf die griechische Philosophie, insbesondere die Vorsokratiker (Thales, Anaximander, Pythagoras u.a.) und Platon. Die drei kosmologischen Gottesbeweise des Thomas von Aquins folgen der Logik dieses Ursprungsdenkens: Gottes Existenz wird aufgewiesen durch das postulierte Vorhandensein eines ersten Bewegers, der alle Bewegungen angestoßen hat (ex parte motus), aus einer ersten Wirkursache, die alle Wirkungen begründet (ex ratione causae efficientis), durch die Verbindung von Möglichkeit und Notwendigkeit im göttlichen Schöpfungsakt (ex possibili et necessario). Gleiches gilt für seinen teleologischen Gottesbeweis, der hinter allem Zweckmäßigen einen Weltenlenker am Werk sieht, der ein Ziel im Auge hat, das die Geschöpfe einbezieht und ihnen eine positive Rolle einräumt. Allerdings gerät Thomas mit diesen Gedankengängen in logische Schwierigkeiten. Ihm wird zu Recht vorgeworfen, die Kausalkette willkürlich abzubrechen, um Gott z.B. als „prima causa" (erste Ursache) einsetzen zu können. Damit stellten seine Gottesbeweise die Kausalität insgesamt in Frage (N. Hoerster, S. 21) und verlassen den rationalen Diskurs. Der unbegrenzbare Gott bedarf demgegenüber keiner Unterbrechung von Kausalketten, weil er weder dem Prinzip der Kausalität, noch irgend einem anderen Prinzip menschlicher Logik unterworfen ist. Er begründet sein eigenes Sein durch sich selbst und setzt damit seinen eigenen Sinn. Gottes Sein schließt damit die Verweisungskette der Sinnfrage, ohne sie kurzzuschließen.

Es versteht sich von selbst, dass dieser Gottesbegriff gegen Missverständnisse geschützt werden muss. Gott und die Fülle des Existierenden können nicht identisch sein. In einem pantheistischen System (die Welt wäre darin gleichzusetzen mit Gott) ginge der Welt die Begründung ihrer Existenz verloren. Außerdem würde die Transzendenz Gottes eingeebnet. Das menschliche Subjekt müsste dadurch jede Hoffnung auf Erlösung verlieren, denn es ließe sich nicht dartun, wie der göttliche Weltprozess sich selbst zu heilsamen Zuständen transzendiert. Für derlei Aussichten gibt es nirgendwo Anhaltspunkte.

Anders sieht es mit dem trinitarischen Gottesbegriff der christlichen Kirchen aus. Er ist mit Unbegrenztheit und Aseität kompatibel. In den drei Personen des Bekenntnisses von 381 („Nicäno-Konstantinopolitanum"), das als wichtigstes altkirchliches Dogma gilt, wird Gott in Vater, Sohn und Heiliger Geist unterschieden, zugleich aber als wesenseins gedacht. Der trinitarische Gott umfasst die gesamte Weltwirklichkeit und bindet deren Geschehnisse in eine Heilsgeschichte ein. So konnten unterschiedliche Erfahrungsaspekte der Zeitgenossen in einem einheitlichen Geschichtskonzept zusammengefasst werden. Weltbejahung, Erlösungssehnsucht, Krisenerfahrung und Hoffnung ließen sich sinnhaft integrieren.

Ähnlich verhält es sich mit hellenistischen Vorstellungen, die in der späten Antike Kultur und Religion bestimmten. Gottheiten galten dort als übergeschichtliche, zeitlose, in sich ruhende Wesen. Prägend für diese Kultur war die griechische Götterwelt. Auf diesem Humus wuchs der Platonismus, dessen Ideenwelt aus abstrakten, unanschaulichen Objekten bestand, die unabhängig von Zeit und Raum existierten. Im Neuplatonismus gipfelten diese Ideen in „dem Einen", „Absoluten." Alles weltliche ging durch „Emanation" aus ihm hervor. Das Eine begründete sich selbst und enthielt keinerlei Dialektik. Der

Hellenismus hat über Augustinus und Thomas von Aquin die gesamte Theologiegeschichte beeinflusst und wirkt – neben den biblischen Wurzeln – in der christlichen Dogmatik bis heute fort (Pöhlmann, S. 82f). Martin Luthers Gottesbegriff öffnet sich der widersprüchlichen Wirklichkeitserfahrung durch die Entgegensetzung von „deus absconditus“ und „deus revelatus“. Es handelt sich dabei um zwei gegensätzliche Aspekte desselben Gottes: Einmal ist Gott der strenge Gesetzgeber, der eifersüchtig über die Einhaltung seiner Gebote wacht und schnell bei der Hand ist mit Strafen, die man durch Krankheit, Unglück, Tod erleidet (deus absconditus). Das andere Mal ist Gott der liebende Vater aller Dinge, der den Menschen als sein Geschöpf liebt (deus revelatus). Der Mensch wird durch die Erlösungstat Jesu Christi zwar begnadigt, wenn er glaubt, doch begegnet ihm Gott nach wie vor zugleich als Richter, der von einem gewitterträchtigen Himmel herab alles beobachtet. Wozu diese Strenge? Warum die unverdiente Gnade? Luthers Gott ist in doppelter Weise rätselhaft, er passt in kein menschliches Deutungsschema. Gerade deswegen taugt er für den Gläubigen als geheimnisvolles Gegenüber – ansprechbar im Leid, trostreich trotz aller Zweifel. Luthers doppelgesichtiger Gott kann sich nur selbst begründen, eine rationale Herleitung liefe ins Leere.
F. Schleiermacher (1768-1834) entwickelte eine „Eigenschaftslehre“ Gottes. Darin identifizierte er Gott mit dem hegelschen „Weltgeist“, dem „Unendlichen“, mit dem „Universum“ und dem „Ganzen“ (Pöhlmann, S. 86). Religion sei die Bemühung, „alles Einzelne als einen Teil des Ganzen, alles Beschränkte als eine Darstellung des Unendlichen hinzunehmen“ (dto.).
Unser kurzer Blick in die abendländische Geistesgeschichte zeigt: Gottes Aseität, die sich selbst Sinn verleiht, und sein unbegrenzbares Sein, welches sämtliche Möglichkeiten einschließt – diese beiden Bestimmungen tauchen immer wieder auf. Sie scheinen notwendig für einen absoluten und glaubwürdigen Gottesbegriff. Doch widersprechen sie sich nicht? In welchem Verhältnis stehen sie zueinander?
Beide Bestimmungen sind zu unterscheiden, denn das Unbegrenzte muss nicht notwendig Sinn verleihen und das Sinngebende nicht notwendig unbegrenzt sein. Jede für sich genommen ist zwar umfassend, wirkt aber für sich gesehen formal und leblos. Erst wenn beide zugleich auf Gott bezogen werden als seine für uns bedeutendsten Charakteristika, beginnen sie zu leben. Unbegrenztheit ermöglicht die wichtigsten Attribute, die mit Gott verbunden werden: Transzendenz und Offenbarung, Allgegenwart und Unsichtbarkeit, Ewigkeit, Macht und Handeln in der Zeit. Die Aseität erläutert im gleichen

Atemzug die brisantesten Fragen und Kernprobleme, die sich aus diesem Gottesbegriff ergeben: Schöpfung und Theodizee, Unerkennbarkeit und Unergründlichkeit, Möglichkeit und Wirklichkeit, Leid und Erlösung. Beide Denkfiguren stützen einander. Darüber hinaus können Menschen mit Gott kommunizieren: durch Gebet und Ritual, Vertrauen und Hingabe, Glaube und Zweifel. Gott hat, vermittelt durch religiöse Traditionen, das *Prä* konkreter personaler Qualität, die etwa einem abstrakten Prinzip des Unbegrenzten oder einem in sich ruhenden Weltschöpfer nicht zukäme. Insofern ist Gott begrifflich umfassender als alles, was auf ihn verweist. Die Vorstellung Gottes nimmt Rücksicht auf die kommunikative Gerichtetheit des Subjektes, welchem der Abbruch von Kommunikation (radikal z.B. durch den Tod) größte Angst einjagen kann. Intelligentes Leben, das auf Ich-Du-Beziehungen nicht angewiesen ist, wäre mit einem nichtpersonalen Sinngrund vielleicht zufrieden, Menschen nicht. Sie nehmen stets die Ich-Perspektive als Mittelpunkt der Welt an. Dazu benötigt man ein Gegenüber. Wer religiös ist, wird auf eine Gottesvorstellung, die ein letztgültiges Du und einen Zugang zum Sinngrund seiner Welt ermöglicht, nicht verzichten wollen.
Zusammen mit dem Begriff des Unbegrenzten kann Gottes Aseität und Kommunikationsfähigkeit den Sinn der Welt begründen, ohne sich selbst begründen zu müssen. Dies gibt auch für das Subjekt einen zureichenden Sinnhintergrund her, so weit es sich mit dem Ganzen der Welt auf irgend eine Weise identifizieren kann. Gott ist insofern nicht nur ein Postulat der praktischen Vernunft (wie bei I. Kant), er empfiehlt sich zugleich als Postulat einer „existentiellen Vernunft". Allerdings bedeutet die Aseität und Unbegrenztheit eines sinnverleihenden Gottes nicht, dass er auch tatsächlich existiert, so wie ein Domgebäude existiert, das auf ihn verweist. Dieses grundlegende Problem besteht seit Anselm von Canterbury, der einen überzeugenden Gottesbeweis aufstellte, doch leider nicht darlegen konnte, wo dieser Gott in der empirischen Welt vorkommt. Ebenso wenig steht freilich fest, ob und in welchem Maß die empirische Welt, wie sie uns im Domgebäude erscheint, der realen Welt entspricht (siehe das folgende Kapitel D 4).

4. Was lässt sich über den Menschen als Subjekt sagen? (Die seelenlose Existenz)

Die Aufklärungszeit hätte ein solches Weltmodell mit einem universal präsenten Gott, der alles Seiende in seiner trinitarischen Existenz begründet, abgelehnt. Gott war für Immanuel Kant eine subjektive Idee (I. Kant, S. 620ff), welche in mancherlei Hinsicht nützlich sein mochte, aber nichts zur Erkenntnis der Welt beitrug. Als Erklärungsgrund hatte er ausgedient. Als sinnverleihende Instanz jedoch und zur Begründung ethischer Forderungen behielt er seine Rolle. Bis heute hat er diese existentielle und Moral begründende Bedeutung behalten. Es kann freilich sein, dass er überschätzt wird, weil so etwas wie „Sinn" nur für Menschen wichtig ist. Schimpansen kennen dieses Thema nicht, Kühe noch viel weniger, obgleich sie sogar einen definierten Zweck erfüllen. Gott scheint nur für uns notwendig, sofern wir Subjekte sind, die ihrer Abhängigkeit und Endlichkeit innegeworden sind und sich in ihrem als abgründig erkannten Dasein ängstigen, die in der zugemuteten Freiheit Ziele benötigen, Erfüllungschiffren für ihren beunruhigten Geist. Und selbst das gilt nicht für jedermann.

Menschliche Subjektivität und Gottesvorstellung hängen im kulturellen Gedächtnis des Abendlandes eng zusammen. Das wird besonders in der Seelenlehre deutlich. Bei Descartes erschien die Seele als erkennende und handelnde „res cogitans" im Gegenüber zur Materie, der als „res extensa" eine passive Rolle zukam. Auch der Körper gehörte zur res extensa, was ganz mechanistisch gedacht war (Descartes, S. 137). Folge war ein strenger Substanzdualismus zwischen Leib und Seele. Das vertrug sich ganz gut mit traditionellen Vorstellungen vom Fortleben der Seele nach dem Tod. Diese Teilung wirkt bis heute. Allerdings verlor die dualistische Position seit den Erfolgen der Neurowissenschaften mehr und mehr an Zustimmung. Mehrheitlich werden im zeitgenössischen wissenschaftlichen Diskurs monistische Positionen vertreten, die mentale Erscheinungen prinzipiell oder ausschließlich auf Gehirnprozesse zurückführen. Das Subjekt wird zur „Seelenmaschine" (Paul M. Churchland). Das Modell Descartes wird verspottet als „Gespenst in der Maschine" (Gilbert Ryle). Grundsätzlich werden heute vier Positionen vertreten:

- Die Identitätstheorie, welche alle Bewusstseinsformen mit Gehirnzuständen identifiziert (z.B. Jaegwon Kim).
- Der Funktionalismus, welcher mentale Zustände aus den Systemeigenschaften des Gehirns und seiner spezifischen Informationsverarbeitung erklärt (z.B. H. Putnam, J. Fodor). Der Geist wird mit einem Softwareprogramm verglichen, welches auf verschiedenen Computern laufen kann (daraus folgt die Multirealisierbarkeit z.B. von Schmerzempfindungen).
- Der eliminative Materialismus, welcher die Existenz mentaler Zustände als Entitäten bestreitet und alle psychischen Erscheinungen

mit einer neuen, der Neuroinformatik entlehnten Begrifflichkeit beschreiben möchte (z.B. Paul und Patricia Churchland). Alle Begriffe der Erkenntnistheorie, Ontologie und Psychologie wären damit überholt.

- Supervenienz und Emergenztheorien, bei denen ein grundsätzlicher Materialismus durch eine zweite Betrachtungsebene relativiert wird. Im Fall der Supervenienz interagieren die physischen Gehirnzustände mit der mentalen Ebene, wobei der Geist zwar auf physische Prozesse zurückgeht, selbst aber keinem strengen Naturgesetz gehorcht (z.B. D. Davidson). Im Fall der Emergenz ist auf die Systemtheorie zu verweisen: Komplexe Systeme können emergente Eigenschaften ausbilden, die in ihren Subsystemen noch nicht vorkommen (siehe C 6). Das Gehirn wird als eine solche Apparatur beschrieben (A. Stephan).

Alle vier Theorieansätze können für sich ein hohes Maß an empirischer wie logischer Plausibilität verbuchen. Geist und Seele, die uns bisher als eigenständige Entitäten erschienen, können mehr und mehr aus physiologischen Prozessen und Systemeigenschaften des Gehirns erklärt werden. Die Modelle sind zwar noch widersprüchlich und sehr unvollständig. Doch lässt sich bei anhaltendem Entwicklungstempo ein Erkenntnisstand vorhersehen, wo das Phänomen des menschlichen Bewusstseins weitgehend aufgeklärt ist und mit Hilfe von Konzepten aus der Neuroinformatik beschrieben werden kann. Schon der aktuelle Stand der Neurowissenschaften hält demütigende Erkenntnisse für unser Selbstbild bereit. Nirgendwo fanden sich bisher Hinweise auf die Existenz einer Seelensubstanz. Grundlage bewusster wie unbewusster „Seelentätigkeit" sind wahrscheinlich neuronale Netze, worunter entweder feststehende oder ad hoc gebildete Verknüpfungen von Nervenzellen zu einem spezifischen Muster zu verstehen sind. Die Neuronen senden in synchronem Rhythmus elektrische Impulse aus, mit einer Frequenz von 40 bis 70 Hertz (A. Newen, S. 93). Damit halten sie ihre Vernetzung stabil. Solche Netze repräsentieren jeweils bestimmte Inhalte: Gefühle, Erinnerungen, Bilder etc. Sie können sich mit anderen Netzen verbinden und so Information austauschen. Eine Nervenzelle kann sich mit zahllosen anderen vernetzen. Die Zahl möglicher Netze? Sie wurde so hoch geschätzt wie die Zahl der Blätter im Regenwald des Amazonas. Nie wird ein Mensch dieses Potential ausschöpfen können. Auf dieser Basis scheint unser bewusstes Erleben wie eine Art Spiegelkabinett zu funktionieren, in dem Repräsentationen von aktuellen Wahrnehmungen und Gedächtnisinhalten zwischen den neuronalen Netzen (die sie verursachen) hin und her reflektiert werden (Roth, S. 216). Bei diesen rekursiven Vorgängen findet an den Synapsen der beteiligten Nervenzellen jedes Mal eine kleine oder größere Veränderung statt. Sodann werden Netzinformationen mit anderen Netzen abgeglichen und weiter verarbeitet, vor allem zwischen sensorischen und emotionalen Funktionszentren herrscht lebhafter Verkehr. Das lässt die „Bilder“ sich zu vierdimensionalen Raum – Zeiteindrücken auffalten, die unsere Erlebniswelt bespielen. Die Lokalisation der dazu nötigen „Hardwarekomponenten“ ist derzeit in der Diskussion. Kandidaten liegen in verschiedenen Hirnarealen (vor allem im präfrontalen, assoziativen Cortex, s. Roth S. 221 ff), teilweise sogar in stammensgeschichtlich alten Bezirken. Entscheidend für die Prozesse ist das Prinzip „rekurrenter“ Netzwerke, die unablässig arbeiten und durch Feedbackprozesse dieselbe Information wieder und wieder bearbeiten (Churchland, S. 114 ff). Sie können auch ohne äußeren input neuronale Prozesse am Laufen halten, z.B. während wir träumen. Hinzu kommt die ungeheure Leistung paralleler Informationsverarbeitung, die das Gehirn in bestimmten Bereichen leistungsfähiger macht als manches Rechenzentrum (ders., S. 13 f). Man hat inzwischen eine Vielzahl funktioneller Neuronenpopulationen identifiziert, die durch arbeitsteilige Verschaltung eine modulare Gesamtarchitektur ergeben, entfernt vergleichbar mit einer vollständig rechnergesteuerten Fabrik.

In diesem Bild wird freilich die Schwäche materialistischer Sichtweisen deutlich. Die Fabrik wird nicht ohne Chefetage auskommen, in der entschieden wird, was wann zu produzieren ist. Echte Subjektivität im Sinne von Entscheidungsfreiheit lässt sich in einem System, das hauptsächlich rechnet, nicht gut darstellen. Ob man am Abend lieber eine Bachkantate hört oder eine Mozartoper, ob man an Gott glauben will, an eine höhere Vernunft in der Evolution oder an das Walten von Zufällen, wie will man das berechnen? Strittig ist auch, woher physikalisch bestimmte Funktionseinheiten „wissen“ können, wie es ist, z.B. Angst zu empfinden (Problem der „Qualia“). Trotzdem sind grundlegende kognitive Vorgänge wie Aufmerksamkeit, Gedächtnis, Phantasie, Tiefschlaf, Traum, sowie die Integration aller relevanten Modalitäten zu einer einzigen Bewusstseinserfahrung, prinzipiell geklärt (Churchland, S. 251f). Was früher als Substanzseele Evidenz beanspruchen konnte, erscheint heutiger Analyse als hochkomplexer biochemischer Prozess, der sich in einem extrem leistungsfähigen „Biocomputer“ abspielt. Was wir früher für unseren besseren, unsterblichen Teil hielten, ist so vergänglich wie der Leib. Mit unserer Alltagsüberzeugung einer „ewig" präsenten, lebendigen Seele ist es wie mit dem Kühlschranklicht, das scheinbar „ewig" brennt, weil es jedes Mal leuchtet, wenn wir die Tür aufmachen (K. O'Regan, S. 162). Im Tiefschlaf und im Tod bleibt die Tür zu. Auch mit der Freiheit des Subjekts scheint es nicht weit her zu sein: Zwar steht das Ich wie ein Kapitän auf der Kommandobrücke und steuert, doch lenken andere mit, die wir nicht sehen: Gefühle, Erinnerungen, Motive, die vom Maschinenraum aus die Ruder bedienen. Auch nicht – bewusstseinsfähige Bereiche unseres Gehirns entscheiden mit, z.B. was an Information überhaupt auf die Kommandobrücke gelangt. Sind wir wirklich autonome Subjekte? Was für ein Schiff steuern wir überhaupt und wohin geht die Reise? Wenn auch die Aussicht voraus trübe ist und manches Riff lauert? Sicher ist nur eines: Wir können unserer Gewissheiten nicht sicher sein. Alles Weltwissen gilt nur unter der Voraussetzung unserer Erkenntnisfähigkeit. Aller Erkenntnisgewinn gilt nur unter der Voraussetzung unseres Gehirns und seiner Eigenart. Was uns bewusst wird, gilt unter der Voraussetzung, dass biochemische Prozesse es ermöglichen und dass es sich um Projektionen von Sinnesreizen, Gedächtnisinhalten, Emotionen und um verarbeitete Information handelt. Daher dürfen wir uns als Subjekte nicht allzu ernst nehmen (s. auch W. Siefer/Chr. Weber).

Dieser Befund relativiert alles, was uns bisher als „objektives" Wissen gewiss schien. Was wir erkennen, ist unsere subjektive Wirklichkeit, nicht die Realität der Dinge, die sich vielleicht gar nicht zeigt. Statt naiv von feststehenden Fakten auszugehen, sind wir darauf verwiesen, sachgemäß mit unseren Projektionen umzugehen. Erstaunlich, dass sich trotz dieser Einschränkungen ein gewaltiges Wissen ansammeln konnte, von dem wir jeden Tag profitieren. Wir verdanken es einer historischen Entwicklung, in deren Verlauf die Menschheit mühsam lernte, Zuverlässiges von Unzuverlässigem zu unterscheiden. Ob auf einer Nadelspitze drei oder dreißig Engel Platz nehmen können, braucht nicht mehr diskutiert werden. Wie man preisgünstig Verbundwerkstoffe herstellt, um Elektroautos leichter zu machen, durchaus. Pragmatische Kriterien entschieden letztlich über die Gültigkeit einer Erkenntnis. Was gut anwendbar schien, fand auch in Fachkreisen schneller Konsens. Das hat unsere moderne Industriegesellschaft hervorgebracht, und daran wird sich so schnell nichts ändern. So lange unser arbeitsteilig und kommunikativ erworbenes (und tradiertes) Weltwissen hilft, die Natur zu beherrschen, manche Probleme zu lösen und immer mehr zu produzieren, dürfte auch der aktuelle erkenntnistheoretische Zweifel eine Mehrheit unserer Mitmenschen kalt lassen. Wenn aber feststünde, dass der Mensch keine unsterbliche Seele mehr hat, ja überhaupt keine Seele in ihm vorhanden ist? Wenn wir in Wahrheit ein Niemand sind und hinter unseren Augen ein Nichts regiert? Für das Selbstbild wäre ein Seelenverlust dramatisch. Stand das Subjekt seit Descartes der Objektwelt souverän gegenüber, wäre es plötzlich in sie eingereiht. Unser Ich, das sich im Verlauf der Persönlichkeitsentwicklung gebildet hat, dessen Ursprung, wie man heute weiß, in der Kindheit liegt und von der Wahrnehmung des eigenen Körpers ausging, wäre zu Vergänglichem unter Vergänglichem geworden, zu einem Prozess unter anderen. Ausgestattet mit der Besonderheit, über sich selbst Rechenschaft ablegen zu können, indem sich das Denken beim Denken beobachtet, das Fühlen beim Fühlen usw. Ob sich damit der selbstbezügliche Objektivitätsanspruch der Naturwissenschaften selbst den Boden unter den Füßen wegzieht oder was sonst daraus folgt, ist bis heute nicht recht eingepreist. Für die alltägliche Forschungspraxis hat es zwar keine unmittelbare Folge; Kummer infolge enttäuschender Erkenntnisse ist man dort ohnehin gewöhnt. Hinter den Kulissen jedoch findet ein dritter Paradigmenwechsel statt. Nachdem der Mensch sich mit der Aufklärung aus den ontologischen Wahrheiten theologischer Dogmatiken emanzipiert hat und zu Beginn des 20. Jahrhunderts aus der übersichtlichen Welt der klassischen Physik ausgesiedelt worden ist, wird er nun auch aus dem Zentrum seines Selbst vertrieben. Das narzisstische Selbstbild der Neuzeit löst sich auf wie eine Brausetablette im Wasser.

Hat das auch Folgen für die Religion? Erstaunlicherweise nicht. Im christlichen Glauben genießt die Person zwar absoluten Vorrang vor allen anderen Werten, doch ist der Mensch als „Kind Gottes" von vornherein ein Ich von minderem Rang. Er kann sich nicht absolut setzen, wie es der neuzeitliche Mensch seit der Renaissance versucht hat, weil er um seine Geschöpflichkeit weiß, die vollständig von Gottes Willen abhängt:

- „Denn er weiß, was für ein Gebilde wir sind; er gedenkt daran, dass wir Staub sind. Ein Mensch ist in seinem Leben wie Gras, er blüht wie eine Blume auf dem Feld; wenn der Wind darüber geht, so ist sie nimmer da und ihre Stätte kennt sie nicht mehr" (Ps. 103, 14ff).
- Um seines Seelenheils willen kann sich das alttestamentliche Subjekt nur dem himmelhoch überlegenen göttlichen Ich unterwerfen:
- „Die Gnade des Herrn währt von Ewigkeit über denen, so ihn fürchten" (Ps. 103, 17).
- Das göttliche Ego setzt ihm durch Gebote und Erwartungen zwar

Grenzen, begründet zugleich aber die einzig mögliche Hoffnung:

- „Der dein Leben vom Verderben erlöst" (Ps. 103,4), „die Söhne deiner Knechte bleiben wohnen und ihr Geschlecht wird vor dir gedeihen (Ps. 102,29), „Ein Mensch... kann nicht bleiben, sondern muss davon wie das Vieh,... aber Gott wird mich erlösen aus des Todes Gewalt, denn er nimmt mich auf" (Ps. 49,13 + 16).

Der Gläubige legt das Entscheidende seines Lebens vertrauensvoll in Gottes Hand. Gottes Ich dominiert alle weltlichen und existentiellen Belange. Im christlichen Dogma wird der Glaube an die Rettung vor dem drohenden Nichts durch die Zuwendung Gottes zum alles entscheidenden Inhalt. Es geht nicht mehr um Erfolg im Lebenslauf, wie bei Abraham, nicht mehr um das Volkswohl wie bei den Propheten. Es geht nur noch um die Sorge des bedrohten Ich, das sich von der Zukunft her versteht, an deren Ende der Tod wartet. Der Mensch ist ganz seiner Zeitlichkeit und „Unbehaustheit" innegeworden und sucht nach Erlösung aus dem todverfallenen Leib (Rm. 7,24). Mit dem Ostererlebnis wird die Auferstehung der Toten durch die Auferstehung Jesu Christi verbürgt und zum Ausgangspunkt der christlichen Mission (1. Kor. 15,12-14). Dabei ist Auferstehung nach paulinischem Zeugnis nicht als Wiederbelebung einer unsterblichen Seele aus zeitweiligem Schlaf zu verstehen (wie es platonische Denkweisen nahelegen). Mit „Auferweckung" ist ein Neuschöpfungs-Wunder gemeint, welches am Ende der Zeit geschieht (1. Kor. 15, 42-44), wenn die bestehende Welt sich in eine „neue Schöpfung" verwandelt, in der alle „Herrschaft und Macht und Gewalt vernichtet" ist, und „der letzte Feind, der Tod" (1. Kor. 15, 26), ebenfalls die Waffen stecken muss (siehe auch 1. Thess. 4, 13-17). Der Zustand nach der Auferstehung unterscheidet sich fundamental z.B. von den Auferweckungsmirakeln der Evangelien (Lk. 7, 11-17), wo die Wiederbelebten in ein weltliches Leben zurückkehren, das mit einem späteren, „natürlichen" Tod endete. Im „finalen Showdown" wird ein völlig neues Leben begründet, das mit dem irdischen Dasein wenig gemein hat. Paulus charakterisiert es mit Gegensatzpaaren:
„es wird gesät verweslich und wird auferstehen unverweslich,... es wird gesät ein natürlicher Leib und wird auferstehen ein geistlicher Leib" (1. Kor. 15, 42 + 44).
Mit einem Leben im Sinne der Biologie, mit Bewusstseinsformen im Sinne der heutigen Neurowissenschaften hat das eher wenig zu tun. Die christliche Eschatologie lässt alles raumzeitliche weit hinter sich und entwirft dabei eine

Welt, die wir mit gutwilligem Vorstellungsvermögen zwar ansatzweise nachvollziehen können, die im derzeit bestehenden Universum aber entweder real unmöglich, oder in der bisherigen Geschichte noch nicht erschienen ist. Eine Brücke zwischen utopisch Vorstellbarem und real Möglichem könnte entweder eine neue Ontologie der Hoffnung schlagen (siehe z.B. Bloch, S. 16 + 356-364, 1323 ff, 1390 f). Oder es erscheint eine bisher nicht realisierbare technische Lösung, die eine Lebensform kreiert, welche zeitlich unbegrenzt existieren kann, indem sie aus reparablen Systemkomponenten zusammen gesetzt ist (siehe die konkreten Utopien im Umfeld der Bewegung des Transhumanismus unter D 12).

5. Was lässt sich über das wissenschaftliche Weltbild sagen? (Der bodenlose Weltpalast)

Das im christlichen Glauben bewahrte Subjekt kann also in der empirischen Welt (die uns allein zugänglich ist) nicht festgehalten werden. Es bleibt ausschließlich bezogen auf seinen rettenden Gott. Die empirische Wirklichkeit wird zwar zur Kenntnis, jedoch nicht übermäßig ernst genommen. Die Hoffnung steht als Schutzmacht gegen Tod und Entropie, gegen alles, was Leben bedroht. Sie tritt in der Gegenwart für höhere Lebensqualität ein, stiftet Mut und beflügelt. Als vertrete sie den Heiland selbst gegenüber einer lebensfeindlichen Umwelt, als wolle sie Sachwalterin der menschlichen Wünsche nach Rettung, Heilwerden, glücklichem Ausgang sein. Will sie ihre Wirksamkeit beweisen, muss sie sich auf ein stabiles Fundament stellen. Was bietet sich an? Das szientistische Weltbild sicherlich nicht, denn es ist lückenhaft und macht keinerlei Sinnangebote. Man muss sogar noch einen Schritt weiter gehen: Das wissenschaftliche Weltbild wird aller Voraussicht nach lückenhaft bleiben. Zum ersten, weil bereits in der Anfangsphase des Universums wichtige Informationen während der Inflationsphase verloren gegangen sind (siehe A 4). Damals expandierte das junge Universum mit einer Geschwindigkeit, die weit höher lag als c. Damit gelangte ein Teil der Geschehnisse hinter den Ereignishorizont und wird nie wieder zugänglich sein. Zum zweiten sind die Distanzen im Weltraum so groß, dass es – bei Geltung der gegenwärtigen Naturgesetze – nicht möglich sein wird, ferne Raumbezirke und Planeten zu erkunden, etwa um festzustellen, ob die unter irdischen Bedingungen festgestellten Gesetzmäßigkeiten tatsächlich universal gelten. Schon eine Reise zum nächstgelegenen Stern, Proxima Centauri, wäre bei einer Entfernung von 4,24 Lichtjahren illusorisch, da ein Menschenleben dafür zu kurz wäre und eine

Rückkehr vor technisch unlösbare Probleme stellte. Für unser Selbstbild ist diese Informationslücke noch belanglos, denn wir sind vollständig als Ergebnis einer Evolution identifizierbar, die sich in der Lufthülle eines kleinen Gesteinsplaneten namens Erde ereignet hat. Für die Gewinnung eines objektiven Bildes der Welt jedoch nicht. Es fehlen entscheidende Perspektivwechsel. Noch wichtiger ist der dritte Grund: Trotz seines leistungsfähigen Gehirns verfügt der Mensch über begrenzte Denkkapazität. Diese Beschränkung erklärt sich aus unserer Geschichte. Nicht allein unsere äußere Gestalt ist ein Evolutionsprodukt, parallel mit dem Körper entwickelte sich der menschliche Verstand. Er ist für die Aufgabe optimiert, in den ökologischen Nischen, die unsere Vorfahren besetzt haben, Überleben zu ermöglichen. Er bringt es in dieser Hinsicht zu erstaunlichen Leistungen. Doch kann man daraus folgern, dass er dazu taugt, Welt und Universum zu verstehen? Eine solche Art von Erkenntnis dient unserem Überleben nicht. Wozu sollten wir sie also besitzen? In dieser Hinsicht stellt unser Weltwissen nur ein mehr oder weniger zufälliges Nebenprodukt geistiger Fähigkeiten dar, die ursprünglich anderen Zwecken dienten. Da erstaunt es schon, mit welcher Selbstgewissheit manche populärwissenschaftliche Äußerung das aktuell populäre Weltbild als „Wahrheit" voraussetzt (siehe die Kritik an Richard Dawkins durch Herbert Schnädelbach, aaO. S. 53). Wahr im philosophischen Sinn sind Urteile, die Sachverhalte in evidenter Weise wiedergeben. Die gegenteilige Aussage muss dabei unmöglich sein. Bieten Quantentheorie und Relativitätstheorie evidente Aussagen? Sicherlich nicht. Sie sind unanschaulich, widersprüchlich und unvollständig. Sie erweisen ihre Richtigkeit nur über empirische Versuche und mathematische Modelle, entsprechen allenfalls einem reduzierten Wahrheitsbegriff im Sinne von Beweisbarkeit mittels Empirie und Mathematik.

Nach der Quantentheorie beispielsweise gibt es weder Massen noch Energien, sondern bloß Summen von Wirkungsquanten, die Raum und Zeit stets gleichzeitig ausfüllen. Nie kann man Ort und Impuls eines Elementarteilchens zugleich bestimmen. Es entzieht sich und narrt die Beobachter, als führe es eine „spukhafte" Existenz. Substanz im Sinne eines zugrunde liegenden einheitlichen Substrats aus letztbegründender Materie, wie es seit Demokrit bis Descartes, ja bis ins 20. Jahrhundert hinein vorausgesetzt werden konnte, ist schlicht nicht vorhanden. In diesem Sinne erlitt die Substanzmaterie das gleiche traurige Schicksal wie die Seele. Woraus besteht unsere Welt stattdessen? Die Quantenfeldtheorie beschreibt die materielle Welt durch Elementarteilchen und Felder, durch quantisierte Observablen und Wechselwirkungen.

Reduziert sich damit am Ende alles auf Zahlenverhältnisse in Feldern und Teilchen, in abstrakten Formeln und mehr oder weniger hypothetischen Nomenklaturen? Dem Fehlen eines klaren Materiekonzepts entspricht die Beobachtung, dass im Vakuum plötzlich Teilchen auftauchen, die im nächsten Augenblick wieder verschwinden, ohne eine Spur zu hinterlassen. Sie kommen scheinbar aus dem Nichts. Das Nichts kann demzufolge nicht leer sein. Man nennt diese Erscheinung Casimir-Effekt. Die „Geisterteilchen" (Vakuumfluktuationen) scheinen keine echte, dingliche Existenz zu haben, sie werden „virtuell" genannt, weil sie auf ihre Umgebung per saldo keine Wirkung ausüben. Trotzdem kann man mit einem Trick ihre Energiebeträge messen (als „Vakuumenergie"). Woher kommen sie? Welchen Zweck erfüllen sie? Was geschieht sonst noch im Quantenfeld? Wer sich heute noch für Wunder interessiert, sollte die Bibel beiseite legen und lieber Ausflüge in die theoretische Physik unternehmen.

Nach der speziellen Relativitätstheorie würde ein Raumschiff, das von der Erde aus startet und im Lauf seines Flugs relativistische Geschwindigkeiten nahe c erreicht, erst Jahrhunderte später wieder zurückkehren. Im Raumschiff selbst wären aber nur wenige Jahre verstrichen. Die Astronauten kehrten auf eine völlig veränderte Erde zurück und begegneten ihren fernen Nachfahren. Grund für dieses „Wunder" ist die Zeitdehnung. Sie tritt auf zwischen Systemen, die sich mit relativ hoher Geschwindigkeit zueinander bewegen. Im Alltag merken wir davon nichts, weil wir uns auf der Erde alle mit gleicher Geschwindigkeit durchs Weltall bewegen. Nur Atomuhren, die den Milliardstel Teil einer Sekunde messen können, enthüllen diesen Sachverhalt: Auf der Zugspitze vergeht die Zeit ein ganz klein wenig langsamer als auf Borkum, weil das Gipfelkreuz auf dem Wetterstein 2962 Meter weiter vom Erdmittelpunkt entfernt ist als der Weißdünenstrand an der Nordsee. Daher dreht sich die Bergspitze ein wenig schneller ums Erdzentrum. Folge: Auf der Zugspitze dehnt sich die Zeit im Vergleich zur Nordsee. Aus dieser Beobachtung folgt, dass Zeit, Raum und Ereignis untrennbar miteinander verquickt sind. Wer kann sich das vorstellen? Das bayerische Mannsbild lebt rein rechnerisch ein, zwei Sekunden länger als das Nordlicht. Zum Glück merkt er nichts davon.

Viele Tatsachen, die unser heutiges Weltbild fundieren, widersprechen deutlich dem Alltagsverständnis. Statt evident zu sein, kommen sie uns „exotisch" vor. Sie ergeben sich allein aus präzisen Messungen und mathematischem Kalkül. Doch führt die Mathematik zur Wahrheit? Oder versteckt sich hinter ihren Formeln eher die unzügelbare Prätention der Projektemacher, Weltplaner und Raumforderer, die das Land zubetonieren und Bäche zu Abwassersammlern verrohren? Seit ich in Mathematik meine erste Fünf bezog, während draußen vor dem Fenster beharrlich die Sonne schien und die Vögel sangen, habe ich meine Zweifel, ob die Strenge formaler Logikkalküle immer Sinn macht. Aus dem Mangel an Evidenz folgt natürlich nicht, dass auf Nano und Pico berechnete Welttheorien falsch sein müssten. Sie sind weitgehend konsistent und experimentell gut belegt. Unser Alltagsverstand begreift sie nur nicht. Daraus ergibt sich ein weiteres Problem. Schon heute ist die große Mehrheit der Menschen nicht in der Lage, grundlegende Theorien unserer Zeit zu verstehen und ihre Richtigkeit zu prüfen. Je weiter die Wissenschaft über unsere Alltagswirklichkeit hinausgreift – in die Welt der Neutrinos und Quarks, dunkler Energie und schwarzer Löcher – desto weniger Menschen werden dem damit verbundenen Theorieaufwuchs folgen können. Bei weiter anschwellendem Wissen wird irgendwann eine Situation eintreten, wo selbst ein Einstein nicht mehr genug Überblick hat, um sich neue Theorien auszudenken. Der Prozess müsste aus Mangel an „mentaler Rechenleistung“ und „biologischem Arbeitsspeicher“ erlahmen. Alternatives Szenario: Die Fachdisziplinen spalten sich immer weiter auf. Dann wird der Strom des Wissens einmal so breit, dass die einzelnen Disziplinen einander aus den Augen verlieren. Sie finden irgendwann keine gemeinsame Sprache mehr, um sich über wichtige Standards zu verständigen, so dass alles in einem „babylonischen Sprachgewirr“ auseinander fällt. Selbst große Optimisten rechnen bestenfalls mit einer asymptotischen Annäherung des Wissens an die Realität. Hinzu kommt ein epistemologisches Problem: Ist die Person im weißen Kittel, die Versuche durchführt, nicht selbst Teil der Welt, die sie untersucht? Ist sie nicht viel zu befangen, um objektive Aussagen zu treffen? Kann ein Höhlenbewohner von sich aus auf die Idee kommen, dass so etwas wie Sonnenlicht existiert? Schon in Platons Höhlengleichnis wird das bestritten. Aller Voraussicht nach wird es daher nie eine endgültige Antwort auf die Frage nach dem Woher und Wohin der Welt geben. Ebenso wenig eine befriedigende Auskunft über den Sinn der Realität, die unserer Wirklichkeit zugrunde liegt. In diesem unvollständigen und sinnaversen Bezugsrahmen sind Orientierungspunkte, die absolute Geltung beanspruchen könnten, nicht zu erwarten. Das szientistische Weltgebäude erweist sich als bodenlos. Es gibt demnach gute Gründe, im „Kartenhaus der Erkenntnis“ nicht auf letzte Wahrheiten zu hoffen. Womöglich wäre eine gewisse „Ehrfurcht“ vor einer letzten, unergründlichen Wahrheit die bessere Haltung. Damit soll nicht gesagt sein, dass die Bemühung um Erkenntnis aufzugeben wäre, aber man sollte sich darauf einstellen, dass letzte Ungewissheiten bleiben werden. Was wir als Realität hinter den uns erkennbaren Aspekten von Wirklichkeit vermuten, scheint nicht gewillt, sich unserem Begreifen preiszugeben.

Welche Konsequenzen sind aus dieser „belehrten Unwissenheit" zu ziehen? Der Physiker David Bohm empfiehlt, neben dem disziplinierten Wissenserwerb unserer einschlägig empirischen Disziplinen auch andere Wahrheiten gelten zu lassen. Beispielsweise künstlerische Wahrnehmungen mit ihrem Gespür für die unendlich vielen Nuancen möglicher Auffassungen von Wirklichkeit. Eindrücke, die wir unmittelbar verstehen, ohne dass wir das Erfahrene immer in Begriffe fassen können (Briggs/Peat, S. 299 + 308). Die Einbeziehung anderer, alternativer Perspektiven und Wahrheitsmethoden, wie sie Kunst, Kreativität, Ironie und Kultur im weitesten Sinn bieten, bedeutet in der Konsequenz eine Annäherung an holistische Konzepte von Wirklichkeit, die sich von der reduktionistischen Sicht des herkömmlichen Wissensbetriebs abhebt. Das Verhältnis zwischen reduktionistisch – empirischem Ansatz und holistischem Blickwinkel solle allerdings nicht im Sinn alternativer Betrachtungsweisen zu verstehen sein, sondern als Ergänzung. In einem umfassenderen Kontext kann das distanzierende Moment ironischer Brechung und die relativierend metaphorische Sprache der Kunst helfen, alte Wahrheiten zu hinterfragen und neue, verbesserte Bilder der Welt zu entwerfen, um der Wahrheit damit näher zu kommen.In diesem Kontext ist ein Rekurs auf Bezugssysteme, die sich jenseits der erkennbaren Welt verorten, nicht nur intellektuell vertretbar, er kann auch eine Reihe pragmatischer Boni für sich in Anspruch nehmen (siehe D 7). Dies bedeutet nicht, dass nun alles wieder erlaubt sei und beliebige Aussagen getroffen werden könnten, wie es im spätmittelalterlichen Symbolismus möglich erschien (Huizinga, S. 287 ff). Statt geistiger Kurzschlüsse ist vielmehr äußerst sorgfältiges Abwägen gefragt und Differenzierung. Nur unter solchen Prämissen kann ein Bezug auf Außerweltliches in Betracht kommen. Modallogisch können solche Gedankengänge selbstverständlich nicht in die Klasse notwendiger Aussagen eingeordnet werden. Sätze solcher Art sind grundsätzlich im Modus der Möglichkeit zu treffen. Außerdem ist der unterschiedliche Zugangsweg zu beachten. Geisteswissenschaften arbeiten mit hermeneutischen Methoden. Eine Vermischung mit den empirischen, mathematischen und analytischen Verfahrensweisen der Naturwissenschaften stellt eine Grenzüberschreitung dar und würde jederzeit in die Irre führen (siehe oben Teil 1, C 5). Dass das Subjekt sich nicht in der empirischen Welt festhalten kann, liegt auch an deren Verfasstheit als unüberschaubares, bodenloses und sinaverses Bezugssystem, dem man sich nur in der Haltung "belehrter Unwissenheit" nähern kann. Wie lässt sich dennoch ein positives Verhältnis zu dieserm "bodenlosen Weltpalast" finden?

6. Was lässt sich über die Theologie sagen? (der wohlmeinende Schöpfergott)

Angesichts eines Gottesverständnisses wie oben (D 3) skizziert, verbietet es sich von selbst, Spuren Gottes in den offensichtlichen Lücken und Brüchen des wissenschaftlichen Weltbilds zu vermuten. Das gliche dem Versuch, nach einem Regenguss in den Pfützen und Rinnsalen hinter dem Haus den Ozean zu suchen. Allzu leicht gerät man in einen apologetischen Habitus, der nur in Sackgassen enden kann. Versuche, die von Seiten der Physik dazu unternommen wurden – genannt sei hier Fritjof Capra – erbrachten keine überzeugenden Ergebnisse (siehe Fritjof Capra: „Wendezeit“). Wo sonst könnte nach „Spuren Gottes“ gesucht werden? In einer weitgehend aufgeklärten Welt? Und wie könnten sie aussehen? Halten wir uns zunächst an die Experten: Die Ursprungsmythen der meisten Kulturen erzählen davon, dass ein Schöpfergott die Welt nach eigener Vorstellung erschaffen habe (Lindemann, S. 78). Sie ist nach Überzeugung der großen Mehrheit grundsätzlich gut verfasst und hat auch einen sinnvollen Zweck. Von einem Schöpfergott kann man erwarten, dass er seine Geschöpfe liebt, zumindest sich teilweise mit ihnen identifiziert, wie ein Künstler mit seinen Werken. Es hat ihn Mühe gekostet, sie anzufertigen. Im alten Testament sieht Gott in Adam sogar sein Ebenbild. Die christliche Tradition verwendet für Gott die Metapher „Vater“ und meint damit zunächst einen gütigen, wohlmeinenden Erzeuger. Ein anderer Bezug wäre unplausibel, denn wer hat zu dem, was er mühsam geschaffen hat, kein grundsätzlich positives Verhältnis? Entsprechend komfortabel war das Paradies für Adam und Eva eingerichtet. Die Umgangssprache verwendet heute noch die Vorstellung vom Paradies als einem idealen Ort zum Leben. Kulturgeschichtlich steht das Paradies für einen Mythos, der auf einen Anfangszustand rekurriert, wo die Schöpfung noch „unverdorben“ in bester Ordnung war. Trotz mancher „Verderbnis“ in geschichtlich fassbarer Zeit haben jüdische und christliche Kultur stets an ihrem positiven Gottesbezug festgehalten. Es hätte auch andere Möglichkeiten gegeben. Anlässe dafür boten die zahllosen Krisen, Katastrophen, Traditionsabbrüche, die harten Konflikte, denen diese Kulturen in ihrer langen Geschichte ausgesetzt waren, zur Genüge. Doch führte das äußerst selten zur Infragestellung Gottes als wohlmeinender Macht. Gnosis und Manichäismus haben diese Möglichkeit thematisiert, indem sie einen Weltschöpfer (Demiurg) mit fragwürdigen Absichten statuierten, dem sie einen wohlmeinenden Erlösergott gegenüberstellten. Die Welt wurde dadurch zum Kampfplatz zwischen Gut und Böse, Licht und Finsternis. Die gnostischen Alternativen wurden zeitweise heftig diskutiert, letztlich aber mehrheitlich verworfen. Warum entschied sich die große Mehrheit stets für ein positiv gestimmtes Gottesbild? Sehen wir uns einige Beispiele an:

Die prophetischen Heilsansagen im alten Testament beziehen sich zunächst auf den Bund zwischen Gott und Volk Israel am Sinai (Jes. 40,1; + 44, 21f; u.a.). In nachexilischer Zeit werden diese Hoffnungen universell: Bekanntestes Beispiel ist die Vision der Völkerwallfahrt zum Tempelberg Zion, wo alle Nationen sich zu einem Bund des Friedens einfinden. Infolgedessen können Schwerter zu Pflugscharern und Spieße zu Sicheln umgeschmiedet werden (Mi. 4,1-4). Diese globale Friedensansage weist zurück auf den Bund Gottes mit der ganzen Menschheit in der Gestalt des Noah nach der Sintflut (Zimmerli, S. 153). Der in die Wolken weg gehängte Kriegsbogen Gottes soll als Regenbogen an die Zusage erinnern, dass „so lange die Erde steht, soll nicht aufhören Saat und Ernte, Frost und Hitze, Sommer und Winter, Tag und Nacht" (Gn. 8,21f). Die Schöpfung wird als stabile, verlässliche Lebensgrundlage für den Menschen neu definiert (G. v. Rad, S. 169). Die vorhersehbare Rhythmik von Jahreszeiten und Fruchtbarkeit sollen ihm Sicherheit bieten. Himmel und Erde werden dem Menschen zur Heimat erklärt.

Im Hiob-Roman geht es um die Heilserwartung des Einzelnen. Für Hiob zerbricht der überkommene Zusammenhang von Frömmigkeit und Wohlergehen, welcher ihn bis dato getragen hat. Er wird von unverdientem Unglück heimgesucht, das ihm in Form der „Hiobsbotschaften" mitgeteilt wird (Hi. 1,13ff). Er bringt seine Klage darüber vor Gott. Dieser antwortet ihm aus dem „Wettersturm": „Wo warst du, als ich die Erde gründete, … worauf sind ihre Pfeiler eingesenkt..?" (Hi. 38,4ff). Gott tröstet den Hiob nicht, sondern offenbart sich zunächst als Schöpfer. Damit versichert er ihn aber der Möglichkeit, sein Schicksal zu wenden, auch wenn es in der gegebenen Situation aussichtslos erscheint (Zimmerli, S. 144). Wer außer Gott könnte es sonst? Das Unrecht, welches Hiob widerfahren ist, kann am Ende niemand ertragen, selbst Gott nicht. Daher erhält Hiob am Schluss der Erzählung alles Verlorene zurück. Gott mobilisiert eine starke, heilsame Geschehenskontingenz wider Hiobs existentielles Verhängnis. Weil er nicht zulassen will, dass der Satan am

Ende recht behält und seine Ordnungen stört.
Überhaupt wurde Leid im alten Testament nie als Fehlleistung des göttlichen Schutzherren interpretiert, sondern meist als Folge eigenen Versagens (Hi. 8). Im Hiobroman darf ausnahmsweise der Satan Hand anlegen (Hi. 1,12 ff), sonst geht Unglück regelmäßig auf menschliche Verfehlung gegen Gottes Gebote zurück mit der Konsequenz von Gotteszorn und Gericht (Jes. 5, 20-24). Hatte der himmlische Zornkönig sich ausgetobt, lebte die Perspektive von Vergebung und rettender Gnade wieder auf (z.B. als „Treue Jahwes" in Jes. 40, 1f). Israels zäher Glaube stützte sich auf die überlieferte Erfahrung von Rettung aus größter Not in der Frühzeit seiner Geschichte (z.B. in Ex. 14, Ex. 16). Selbst in den politischen Katastrophen Israels blieb Gott an der Seite seines Volkes (Klgl. 3, 22-39). Statt zu resignieren, entwickelte die jüdische Kultur geschichtstheologische Entwürfe, die neue Aussichten boten (Jes. 40,1 ff). Auf prophetischem Boden wuchsen regulative Ideen von Heilung, Einheit, Versöhnung und Erlösung (Sellin-Fohrer, S. 420, 441, 458). Solche Bewältigungsstrategien waren offensichtlich erfolgreich, denn sie wurden überliefert und einige der darin enthaltenen Wertsetzungen wirkten fort.
Die junge Kirche fand im prophetischen Denken des alten Testaments zahlreiche Anknüpfungspunkte. Oft wurde auf bekannte Traditionsstücke verwiesen (Heussi, S. 27). Viele Passagen in der neutestamentlichen Literatur lesen sich wie Kommentare zu alttestamentlichen, vor allem prophetischen Schriften. Das alte Testament war ja die Bibel der ersten christlichen Generationen. Bekannt sind z.B. die Gottesknechtslieder im Buch des Deuterojesaja (Jes. 40-55). Die junge Kirche sah die Christusbotschaft schon im alten Testament vorbereitet. So deutet in der Erzählung vom „Kämmerer aus Äthiopien" (Apg. 8,26-40) Philippus die Person des letzten Gottesknechtslieds (Jes. 53,4 ff) direkt auf Christus. Er sei der Gottesknecht, der die Sünden des Volkes durch sein Opfer tilgt. Das ganze alte Testament wurde von vornherein christologisch gedeutet. So konnte aus der Katastrophe der Kreuzigung der Glaube an Jesu Auferweckung durch Gottes Eingreifen bestärkt werden. In einem zweiten Schritt folgte die Überzeugung, dieses Geschehen habe Heilsbedeutung für alle Gläubigen (Apg. 10,34 f), schließlich für „alle Völker" (Mt. 28,19).
Zur kosmischen Perspektive findet schließlich die Apokalyptik. Wie in den Ursprungserzählungen der Genesis rückt nun wieder das Ganze der Schöpfung in den Blick. Er weitet sich über Israel, die Völkerwelt und alles Lebendige hinaus ins Globale. Es geht um nichts weniger als eine umfassende Welter-

neuerung. Eingeleitet wird sie durch Katastrophen, die mit dem Überkommenen gründlich aufräumen (Apk. 8,7 ff). Auf das Weltende folgt ein Weltgericht, welches der Wiederherstellung von Gerechtigkeit dient. Am Horizont dieser Geschehensabfolge steht eine ewig andauernde Heilszeit, in die alle Geschöpfe eingeschlossen werden (Apk. 22, 1-5). Apokalyptische Erwartungen setzen ein großes Vertrauen voraus. Gottes Zusage, die Gläubigen nach einer Zeit der Prüfungen vor den kommenden Katastrophen zu bewahren, wird nicht angezweifelt (Apk. 2,10, siehe Lohse Grundriss, S. 160). Ihre Begründung finden diese Visionen in Gottes geschichtlichen Heilstaten, (Apk. 12,11), die letztlich im Schöpfungswunder gründen (Apk. 1, 8). Hinzu kommt die Erwartung einer Wiederkunft Christi (Lohse Offenbarung, S. 119).

Auch bei Paulus wird ein universales Heil angekündigt. Auch er erwartet mit der Wiederkunft Christi eine vollständige Erneuerung. Ermöglicht wird sie durch dessen Sühnetod am Kreuz, der nicht nur die Menschen, sondern mit ihnen alles übrige Leben vom Stigma der Gottesferne und Vergänglichkeit (Sünde) befreit. Im Römerbrief (Rm. 8,20 ff) bekennt der Apostel: „Denn die Schöpfung ist ja unterworfen der Vergänglichkeit", doch „auch die Schöpfung wird frei werden von der Vergänglichkeit zu der herrlichen Freiheit der Kinder Gottes" (Moltmann Schöpfung, S. 53).

Der Hebräerbrief schließlich bekennt Christus als universalen Vollender von Gottes Schöpfungswerk (Lohse, Grundriss S. 151). Gott habe ihn zum Erben über alles eingesetzt und mit dem endzeitlichen Regiment beauftragt (Hebr. 1, 2b -3). Es wird unterschieden zwischen erster und zweiter Schöpfung: Die erste ist zum Vergehen bestimmt (Hebr. 1, 10-12). Die zweite wird geschaffen durch das Sühnopfer Christi, der als Hoherpriester die Sünde tilgt (Hebr. 2,17) und einen neuen Bund stiftet (Hebr. 9,15 + 26). Der „neue Bund" markiert den Beginn einer Heilszeit, die über die Weltzeit hinaus ins Eschaton reicht.

Die Kirchen gingen ganz in diesem veränderten Gottesverhältnis auf. Sie ließen den Gotteszorn durch den Kreuzestod Jesu erledigt sein (Kol. 1,20, Eph. 2, 17-20, siehe auch Lohse, Grundriss S. 153). Negative Erfahrungen wurden nicht mehr durch Gesetzeserfüllung und Opfer, sondern in Klage und Fürbitte bewältigt. Der Gottessohn Jesus Christus rückte in die Rolle des Erlösers und Heilsmittlers, der alles Unglück wenden half und die künftige Auferweckung verbürgte. Ihm galt es zu vertrauen, mit ihm ging der Christ eine enge personale Beziehung ein, die in Gebet und Eucharistie regelmäßig zu pflegen war. Ein Kirchenlied Martin Luthers entfaltet dieses Drama (EG. 341). Es heißt da:

„Dem Teufel ich gefangen lag/ im Tod war ich verloren/ mein Sünd mich quälte Nacht und Tag/ darin ich war geboren/ ich fiel auch immer tiefer drein/ es war kein Guts am Leben mein.“ „Da jammert Gott in Ewigkeit/ mein Elend übermaßen/ er dacht an sein Barmherzigkeit/ er wollt mir helfen lassen/ er wandt zu mir das Vaterherz/ es war für ihn fürwahr kein Scherz.“ „Er sprach zu seinem lieben Sohn/ die Zeit ist zu erbarmen/ fahr hin meins Herzens werte Kron/ und sei das Heil dem Armen/ und hilf ihm aus der Sünden Not/ erwürg für ihn den bittern Tod/ und lass ihn mit dir leben.“

Die Kirchengesangbücher sind reich an Zeugnissen dieser veränderten Mentalität. Gott bleibt angesichts zahlloser Verhängnisse der Hoffnungspunkt für positive Verläufe, für Chancen jenseits aller Vorhersehbarkeit, für Hoffnung, die noch angesichts des Todes ihr Recht behält. Gottesdienste, Bußhandlungen, Gebete und Lieder dienten der Rekonstruktion sinnumfangenen Lebens, halfen bei der Einübung in duldsame, arbeitsame Bewältigung. Spuren Gottes sind unserem kulturellen Gedächtnis also reichlich eingeprägt, auch wenn sie nicht bis in die Welt des Faktischen reichen. Der Gottesgedanke gab trotzdem Halt in der Not, er strafte, rettete, befreite, stiftete neue Sinnbezüge, spannte ein Sicherheitsnetz, durch das niemand tiefer fallen konnte, als in seine Hand. Gott spielte die Rolle eines umfassenden Sinngebers, der dem Subjekt mit Liebe begegnete. Solche Aspekte heraus zu arbeiten, ist Zweck und bleibende Aufgabe der Theologie. Kann sie zugleich einen Beitrag leisten, um den Weltprozess besser zu verstehen? Können die kulturell eingeschriebenen Spuren Gottes unser Weltbild ergänzen oder vervollständigen? Sollen sie das? Voraussetzung dafür wäre, dem o.g. Desiderat, Physik und Theologie näher zusammen zu rücken, zu folgen, ohne dass beides vermischt wird (siehe oben unter C 9). Ggf. könnte dieser Versuch beiden Disziplinen von Nutzen sein, indem theologisches Denken weltlich erfüllt und naturwissenschaftliches Denken mit Sinnaspekten befruchtet würde. Das Dynamische im biblischen Schöpfungsglauben und die Offenheit des aktuellen Weltbildes weisen immerhin einige strukturelle Parallelen auf. Unabhängig davon bleibt festzuhalten, dass die Theologie einen großen Vorrat an Ideen verwaltet, die ein positives Weltverhältnis beinhalten. Wie kann dieser Ideenschatz nun fruchtbar gemacht werden?

7. Wertangebote gegen allgegenwärtige Verunsicherung

Schon die biblischen Hoffnungsentwürfe entstanden in der Absicht, ihren Adressaten Trost und Halt zu schenken. Das begann mit einfachen Opferritualen, die im Alltag Stabilität boten (siehe C 4). Selbst die Unheilspropheten hielten, nachdem sie ihre Strafpredigten abgeliefert hatten, für ihr Publikum noch einen positiven Ausblick bereit (Jer. 30-33). Dass der grundlegende Optimismus des jüdischen und christlichen Gottesverhältnisses vielfach hilfreich war, zeigt die Geschichte: Aus dem politisch gescheiterten Staatswesen Israels fügte sich eine nachexilische Religionsgemeinschaft. Die geflohene Anhängerschar Jesu fand sich nach Ostern zur Kirche. Ohne die segensreiche Wirkung hoffnungsvoller Botschaften wären ihre Hoffnungen schon im Tumult der akuten Ereignisse verwischt, spätestens die Folgegeneration wäre im Rauschen der Historie untergegangen und längst vergessen. Die „frohe“ Botschaft des Evangeliums hat nicht nur ihre Träger verändert, sondern zugleich ihre Umwelt real, geschichtswirksam transformiert. Dass diese Ideen ihr Potential auch in Zukunft werden entfalten können, sofern sie in den richtigen Kontext gestellt werden, ist wahrscheinlich (s.u.). Abzuweisen sind allerdings die bekannten historischen Fehlentwicklungen in Gestalt von Leib und Sexualfeindschaft, die Tendenz zur Gewaltanwendung gegen Andersgläubige, die Neigung zu Dogmatismus, der jeden Fortschritt hemmt, und das Bündnis von Kirche und jeweils herrschenden Eliten mit der Folge, sich politisch rückwärts zu orientieren. Das abendländische Beispiel ist kein Einzelfall. Alle Religionen haben vergleichbare Werte entwickelt und bewahrt. Weltvertrauen, Nächstenliebe, Lebensfreundlichkeit, Gottvertrauen, Solidarität, Opferbereitschaft, Verbundenheit, Mut zum Sein usw. (Lindemann, S. 87ff + 104ff). In unterschiedlichsten Kombinationen und Kontexten lässt sich das Gleiche finden. Leider müssen die meisten zugleich noch Hypotheken aus eigenen Irrtümern abtragen oder sie laborieren an schmerzenden Wunden aus der Vergangenheit herum, was historisch – kritischen Umgang mit der Überlieferung und entsprechende Lernprozesse notwendig macht. Die Entwicklung von Werten im Schoß der Religion war meist bedingt durch existentielle Not (Zimmerli, S. 18-20 + 132f). In der Angst richtete man sich an eine höchste Instanz (Ex. 14,10). Die war dem Beter bereits bekannt durch Gebet, Opfer, Ritual. Wie man sich beim Gott der Wetterstürme und anderen numinosen Präsenzen Gehör verschafft, wusste man. Es bestand ein vertrautes Verhältnis, in dem sich Leistung und Gegenleistung entsprachen, wenn Feldfrüchte und Erstgeborenes auf dem Altar schmorten „zum lieblichen Geruch des Herrn“

(Lev. 1,9), blickte man zuversichtlich in die nächste Erntesaison. Der Himmelsherr hielt die kleine Welt der Bauern und Hirten zusammen und sorgte für Regen, Vegetation und Gedeihen, half gelegentlich auch gegen räuberische Rotten und Aussatz. Doch in den Krisenzeiten Israels genügten plötzlich die Opfer nicht mehr. Mit dem Gewahrwerden der äußeren und inneren Gefahren stieg das Empfinden für eine strengere Verpflichtung gegenüber Gott, der ein Mehr an Glaubensgehorsam und innerer Umkehr zu fordern schien. Der Prophet Hosea dokumentiert den Übergang vom gewohnheitsmäßigen Ritual zur ethischen Forderung, die viel schwerer zu erfüllen war: „Denn ich habe Lust an der Liebe und nicht am Opfer, an der Erkenntnis Gottes, nicht am Brandopfer" (Hos. 6,6). Amos richtet seinem Publikum aus: "Ich bin euren Feiertagen gram und verachte sie... ich mag eure fetten Dankopfer nicht ansehen. Tu weg von mir das Geplärr eurer Lieder. Es ströme aber das Recht wie Wasser und die Gerechtigkeit wie ein nie versiegender Bach" (Am. 5, 21-24, siehe auch H.W. Wolff, S. 54 f) Die Entwicklung werthafter Glaubens und Verhaltenskonzepte zeigt hier ein Bedürfnis, die Verhältnisse im Umfeld des Einzelnen in Ordnung zu bringen, sich von schädlichen Gewohnheiten abzuwenden und die Gemeinschaft gegen ihr Umfeld abzugrenzen. Sie dienen in erster Linie dem Überleben. (v. Rad II, S. 406, Conzelmann, S. 329f). Spätere Entwicklungen führten zu Tugendkatalogen und Bekenntnissen (Conzelmann, S. 310f). Sie verfolgten ähnliche Zwecke: Einzelne, ihre Familien und Gemeinschaften sollten ihre Identität bewahren, Orientierung gewinnen und sich in einer veränderten Welt behaupten lernen. Diese Werte blieben durch Tradition und Dogmatik erhalten und wirken bis in unsere Gegenwart. Sie sind jederzeit aktualisierbar. Es scheint, als nehme das Bedürfnis nach religiöser Daseinsbewältigung wieder deutlich zu, nicht nur im islamischen Kultursektor. Offenbar kann Glaube der bedrohten Subjektivität Hilfestellung geben. Unsere Gegenwart, geprägt durch Globalisierung, Beschleunigung, Digitalisierung, Mobilität und Wertewandel, bietet Grund genug, sich rückzuversichern. Strukturen und Überzeugungen, auf die man sich bisher verlassen konnte, zerbröseln. Fremdheit, Orientierungsverlust und Sinnleere breiten sich aus. Das löst Ängste aus, die bei Wahlen sich nach ganz rechts orientieren lassen. Können religiös getönte Wertorientierungen da noch helfen?

Kehren wir zum Beispiel aus D 4 zurück: Viele Neurowissenschaftler vertreten die These, das menschliche Bewusstsein sei bloß ein „Epiphänomen" (siehe Newen, S. 19 + 24). Die unausweichliche Folgerung ist dramatisch: Wenn Bewusstsein identisch ist mit Gehirnprozessen, gibt es auch keine wirklich

freien Entscheidungen mehr. Autonomie – eine schöne Illusion (siehe B 2: Der „Ego-Tunnel"). Der Mensch wäre dann in Wahrheit aus genetischer Information, sozialer Interaktion und Lebensgeschichte generiert. Mehr stecke nicht in ihm. Das individuelle Verhalten der Person ginge im Rauschen der Statistik unter. Dann spielte es natürlich auch keine Rolle. Dieses vorgeblich realistische Bild entspricht genau der Verzweckung heutigen Lebens im Geist der mobilisierenden Moderne, die keinen Stein auf dem anderen lässt, um alles dem ökonomischen Verwertungsziel zuzuführen, einem hungrigen Moloch, der ständig gefüttert werden muss. Die Entwicklung verläuft ungesteuert, auch wenn sie sich mancherlei kybernetischer Assistenzsysteme bedient. Sie kann als hektisches Nach – vorne – Stürzen beschrieben werden. Die Menschen scheinen einer sich selbst beschleunigenden Weltapparatur ausgeliefert. Sie wirken in dieser Welt wie subjektlose Zombies, die halb besinnungslos umherirren, auf der Suche nach einem Zuhause, das sie natürlich nie finden, denn ihr Gehirn ist auf Arbeiten und Verbrauchen programmiert, und für den Arbeitsmarkt muss man mobil sein. Fällt einmal das Licht aus, rotten sich die Untoten zusammen, dringen mit Brechstangen in Supermärkte und Glaspaläste ein und beginnen alles zu verwüsten. Der Philosoph Peter Sloterdijk vergleicht die derzeitige Menschheit mit der Besatzung eines Flugzeugs, das sich in die Luft erhoben hat, bevor die Techniker Zeit fanden, das Fahrwerk für eine Landung einzubauen (Sloterdijk, Neuzeit S. 74).
Gegenüber solchen Einschätzungen und Dystopien bestehen religiöse Überzeugungen auf Freiheit und Subjektivität. Selbst wenn wir uns in einem „Ego – Tunnel" befinden sollten, wählen wir aus und entscheiden (siehe B 3). Ohne Freiheit gäbe es kein Subjekt, ohne Subjektivität keinen Menschen (Pannenberg, Gottesgedanke S. 22 f). Sein Wesen sei durch Einmaligkeit und Verantwortungsfähigkeit bestimmt, selbst eineiige Zwillinge sind Individuen. Aus der Vorstellung einer liebenden Zuwendung Gottes an jeden Einzelnen folge ein Dasein, das sich trotz seiner Unvollkommenheit angenommen weiß und keiner Bestätigung auf dem Gehaltszettel, durch PS Zahlen, oder biedermeierliches Familienglück nach dem Muster amerikanischer Seifenopern bedarf. Das meinte der Theologe Paul Tillich mit seinem Großbegriff „Mut zum Sein" (P. Tillich, Mut S. 1ff). Dieser Mut hat drei Optionen: Er kann aus Partizipation gewonnen werden, indem der Einzelne sich Gruppen anschließt und so der Vereinzelung entgeht (a.a.O., S. 66 - 76). Er kann durch Individuation kommen, indem eine Person sich aus Abhängigkeiten befreit und lernt, ein autonomes Ich zu sein (a.a.O., S. 83 ff). Entscheidend ist die dritte

Wahl: Der Mut, welcher sich aus dem Gehaltensein durch eine letzte, transzendente Instanz ergibt. Für „Trost und Hoffnung" ist die letzte Option am tragfähigsten, weil er sich auf Gott verlässt, der „Himmel und Erde" gemacht hat und jedes Leben rechtfertigt. Er ruht auf transzendentem Fundament (a.a.O., S. 108 ff). Ein Mensch, der seiner selbst nicht gewiss ist, weil weder ein stabiles Ich, noch bewusste Entscheidungen ihm zweifelsfrei bleiben (weil er sie in lichten Momenten der Wahrhaftigkeit vielleicht gar verneinen muss), hätte nach Tillich Schwierigkeiten, entschlossen und sinnvoll zu handeln.
So sprechen gute Gründe dafür, Wertangebote aus religiöser Tradition und Überzeugung ernst zu nehmen. Auch wenn Sachverhalte der Metaphysik und Glaubensüberzeugungen sich in der Dingwelt nicht aufweisen lassen, waren sie in der Vergangenheit überlebenswichtig und geschichtswirksam. Sie sind mehr als bloße Phantasieprodukte, weil sie die Subjektivität der handelnden Personen bestimmten: Wer sein Ich durch eine göttliche Wirklichkeit getragen fühlt, wird sein Tun danach ausrichten, wie er sich selbst in diesem Kontext erfährt. Um die Zukunft zu bewältigen, werden solche Identitäten womöglich eine wichtige Rolle spielen.

8. Die Jenseitigkeit Gottes

In Antike und Mittelalter war das dreistöckige biblische Weltbild gängig. Es bot eine Art Bühne, auf der sich die Dramen zwischen Gott und Mensch abspielten. Gott regierte vom Schnürboden herab ins Welttheater hinein, sobald es nötig schien. Nach jedem Akt zog er sich wieder zurück in seine „heilige Wohnung im Himmel" (Dtn. 26,15). Als mit Beginn der Neuzeit das alte Theater in Konkurs ging und abgerissen werden musste, wurde er obdachlos. So erschien es jedenfalls vielen. Das verweist auf ein Missverständnis. Wie kann der Bedingungsgrund der Welt ein Teil dieser Welt sein? Mit Eigenschaften, wie sie typisch sind für endliche Wesen? Wie konnte Gott als Akteur auf einer Bühne erscheinen, wo sich sonst nur Sterbliche tummeln?
Die griechische Religion kannte Gottheiten, die sich stritten, liebten, gegeneinander verbündeten, die sich von Eifersucht, Neid, Missgunst und Häme zu unbedachten Handlungen verleiten ließen, für die sie später büßen mussten. Sie genossen hohen Unterhaltungswert, doch konnte man sich ihnen anvertrauen? Wollte man ihnen das ganze Leben mit allem, was einem lieb und wert ist, ausliefern? Schon auf der antiken Weltbühne hat dieser Zweifel für manche Verwirrung gesorgt. Die Götter verloren am Ende wegen ihrer allzu menschlichen Eskapaden an Glaubwürdigkeit. Mit Vollendung der Aufklä-

rung drohte dem christlichen Gott ein ähnliches Geschick. Weniger wegen allzu viel Menschlichkeit, stattdessen wegen unerwarteter Obdachlosigkeit. Darum soll der sowjetische Kosmonaut Juri Gagarin, der als erster Mensch im All war, auf die Frage, ob er Gott gesehen habe, geantwortet haben: „Ich habe gesucht und gesucht, aber ihn nicht gefunden." Aus diesem Grund kann von Gott nur dann ernsthaft gesprochen werden, so lange er nicht Teil der geschaffenen Welt ist. Als Schöpfer und Erhalter steht er a priori seiner Welt gegenüber (Pöhlmann, S.126). Man kann sich nur darüber wundern, wie oft gegen diese Selbstverständlichkeit verstoßen wurde. Es müsste doch evident sein, dass Gott nur in dieser Distanz seine Souveränität bewahren und zugleich wirksam handeln kann. Das Motiv für die sinnsprengende Gottesnähe ist nachvollziehbar. Ein allzu ferner Himmelsgott wäre im Alltag wenig hilfreich. Den Gläubigen schien er mit Wichtigerem befasst, als dass er sich um die kleinen Nöte der Einzelnen kümmern konnte. Dieser heikle Widerspruch war das entscheidende Motiv für die Ausgestaltung der Trinitätslehre in der christlichen Antike. Ihr Zweck bestand darin, beide notwendigen Aspekte am Gottesbild begrifflich zu fassen: Distanz und Nähe. Gott greift nicht selbst ins Geschehen ein, sondern sendet Christus und den Heiligen Geist. Er muss nicht um seine Autorität kämpfen. Er lässt sich nicht zu sehr auf die Welt ein, nimmt nicht am Prozess des Vergänglichen teil, indem er zeugt, selbst geboren wird und stirbt wie die Natur und Mysteriengottheiten der spätrömischen Epoche. Er ist einfach immer schon da, „von Ewigkeit zu Ewigkeit." Diese Nicht-Weltlichkeit unterscheidet ihn fundamental von allem Geschaffenen. Seine Jenseitigkeit bedeutet nicht, dass er gleichgültig gegenüber seiner Schöpfung wäre. Er handelt mittels dreier Personen (Hypostasen) als Vater, Sohn und heiliger Geist, die auf der Grundlage eines gemeinsamen Wesens (usia) eins sind. Bezogen auf Raum und Zeit bedeutet dies eine Differenz: zwischen Diesseits und Jenseits, zwischen Zeit und Ewigkeit.

Der hypothetisch anzunehmende göttliche Schöpfungsakt geschah daher nicht innerhalb der Zeit, weil diese ja Teil des Geschaffenen ist. Immanuel Kant meinte, dass Zeit ohnehin nicht mehr sei als eine Anschauungsform, eine von unserem Geist als apriorische Form gebildete Zugangsweise zur Welt. Ihr komme daher keine eigenständige empirische Erfahrungsqualität zu. Manche Physiker unserer Zeit, die Einsteins Relativitätstheorie weiter entwickeln, behaupten, Zeit sei tatsächlich keine fundamentale Eigenschaft des Universums, sondern eine bequeme Weise, die unendlich komplexen Bezüge zwischen den Vorgängen der Welt auf einen gemeinsamen Nenner zu bringen.

Zeit wäre demnach eine Art gemeinsamer Währung, welche die Beschreibung der Welt erleichtert, ähnlich wie Geld einst den viel zu umständlichen Naturalientausch ersetzt hat (C. Callender, S. 37). Die uns bekannte Welt jedenfalls kann nur aus einer nichtzeitlichen Kategorie heraus als Totalität begriffen werden. Darauf deutet auch das Postulat einer „imaginären Zeit", die in der rezenten Kosmologie benötigt wird, um Quantentheorie und Gravitation komp0atibel zu machen, was einen Ausweg in höhere Dimensionen nahe legt. Alternativ muss der Anfangszustand des Universums als nicht zeitlich, nicht räumlich, also nicht weltlich bestimmt werden. Jenseits einer archaischen Singularität lassen sich jedenfalls keine Aussagen über Zustände und Verhältnisse treffen. Das ist vom Schöpfungsverständnis der christlichen Tradition gar nicht weit entfernt. Die Schöpfungserzählungen lassen den schaffenden Gott aus einem nichtzeitlichen Urzustand heraus handeln (s. Teil 2, 6). Ihn selbst bestimmen sie als „ewig" seiend, was so viel bedeutet wie: aller Zeitlichkeit enthoben. Er ist die Letztursache aller Dinge. Die dialektische Theologie im frühen 20ten Jahrhundert hat Gott, unter Berufung auf Kierkegaard, als „den ganz Anderen" bezeichnet, der in einem „unendlichen qualitativen Unterschied zum Kosmos steht. Er könne durch keine weltliche Kategorie in seinem Wesen bestimmt werden: „Gott kann nur durch Gott erkannt werden" (Anselm v. Canterbury, zit, nach K. Barth KD 1,1). Leider ist Ewigkeit für menschliches Denken ein unanschaulicher Zeitmodus. Das hat sie gemeinsam mit der „imaginären Zeit" der modernen Kosmologie. Nichts Bekanntes hat Eigenschaften, die wir als "ewig" klassifizieren könnten, selbst die Naturverfassung nicht. Offensichtlich ist Ewigkeit eine nicht – weltliche, jenseitige Kategorie. Der Begriff Ewigkeit bedeutet zeitunabhängige Gegenwart.Damit ist eine Art „absoluter Zeit" gemeint. Von dieser absoluten Gegenwart her müssen alle Zeitpunkte im Diesseits gleich weit entfernt sein. Da Ewigkeit immer zugleich als Ort Gottes qualifiziert ist (beide sind absolut), wäre Schöpfung ein permanenter Prozess. Jenseitig fundiert und doch diesseits wirkend (siehe auch Davies S. 14 ff). Zwar hat die Zeit für uns Anfang und Ende, doch ist sie umgriffen von einem konstanten Wirken, welches im Weltprozess geheimnisvoll präsent ist. Vergleichbar der biblisch mitgeteilten Erfahrung des gläubigen Israel, das in seiner Geschichte Jahwes betreuende Begleitung erfuhr. Auch wenn diese nicht zu jedem Zeitpunkt erkennbar war.

Ähnlich verhält es sich mit dem Raum: Das Universum hat seinen Anfang in der physikalisch nicht beschreibbaren Singularität und entwickelte sich in einer geschichtlichen Dynamik auf unsere Gegenwart zu. Zu Beginn, an der

Grenze des Errechenbaren, zeigen sich exotische Verhältnisse: So lässt sich das anfängliche Volumen des Universums rechnerisch auf eine Entität bringen, die keine Ausdehnung hat, also unendlich klein sein müsste. Dort müsste zugleich unendliche Dichte und grenzenlose Hitze geherrscht haben. Mit gesundem Menschenverstand haben solche Theorien nichts mehr zu tun. Sie muten uns zu, Unsinniges für wahr zu halten. Raum wie Zeit sind erst diesseits einer hypothetischen Anfangsphase sinnvoll beschreibbar. Was davor liegen mag, versucht man sich besser nicht vorzustellen. Demgegenüber erscheinen die biblischen Bekenntnisse geradezu vernünftig. Nach dem Buch Genesis habe Gott die sichtbare Welt aus dem Nichts erschaffen (siehe Teil 2, 7) und bleibe ihr gegenüber transzendent. Er ist „in der Welt ihr gegenüber" (Pöhlmann, S. 96). Der Theologe Paul Tillich beschrieb ihn als „überpersönliche", umfassend-kosmische „Macht des Seins" (Tillich II, S. 18ff), als „schöpferischen Grund" (Tillich I, S. 290ff) und „Quelle der Sinnbejahung" (Tillich II, S. 19), von dem nur in symbolischer Weise gesprochen werden könne (Tillich I, S.157). Mit dem physikalischen Weltbild ist dies vereinbar. Zu diesen Umschreibungen passt, was wir über Gott in D 3 festgestellt haben: Seine wichtigsten Eigenschaften sind Unbegrenztheit, die sämtliche Möglichkeiten einschließt und sämtliche Grenzen transzendiert, sowie Aseität, die sich selbst Sinn verleiht, ohne von einer anderen Instanz abhängig zu sein. Für das menschliche Subjekt ergibt sich daraus die Möglichkeit vertrauensvoller Kommunikation, die hilfreich wirken kann: Gott kann als Postulat der existentiellen Vernunft bezeichnet werden.

9. Die „Welt" – ein veränderliches System, offen für Sinndeutung

Unser kulturell vermitteltes Wirklichkeitsverständnis überspannt heute ein breites und vielfältiges Spektrum. Zwischen den Extremen – einem monistischen Naturalismus auf der einen Seite und einem dezisionistisch – irrationalen Fundamentalismus auf der anderen – ist viel Platz. Wie unsere Untersuchung von Unbestimmtheit, Determination, Emergenz und Zufall gezeigt hat, sind die Verhältnisse in der Natur viel zu kompliziert, um in die ideologischen Schubladen der Extreme zu passen und erfordern differenzierte Betrachtung. Ein Widerspruch zwischen aktuellem Weltwissen und werthaft religiöser Sinndeutung existiert tatsächlich nicht. Darum haben Protesthaltungen auf beiden Seiten keine Legitimation. Theologisch fundierte Sinndeutung muss rationalen und empirischen Wahrheitskriterien folgen, um ernst genommen zu werden. Die naturwissenschaftliche Betrachtung unserer Welt hat deren Geschichtlichkeit und Kontingenz offenbart. Das ist anzuerkennen. Vor allem die fundamentalen Asymmetrien, die unser Universum erst möglich machen, die universal wirksamen Momente starker Emergenz in Geschichte und Gegenwart, die zahllosen übergeordnete Ordnungsprinzipien und die unaufhebbaren Geheimnisse in Zusammenhang mit Raum, Zeit und Materie empfehlen eine offene Betrachtungsweise. Das zeigt sich besonders an grundlegenden Ordnungsphänomenen. Statt auf eine reduktionistische Weltformel läuft die Wissensentwicklung – zumindest in unserer Gegenwart – auf ein komplexes System von regulatorischen Strukturen hinaus, in dem die bekannten Naturgesetze korrespondieren, ohne zwangsläufig Hierarchien bilden zu müssen. Jederzeit kann sich das Weltbild durch neu entdeckte Zusammenhänge verändern. Das gilt besonders sinnfällig für Prozesse, die unsere Lebenswelt prägen. Vieles ist nicht berechenbar, auch wenn es klaren Regeln folgt. Unsere Welt ist ein offenes System, dessen Elemente auf unendlich vielfältige Weise miteinander vernetzt sind. Wegen seiner unüberschaubaren Komplexität verstehen wir dieses Gesamtsystem nur teilweise. Das kann nicht verwundern, denn der Mensch und seine Welt sind gleichermaßen Ergebnisse eines übergeordneten Evolutionsgeschehens, das allem Wirklichen Regeln, Gesetze und Freiheitsgrade verordnet und seinerseits im Wandel begriffen ist.

Wie können wir nun mit diesem Übergeordneten umgehen, das sich kaum fassen lässt? Eine Möglichkeit wäre der Rückgriff auf die negative Theologie. Nikolaus v. Kues hatte die Idee einer belehrten Unwissenheit. Lässt sie sich auf unsere Situation anwenden? Wir müssten uns zunächst darauf verständigen, im Dunkel einer relativen Unwissenheit zu sein. Alle Bestimmungen über Ursprung und Ziel der Welt, alle Theorien über unser Subjekt erbringen keine Gewissheit. Unser Wissen ist Stückwerk (1. Kor. 13, 9) und wird es vermutlich bleiben. Die Wahrheit über das Ganze kann, wenn überhaupt, nur aufleuchten „in der Weise des Nichterfassens". Die „Unaussprechlichkeit" des Ganzen hat ihren Grund in dessen „unendlichen Erhabenheit" über alles, was sich mit rationalem Denken erschließen ließe. Da der Mensch in den Grenzen seiner Fähigkeiten befangen bleibt, wäre er auf die Mithilfe „des Vollkommenen" (1, Kor. 13,10) angewiesen, eines „intellectus" im Sinne des Nikolaus v. Kues. Das wäre aber eine göttliche Gabe, die uns nicht zur Verfügung steht. Damit bleiben wir auf halbem Weg stehen. Die Offenbarung, dass es einen göttlichen Mittelpunkt des Alls gibt, in welchem alle disparaten Strukturen der Welt in Eins fallen, bleibt aus. Das „widerspruchsfreie Urprinzip" aller Wirklichkeit, aus dem die Welt hervorging, bleibt spekulativ. Die Paradiesmauer ist definitiv zu hoch. Wer hätte auch anderes erwartet? Hier hilft negative Theologie nicht weiter.

David Bohm versuchte einen alternativen Weg (siehe oben unter D 5): Neben dem disziplinierten Wissenserwerb unserer empirischen Disziplinen sollten auch andere Wahrheiten Geltung beanspruchen können. Etwa künstlerische Wahrnehmungen mit ihrem Gespür für die unendlich vielen Nuancen möglicher Auffassungen von Wirklichkeit, die wir Menschen unmittelbar verstehen, ohne dass wir sie immer in Begriffe fassen können. Die Einbeziehung alternativer Perspektiven und Wahrheitsmethoden, wie sie Kunst, Kreativität, Ironie und Kultur im weitesten Sinn bieten, würde in der Konsequenz auf ganzheitliche, holistische Konzepte hinauslaufen, die sich von der reduktionistischen Sicht des herkömmlichen Wissensbetriebs abheben, ohne sie ersetzen zu wollen. Das Verhältnis zwischen reduktionistisch – empirischem Ansatz und holistischem Blickwinkel solle als Ergänzung wirken. In einem umfassenderen Kontext könnte das distanzierende Moment ironischer Brechung und die relativierend metaphorische Sprache der Kunst helfen, das bisherige Stückwerk zu hinterfragen und neue, verbesserte Bilder der Welt zu entwerfen, um der Wahrheit damit näher zu kommen. Dieses künstlerisch ergänzte Weltbild hat den Nachteil weitgehender Unbestimmtheit. Verlässliche Aussagen lassen sich auf der Basis ganzheitlicher Werkschauen, von Kreativität und Ironie nicht treffen.

Das Übergeordnete lässt sich also weder mit der belehrten Unwissenheit einer negativen Theologie fassen noch mit David Bohms künstlerischer Ergänzung. Trotzdem erscheinen mir beide Ansätze unverzichtbar. Zum einen wegen des Vorbehalts, der in letzten Fragen immer zu treffen ist, um nicht der Gefahr ideologisch abgeschlossener Weltbilder zu erliegen, zum anderen wegen der ganzheitlichen Sichtweise, die uns hilft, alle Potentiale menschlicher Erkenntnisfähigkeit zu nutzen. Beides ist für die o.a. „offene Betrachtungsweise" unabdingbar. Diese Offenheit gilt natürlich nicht nur im Blick auf den übergeordneten Prozess der Evolution, sondern in gleichem Maß auch für dessen schöpfungstheologische Interpretationen. Das Verfahren der Hermeneutik (s. D 10) setzt Offenheit voraus und kann als Leitplanke dienen.

10. Das Evolutionsgeschehen – Ausdruck einer verborgen wirkenden Kontingenz?

Der Weltprozess kann religiös von einer allumfassenden und permanent wirkenden, zugleich verborgen bleibenden Dynamik her gedeutet werden. Als Ursache dieser Dynamik käme in erster Linie ein kontingent wirkendes Prinzip in Frage, das sich selbst begründen müsste, wenn wir einen „regressus ad infinitum“ vermeiden wollen. Kontingenz ist eine unentbehrliche Eigenschaft dieses Prinzips, weil es andernfalls nach der Modallogik entweder notwendig oder unmöglich sein müsste. Eine notwendige Welt hätte eine vollkommen symmetrische und damit logischer Gesetzmäßigkeit folgende Verfasstheit. Ein derartiges Universum könnte nicht existieren (vgl. A 4). Die Symmetriebrechungen und Asymmetrien, welche das Universum und damit alles Dasein erst ermöglichen, zeigen überraschende Entsprechungen zu einem personalen Schöpfungswillen und kreativem Handeln. Das unentbehrliche Kontingenzprinzip weist auf eine zweite Bestimmung: Es kann selbst durch nichts anderes bedingt sein, was im Universum vorkommt. Sonst wäre es Teil des Universums und könnte es nicht hervorgebracht haben. Es ist entweder durch ein drittes, prinzipiell unbegreifbares Prinzip bedingt oder es bedingt sich selbst. Über unbegreifbare Wirkarten kann keine Aussage getroffen werden. Damit nähert sich die zweite Bestimmung des Kontingenzprinzips der Aseität Gottes im religiösen Deutungsschema an, für den beides zutritt: Es kann keine weltliche Aussage über ihn gemacht werden, und er bedingt sich selbst. Eine religiöse Deutung erscheint an diesem Punkt vernünftiger als ein agnostisches „wir wissen da nichts“, weil mit letzterem die Reflexion am Ende wäre. Über ein kontingent verfasstes Prinzip ließen sich hingegen weitere Aussage machen: Sein Wirkungsbereich wäre a priori nicht begrenzbar, da auch für den Weltprozess prinzipiell keine Grenze erkennbar ist. Kontingez, Aseität und Unbegrenzbarkeit: Zusammen genommen umschreiben diese Bestimmungen die wichtigsten Eigenschaften eines Schöpfergottes. Allerdings nähern wir uns mit der Kontingenz eines Schöpfungsaktes, der sich selbst begründet, dem Risiko des thomistischen Gottesbeweis „ex ratione causae efficientis“ an (vgl. D 3), wo Gott als erste Wirkursache definiert ist. Kritiker haben zu Recht eingewendet, dass die Kausalkette nicht willkürlich abgebrochen werden darf, um an der Bruchstelle einen finalen Schöpfergott anzustücken (siehe Hoerster, S. 21). Aber was heißt hier „willkürlich“? Gibt es alternative Möglichkeiten jenseits der verborgenen Dynamik, die den Weltprozess begründet und aufrecht erhält, Kausalität zu denken? Für das menschliche Gehirn offenbar

nicht, sonst wären sie im Lauf der Geistesgeschichte irgendwann aufgekommen. Wir stehen also vor einer fundamentalen Entscheidung:
Entweder wir weisen Kausalität als Erklärungsprinzip ab, sobald wir den Bereich empirischer Erfahrbarkeit verlassen. Dann fällt zugleich die Hypothese einer zwar unerkennbaren, doch wirksamen, sinnstiftenden Kontingenz.
Oder wir lassen Kausalität zu. Dann bewahren wir uns die Chance, den evolutionären Gesamtprozess als sinnhaft und zielgerichtet zu begreifen. In religiöser Sprache ausgedrückt: als Schöpfungswerk. Gottes Schöpfungswerk würde darin bestehen, dass er Voraussetzungen für die geheimnisvolle, verborgene Dynamik bereitstellt, die den Weltprozess einst begonnen hat, seitdem aufrecht erhält und an sein Ziel führt (vgl. oben Teil 2, 6). Er wirkt universal und konstituiert seinen eigenen Sinn. Davon lassen sich Sinn und Ziel des ganzen Universums ableiten. Gottes unbegrenzbare Allmacht und Allgegenwart setzt alles Dasein, auch die Existenz des menschlichen Subjekts, in ein unmittelbares Verhältnis zum Ganzen. Dieses Ganze ist nicht Teil der Welt, sondern die Welt ist Teil des Ganzen. Für die fundamentale Entscheidung für oder wider die Hypothese einer sinnstiftenden Kontingenz stehen keinerlei rationale Kriterien zur Verfügung, ausgenommen das jeweilige Erkenntnisinteresse (siehe C 9 und D 7). Es gibt weder empirische Belege noch mathematische Modelle, noch liefert uns der Verstand dafür anschauliche Bilder. Das Konzept bleibt spekulativ und lückenhaft. Doch wird von Seiten der zeitgenössischen Physik die Verfassung unserer Welt viel verständlicher und weniger spekulativ beschrieben? Sind die Lücken dort weniger spürbar? In der Fortentwicklung des „Standardmodells" zu einer „großen vereinheitlichten Theorie", zu konkurrierenden Modellen wie „Stringtheorie", „M-Theorie" und „Schleifen-Quantengravitation" werden die Theorien immer abstrakter. Wer dies unvoreingenommen beobachtet, kommt an der Frage nicht vorbei, wann einmal eine Grenze erreicht sein wird, hinter welcher Anschaulichkeit und Logik im alltagssprachlichen Sinn uneinholbar zurückbleiben. Darum sieht alles danach aus, als werde unsere Weltverfassung auf physikalischem Weg nur lückenhaft beschreibbar und im Letzten unergründlich bleiben.
Es stellt sich ohnehin die Frage, ob eine Letztbegründung im Sinne rationaler Argumentationsketten dem Gegenstand angemessen ist. Sofern unstrittig bleibt, dass wir von einem existentiellen Erkenntnisinteresse ausgehen, wird die Argumentation sich eher im Spektrum hermeneutischer Methoden bewegen. Gehen wir hermeneutisch vor, wird die Denkbewegung aus der (ins Unendliche zielenden) linearen Denkrichtung ins Zirkuläre zurückgebogen. Her-

meneutik darf dabei nicht verwechselt werden mit dem logischen Zirkelschluss, den es immer zu vermeiden gilt.

Ein logischer Zirkelschluss liegt dann vor, wenn in einer Argumentationskette ein Satz, der zu beweisen ist, Voraussetzungen macht, in denen schon enthalten ist, was zu beweisen wäre. Beispiel: „Die Bibel ist Gottes Wort. Warum? Weil in der Bibel steht: Die Bibel ist Gottes Wort." Klar, dass solche Argumentationen nichts beweisen.

Eine andere Art von Zirkel kommt im wissenschaftlichen Verfahren der Hermeneutik vor. Hier geht es um Erkenntnisfortschritte durch Verstehen. Es ist die Methode der Wahl in allen Geisteswissenschaften, also in der Philosophie, Theologie, in den Rechts und Literaturwissenschaften, auch in den Geschichts-, Sozial- und Kulturwissenschaften. Während die Naturwissenschaften ihre Gegenstände „erklären", geht es in den Geisteswissenschaften ums „Verstehen." Was ist der Unterschied? Im Ergebnis bedeutet ein Erkenntnisfortschritt im Naturwissen, dass man über Gegenstände oder Sachverhalte besser Bescheid weiß, so dass man sie besser handhaben kann. Oft folgt aus solchem Wissen unmittelbare technische Anwendbarkeit: So konnten mit Hilfe der Newtonschen Mechanik bessere Maschinen gebaut werden, was historisch die Industrialisierung ermöglichte. Ein Erkenntnisfortschritt in den Geisteswissenschaften bedeutet ein besseres oder verändertes Verstehen von Sachverhalten. Diese Sachverhalte haben ihre Bedeutung weniger in der Gegenstandswelt, eher in der inneren Welt des Subjektiven. Sie sind meist auf eine Person angewiesen, die sie in ihrem Bewusstsein vergegenwärtigt, in Erlebnisqualitäten umwandelt, um ggf. darüber mit anderen Personen zu kommunizieren, also z.B. das Hörerlebnis eines Konzerts. Gegenstand der Erkenntnis ist nicht ein funktional begreifbares und technisch manipulierbares Objekt, sondern Lebensäußerungen im Zusammenhang ihres jeweiligen Welthorizontes. Beispiel: Der Dichter J.W. Goethe mit seinen Werken im Zusammenhang des aufgeklärten Zeitgeistes seiner Epoche (Seiffert, S. 96 ff). Da Verstehen immer subjektiv gefärbt ist, kommt es zu unterschiedlichen Urteilen über dieselbe Sache. Warum? Weil ein Ergebnis immer vom Blickwinkel abhängt: Ein Politiker etwa wird, je nach Einstellung, gegensätzlich beurteilt. Man nennt das „Vorverständnis." (dto, S. 93). Da das Ziel geisteswissenschaftlicher Bemühungen aber die Verständigung ist, letztlich der Konsens darüber, was als „Wahrheit" gelten soll, ist erneutes Verstehen nötig. Dabei wird die kulturelle Äußerung erneut betrachtet, diesmal aus anderer Perspektive, so dass sich tieferes Verständnis ergibt. Das erweckt den Eindruck einer

Kreisbewegung, man spricht vom „hermeneutischen Zirkel.“ (Seiffert, S. 116). In Wirklichkeit ist es aber eine Spirale, die sich nach oben bewegt und dabei immer mehr an Wissen einbezieht. Diese zirkuläre Bewegung kennt prinzipiell kein Ende, da die Welt ja unbegrenzt ist. Aus pragmatischen Gründen wird sie für eine Generation irgendwann zu Ende sein, um von den Erben aufgegriffen und weiter getrieben zu werden. Diese werden manches weglassen und dafür neues einbeziehen. So kommt es in der Zeitenfolge zum geistigen Wandel. Jede Epoche figuriert darin mit ihrem jeweiligen „Zeitgeist.“ Unverzichtbar ist dieses Verfahren, um uns im kulturell vermittelten Kontext der je eigenen Gegenwart zu beheimaten. Immer wieder sehen wir uns bei diesen Denkbewegungen selbst im Spiegel. Jedes Mal erkennen wir uns dort als Veränderte.

Weltentwürfe, bei denen es um das Verständnis des menschlichen Daseins in einem wissenschaftlich begriffenen Kosmos handelt, werden immer mit hermeneutischen Methoden verfasst. Sie gehören in den Bereich kultureller Lebensäußerungen. Sie spielen eine kaum zu unterschätzende Rolle, weil sie das Weltbild einer Epoche bestimmen. Von Weltbildern hängt vieles ab. So kannte noch das Spätmittelalter einen Aufenthaltsort Gottes „im Himmel.“ Daraus ergab sich eine heikle Nähe und Gegenwärtigkeit seiner strafenden Interventionen. Auf solche Interventionen baute das zeitgenössische Weltverständnis, indem der Ausgang historischer Entscheidungen wie Schlachten und Königswahlen, aber auch Epidemien und Hungersnöte auf Gottes Wirken zurückgeführt wurde. Siege, Schicksalsschläge, Entwicklungen ließen sich mit diesem Interpretament geschichtstheologisch bewältigen, alles baute auf Gottes Präsenz.

Da trat im Jahr 1584 ein ehemaliger Dominikanermönch namens Giordano Bruno (1548-1600) auf und postulierte ein Universum, das weder Anfang noch Ende kannte und sich unendlich ausdehnte. In seinem grenzenlosen Himmel gab es für Gott plötzlich keine Wohnstätte mehr. In Brunos ewigem Kosmos entfielen auch Schöpfung und jüngstes Gericht. Die Welt verlor ihre heilsgeschichtlich begrenzte Vorläufigkeit und reiste stattdessen auf einem ewigen Zeitstrahl. In diesem Universum verloren Kirche, Glaube, fromme Werke und Erlösungshoffnung ihren Sinn. Das stellte die geistige Verfassung der damaligen Welt auf den Kopf und damit auch die herrschende Gesellschaftsordnung. Alles war bis dahin für eine endliche Welt eingerichtet, wo das Sterbliche sich auf heilsame Weise mit dem Ewigen verband. Die Ämter von Papst und Kaiser bezogen daraus ihre Legitimation. Solche Perspektiven erzeugten tiefe Verunsicherung, was die extreme Reaktion der Inquisitionsbehörde, die Giordano Bruno im Jahr 1600 auf den Scheiterhaufen brachte, erklärt (aber natürlich nicht rechtfertigt).

Vom Weltbild hängen also viele mentale und kulturelle Gegebenheiten ab. Ein Paradigmenwechsel von der Tragweite eines Giordano Bruno steht zwar nicht zu erwarten und die heutigen Strukturen sind viel stabiler als zu seiner Zeit. Doch würde ein radikal verändertes Weltbild auch Mensch und Gesellschaft unserer Epoche stark beeinflussen. Heutige Weltentwürfe beziehen viel physikalisches und kosmologisches, zugleich auch kulturelles Wissen ein. Der hermeneutischen Logik folgend wird sich die Bemühung um Verstehen in einer schraubenförmigen Bewegung befinden, weil das Neue fortlaufend mit früheren oder alternativen Weltbildern abgeglichen werden muss. Die These einer verborgen wirkenden Kontingenz im Weltprozess wird uns dabei – zumindest bis auf weiteres – begleiten, denn sie scheint geeignet, ein Maximum an Weltwissen in ein künftiges Weltbild (sinnhaft) zu integrieren.

11. Die Zukunft unseres Weltbildes

Wie könnte das bewerkstelligt werden? Die aktuelle kosmologische Diskussion lässt fast keinen anderen Schluss zu, als dass auch künftig ein breiter Spielraum für Interpretationen bleiben wird. Im Wirkkreis hermeneutischer Methoden werden mit jeder neuen Erkenntnis Inhalte zur Disposition stehen, indem neue Modelle zu diskutieren und im Rahmen der kulturellen Überlieferung zu bewerten sind. Dies wird nichts daran ändern, dass auch künftig über letzte Gründe und Zwecke nur symbolische Aussagen möglich sein werden. Im Letztbegründungsmodus befände sich damit auch der Begegnungsraum von Naturwissen und theologischer bzw. philosophischer Deutung – zum Nutzen beider Seiten. Von Kirchenvater Augustin stammt ein Gedanke, der als Leitmotiv schon in der bisherigen Geistesgeschichte untergründig wirkte: Der Mensch habe ein natürliches Bedürfnis, seine Welt und sein Selbstbild in Wahrheit und Einheit zu begründen. Seine religiöse Prägung lässt ihn über das Alltägliche hinaus denken, so dass ihn Antworten, die nur aus dem Natürlichen kommen, nicht befriedigten. Er werde so lange in Unruhe bleiben, bis er eine Lösung in Gott finde (Frey, S. 201).

Ob man die Lösung nun in Gott oder einer alternativen Ersatzinstanz sucht, muss dem Geschmack der Einzelnen überlassen bleiben. Bis wir so weit sind, solche Entscheidungen treffen zu können, kann es noch ein wenig dauern, denn für die Mehrzahl der Zeitgenossen ist schon der mögliche Begegnungsraum aus dem Blick geraten. Frühere Generationen taten sich mit dem Dialog zwischen Wissen und Glauben leichter. Da die strengen Kriterien mathematischer und empirischer Beweisbarkeit in vor – aufgeklärten Epochen noch nicht galten, hat man das Problem zunächst mit Hilfe metaphysischer Spekulationen gelöst, bzw. durch Rückgriff auf Anschauungen, die von der Tradition vermittelt waren. Heraus kamen ontologische Systeme wie das eines Aristoteles oder eines Thomas v. Aquin, die Gott und Welt mit kühnem Mantelwurf in Eins fassten.

Für Aristoteles (384-322 v. Chr.), der die Metaphysik als eigenständige Disziplin begründete, sollte sie die Voraussetzungen der Wirklichkeit erforschen. Ihr Thema sei die Erfassung der begrifflichen Struktur des Seienden, um es sicher im erkennenden Denken zu verankern (Anzenbacher, S. 66 ff). Sein Ziel war eine sichere Grundlegung der Wissenschaft von allen Dingen der Welt. Aus diesem Grund war die Metaphysik für ihn die „erste Philosophie", während die Fachwissenschaften als „zweite Philosophie" auf deren erkenntnistheoretischer Grundlage ruhen sollten. Da nach Aristoteles Gott (als unbewegter Beweger) die letzte Ursache allen Seins war, gab es in der Folge keine strenge Trennung von Theologie, Philosophie und Fachwissen. Erst in der Renaissance emanzipierten sich die Fachdisziplinen allmählich von der Metaphysik und begannen, ihre spezifisch eigenen Erkenntnistheorien zu entwickeln. Die Neuzeit schließlich verwarf Metaphysik überwiegend als „nutzlos", „dunkel", als Blendwerk und Täuschung, vor allem im Dunstkreis von Positivismus, Empirismus und sprachanalytischer Philosophie. Andererseits gab es Neuansätze durch Edmund Husserl, Martin Heidegger, Jean Paul Sartre, Ernst Bloch u.a., denen der „Aufkläricht" des empiristischen Methodendogmatismus nicht mehr genügte.

Wenn wir nun für unsere Gegenwart einen Brückenbau zwischen Wissen und theologischer Deutung versuchen wollen, wo könnten tragfähige Fundamente gelegt werden? Möglicherweise müssen Voraussetzungen einer neuen Metaphysik geschaffen werden, die mit dem aktuellen Weltwissen verträglich ist. Die Suche wirft Probleme auf. Schon im neuen Testament war unklar, ob es eine solche Brücke überhaupt geben kann. Paulus schrieb einmal: „Denn Gottes unsichtbares Wesen [...] wird seit der Schöpfung der Welt ersehen aus seinen Werken, wenn man sie wahrnimmt" (Rm. 1, 20f). Die „Werke Gottes" wiesen demnach auf seine Existenz. Ein andermal meinte er aber das Gegenteil: „Hat Gott nicht die Weisheit der Welt als Torheit entlarvt?" (1. Kor. 1,19). Die Werke Gottes in der Welt wären demnach untauglich, um ihn zu

erkennen. Dieser Widerspruch zieht sich durch die gesamte christliche Dogmengeschichte bis heute (Frey, S. 200ff).
Im 20. Jahrhundert hat sich die zweite Position als „Offenbarungs-" oder „Wort Gottes Theologie" etabliert und jede Anknüpfung des Glaubens ans Weltwissen abgelehnt.
In der Barmer theologische Erklärung von 1934, die wesentlich von Karl Barth vorformuliert worden ist, heißt es in These 1: „Wir verwerfen die falsche Lehre, als könne und müsse die Kirche als Quelle ihrer Verkündigung außer und neben diesem einen Worte Gottes auch noch andere Ereignisse und Mächte, Gestalten und Wahrheiten als Gottes Offenbarung anerkennen." Mit den „anderen Mächten, Ereignissen und Wahrheiten" war damals vor allem der Versuch der nazi-affinen „Deutschen Christen" gemeint, die Offenbarung Gottes durch gesellschaftliche und historische Begründungen zu stützen. Aber auch alle Varianten einer „natürlichen Theologie", die Gott und Welt, Glaube und Vernunft, auf rationaler Grundlage vermitteln wollten. Von bleibender Bedeutung ist an dieser Frontstellung die Betonung der Jenseitigkeit Gottes gegenüber allen Versuchen, ihn für kleine, diesseitige Interessen dienstbar (und haftbar) zu machen. Für eine „neue Metaphysik" scheint diese Position nur begrenzt tauglich, weil sie den Dialog mit den Naturwissenschaften verweigert und sich stattdessen in eine „feste Burg" der Transzendenz zurück zieht. Anknüpfungspunkte sind aber denkbar, da Gottes Transzendenz – wie gezeigt wurde – mit rezentem Naturwissen vereinbar ist.
Die Gegenposition, die sich eher in der Tradition der Vermittlungstheologie und des theologischen Liberalismus sah, wurde vor allem seit den sechziger Jahren häufiger vertreten und hat mannigfache Anknüpfungspunkte für Glaube und Vernunft gefunden.
Beispielhaft für ein vermittelndes Konzept sei Wolfhart Pannenberg (1928-2014) genannt. Er definierte theologische Aussagen als „Hypothesen", die sich an der „Erfahrung" bewähren müssten. Ob sie sich als richtig erweisen oder nicht, entscheidet sich daran, ob es ihnen gelingt, „den Sinnzusammenhang aller Wirklichkeitserfahrung differenzierter und überzeugender zu erschließen" als andere, alternative Konzepte es könnten (Pannenberg, Wissenschaftstheorie, S. 347 f). Er fordert also zum Vergleich auf und stellt theistische Konzepte gegen atheistische, agnostische, sprachphilosophische, postmoderne und sonstige Ansätze. Allerdings soll der Wettstreit nicht vorwiegend auf dem Feld mathematischer oder empirischer Kriterien und ihrer spezifischen Plausibilitätsstrukturen ausgetragen werden, sondern vor dem Fo-

rum der allgemeinen Vernunft, wo sich die Geltungsansprüche vieler Erfahrungsebenen und Gesichtspunkte treffen können. Regeln für einen solchen Diskurs finden sich z.B. bei J. Habermas (ders. Wahrheitstheorien, S. 174 + 215) oder in K.O. Apels Diskursethik (ders. Diskurs und Verantwortung). An solchen Wettbewerben wird sich natürlich nicht jede/r beteiligen wollen. Wer es z.B. ablehnt, einen möglichen Sinngrund der Welt als Wahrheitskriterium überhaupt in Betracht zu ziehen, wird fern bleiben. Leider gibt auch Pannenberg keine Hinweise auf eine neue Metaphysik. Wichtig erscheint aber sein Mut zum Diskurs.

Wer heute also den Versuch unternimmt, eine Brücke zwischen Wissen und theologischer Deutung zu schlagen, wird nicht ohne weiteres mehr metaphysische Fundamente legen können. Nach Pannenberg müssten wir uns trotzdem der Herausforderung stellen, die „Gegebenheiten religiöser Überlieferung [...] mit den Sinnzusammenhängen gegenwärtiger Erfahrung zusammenhängend zu deuten“ (Pannenberg, Wissenschaftstheorie S. 348). Dies setzt ein naturwissenschaftlich geprägtes Weltbild ausdrücklich voraus. Sollte das gelingen – und ein Versuch wird hier gemacht – und sollte dies Zustimmung finden, wird die Brücke sich am Ende aus Hypothesen zusammen setzen, die sich sowohl vor dem Forum wissenschaftlich bestimmter Vernunft, als auch im Kontext überlieferter Deutungen und deren lebensweltlicher Praxis bewährt haben müssen. Ob die lebensweltlich geprüften Hypothesen des Glaubens dabei die gleiche Härte zeigen wie die empirisch geprüften Hypothesen aus dem Labor, müssen die anvisierten Diskursprozesse feststellen (siehe J. Habermas: Moralbewusstsein, S. 131 oder K.O. Apel: Apriori der Kommunikationsgemeinschaft). Wie sollten solche Diskurse ablaufen? Was setzen sie voraus?

Hier hängt vieles davon ab, welchem Begriff von Wahrheit wir folgen, denn Wahrheit ist das letztgültige Kriterium für vernunftgeleitete Kommunikation. Die abendländische Geistesgeschichte hat verschiedene Wahrheitstheorien hervorgebracht, die einander widersprechen.

So gibt es eine Tradition von Aristoteles bis Wittgenstein, die Wahrheit an die Übereinstimmung von Gegenstand und Begriff bindet: Der Satz, dieser Gegenstand sei weiß, ist wahr, wenn der Gegenstand tatsächlich weiß ist. Demgegenüber behaupten andere, „Wahrheit“ sei ein überflüssiger Begriff, weil er der Information über einen Sachverhalt nichts hinzufüge. Wieder andere machen Wahrheit vom Konsens der Urteilenden oder vom Kriterium der Nützlichkeit fürs Leben abhängig. Allen ist gemeinsam, dass der Akt der Wahrheitsfindung als einsame Reflexionsübung gedacht ist: Einer sitzt am Schreibtisch und denkt sich was aus. Solches Vorgehen ist einer Zeit, wo Forschungsinstitute wie das CERN mehr als 3000 Mitarbeiter beschäftigen, nicht mehr angemessen. Die anvisierten Aufgaben lassen sich nur interdisziplinär lösen. Daher führt kein Weg an diskursiven Verfahren vorbei.

Wahrheitstheorien, die an I. Kant anschließen, indem sie auf die Kraft der Vernunft bauen, erscheinen da aussichtsreich. Sie behaupten die Möglichkeit einer Konsensfindung aus unterschiedlichen Fach und Interessenbereichen, auch zwischen sehr unterschiedlichen Weltverständnissen (siehe z.B. die Transzendentalpragmatik nach K.O. Apel oder die Universalpragmatik nach J. Habermas).

Auf der anderen Seite stehen Theorien, die sich am kritischem Rationalismus orientieren, oder an Spielarten des postmodernen Skeptizismus. Sie bestreiten die Möglichkeit, durch Dialoge zu wahren Aussagen gelangen zu können, grundsätzlich. So wird z.B. der Standpunkt vertreten, wer sich zu sehr auf Diskussionen verlasse, vernachlässige die moralische Dimension. Über die Verbindlichkeit moralischer Werte ließe sich aber nicht mehrheitlich entscheiden (so E. Tugendhat). J.F. Lyotard hält das Kriterium von Wahrhaftigkeit für uneinlösbar und bestreitet die Existenz von Metaebenen, auf denen Einigung zu erzielen wäre. Der Standpunkt des Anderen könne letztlich nicht verstanden und angeeignet, sondern nur „erlitten" werden. Tja, dann machen Gespräche zwischen Vertretern unterschiedlicher Weltanschauungen nur begrenzt Sinn. Ein erzielbarer Konsens steht jedenfalls nicht in Aussicht. So kommen aus gegenwärtiger Sicht nur Verfahren nach J. Habermas und K.O. Apel in Frage. Sie verwenden Methoden der Diskursethik.

Als Diskursethik bezeichnet man Verfahren, die geeignet sind, z.B. Fragen des richtigen Handelns mit Hilfe regelgeleiteter Kommunikation zu entscheiden. Das steht im Gegensatz zu traditionellen ethischen Theorien, die meist auf individuelle, subjektive Entscheidungen abstellen. Ein Beispiel dafür ist der „kategorische Imperativ" I. Kants, der sich nur an die Einzelperson richtet. Probleme größerer Tragweite können jedoch nur interdisziplinär behandelt werden: politische, ökonomische, soziale, und solche von globaler Relevanz brauchen die Einbeziehung diverser Fachgebiete und Blickwinkel. Ziel ist die Einigung aller auf allgemein gültige Aussagen mit Hilfe regelgeleiteter Argumentationsprozesse in offenen Diskursen. In einer idealen Sprechsituation werden von den Teilnehmenden die Tugenden Verständlichkeit, Richtigkeit und Wahrhaftigkeit gefordert, um zu fruchtbaren Ergebnissen zu gelangen. In solchen regelgeleiteten Austauschprozessen hätte die Lösung von Fragen, die auf eine Letztbegründung des Seins in einer naturwissenschaftlich aufbereiteten Welt zielen, eine gute historische Chance. Natürlich immer im Sinn von Annäherungen an ein unerreichbares Ideal von Wahrheit. Hier sollte sich auch die Frage, ob eine neue Metaphysik überhaupt nötig sein wird, beantworten. Scheitern diese Diskurse, könnte laut Pannenberg wenigstens im Rückblick einmal beurteilt werden, ob heutige Gestalten christlicher Identitätsfindung als historisch gelungene Vermittlungsversuche zu Beginn des 21. Jahrhunderts gelten können (Pannenberg, Offenbarung S. 95 ff). Oder ob alternative Letztbegründungen plausibler erscheinen. Ein endgültiger Entscheid dieses Wettstreits ist derzeit nicht erkennbar, im Sinne größtmöglicher Offenheit der Horizonte wohl auch nicht wünschenswert. Wenn unser künftiges Weltbild dem Ideal nahe kommen soll, konsensfähige, wahre Aussagen über unsere Welt zu treffen, wird es die Aufgabe der Vermittlung von weiter wachsendem Weltwissen mit dem Inventar unserer kulturell vermittelten Deutungsangebote bewältigen müssen. Dies kann nur mit Hilfe diskursiver Verfahren geschehen.

12. Die Zukunft unseres Menschenbildes

Sinn und Ziel des Universums können wir nicht beeinflussen. Dessen Evolution können wir nur versuchen zu begreifen, indem wir Weltbilder entwerfen, die der Realität möglichst nahe kommen. Anders wird es mit der Evolution auf unserem Heimatplaneten sein. Hier sind wir schon seit Generationen dabei, aktiv Einfluss auszuüben, indem wir in natürliche Prozesse eingreifen, Landschaften verändern, Biotope zerstören, Chemikalien freisetzen, das Klima manipulieren. Dabei spielt unser Menschenbild eine entscheidende Rolle. Es ist für unser Weltverhältnis von ähnlich großer Bedeutung wie das Weltbild. Würde es auf den Kopf gestellt, ergäben sich vergleichbare Konsequenzen: Zwar kommt heutzutage niemand mehr dafür auf den Scheiterhaufen, doch folgten aus einer veränderten Selbstdeutung andere gesellschaftliche Strukturen und ein anderes Verhalten gegenüber der außermenschlichen Natur. Worauf gründet sich unser modernes Menschenbild?

Hier müssen wir auf die italienische Renaissance zurückgreifen. Ein Autor dieser Zeit war Giovanni Pico della Mirandola. Er verfasste eine Schrift, die heute noch als Manifest des Renaissance-Humanismus gilt und die spätere Ideengeschichte entscheidend geprägt hat: Die „Rede über die Würde des Menschen.“ Darin behauptet er, Gott haben den Menschen erschaffen, um einen „Betrachter des Universums“ zu haben (Hoffmann, S.125). Dieses Wesen müsse, um seinem Zweck gerecht zu werden, frei sein. Er lässt Gott zu Adam sagen: „Du wirst … frei sein nach deinem eigenen Willen, dem ich dich überlassen habe“ (dto). In dieser Freiheit könne er seine Natur selbst bestimmen. „Wir sind geboren unter der Bedingung, dass wir das sein sollen was wir sein wollen“ (ders., S. 126). In der Selbstverwirklichung nach eigenem Idealbild erfülle sich der Zweck des Menschseins. Sein Ziel ist die Gottesebenbildlichkeit. Insofern ist die Idee der Menschenwürde eine von Gott geborgte Würde, ein Abbild göttlicher Souveränität. Das wird besonders deutlich in dem verliehenen Recht, sich selbst zu bilden „nach eigenem Belieben.“ Schon in der Renaissance werden Freiheit und Autonomie als wesentliche Bestimmungen der Menschenwürde statuiert. Was ist aus dieser geborgten Würde geworden? Die Renaissance prägte den Humanismus. Er trug ihre wichtigsten Ideen in die europäische Geistesgeschichte. Mit seiner Betonung von Lebensbejahung, Autonomie, Kreativität und einer Selbstverherrlichung des Menschen als Ebenbild Gottes prägte der Humanismus das Menschenbild der europäischen Neuzeit. Er hat auch unser Verhältnis zu Natur und Technik bestimmt, was die moderne Zivilisation erst ermöglichte. Über Erasmus v. Rotterdam und Philipp Melanchthon beeinflusste dieses Ideal den abendländischen Bildungskanon bis in unsere Gegenwart. Politisch fand es Niederschlag in Verfassungstexten und Menschenrechtsdiskursen. Durch die Allgemeine Erklärung der Menschenrechte von 1948 beeinflusst es die aktuelle internationale Politik. Allerdings stellen neuere Forschungen einige der Grundannahmen in Frage. So wurde der Mensch bisher meist in einem religiös überlieferten Dualismus von Leib und Seele gesehen. Die Neurowissenschaften ziehen dies zunehmend in Zweifel (s. D 4).Die Seele wird durch Aufschlüsselung der zugrunde liegenden somatischen Prozesse entmystifiziert und künftig mit Begriffen der Neuroinformatik beschreibbar sein. Das Gehirn erscheint als hochleistungsfähiger Biocomputer, der durch parallele Informationsverarbeitung und extreme Speicherkapazität gekennzeichnet ist; das Bewusstsein als eine Art Spiegelkabinett, in welchem Repräsentationen von aktuellen Wahrnehmungen und Gedächtnisinhalten durch neuronale Netze hervorgerufen werden. In rekurrenten Prozessen entstehen aus rückgekoppelten Bildern vierdimensionale Raum – Zeiteindrücke. Wir befinden uns in einem „Ego-Tunnel“, an dessen Wänden sich die Welt abbildet, während das Körper-Ich uns unaufhaltsam auf dem Zeitgeleis entlang führt. In solchen Modellen verschwindet die Vorstellung einer Substanzseele nahezu vollständig. Zugleich wird es schwierig, Spielräume für subjektive Freiheit aufzufinden. Auch können wir der Wahrheit des von uns Erkannten nicht mehr sicher sein. Wir sind darauf verwiesen, sachgerecht mit unseren Projektionen umzugehen, dürfen uns selbst und die Dinge um uns herum nicht mehr allzu ernst nehmen. Sind die überlieferten humanistischen Werte damit obsolet? Lebensbejahung, Autonomie, Kreativität erscheinen zumindest gefährdet. Dem kann entgegen gehalten werden, dass immer noch zahlreichen Schnittstellen mit der realen Welt existieren, an denen man sich der Faktizität seiner erlebten Eindrücke vergewissern kann: Das ist zum Ersten die Alltagswirklichkeit, wo wir die Folgen unseres Handelns erleben und zum Zweiten die soziale Interaktion, wo wir uns im Austausch mit anderen Personen über die Geltung eigener Wahrnehmungen und Wertungen verständigen können. Selbst wenn die Seele selbst keine Substanz hat, sondern Prozess ist, kann sie Tatsachen feststellen und gültige Aussagen über ihre Umwelt treffen. Sie kann Entscheidungen fällen und Erlebnisse haben, symbolische Ordnungen erstellen und darüber kommunizieren. Sie kann sinnhafte Bezüge zum Ganzen ihres Weltbildes herstellen. Sie stellt ein emergentes Phänomen dar. Auf der Basis somatischer Gehirnprozesse im Austausch mit Körper und Objektwahrnehmungen erscheint in unserem Ich eine neue Entität. Wir können Autonomie und Kreativität eine neue Basis geben. Lebensbejahung und Selbstverherrlichung kämen von alleine dazu, das uns eingeborene Spektrum von ängstlicher Selbstverleugnung bis hin zur Hybris fordert jede Person, sich in ihrem sozialen und weltlichen Kontext selbstverantwortlich zu positionieren. Eine Ausnahme bildet die Gottebenbildlichkeit. Darüber lässt sich keine echte Vergewisserung herstellen, weil der Vergleichspunkt fehlt. Schade, denn gerade sie markiert den Ursprung der neuzeitlichen Subjektivität. Als verbindliche Norm geht sie verloren, nur als ethisches Postulat bleibt sie erhalten, ein Erinnerungsposten, bedeutsam nur für Gläubige. Da teilt sie das traurige Schicksal der Substanzseele. Dem Paradigmenwechsel auf seelischem Gebiet entspricht das Aufkommen neuartiger Kenntnisse und Eingriffsoptionen auf somatischem Gebiet. In den letzten Jahrzehnten wurden medizinische, bio und nanotechnische Verfahren entwickelt, die ungeahnte Auswirkungen zeitigen. Stammzellen- und Antikörpertherapien sind bereits eingeführt, das Klonen von Ersatzorganen wird in absehbarer Zeit möglich. Das Leben vieler Todkranker ließe sich verlängern. Die Gentechnik stellt Gentests bereit und wird in absehbarer Zeit Gentherapien ermöglichen. Auch Eingriffe in die Keimbahn zur Heilung genetischer Defekte bei den Nachkommen sind denkbar. Der Mensch ließe sich auf diesem Weg zugleich „verbessern." Den Künftigen können z.B. leistungssteigernde Eigenschaften mitgegeben werden. Durch Kryonik lassen sich Zellen, Organe und ganze Körper nahezu unbegrenzt aufbewahren. Die „Auferweckung" von Uropa aus der Kühltruhe zu Heiligabend könnte in Familien mit robustem Humor Freude bereiten. Schließlich erscheint die Herstellung von Schnittstellen zwischen organischem und artifiziellem Material möglich mit der heiklen Perspektive, dass einmal das „Hochladen" von Bewusstseinsinhalten in digitale Speicher gelingen könnte. Dies würde in der Konsequenz eine Verdoppelung von Persönlichkeiten möglich machen und die grenzenlose Manipulation der in künstliche Systeme hochgeladenen Persönlichkeitskopie. Der hochgeladene Zwilling könnte zudem „ewig" leben und seinen biologischen Ursprung schnell „alt aussehen" lassen. Solche Optionen könnten mit dem Argument begründet werden, der Tod habe seinen biologischen Zweck verloren, seit sich die Anpassung an veränderte Lebensbedingungen von der genetischen Ebene auf die geistige Ebene verlagert habe (Dedie', S. 160). In beiden Systemen gehe es um Information. Weil die genetische Informationsverarbeitung ineffektiv und fehlerbehaftet sei, wäre ein Wechsel auf digitale Systeme effektiver und vorteilhaft. Um neue Lebensformen zu „erschaffen", müssten demnach nicht mehr die alten Organismen „sterben." Viel einfacher könne man veralteten Programme in künstlichen Systemen überschreiben. Als kleines „Residual – Problem" könnte sich herausstellen, dass z.B. beim 500 sten Geburtstag kein Überraschungsgeschenk mehr möglich ist, weil der Jubilar alles schon kennt und die Langeweile ihn immer depressiver gemacht hat. Die Bewegung des „Transhumanismus", die sich derzeit in den USA ausbreitet, arbeitet an der praktischen Verwirklichung solcher Utopien. Viele Anhänger dieser Denkrichtung glauben, dass die von ihnen propagierten Technologien es jedem Menschen einmal erlaubten, seine Lebensqualität zu verbessern. Durch Selbstbestimmung über sein Aussehen, seine körperliche und seelische Ausstattung. Übrigens ganz im Sinne des Renaissance-Humanismus: „Wir sind geboren unter der Bedingung, dass wir das sein sollen was wir sein wollen." Allerdings solle niemand zu Veränderungen gezwungen werden. Falls einmal alle Frauen wie Barbiepuppen aussehen, wäre das schließlich deren eigene Verantwortung. Solche Erwartungen entsprechen einer Philosophie, die sich den Namen „demokratischer Transhumanismus." verliehen hat Sie reagiert auf dystopische Visionen, wie sie oft in Science Fiction Romanen und Hollywoodfilmen entworfen werden. Dabei wird die Menschheit in einem nicht mehr kontrollierbaren Prozess Opfer der eigenen Entwicklung und gerät in einen unwürdigen Zustand (s. z.B. den Film „Matrix"). Eine solche Zukunft solle durch aktive Gestaltung von vornherein ausgeschlossen werden. Noch weiter gehen Vertreter, welche die Evolution der Menschheit aktiv beschleunigen wollen. Dazu gehören Autoren, die von einer „technologischen Singularität" träumen. Diese Singularität wäre erreicht, sobald Maschinen den Menschen in punkto Intelligenz überholen. Ausgangspunkt ihrer Überlegung ist die Beobachtung, dass der technische Fortschritt sich von alleine beschleunigt: Das Mooresche Gesetz besagt z.B., dass die Rechenleistung der Chips sich alle 18 Monate verdoppelt. Daraus folgt eine exponentielle Entwicklungskurve. Der Erfinder und Schriftsteller Ray Kurzweil behauptet, das Mooresche Gesetz gelte für alle technischen Sektoren. Die technologische Singularität könnte demnach überraschend eintreten. Auch dystopische Entwicklungen mit künstlichen Evolutionslinien, welche die Menschheit ganz hinter sich lassen, sind denkbar. Die meisten Autoren halten dies für eine übertriebene Befürchtung. Der Robotertechniker und Autor Hans Moravec z.B. meint:

„Ich sehe diese Maschinen als unsere Nachkommen. Im Augenblick glaubt man das kaum, weil sie eben nur so intelligent sind wie Insekten. Aber mit der Zeit werden wir das große Potential erkennen, das in ihnen steckt. Und wir werden unsere neuen Roboterkinder gern haben, denn sie werden angenehmer sein als Menschen. Man muss ja nicht all die negativen menschlichen Eigenschaften, die es seit der Steinzeit gibt, in diese Maschinen einbauen. Damals waren diese Eigenschaften für den Menschen wichtig. Aggressionen etwa brauchte er, um zu überleben. Heute, in unseren großen zivilisierten Gesellschaften machen diese Instinkte keinen Sinn mehr. Diese Dinge kann man einfach weglassen – genauso wie den Wesenszug der Menschen, dass sie ihr Leben auf Kosten anderer sichern wollen. Ein Roboter hat das alles nicht. Er ist ein reines Geschöpf unserer Kultur. Er wird sich also sehr viel besser eingliedern als viele Menschen das tun. Wir werden sie also mögen und wir werden uns mit ihnen identifizieren. Wir werden sie als Kinder annehmen – als Kinder, die nicht durch unsere Gene geprägt sind, sondern die wir mit unseren Händen und mit unserem Geist gebaut haben."

Moravec betrachtet in seinem verharmlosenden Statement nur eine überschaubare Zukunft, wo Roboter die Hausarbeit erledigen und der freundliche Automat die Omi im Heim pflegen hilft. Die Möglichkeit, dass bei diesem technischen Stand der Weg zu Mensch/Maschinen-Mischwesen nicht mehr weit ist, scheint ihm nicht bewusst. Diese Mischwesen könnten in ferner

Zukunft durchaus ihre humanen Eigenschaften verlieren oder hinter sich lassen, weil anderes wichtiger wird. Dann sind wir schnell bei den bekannten Hollywood – Visionen. Das ist sehr beunruhigend. Es gibt allen Grund, für schöpfungsgemäßes Handeln nicht nur in unserer Generation, sondern auch künftig Sorge zu tragen. Damit gesichert bleibt, was uns zu Menschen gemacht hat. Auch unabhängig von solchen Perspektiven wird die Erzeugung von künstlichem Leben und künstlichem Bewusstsein von vielen für möglich oder sogar wahrscheinlich gehalten. Sollte dies so kommen, muss diskutiert werden, ob artifizielle Lebensformen Menschenrechte beanspruchen können und welche Rolle der verbleibende Mensch in dieser von ihm selbst geschaffenen Welt einnehmen wird. Wenn alles weitgehend ohne ihn funktioniert, er selbst als Apparat unter Apparaten bestimmt ist, kann er sich dann noch als Person im Sinne des Humanismus sehen?

Ob die Menschheit in der Lage sein wird, solche Zukünfte auf vernünftige Weise zu steuern, kann bezweifelt werden. Leider ist der Mensch kein in sich stabiles, stetig handelndes Subjekt. Weder als Person, noch als Kollektiv. Schon in der Gegenwart schafft es die Weltgemeinschaft nicht, Probleme wie den Klimawandel zu bewältigen oder Frieden zu sichern. Von einer gerechten Verteilung der Güter ganz abgesehen. Daher wirkt auch der technische Fortschritt widersprüchlich. Medikamente, die zu Heilungszwecken entwickelt wurden, werden zur Selbstoptimierung gebraucht. Wo sollen Grenzen gezogen werden? Die Errungenschaften der künstlichen Intelligenz, wo im Verbund mit Kommunikationstechniken, Sensorik und Automation eine neue, artifizielle Welt entsteht, führt zur Ausbildung privatwirtschaftlich verfasster Machtstrukturen wie Google und Facebook, die niemand mehr kontrolliert.

Durch die dritte industrielle Revolution wird sich das Alltagsleben stark verändern. Bei umfassender Automation und Vernetzung mag noch gefallen, wenn Roboter einmal in der Fabrik am Band montieren. Wenn jedoch Bildschirmprogramme Lehrer ersetzen, Autos von alleine fahren, in Krankenhäusern, Rathäusern und Werkstätten fast keine Menschen mehr anzutreffen sind, kommt uns das befremdlich vor. Was wird der Mensch mit der gewonnenen Freizeit anfangen? Es ist offensichtlich, dass von dem, was die Menschheit bisher charakterisierte, nicht viel übrig bleiben wird. Was wird an dessen Stelle treten? Wird das Bisherige im Künftigen noch erkennbar sein? Was davon wollen wir in dieser hypothetischen Zukunft auf jeden Fall bewahren? Und worauf wollen wir liebend gern verzichten? Da gehört manches auf den Prüfstand. Prüfen setzt wiederum Maßstäbe voraus. Genügen die bekannten humanistischen Werte? Vielleicht eignen sie sich als gemeinsame Grundlage. Zusätzlich mag jede/r noch eigene Werte setzen, die nicht für alle verbindlich sein müssen. Das Menschenbild der Zukunft kann nur gemeinsam erarbeitet werden. Denn ohne gemeinschaftliches, letzten Endes politisches Handeln, werden künftige Generationen von der Gewalt technologischer Faktizität überrollt. Das will niemand. Und wie wird er damit zurecht kommen, wenn er keinerlei Aufgaben mehr hat, weil ihm die Maschinen alles abnehmen?

Abschließendes Resümee

Weltbilder kann man mit Bauwerken vergleichen. So erinnert der grandiose Weltentwurf des Thomas v. Aquin an eine gotische Kathedrale, Hegels philosophisches System an ein Schloss im Stil des Klassizismus. Bauprojekten geht normalerweise eine Phase von Grundlagenermittlung und Vorplanung voraus, in der man Voraussetzungen und Kosten ermittelt, sowie erste Strichskizzen erstellt. Für ein zeitgenössisches Vorhaben solcher Art wären die Planungsgrundlagen weitgehend bekannt. Ich möchte unsere Überlegungen schließen mit einer Art von Architekturidee. Darin wird zugleich das Ergebnis zusammengefasst:

Als Ursache des Universums, wie wir es kennen, kann ein wohlmeinender Schöpfergott angenommen werden (siehe Teil 2). Es gibt jedoch keine Möglichkeit, Konkretes über ihn zu erfahren, weil dafür die Erkenntnismittel fehlen. Seine Existenz lässt sich daher weder beweisen, noch widerlegen. Drei Bestimmungen machen sein mögliches Vorhandensein plausibel: Unbegrenztheit, Aseität und verborgene Kontingenz. Alle drei zusammen wären konstitutiv für eine Entität, der man unter den Prämissen weltlicher Erkenntnis die Bezeichnung „Gott“ zuordnen könnte. Sie wären zugleich mit dem empirisch erforschbaren Universum kompatibel. Gottes Existenz ist möglich, aber nicht zwingend. Für seine Existenz sprechen Gründe einer existentiellen Vernunft im Sinne subjektiv notwendiger Annahmen, wenn das Erkenntnisinteresse darauf gerichtet ist, unser menschliches Dasein als sinnerfüllt zu verstehen. Die Welt, konzipiert als Schöpfung, fügt das Subjekt in eine sinnverleihende Gesamtkonzeption ein. Unter der Voraussetzung einer Existenz Gottes umfasst dessen Werk die Verursachung des Universums, seine Entwicklung in der Zeit, sowie eine eventuelle Zielbestimmung. Er selbst ist jedoch nicht Teil der Welt, sondern verbleibt ihr gegenüber in einem nichtzeitlichen, nichträumlichen, jenseitigen Bereich. Er selbst ist unbegrenzt und absolut, zugleich allgegenwärtig. Von daher kann er sich jederzeit in der Welt offenbaren und dort auch Wirkungen entfalten. Jenseits des Ereignishorizonts sind weitere Universen möglich. Auch kann unsere Welt über die Raumzeit hinaus weitere Dimensionen aufweisen, die wir nicht bemerken. Das göttliche Jenseits und ein mögliches physikalisches Jenseits haben nur insofern miteinander zu tun, als Gott auch Herr und Schöpfer dieser zusätzlichen Welten wäre.

Das erforschbare raumzeitliche Kontinuum der uns zugänglichen Wirklichkeit liegt diesseits einer präsumtiven Singularität. Was sich jenseits davon befindet, bleibt – aus heutiger Sicht für immer – unerforschbar. Auch ist die Raumzeit eingefügt in eine Realität höherer Ordnung, über die wir zumindest derzeit kaum Kenntnis haben. Das erforschbare Universum ist kein festgefügter, harmonisch geordneter Kosmos mit determinierten Abläufen, sondern geschichtlich. Ausgehend von einem vor dem Zeitbeginn liegenden Ursprung entwickelte es sich nach Prinzipien, die wir teilweise verstehen. Diese beschreiben Vorgänge im Sinne klassischer Naturgesetze und nichtdeterminierte Vorgänge im Sinne nichtlinearer, kontingenter, und zufälliger Entwicklungen mit emergenten Ergebnissen. In vergleichbarer Form findet sich dies auf allen Ebenen der Größenskala. In verschiedenen Bereichen gelten meist unterschiedliche Naturgesetze, die nur teilweise miteinander im Zusammenhang stehen. Den Gesamtprozess kann man mit dem Großbegriff Evolution bezeichnen. Im engeren Sinne meint Evolution die Entwicklung des irdischen Lebens. Das irdische Leben entstand nach heutiger Kenntnis aus dissipativen Strukturen unter Chaosbedingungen durch Selbstorganisation. Dabei spielten wahrscheinlich interaktive Rückkoppelung, und Selbstreferenz in submarinen Hyperzyklusstrukturen eine entscheidende Rolle. Das Leben ist als hochkomplexes System aufzufassen, welches durch selbstidentische Reproduktion stabile Identitäten hervorbringt, das in dynamischem Austausch mit seiner Umwelt emergente Eigenschaften zeigt. Es entwickelt sich in Fortpflanzungsgemeinschaften verzweigt fort. Dabei wird mit jedem Individuum eine Auswahl im gemeinsamen Genpool der Art getroffen. In der Generationenfolge entwickelt sich dieser Pool fort. Bei der Entstehung neuer Arten wirken die Faktoren Mutation, Rekombination und Symbiose, Selektion und Isolation kausal. Auch die Entwicklung des Menschen folgte diesen Regeln (siehe Teil 1).

Da die Prinzipien der Evolution universell wirken, ist auch die Menschheit Teil des Weltprozesses und vorläufiges Ergebnis der Entwicklung „auf Erden." Die Erde ist ein Gesteinsplanet, der gravitativ an einen mittelgroßen Stern gebunden ist, den wir Sonne nennen. Dieser befindet sich auf dem Orion - Arm der Milchstraße, einer mittelgroßen Galaxis im Universum. Unser Gehirn macht es möglich, einen Großteil der irdischen Vorgänge und einen kleinen Teil der kosmischen Umgebung zu erkennen, deren Struktur, Funktion und Geschichte zu verstehen. Im universalen Maßstab müssen wir unsere Existenz als bedeutungslos bewerten. Alles spricht dafür, dass wir nicht die einzigen Lebewesen im Universum sind. Unter der Voraussetzung, dass die Entwicklung von Leben bei Vorliegen günstiger Bedingungen zwangsläufig ist, und dass in solchen Fällen eine natürliche Tendenz zu Differenzierung und Intelligenz greift, wären wir von zahllosen Zivilisationen umgeben. Von den unzähligen Nachbarn erführen wir nur deswegen nichts, weil selbst für die Übermittlung von Information die Entfernungen zu groß sind.

Die Entfaltung des menschlichen Weltwissens verlief parallel mit dem Aufschwung der Menschheit zur beherrschenden Spezies des Planeten, weil der Wissenserwerb meist vom Interesse an verbesserten Lebensbedingungen getrieben war. Die menschliche Kultur entwickelte sich kollektiv arbeitsteilig. Werkzeuggebrauch und Sprachentwicklung gingen dabei Hand in Hand (siehe Teil 1). Dem folgte die geistige Entwicklung. Ausgehend von einfachen, naiven Vorstellungen, die der Lebenswelt entnommen waren, entfaltet er sich zu begrifflicher und empirischer Präzision bis hin zu abstrakten Systemen. Diese quantitative und qualitative Kompetenzzunahme beschleunigt sich seit Beginn der Neuzeit stark. Derzeit wachsen die Datenmengen in exponentieller Weise. Ein Ende ist nicht abzusehen.

Unser ererbtes Denkorgan beschränkt jedoch den Blick. Die Welt des Kleinsten und die Welt des Größten scheinen uns ins Unendliche zu laufen. Exotische Regeln und Ordnungen bestimmen dort das Bild. Evident sind für unseren Verstand nur Vorgänge aus der vertrauten Lebenswelt. Die Aufklärung der wahren Verhältnisse zwingt uns zu immer höheren Abstraktionsleistungen, so dass sich ein Zustand vorhersehen lässt, wo unser Vorstellungsvermögen an seine Grenzen kommt. Auch in Zukunft wird unser Gesamtbild von der Welt wahrscheinlich Stückwerk bleiben (siehe D 5).Der Mensch ist trotzdem mehr als eine optimierte Überlebens- und Mentalisierungsmaschine. Mit seiner Umwelt begreift er auch sich selbst. Er erschrickt über seine Endlichkeit, seine Abhängigkeit, sein häufiges Scheitern. Das hat existentielle Angst und Suchbewegungen zur Folge. Diese prekäre Gefühlslage führte schon früh zur Ausbildung symbolischer Sinnsysteme, die narrativ und bildhaft Abhilfe schaffen sollten (siehe C 4). Das gelang immer nur für begrenzte Themenbereiche und Epochen. Krisen zwangen dazu, anfänglich naturreligiöse Vorstellungen und Rituale zu verallgemeinern und von sinnlichen Vorstellungen zu immer abstrakteren Begriffen zu finden. Es entwickelten sich zunächst regionale Kulte, danach in einem längeren Prozess Hochreligionen und philosophische Systeme von globaler Bedeutung, die ein konsistentes Bild vom menschlichen Selbst und seiner Umwelt zu entwerfen suchten. Die Weltbildentwicklung hält bis heute an, weil das Bedürfnis nach Orientierung in einer von beschleunigtem Wandel geprägten Welt nicht nachgelassen hat.

So weit wir den ergebnisoffenen Vorgang der irdischen Evolution verstehen (siehe Teil B, Fazit), sind darin durchaus sinnhafte Tendenzen erkennbar. Aus anorganischer Materie hat sich durch Selbstorganisation, Mutation, Selektion, Symbiose, und Emergenz Leben entwickelt, welches eine Drift hin zu wachsender Formenvielfalt, zunehmender Komplexität, Vernetzung, Autonomie und Intelligenz zeigt. Das Leben hat die Oberflächengestalt der Erde dauerhaft verändert. Die Menschheit hat auf der Basis der Ressourcen, welche sie in der Biosphäre vorfand, ihre Umwelt entscheidend umgestaltet. Sie hat eine zweite Natur geschaffen, deren Gestalt und Auswirkung dabei ist, planetarische Bedeutung zu gewinnen. Artenschwund und Klimawandel sind derzeit die auffälligsten Folgen. Der Menschheit erscheint die äußere Natur gegenwärtig als offener Prozess. Ihre Vorgänge sind so komplex, dass Vorhersagen nur in Teilbereichen möglich sind. Daher entzieht sich vieles unserer Vorhersage. Trotzdem beeinflussen wir inzwischen die natürlichen Vorgänge so stark, dass dauerhafte Veränderungen stattfinden: Große Flächen werden für die Nutzung manipuliert, natürliche Kreisläufe unterbrochen, Gleichgewichte gestört, so dass irreparable Schäden im Bestand der Biosphäre auftreten. Es muss mit weiterer Zunahme von Zerstörungen gerechnet werden, wenn nicht gegengesteuert wird. In gleichem Maß, wie dies ins Bewusstsein dringt, nimmt bei vielen das Gefühl zu, Verantwortung für das Ganze übernehmen zu müssen. Die humane Vernunft erkennt ihre Umwelt als Mitwelt. Daraus folgt die empfundene Verpflichtung, sie erhalten zu müssen. Zum einen, weil man selbst davon abhängt, zum anderen, weil Formenvielfalt und vernetzte Komplexität als Werte an sich erkannt werden, die zu bewahren ideellen Reichtum bedeutet. Das Bedürfnis nach Orientierung, und die Verpflichtung, für die außermenschliche Natur Verantwortung zu übernehmen, führen zu bekannten Themen der Metaphysik zurück: Wozu wir leben, welchen Sinn die Welt hat, warum überhaupt Seiendes ist und nicht vielmehr nichts, auf welche Weise wir von Wirklichkeit und vom Ganzen reden können. Auch welche Bedeutung wir Begriffen wie Freiheit, Verantwortung, Leben, Seele,

Dasein und Wahrheit geben. Wir haben nicht die Option, diese Fragen abzuweisen oder negativ zu beantworten, weil die Konsequenzen daraus sich destruktiv auswirkten und wir mit dem Ganzen auch uns selbst gefährden könnten. Die Suche nach Kriterien und Zielvorstellungen, die uns zur Verantwortung befähigen, verweist uns auf die kulturelle Tradition. In Europa können wir uns auf die christliche Überlieferung beziehen, so weit deren Symbolik noch vertraut ist. Nach christlichem Verständnis ist das Universum Schöpfung Gottes und hat sein Ziel im göttlichen Schöpferwillen. Seine bisherige Entwicklungslogik lässt Momente dieses Willens erkennen.

Wäre die Welt ein sich selbst begründender Prozess ohne Ziel, könnten uns weltanschauliche Fragen unberührt lassen. Doch ist bei einer Mehrheit das Bedürfnis nach heilsamer und sinnstiftender Lebensbegleitung zu stark, um eine agnostische Haltung durchhalten zu können. So müssen wir uns auf den „Weg wohlgeprüfter Wahrheit" machen. Dabei setzen wir voraus, dass Gott als schöpferische und lenkende Kraft plausibel ist und widerspruchsfrei zu einem wissenschaftlich bestimmten Weltbild passt. Gott darf darin als „alles bestimmende Wirklichkeit" angenommen werden, die sich für uns durch Aseität, Unbegrenzbarkeit und verborgene Kontingenz ausweist. Mit ihm können menschliche Personen Kontakt pflegen, weil er als unbegrenzbare Macht allgegenwärtig ist. Eine geheimnisvolle Gegenwart Gottes ist für unser zeitgenössisches Denken als überprüfbare Hypothese (im Sinne des Pannenbergschen Konzepts) und als erfahrbare Möglichkeit annehmbar. Die endgültige Verifikation dieser Hypothese kann nur in der Zukunft erfolgen. Bis dahin gelte als Wahlspruch: Et si deus daretur (als wäre Gott eine fraglose Gegebenheit). Die Vielfalt und Komplexität irdischer Lebensformen zu erhalten, erscheint auch nichtreligiösen Menschen als ein ethisches a priori. Die erkennbare Tendenz zu höherer Komplexität, Vernetzung, Autonomie und Intelligenz ergibt auch ohne Gott ein umfassendes Sinnkonzept. Unter religiöser Prämisse kann hinter den Vorgängen ein göttlicher Schöpferwille angenommen werden. Für alle – ob agnostisch oder theistisch geprägt – gilt dieselbe moralische Forderung: Der Reichtum unserer natürlichen Umwelt darf sich nicht durch destruktive Einwirkung zurück entwickeln. Zugleich sollte sich die menschliche Kultur ihrer Logik gemäß weiterhin frei entfalten können. In Gen. 1,28 ff. wird Gottes Auftrag an die Menschen deren freier Gestaltungsmacht übergeben: „Seid fruchtbar und mehret euch und füllet die Erde und machet sie euch untertan". Die Erde ist ein reich ausgestatteter Garten, welcher der Pflege bedarf. Wie können Gartenpflege, Naturerhaltung und Nut-

zung zur Lebenssicherung für derzeit 7 Milliarden Menschen zugleich gelingen? Erst in der Gegenwart wurde erkannt, dass naturnahes Wirtschaften – langfristig gesehen – auch dem Menschen mehr Ertrag bringt als rücksichtsloses „Herrschen." Das Prinzip wirtschaftlicher Effizienz muss dafür auf lange Zeiträume bezogen werden. Aus solchen Überlegungen lassen sich Leittafeln für schöpfungsgemäßes Handeln ableiten, die sowohl private, als auch politische Implikationen haben. Für Fernziele reicht das nicht. Allerdings fragt sich, ob sie nötig sind, wenn Futurologen sich bei ihren Prognosen meist geirrt haben und die „großen Erzählungen", die politischen Utopien der Neuzeit, weitgehend gescheitert sind. Wenn es schon nicht möglich ist, Generationen übergreifende Zielvorstellungen zu formulieren – eine Ausnahme bildet die globale Verpflichtung auf Nachhaltigkeit – fragt sich, ob es überhaupt ein gemeinsames Projekt gibt, welches die Menschheit in die Zukunft führen könnte. Das muss derzeit offen bleiben. Religiöse Systeme bieten immerhin eschatologische Fluchtpunkte an, die allgemeine Orientierungspunkte geben. Künftige globale Zielbestimmungen sollten an Werten orientiert sein, in denen sich z.B. Verheißenes wieder findet:
In 1. Tim. 2,4 beispielsweise heißt es: „Gott will, dass allen Menschen geholfen werde und sie zur Erkenntnis der Wahrheit kommen."
In Mi. 4, 1-4 wird die „Völkerwallfahrt zum Zion" beschrieben: „Sie werden ihre Schwerter zu Pflugscharen machen und ihre Spieße zu Sicheln... und sie werden hinfort nicht mehr lernen Krieg zu führen".
In Am. 5,24 heißt es: „Es ströme aber das Recht wie Wasser und die Gerechtigkeit wie ein nie versiegender Bach."
Auch wenn kein Itinerar existiert, das einen Weg in die Zukunft genauer beschreibt, wird dringend ein Weltethos gebraucht, um den Weg nicht zu verlieren. Ein Weltethos muss im Dialog der großen Weltanschauungen und Kulturen entwickelt werden, Ansätze dazu sind vorhanden (siehe „konziliarer Prozess" und die „zehn Grundüberzeugungen der ökumenischen Versammlung von Seoul 1990", Erklärung zum Weltethos S. 2-15). Bewähren müssen sich die genannten Vorkehrungen vor allem bei der Bewältigung von Krisen die unsere technische Zivilisation mit sich bringt. Künftige Zeitalter werden nicht mehr hauptsächlich durch Naturkatastrophen und Versorgungskrisen bestimmt sein, sondern durch die Folgen unserer technischen Entwicklungen. Diese wirken zwiespältig. Einerseits können sie eingesetzt werden, um Probleme zu bewältigen und das Leben zu verbessern. Zugleich bergen sie die bekannten neuen Gefahren. Leider ist der Mensch noch nicht zum Subjekt sei-

ner eigenen Geschichte gereift. Es existieren weder die dafür notwendigen Institutionen, noch eine demokratische Legitimation dafür. Risiken werden oft zu spät erkannt, Fehlentwicklungen nicht korrigiert. Um künftig wirksamere handeln zu können, braucht es zunächst einen breiten, offenen Diskurs über Wünschenswertes und Abzuweisendes, über sinnvolle Ziele. Zum zweiten müssen Verfahrensregeln gefunden werden, damit die Gemeinschaften bei Bedarf wirksam gegensteuern können. Dabei müssen Grundwerte geschützt und Minderheitspositionen respektiert werden. Das o.a. „schöpfungsgemäße Handeln" und ein Weltethos könnten erste Orientierungsmarken setzen. Aber wie soll das verwirklicht werden? In Ethikkommissionen? Durch Gesetze und transnationale Vereinbarungen? Durch Umbau der UNO? Kulturelle Transformationsprozesse? Ob eine menschenfreundliche Einhegung drohender Fehlentwicklungen gelingen wird, ist völlig offen.

Damit sind historische Szenarien und wichtige Globalziele adressiert. Die einzelne Person wird sich darin nicht unbedingt aufgehoben fühlen. Ihr Erlebnishorizont ist von Sorge, Ängsten und Pflichten bestimmt. Allein auf sich gestellt, kann sie plötzlich die Abgründigkeit des Daseins erfahren, wo kein Therapeut, kein Gesprächskreis hilft. Damit wir aus existentieller Not zur Ruhe kommen, Mut zum Sein gewinnen, uns in dieser Welt beheimaten können, kann zusätzlicher Halt nötig werden. In der Bibel wird uns von Beispielen gelingenden Lebens erzählt, von Personen, die ihren Weg im Vertrauen auf Gottes Begleitung und Hilfe gingen: In den Vätergeschichten (Gen 11 – 50), im Leben der frühen christlichen Gemeinden (Apg, neutestamentliche Briefe), in den Gleichnissen und Beispielerzählungen der Evangelien u.v.m. Diese Erzählungen bedeuten für den heutigen Menschen eine Herausforderung, da ein persönlicher Gottesbezug in einer unendlich gewordenen Welt fragwürdig ist. Trotz solcher Vorbehalte lässt sich eine personale Gottesbeziehung immer noch herstellen. Kommunikation mit Gott lässt sich im Kontext religiöser Lebensformen mit ihren Gottesdiensten, Gebeten, Ritualen einüben. Wer die Verunsicherungen unserer Epoche besonders stark empfindet, wird einen religiösen Halt dankbar annehmen.

In keinem Diskurs lässt sich freilich entscheiden, ob wir einmal in den Himmel kommen. Sollte unsere Wirklichkeit durch Gott konstituiert sein, bestünde diese Möglichkeit. Ein wohlmeinender Schöpfergott, der seine Geschöpfe liebt, könnte Freude daran haben, sie nach abgelaufener Frist in den Modus der Ewigkeit zu versetzen. Warum? Mir fällt dazu das Bild eines Sammlers ein, welcher, pensioniert, die Muße seines Ruhestandes nutzt, um sich an ehemals

nützlichen Dingen zu erfreuen. Er putzt sie, repariert, pflegt und zeigt die Sammlung seinen Freunden. Das hilft gegen drohende Einsamkeit. Wenn die Objekte dann auch noch sprechen und von ihrer Vergangenheit erzählen können, um so schöner. Er würde mit Ungeduld auf jeden warten, der neu hinzu kommt, um zu berichten, wie es „unten, im Vergänglichen“ zugeht. Auch am trinitarischen Kaffeetisch wäre man neugierig, denn wer möchte immer die gleichen Geschichten hören?
Diese Erwägung stellt uns jedoch vor das gleiche Problem wie die Gottesfrage. Es stehen keinerlei Erkenntnismittel zur Verfügung, um über ihre Wahrscheinlichkeit zu entscheiden. Hinzu kommt, dass die überlieferten Paradiesbilder überraschend vage sind. Am ehesten geben noch die Deckengemälde barocker Kirchen Auskunft, doch sie zeigen fast nur Apostel, Engel und Märtyrer, die allesamt furchtbar ernste Gesichter machen. Der Himmel scheint gut geheizt, die Putten sind nackt wie im Wellnessbad, und gute Verpflegung gibt es wohl auch. Doch was treiben sie den ganzen Tag? Und was geschieht an all den folgenden Tagen, die sich wie ein unendliches Band aneinander reihen? Möchte man unter diesen gelangweilten Leuten wohnen? Das Interesse am Himmelreich scheint nicht groß genug gewesen zu sein, um die Phantasie von Theologen, Dichtern, Künstlern entsprechend zu inspirieren. Das nährt den Verdacht, es könnte sich beim Paradies um eine Verlegenheitslösung handeln, um einen Abgrund zu umgehen, der jenseits der Wirklichkeit droht, sobald wir die Welt verlassen müssen. Einen Todessturz in den bodenlosen Abyssos wollen wir uns nicht vorstellen, obwohl wir ihm jede Nacht während der Tiefschlafphase nahe kommen. Da verstellt man die angstvolle Aussicht lieber mit verwischten Himmelsbildern. Sie rufen Phantasien über wolkenreich inszenierte Ratsversammlungen auf, erinnern an ein jenseitiges Arkadien, in dem die Schwerkraft aufgehoben ist, so dass niemand zu Fall kommt. Das beruhigt für den Augenblick. Außerdem darf man nicht vergessen: Die Möglichkeit eines Paradieses schließt auch dessen Gegenteil ein. Das Requiem (die katholische Liturgie für eine Totenmesse) verbalisiert diese Ängste: „libera animas defunctorum de poenis inferni et de profundo lacu, libera animas... de ore leonis, ne absorbeat tartarus, ne cadant in obscurum:“ Bewahre Herr, die Seelen der Verstorbenen vor Höllenstrafen und vor dem tiefen See, befreie ihre Seelen vor dem Rachen des Löwen, lass sie nicht vom Abgrund verschlungen werden, noch lass sie fallen ins Finstere (Messbuch, S. 140). Manche fürchten sich so sehr vor der Hölle, dass sie lieber gleich auf beide Optionen verzichten, um wenigstens ihre „Ruhe“ zu haben. Selbst im Requiem

scheint alles auf einen finalen Ruhezustand hinzulaufen, denn bei der „communio“ heißt es: „Requiem aeternum donna eis, domine“: Gib ihnen ewige Ruhe, Herr. Freilich scheint diese Ruhe nicht ungestört: Es wird mit eventuellen Aufwachphasen gerechnet. Damit man sich dabei nicht fürchten muss, wird die ewige Lampe angezündet: „Et lux perpetua luceat eis.“ Und einsam soll es auch nicht sein, die Heiligen leisten Gesellschaft: „Cum sanctis tuis.“

Bei all solchen Eventualitäten wird man nur eines sicher sagen können: Das Gehirn überdauert seinen Tod nicht. Je mehr wir der Ansicht zuneigen, die Seele sei mit Gehirnzuständen identisch desto unwahrscheinlicher wird das im Apostolikum bekannte „ewige Leben.“ Das ist allerdings zu kurz gedacht: Eines Dualismus zwischen unsterblicher Seele und sterblichem Leib bedarf es nämlich überhaupt nicht. Um in den Himmel zu kommen – wenn man denn will – genügt auch eine sterbliche Seele. Dazu müssen wir uns nur den urchristlichen Auferweckungsglauben in Erinnerung rufen: „Auferweckung“ bedeutet Neuschöpfung des ganzen Menschen am Ende der Zeit. Wenn Gott die ganze Schöpfung erneuern wird und das Böse, Lebensfeindliche vernichtet ist, bekommen wir ein neues Sein geschenkt. Paulus hat es mit Gegensatzpaaren bezeichnet: „es wird gesät verweslich und wird auferstehen unverweslich, ... es wird gesät ein natürlicher Leib und wird auferstehen ein geistlicher Leib“ (1. Kor. 15, 42 + 44). Wenn wir voraussetzen dürfen, dass Gott alles Gewesene und Künftige in seiner Zeitweise aufhebt, wird die neue Schöpfung das Vergangene in sich enthalten, so dass wir um die Bewahrung unserer Identität keine Sorge haben müssen.

Erkenntnisinteresse, Ethik und Trost der christlichen Tradition (wie auch anderer religiöser Überlieferungen) können exemplarisch genommen werden. Kirchen und Religionsgemeinschaften haben das Ideal eines guten, schöpfungsgemäßen, behüteten Lebens aufbewahrt. Christliche Menschen fühlen sich eher der Zukunft gewachsen, weil sie sich sagen können: Nimm dein Ich nicht so wichtig, aber nimm das Leben ernst! Jede neue Generation ist aufgefordert, daraus ihre Schlüsse zu ziehen. Es bleibt ein letzter Zweifel. Niemand kann daran gehindert werden, diesen für sich zu überwinden, indem er einen (intellektuell unbegründbaren) „Mutsprung ins Ungewisse“ wagt.

Eine Architekturidee ist noch kein Haus und erst recht kein Glaubensbekenntnis. Ein zeitgenössischer Weltentwurf, in dem sich Schöpfungsglaube und Evolutionsdenken begegnen, benötigt jedoch eine Statik. Man darf neugierig sein, wie der Bau am Ende aussehen wird. Teilweise wird er auf unbeweisbaren Prämissen stehen. Der gesunde Menschenverstand wird trotzdem

alles stabil halten. In jedem Fall kann die anfangs aufgestellte These, wonach die Welt Gottes Schöpfung sei, die Evolution eine seiner Methoden, zwar nicht bewiesen werden, (das war auch nicht beabsichtigt), doch lässt sich die These gut belegen. Letzte Gewissheit wird niemand erwarten dürfen.
Auch der „Weg wohlgeprüfter Wahrheit" kennt manchen Abgrund. Das ist kein Grund, ihn nicht zu beschreiten, wir haben ja durchaus eine Karte dabei. Dem chinesischen Weisen Chuang Tzu (365 v. Chr.-290 v. Chr.) werden die Worte zugeschrieben: „Ich merke die Freude des Weges, wenn ich auf ihm gehe." C.F. v. Weizsäcker überlieferte die schwäbische Version: „Des Wegele freut si ganz!" (Weizsäcker, Geschichte S. 17).

Literaturverzeichnis zu Teil 3:

(es erscheinen hier nur Titel, die an anderer Stelle nicht genannt wurden)

Anzenbacher, Arno (2010): Einführung in die Philosophie (Herder)

Apel, Karl Otto (1990): Diskurs und Verantwortung (Suhrkamp)

ders. (1973): Das Apriori der Kommunikationsgemeinschaft in: ders.: Transformation der Philosophie Bd 2 (stw)

Assmann, Jan (2013): Das kulturelle Gedächtnis (Beck)

Barmer theologische Erklärung in: http://www.ekd.de/glauben/grundlagen/

Barth, Karl (1986): Kirchliche Dogmatik Bd. 1,1 (TVZ)

Die Bibel nach der Übersetzung Martin Luthers (2013, Deutsche Bibelgesellschaft)

Blackmore, Susan (2005): conversations on consciousness (Oxford university press)

Bloch, Ernst (1973): Das Prinzip Hoffnung (Suhrkamp)

Bohm, David (o.J.): Die implizite Ordnung (Goldmann)

Briggs, John, Peat, Davis (2000): Die Entdeckung des Chaos (dtv)

Brockman, John (1996): Die dritte Kultur (Goldmann)

Callender, Craig (2010): Ist die Zeit eine Illusion? In: Spektrum der Wissenschaft Okt/2010 (Spektrum Verlag)

Capra, Fritjof (1983): Wendezeit (Scherz)

Churchland, Paul M. (1994): Die Seelenmaschine (Spektrum)

Conzelmann, Hans (1967): Grundriss der Theologie des neuen Testaments (Chr. Kaiser)

ders. (1977): Die Mitte der Zeit (J.C.B. Mohr)

Davidson, Donald (1990): Handlung und Ereignis (stw)

Davies, Paul (1993): Prinzip Chaos (Goldmann)

Dawkins, Richard (2012): Die Schöpfungslüge (Ullstein)

Dedie', Günter (2015): Die Kraft der Naturgesetze (Tredition)

Descartes, Rene (1948): Discours de la methode (dtsch/frz. Direction de l'education publique Aut. Nr. 5317)

Evangelisches Kirchengesangbuch (1994): Ausgabe für die Ev. Kirche der Pfalz (EPV)

Fodor, Jerry (1980): The language of thought (Harvard Univ. Press)
Frey, Christopher (1977): Dogmatik (Gütersloher Verlagshaus)
Gould, Stephen Jay (2004): Illusion Fortschritt – die vielfältigen Wege der Evolution (Fischer)
Greve, Jens/ Schnabel, Annette (2011): Emergenz (Hrg) Zur Analyse und Erklärung komplexer Strukturen (stw)
Habermas, Jürgen (1974): Technik und Wissenschaft als Ideologie (Suhrkamp)
ders.: (1973): Wahrheitstheorien in: H. Fahrenbach, Wirklichkeit und Reflexion (Neske)
ders.: (1983): Moralbewusstsein und kommunikatives Handeln (stw)
Haeckel, Ernst (1874): Anthropogenie oder Entwicklungsgeschichte des Menschen. (W. Engelmann)
Heussi (1971): Kompendium der Kirchengeschichte (J.B.C. Mohr)
Hawking, Stephen (2003): Das Universum in der Nußschale (dtv)
Hoerster, Norbert (2005): Die Frage nach Gott (Beck)
Hoffmann, Thomas Sören (2007): Philosophie in Italien (Matrix Verlag)
Hügli, Anton/Han, Byung-Chul (2007): Heideggers Todesanalyse in: Thomas Rentsch (Hrg): Martin Heidegger, Sein und Zeit (Akademie Verlag)
Huizinga, Johan (1975): Herbst des Mittelalters (Kröner)
Jüngel, Eberhard (1971): Tod (Kreuz)
Kant, Immanuel (1797): Kritik der reinen Vernunft (Anaconda 2009)
Kim, Jaegwon (1998): Philosophie des Geistes (Springer)
Kirkegaard, Sören (zit. nach Wrege Hans Otto, Wirkungsgeschichte des Evangeliums, Vandenhoek, 1981, S. 178)
Laplace, Pierre Simon de (zit. n. Shmuel Sambursky, 1975): Der Weg der Physik (dtv)
Laughlin, Robert B. (2009): Abschied von der Weltformel (Piper)
Lindemann, Bernd (2004): Der innere Weg (Invoco)
Lohse, Eduard (1974): Grundriss der neutestamentlichen Theologie (Kohlhammer)
ders. (1993): Die Offenbarung des Johannes (Vandenhoeck)
Luckner, Andreas (2007): Wie es ist, selbst zu sein in: Thomas Rentsch (Hrg): Martin Heidegger, Sein und Zeit (Akademie Verlag)
Luhmann, Niklas (1977): Funktion der Religion (Suhrkamp)
Metzinger, Thomas (2013): Der Ego Tunnel (Piper)
Mitchell, Sandra (o.J.): Komplexitäten (edition unseld)
Moltmann, Jürgen (1973): Theologie der Hoffnung (Chr. Kaiser)
ders. (1985): Gott in der Schöpfung (Chr. Kaiser)
Müller, A.M.K., Pannenberg, Wolfhart (1970): Erwägungen zu einer Theologie der Natur (Gütersloher Verlagshaus)
Newen, Albert (2013): Philosophie des Geistes (C.H. Beck)
Notzik, Robert (1981): Philosophie und der Sinn des Lebens (zit. nach Fehige Christoph et al.: Der Sinn des Lebens, dtv 2002)

O'Regan, Kevin (2005): Interview mit Susan Blackmore in dies.: Conversations on consciousness
Ott, Heinrich (1973): Die Antwort des Glaubens (Kreuz)
Pannenberg et al. (1970): Offenbarung als Geschichte (Vandenhoeck)
ders.: (1972): Gottesgedanke und menschliche Freiheit (Vandenhoek)
ders. (1973): Wissenschaftstheorie und Theologie (Suhrkamp)
Pöhlmann, Horst Georg (1975): Abriss der Dogmatik (Gütersloher Verlag)
Popper, Karl (2004): Logik der Forschung (Akademie Verlag)
v. Rad, Gerhard (1962): Theologie des Alten Testaments Bd. I und II (Chr. Kaiser)
Roth, Gerhard (2003): Fühlen, Denken, Handeln (stw)
Ryle, Gilbert (2015): Der Begriff es Geistes (Reclam)
Schnädelbach, Herbert (2009): Religion in der modernen Welt (Fischer)
Schott, Anselm (1932): Messbuch der heiligen Kirche (Herder)
Seiffert, Helmut (1971): Einführung in die Wissenschaftstheorie Bd 2 (C.H. Beck)
Sellin, Ernst, Fohrer, Georg (1969): Einleitung in der Alte Testament (Quelle+Meyer)
Siefert, Werner/ Weber, Christian (2008): Ich – Wie wir uns selbst erfinden (Piper)
Sloterdijk, Peter (2006): Zorn und Zeit (Suhrkamp)
ders.: (2015): Die schrecklichen Kinder der Neuzeit (Suhrkamp)
Staguhn, Gerhard (1990): Das Lachen Gottes (Hanser)
Steitz, Erich (2009): Kausalität und menschliche Freiheit (Oldib)
Stephan, Achim (2007): Emergenz: Von der Unvorhersagbarkeit zur Selbstorganisation (Mentis)
Tillich, Paul (1977): Systematische Theologie Bd. I – III (Evang. Verlagswerk)
ders. (2015): Der Mut zum Sein (De Gruyter)
Vereinigungsurkunde der Evangelischen Kirche der Pfalz (1818) in Artikel „Evangelische Kirche der Pfalz" in „Historisches Lexikon Bayerns" www.bayerische-landesbibliothek-online.de/histlexbay
Vester, Frederic (1985): Neuland des Denkens (DTV)
Volpi, Franco (2007): Der Status der existenzialen Analytik in: Thomas Rentsch (Hrg): Martin Heidegger, Sein und Zeit (Akademie Verlag)
Weber, Otto (1975): Karl Barths kirchliche Dogmatik (Neukirchener)
Weizsäcker, Carl Friedrich v. (2006): Die Geschichte der Natur (Hirzel)
ders. (1991): Der Mensch in seiner Geschichte (Hanser)
Erklärung zum Weltethos (1993) unter www.weltethos.org
Westermann, Claus (1971): Schöpfung (Kreuz)
Wichmann, Eyvind (1985): Quantenphysik (Vieweg)
Wolff, Hans Walter (1981): Die Stunde des Amos (Chr. Kaiser)
Zimmerli, Walther (1975): Grundriss der alttestamentlichen Theologie (Kohlhammer)

Glossar

Adaptiv: Auf Adaption (Anpassung an die Umwelt) beruhend.

Aggression (lat. aggredi „hinzugehen, angreifen"): Physische Akte oder Drohhandlungen, durch welche ein Individuum die Freiheit und die Lebensfähigkeit eines anderen reduziert oder einschränkt.

Aggressivität: Tendenz (Bereitschaft) zu Angriff und Kampf. Aggressivität kann im Dienste unterschiedlicher Motivationen stehen: Feindabwehr, Revierverteidigung, Rangordnungsstreben, Ausstoßreaktion, Gruppenverteidigung usw.

agnostisch, Agnostizismus: bezeichnet die Ansicht, dass Aussagen über die Existenz Gottes oder höherer Wirklichkeit nicht möglich sind, weil die menschliche Erkenntnisfähigkeit dafür nicht ausreicht.

Allel: Durch erbliche Veränderung (Mutation) entsteht aus der ursprünglichen Anlage ein Allel zu dieser. Auch der Ausfall einer Anlage kann sich genetisch wie ein Allel zur ursprünglich vorhandenen auswirken.

Amphibia (grch. amphibion; zu amphi „zweifach" und bios „Leben"): Eine Klasse der Wirbeltiere, die in der Mehrzahl der Fälle zwei Lebensbereichen, Wasser und Land, angehören. Die rezenten Vertreter werden in drei Ordnungen eingeteilt: die Frösche und Kröten (Anura); die Molche und Salamander (Urodela); die fußlosen Blindwühlen (Apoda).

Analog: Entsprechend, ähnlich, gleichartig. Analoge Organe: Organe mit Übereinstimmung im Gebrauch von entwicklungsgeschichtlich verschiedener Herkunft (z.B. Flügel von Insekten und Vögeln).

Anatomie (griech. aná „auf" und tomé „Schnitt"): Teilgebiet der Morphologie. Sie ist in der Medizin bzw. Humanbiologie (Anthropotomie), Zoologie (Zootomie) und Botanik (Phytotomie) die Lehre vom Aufbau der Organismen. Es werden Gestalt, Lage und Struktur von Körperteilen, Organen, Gewebe oder Zellen betrachtet (vgl. Morphologie).

Ancient member: Gemeinsamer Ahn (Ahnengruppe) verwandter Arten.

Anthropomorphismus: Die Übertragung menschlicher Eigenschaften und Verhaltensweisen auf nichtmenschliche Dinge und Wesen. Bedeutsam ist der Anthropomorphismus in den Religionen: einem anthropomorphen Gott werden Eigenschaften zugesprochen, die ansonsten nur Menschen zukommen; z. B. Gott handelt, redet mit den Menschen, liebt sie usw.

a priori: von vornherein

Arboreal: Auf Bäumen lebend.

Archaeopteryx: In mehreren Exemplaren belegtes Fossil aus geologischen Formationen der Jurazeit. Echtes Verbindungsglied (Brückentier) zwischen den Kriechtieren und den Vögeln. An Reptilienmerkmalen zeigt er u. a. echte Zähne im Kiefer, drei noch wohl gegliederte Finger mit Krallen und eine lange Schwanzwirbelsäule. Daneben waren schon typische Vogelmerkmale entwickelt: ein differenziertes Federkleid, eine nach hinten gerichtete Großzehe u. a. m.

Art (Species): Eine systematische Einheit im Organismenreich, die in ihrer weitesten Fassung als die Gesamtheit aller unter natürlichen Verhältnissen miteinander unbegrenzt fruchtbaren Individuen, also eine größtmögliche, potentielle Fortpflanzungsgemeinschaft, darstellt.

Artbildung (Speziation): Entstehung einer Art aus einer Stammart. Artbildung beruht auf Unterbrechung des Genflusses innerhalb einer Population. Dies geschieht am häufigsten durch geographische Separation.

Arthropoda (Gliederfüßler): Stamm der bilateralen (spiegelsymmetrischen) Vielzeller (Metazoa), von manchen Forschern auch als Unterstamm der Gliedertiere (Articulata) aufgefasst. Der Körper ist heteronom (ungleichartig) segmentiert und von einer festen Chitinkutikula bedeckt. Zu den Arthropoda gehören Krebstiere (Crustacea), Röhrenatmer (Tracheata wie Tausendfüßler und Insekten) und Spinnentiere (Chelicerata).

Aseität: Eigenschaft Gottes als letzte Begründungsinstanz, die keines Grundes bedarf, weil sie sich selbst begründet. Seine Absolutheit und Unabhängigkeit. Er verleiht sich selbst und allem Seienden Sinn.

ATP: Adenosin-tri-phosphat, tritt im Zellstoffwechsel als Energiespeicher und Energieüberträger auf.

Autopoiesis: Prozess der Selbsterschaffung und Erhaltung eines Systems.

Biotop: Lebensstätte. Von benachbarten Gebieten abgrenzbare Örtlichkeit mit relativ einheitlichen Lebensbedingungen und charakteristischen Arten.

Biped: Zweifüßig. Bipedie: Zweifüßigkeit; im übertragenen Sinne das Gehen und Laufen auf zwei Beinen.

Blutgruppen: Spezielle Stoffgruppen (Antigene) auf der Oberfläche der roten Blutkörperchen (Erythrozyten), die bei Bluttransfusionen die Ursache für Blutverklumpungen sein können.

Brachiation (grch. brachion „Arm“): Fortbewegung (etwa in Bäumen) vornehmlich mit Hilfe der Arme, wobei die voll ausgestreckten Vorderextremitäten über dem Kopf, Hand über Hand greifend, den Körper fortbewegen.

Brachiatoren: Schwinghangelnde höhere Primaten, mit in der Regel relativ langen Vorderextremitäten.

BROCAsche Hirnwindung: Das nach dem Entdecker Broca benannte, dem Sprechvermögen adäquate morphologische Areal der Großhirnrinde. Demonstrierbar als Abdruck an Ausgüssen fossiler wie rezenter Schädel der Gattung Homo.

Brückentiere: Übergangsformen oder Verbindungsglieder zwischen höheren Organisationstypen (z.B. verschiedenen Klassen). Als Beispiele s. Archaeopteryx, Ichthyostega und Ornithorhynchus. Catarrhina.

Chaostheorien: beschreiben dynamische Systeme, deren Entwicklung nicht vorhersehbar ist, auch wenn ihre zugrunde liegenden Mechanismen deterministisch sind. Grund ist deren Empfindlichkeit für Anfangsbedingungen, Verstärkungseffekte und Unschärfe. Trotz prinzipieller Unvorhersagbarkeit zeigen sich typische Verhaltensmuster.

Cercopithecoidea: Altweltaffen. Tieraffen (Hundsaffen, Meerkatzenverwandte), Überfamilie innerhalb der Unterordnung Anthropoidea.

Chromosomen: Kernfäden, Kernschleifen. Sehr verschieden große (eintausendstel bis einhundertstel Millimeter) und unterschiedlich gestaltete, meist lang gestreckte Gebilde, die sich durch bestimmte basische Farbstoffe stärker färben lassen als andere Zellstrukturen. Ihr wesentlicher Bestandteil sind Nukleoproteide (Kerneiweiße).

Cro-Magnon-Mensch: Der Cro-Magnon-Mensch (40000 bis 10000 Jahre vor unserer Zeit) gilt als der früheste Vertreter des Homo sapiens in Europa. Anatomisch mit uns nahezu identisch, wurde er nach einer Höhle in Frankreich benannt.

Devon: s. geologische Formationen.

dezisionistisch: beliebig. Wird oft verwendet, um in Theorien die Beliebigkeit mancher Voraussetzungen und Annahmen zu kritisieren.

Differenzierung: Unterscheidung, Sonderung, Abstufung, Abweichung. In der Biologie: entweder Bildung verschiedener Gewebe aus ursprünglich gleichartigen Zellen, oder Aufspaltung systematischer Gruppen im Verlauf der Stammesgeschichte.

Diffusion (lat. diffundere „ausgießen, ausbreiten"): Ausgleich von Konzentrationsunterschieden bis hin zum vollständigen Durchmischen. Entsteht durch die Bewegung (Brownsche Molekularbewegung) von Atomen, Molekülen oder Ionen. Der Stoffaustausch geschieht vom Ort der höheren zum Ort der niedrigeren Konzentration. Diffusion erfolgt im Gegensatz zur Konvektion ohne Strömung des Mediums, in dem sich die Teilchen befinden.

Divergent: Auseinander strebend; in entgegen gesetzter Richtung verlaufend.

DNA:(Desoxyribo-nuclein-acid) Träger der Erbfaktoren. Enthält den Zucker Desoxyribose und die Stickstoffbasen Adenin, Guanin, Thymin und Cytosin.

Dualismus: Nebeneinanderbestehen zweier Prinzipien. Meist auf das Leib – Seele Problem angewandt. Leib und Seele sind demnach getrennte Substanzen: Der Leib ist materiell und Teil der Natur, die Seele geistig und Teil einer geistigen Welt.

Dystopie: Pessimistisches Szenario der Zukunft, negative Utopie.

Eiweiß (Protein): Durch Aneinanderreihung von Aminosäuren nach dem Peptidprinzip gelangt man bei Kettenlängen (Sequenzen) von ein Hundert bis mehreren Tausend Aminosäureresten zu den Eiweißen. An spezifische Eiweiße sind zahlreiche Lebensfunktionen geknüpft.

Emergenz: s. Fulguration

Empirisch: Alle Erkenntnis wird aus Sinneserfahrung abgeleitet.

Endogen: Von innen kommend; im Innern entstehend; im Innern befindlich (grch. endon „drinnen“ und gennan „erzeugen“).

Entelechie: Nach Aristoteles die Fähigkeit, sich nach der ursprünglich angelegten Form zu entwickeln; zielstrebige Kraft eines Organismus, die seine Entwicklung auf bestimmte Ziele hin lenkt.

Entmythologisierung: Erschließung des Sinnes neutestamentlicher Aussagen durch kritische Deutung des zeitbedingten Weltbildes. Der Glaube verlange eine Befreiung der biblischen Aussagen vom mythischen Denken der Antike. Die Auferstehung Jesu kann demnach gedeutet werden als Osterglaube der Jünger, nicht als historische Tatsache.

Entropie: Maß für den Energiegehalt in einem physikalischen System, der als Wärme nicht mehr in andere Energieformen, z.B. Arbeit zurückverwandelt werden kann. (2. Hauptsatz der Thermodynamik). Einer der Gründe für die Unumkehrbarkeit des Zeitstrahls.

Eozän: s. Geologische Formationen.

Erbsprung: Sprunghafte strukturelle Veränderung einer Erbanlage (Mutation).

Ereignishorizont: Grenzfläche in der Raumzeit, für welche gilt, dass Ereignisse jenseits dieser Grenzfläche prinzipiell nicht erkennbar sind. Informationen und kausale Wirkungen bleiben hinter dem Vorhang, weil die Struktur der Raumzeit sie verbirgt. Dies hat seinen Grund in der Fluchtgeschwindigkeit, wenn sie die Lichtgeschwindigkeit erreicht. Oder in der Massenanziehung eines schwarzen Lochs.

Erzväter: Im alten Testament die sagenhaften Gründergestalten des Volkes Israel: Abraham, Isaak und Jakob.

Eschatologie: Theologische Lehre von den „letzten Dingen." Umfasst die Hoffnung auf Vollendung der Welt und des Einzelnen in einer visionär vorgestellten Endzeit, in welcher Gott den bisherigen Weltlauf durch katastrophische Ereignisse beendet.

Ethik: Als „Sittenlehre" eine Disziplin der praktischen Philosophie und Theologie. Sie sucht nach einer Antwort auf die Frage: „Was sollen wir tun?".Immanuel Kant z.B. gab die Antwort durch eine Formel, die als „kategorischer Imperativ" bekannt ist: „Handle so, dass die Maxime deines Willens jederzeit als Prinzip einer allgemeinen Gesetzgebung gelten könnte." Ethik stellt Werte der Gesinnung und des Verhaltens auf. Man unterscheidet Grundwerte (z.B. Wert des Lebens), Tugenden (z.B. Gerechtigkeit, Wahrhaftigkeit, Treue) und spezielle Werte, die für eine Weltanschauung typisch sind (z.B. Nächstenliebe).

Ethologie (grch. ethos „Gewohnheit, Sitte" und logos „Rede, Kunde"): Die Wissenschaft, die die Formen und Gesetzmäßigkeiten des arttypischen Tierverhaltens unter stammesgeschichtlichen Gesichtspunkten analysiert.

Evolution: Eine Bezeichnung für das universell wirkende Prinzip einer natürlichen Entwicklung. Es gilt für den Kosmos als Ganzes, z.B. für dessen Entwicklung bis zur heutigen Gestalt mit Spiralnebeln und Sternen mit ihren Planeten, es gilt für die Erde mit ihrer Geschichte, ebenso auch für das Leben auf der Erde. Auch für das Verhalten der Tiere, schließlich die Kulturentwicklung der Menschheit.

Exogen: Von außen stammend, von außen wirkend, von außen in den Körper eingeführt (grch. exo „außerhalb" und gennan „erzeugen").

Familie: Ein taxonomischer Rang (s. Taxonomie).

Fossil: Vorweltlich, urzeitlich; als Versteinerung erhalten. Fossilien: Versteinerte Reste von Tieren; Pflanzen oder anderen Organismen der erdgeschichtlichen Vergangenheit.

Fulguration (lat. fulgur „Blitz"): Im weiteren Sinne Kurzschluss; plötzliche, neue Verbindung. Ein anderes Wort für Emergenz. Beides bedeutet das Auftreten unerwartet neuer Eigenschaften in einem komplexen System, die in dessen Teilsystemen noch nicht enthalten waren.

Fundamentale Naturkräfte: Die Physik unterscheidet 4 Grundkräfte:

- Die starke Kernkraft. Sie wirkt anziehend zwischen Quarks, Protonen und Neutronen im Atomkern.
- Die schwache Kernkraft. Sie spielt eine Rolle bei den Beta Zerfällen.
- Die elektromagnetische Kraft. Sie bestimmt alle Vorgänge in der äußeren Elektronenschale. Damit auch die chemischen Prozesse und elektromagnetischen Erscheinungen.
- Die Schwerkraft. Sie bewirkt die Anziehung der Massen.

Fundamentalismus: Im populären Sprachgebrauch werden darunter konservative religiöse und politische Gruppen, verstanden, die oft zu gewalttätigen Methoden neigen. Sie berufen sich auf religiöse oder politische Motivation oder auf beides. Charakteristisch ist der starre, dogmatische Bezug auf bestimmte Grundlagen ihrer Religion (oder einer politischen Programmatik), worüber keine relativierende Diskussion zugelassen wird. Speziell der christliche Fundamentalismus ist begrifflich vor 1920 belegt und entstand im konservativen Mittelwesten (dem „Bibelbelt") der Vereinigten Staaten. Sie richtete sich gegen die moderne Theologie und gegen die Rezeption der Evolutionslehre. Der Grundimpuls entstammt der amerikanischen Erweckungsbewegung des 19. Jahrhunderts. Seit ihrer Entstehung entfalten fundamentalistisch geprägte Gruppen eine rege Propagandatätigkeit in der amerikanischen Öffentlichkeit und suchen ihre Ideologie weltweit zu verbreiten.

Gattung: Ein taxonomischer Begriff (s. Taxonomie).

Gen: Kleinste funktionelle Einheit der Vererbung. Ein Gen ist ein Abschnitt auf der Desoxyribonucleinsäure (DNA), der die verschlüsselte Information für ein Genprodukt enthält. Viele Gene enthalten die Information für die Bildung bestimmter Eiweiße, die für die Ausprägung körperlicher und geistiger Eigenschaften verantwortlich sind. Die Gene liegen in einer bestimmten Reihenfolge linear auf den Chromosomen. Die Gesamtheit aller chromosomalen Gene eines Organismus wird als Genom bezeichnet. Fast alle Körperzellen haben die gleiche genetische Information.

Genfrequenz: Häufigkeit, mit der bestimmte Allele, also durch Veränderungen in der chemischen Struktur abgewandelte Gene, in einer Population vertreten sind.

Genom: Chromosomensatz. Gesamtheit der in einem haploiden (mit einfachem Chromosomensatz ausgestatteten) Zellkern enthaltenen Chromosomen.

Genpool (auch Genepool): Gesamtbestand der zu einer gegebenen Zeit vorhandenen verschiedenen Gene einer Population. Dieser Genbestand ist die entscheidende Grundlage für die Rassen- und Artbildung.

Geologische Formationen (Abriss):

Präkambrium: Zeitalter vom Beginn der Erde bis zum Kambrium. Im Meer entwickeln sich erste primitive Organismen, wie Meeresalgen und weichhäutige, wirbellose Meerestiere.

Kambrium: (nach Cambria, dem römischen Namen für Wales). Beginn vor 600 Millionen Jahren, Dauer 100 Millionen Jahre. In dieser Formation wurden die ersten Tierfossilien gefunden. Es handelt sich ausschließlich um Meerestiere wie Würmer, Quallen, Stachelhäuter, Schwämme und Dreilappkrebse (Trilobiten). Es fällt auf, dass alle heute bekannten Klassen der Wirbellosen damals schon vorhanden waren.

Ordovicium: (nach dem keltischen Stamm der Ordovizier). Beginn vor 500 Millionen Jahren, Dauer 60 Millionen Jahre. Das Leben ist auch hier auf das Wasser beschränkt. Hier finden sich die Fossilien der ersten Wirbeltiere, so z.B. Panzerfische. Kalkschalige Tintenfische treten in großer Anzahl und Artenfülle auf. Die Trilobiten sind arten- und anzahlmäßig besonders reich vertreten.

Silur: (nach dem keltischen Stamm der Silurer). Beginn vor 440 Millionen Jahren. Dauer 40 Millionen Jahre. Es werden neue Arten von Panzerfischen gefunden. Die ersten Landpflanzen treten auf.

Devon: (nach der Grafschaft Devon, wo Spuren dieser Epoche zuerst gefunden wurden). Beginn vor 400 Millionen Jahren, Dauer 50 Millionen Jahre. Es finden sich erste bis zu 6 m lange Haie..Gegen Ende der Periode, besiedeln vierfüßige Wirbeltiere das Land. Zugleich mit diesen Amphibien verlassen die ersten Wirbellosen (Tausendfüßler, Milben, Spinnen, flügellose Insekten) das Wasser. Das Land bietet reiche Pflanzennahrung.

Karbon: (Steinkohlenzeit). Beginn vor 350 Millionen Jahren, Dauer 80 Millionen Jahre. Am Anfang sind fast ganz Europa und große Teile Russlands von Meer bedeckt. Eine Gebirgsfaltung, deren Höhepunkt in die Mitte der Periode fällt, bildet in Europa, Asien und im östlichen Nordamerika (Appalachen) gewaltige Hochgebirge. Das Meer wird zurückgedrängt. In den Senken zwischen den Bergketten und in deren Vorland bilden sich riesige Waldsümpfe (Hauptperiode der Kohlebildung vor allem auf der nördlichen Hemisphäre). Das zerfallende Pflanzenmaterial der Waldsümpfe häuft sich an, wird zu Torf und später zu Kohle. Fast während des ganzen

Karbons herrscht auf der Erde ein warm-feuchtes Klima. Es finden sich Amphibien, die erheblich größer sind als im Devon. Daneben treten zum ersten Mal Reptilien auf. Sie sind nicht mehr ans Wasser gebunden. Im Unterschied zu Amphibien und Fischen legen sie Eier mit einer festen, lederartigen Schale, deren Entwicklung außerhalb des Wassers stattfinden kann. Einige Insektenarten entwickeln Flügel.

Perm: (nach der russischen Provinz Perm). Die Weißfäule beendet die Karbonepoche. Abgestorbenes Material wird schnell zersetzt und kann keine dicken Kohleflöze mehr bilden. Beginn vor 270 Millionen Jahren, Dauer 45 Millionen Jahre. Die urtümlichen Trilobiten sterben aus. In den Meeren leben jetzt so genannte Ganoidfische, deren Schuppen mit einem glänzenden Schmelzbelag bedeckt sind. An Land finden sich die Reptilien in viel größerer Formenfülle. Unter den Wirbellosen treten zum ersten Mal Insekten mit vollständiger Metamorphose auf, darunter die ersten Käfer.

tertius usus legis: In der evangelischen Theologie der Gebrauch des göttlichen Gesetzes (z.B. der 10 Gebote) als Richtlinie für die christliche Lebensführung.

Trias: (in der Dreigliederung von Buntsandstein, Muschelkalk und Keuper). Beginn vor 225 Millionen Jahren, Dauer 45 Millionen Jahre. Nach einer globalen Katastrophe (75% der Landtiere sterben aus) beginnt das Erdmittelalter. Die Formenfülle der Reptilien vergrößert sich weiter. Ein Teil von ihnen geht ins Wasser. Dies sind die Ichthyosaurier, fischförmige Jäger. Die ältesten Dinosaurier sind nur 15 cm lang. Erste Fliegen und Termiten treten auf.

Jura: (nach den europäischen Juragebirgen). Beginn vor 180 Millionen Jahren. Dauer 45 Millionen Jahre. Die Ichthyosaurier treten in großer Formenfülle auf. Erstmals erscheint ein Wesen, welches statt der Schuppen ein Federkleid trägt (Archaeopteryx). Es kann fliegen wie ein Vogel, sieht aber ansonsten wie ein Reptil aus. Daneben existieren Flugsaurier wie z.B. die Gattung Pterosaurus, die nicht mit Hilfe von Federn fliegen, sondern mittels einer Haut, die zwischen Rumpf und Fingern ausgespannt ist (ähnlich wie Fledermäuse). Manche dieser Tiere erreichen die Größe eines Sportflugzeugs. Andere Gattungen wie die Argentinosaurier stellen Giganten dar: 73 Tonnen Lebendgewicht und etwa 4o Meter Länge. Für mindestens 90 Millionen Jahre waren sie die dominanten Pflanzenfresser. In ihrem Gefolge entwickelten sich monströse Raubsaurier, die bis zu 17 Metern Länge und 9 Tonnen Gewicht erreichten. Schließlich tauchen, kaum bemerkt, unscheinbare Tierchen von etwa Rattengröße auf, die als Säugetiere anzusprechen sind. Es sind Formen, die ihre Jungen mit dem Sekret bestimmter Hautdrüsen, der Milch ernähren.

Kreide: (charakteristisch sind die weißen Kreidekalke). Beginn vor 135 Millionen Jahren, Dauer 65 Millionen Jahre. In dieser Periode lebhafter Gebirgsbildung herrschen zu Beginn noch die gewaltigen Dinosaurier und Pterosaurier. Aber gegen Ende verschwinden sie plötzlich. Grund ist eine weitere Globalkatastrophe, vermutlich ausgelöst durch einen Meteoriteneinschlag. An ihre Stelle treten Fossilfunde von Vögeln auf, die von Dinosauriern abstammen. Die Säugerfossilien unterscheiden sich zunächst kaum von denen der vorausgegangenen Juraformation, entwickeln sich in der Folge jedoch stark.

Tertiär: Beginn vor 70 Millionen Jahren, Dauer bis vor 3 Millionen Jahre, bis zum Beginn der Eiszeit. Es gliedert sich in: Paläozän: Beginn vor 70 Millionen Jahre, Dauer 10 Millionen Jahre. Eozän: Beginn vor 60 Millionen Jahre, Dauer 20 Millionen Jahre. Oligozän: Beginn vor 40 Millionen Jahre, Dauer 15 Millionen Jahre. Miozän: Beginn vor 25 Millionen Jahre, Dauer 14 Millionen Jahre. Pliozän: Beginn vor 11 Millionen Jahre, Dauer 8 Millionen Jahre. Im Paläozän treten Urraubtiere und Urhuftiere auf. Im Eozän finden sich Fossilien von Elefanten, Nashörnern, Schweinen, Pferden und Rindern, die vorerst allerdings wenig an ihre heutige Gestalt erinnern. Auch primitive Affen und Gibbons kommen vor. Im Oligozän vergrößert sich die Zahl der Säugetierfunde, neue Hunde-, Katzen- und Bärenarten treten in Erscheinung. Unter den Affenfossilien sind erstmals solche ohne Schwanz. Im Miozän – vor 25 Millionen Jahren – tritt der erste echte Menschenaffe auf. Im Pliozän, vor 11 Millionen Jahren, werden die Funde von Menschenaffen immer zahlreicher. Vor etwa 5 Millionen Jahren treten erstmals Skelette mit menschlichen Merkmalen (z. B. aufrechter Gang) auf. Unter den übrigen Säugetieren entwickelt sich z.B. der Stamm der Elefanten weiter. Im großen und ganzen geht aber im Pliozän die Zahl der Säugetierarten zurück. Pleistozän: Beginn vor schätzungsweise 3 Millionen Jahren, Dauer bis vor etwa 10000 Jahre v. Chr.. Beim Übergang zum Pleistozän finden sich erstmals Steinwerkzeuge, die von einer höheren Intelligenz ihrer Hersteller zeugen, der Urmensch tritt auf. Erstmals in Afrika. Von dort Ausbreitung über Asien und Europa. Während der Vereisungsperioden des Pleistozäns leben in Mitteleuropa hochnordische Tiere wie Rentier, Polarfuchs und Moschusochse. In den Warmzeiten kommen Nilpferde, Elefanten und Löwen bis ins Rheingebiet. Im Holozän (Beginn vor etwa 10000 Jahren) weicht das pleistozäne Eis vollständig zurück, das Klima wird gleichmäßiger, in Nordafrika und im Mittleren Osten erzeugt zunehmende Trockenheit Wüsten. Mit dem Schwinden von Eis und Tundra bedeckt sich Europa ganz mit Wäldern. Der Mensch tritt durch Haustierhaltung und Pflanzenanbau in die Jungsteinzeit ein und beginnt mit der Umgestaltung des Planeten.

Gerät: Jedes absichtlich für einen bestimmten Zweck hergestellte Werkzeug, das in der Regel wiederholt verwendet wird. Schimpansen verwenden einen zum Termitenangeln zugerichteten Grashalm nur einmal.

Grammatik (lat. ars grammatica): In der Linguistik jede Form einer systematischen Sprachbeschreibung. In der Umgangssprache versteht man unter Grammatik vor allem die Formenlehre (Morphologie) und Satz(bildungs)lehre (Syntax), sowie die Lautlehre (Phonologie). Neuere Ansätze versuchen auch Erklärungen zu liefern, etwa durch Rückgang auf die sprachlich zu bewältigenden Aufgaben oder Zwecke (Funktionale Grammatiken) oder durch Prinzipien der sprachlichen Form (Formale Grammatiken), für die von N. Chomsky eine genetische Grundlage angenommen wird (Generative Grammatik). Demnach gäbe es eine Universalgrammatik, nach der alle Sprachen funktionieren.

Hominidae: Eine Familie der Primaten, die rezente und ausgestorbene Menschenartige einschließt. Wir unterscheiden heute die Gattungen Ardipithecus, Australopithecus, Kenjanthropus und Homo.

Homo: Eine Gattung der Familie Menschenartige (Hominidae). Sie besteht nach heutiger Auffassung aus acht Arten, nämlich den fossilen Arten H. habilis, H. rudolfensis, H. ergaster, H. antecessor, H. erectus, H. georgicus, H. floresiensis, H. heidelbergensis, H. neanderthalensis und der (einzigen) rezenten Art H. sapiens.

Homo erectus: Besonders bedeutsame fossile Art der Gattung Homo. Aus ihrem Formenkreis dürften der H. heidelbergensis, der H. neanderthalensis und der H. sapiens hervorgegangen sein.

Homolog: Gleichliegend, gleichlautend, übereinstimmend, entsprechend. Homologe Organe haben entwicklungsgeschichtlich gleiche Herkunft (z. B. Schwimmblase der Fische und Lunge der Landwirbeltiere).

Homo sapiens: Diese Art schließt den Jetztmenschen und (ausgestorbene) archaische Verwandte wie den Neandertaler ein. Die ältesten Funde sind bereits vor etwa 280000 Jahren belegt.

Human: Menschlich. Humane Hominiden sind, im Gegensatz zu subhumanen, Menschenartigen, solche, die Einfluss auf ihre eigene Evolution zu nehmen vermögen. In der Gegenwart z.B. durch Eingriffe in das eigene Erbgut. Zwischen humaner und subhumaner Evolutionsphase liegt das Tier-Mensch-Übergangsfeld (TMÜ).

Hypothese: Annahme, die durch Überprüfung oder Experiment entweder zu bestätigen oder zu widerlegen ist. Sie dient dem Wissensfortschritt

Ichthyostega: Fossil aus dem Devon. Das älteste bislang bekannte vierfüßige Landwirbeltier, ein Bindeglied zwischen Fischen und Lurchen.

Ideogramm: Schriftzeichen, das einen ganzen Begriff ausdrückt, z. B. In Bilderschriften.

Insectivora: „Insektenfresser".Basale Ordnung der Säuger, zu denen z.B. die Spitzhörnchen gehören. Die ursprünglichen Formen waren wohl die Ausgangsformen aller höheren Säuger.

Isolation: Evolutionsfaktor, der Voraussetzung für die Entstehung neuer Arten ist. Artbildung kann erst einsetzen, wenn in einer Population die Panmixie (die Möglichkeit kompletter genetischer Durchmischung) gestört wird. Das kann durch Isolation geschehen, wie z.B. geographische Trennung oder ethologische (verhaltensbedingte) Isolation. Unter dem Einfluss weiterer Faktoren wie Mutation und Selektion können sich dann in den isolierten Genpools unterschiedliche Erbvarianten anhäufen.

Jura: s. Geologische Formationen.

Kambrium: s. Geologische Formationen.

Karbon: s. Geologische Formationen.

Kausalität: Prinzip, welches einen Zusammenhang von Ursache und Wirkung beschreibt: Jedes Geschehen hat demnach eine Ursache, die ihrerseits verursacht ist. Im Zeitverlauf betrachtet, ergibt sich daraus eine Ursachenkette, die bis ins Unendliche reicht. Da ein Regress „add infinitum" keinen Sinn ergibt, wird der Geltungsbereich des Kausalitätsprinzips entweder pragmatisch beschränkt, oder es wird Gott als Letztverursacher eingesetzt.

Klasse: Eine größere taxonomische Einheit in der Biologie (s. Taxonomie).

Kloake: Gemeinsame Ausmündungsöffnung für den Darm, die Harn- und Geschlechtsorgane. Ausgeprägt bei Reptilien und Vögeln.

Kloakentiere: Eierlegende, zur primitivsten Klasse der Säuger gehörende Tiere. Die Regelung der Körpertemperatur ist noch unvollständig, auch sonst besitzen sie noch viele, an Reptilien erinnernde Merkmale. Bekannte Vertreter sind Schnabeltier und Ameisenigel.

Kontingenz: bezeichnet den Status von Tatsachen, die weder notwendig, noch unmöglich sind, demnach also möglich. Ihr Erscheinen lässt sich also nicht durch kausalen Zwang begründen, aber auch nicht allein durch Zufall. Entscheidend ist die Möglichkeit, dass der Sachverhalt „auch anders sein" könnte.

Kreationismus (lat. creare „erschaffen") bezeichnet den Glauben, dass die Menschen, das Leben, die Erde und das Universum genau so entstanden sind, wie es wörtlich in der Bibel berichtet wird. Nicht durch Evolution also, sondern durch einen übernatürlichen Eingriff Gottes. Im Rahmen dieser Ideologie bedeutet ‚*Intelligent Design*' die Ansicht, dass man in der Einrichtung der Natur das Wirken des göttlichen Schöpfers erkennen könne, weil alles einem intelligenten Konzept folge. Seine führenden Vertreter, die alle dem Discovery Institute angehören, behaupten, *Intelligent Design* sei eine wissenschaftliche Theorie. Die Richtung ‚Evidence against Evolution' versucht, Beweise gegen die Evolution zu sammeln, indem sie willkürlich ausgewählte Artikel in Fachzeitschriften zitiert. Hier wird kein Bezug zur Bibel hergestellt, man widerspricht auch nicht der Evolutionslehre, macht aber die die Frage nach dem Ursprung des Menschen von persönlichen Glaubensentscheidungen abhängig.

K-Strategie: s. Selektion.

Libet Experiment: Der Physiologe Benjamin Libet führte Experimente durch, die scheinbar bewiesen, dass die Gehirnaktivität, die eine Bewegung steuern, früher nachweisbar sind als Willensakt und Bewusstsein über die Bewegung. Daraus schlossen viele, dass eine echte Willensfreiheit nicht existiere, weil das Gehirn schon entschieden hat, bevor wir uns bewusst zu einer Handlung entschlossen haben.

Limbisches System: Ein vom Riechhirn niederer Wirbeltiere herleitbarer Gehirnteil der Säuger, der sich wie ein Saum (lat. limbus) an den Hirnstamm legt. Es spielt eine zentrale Rolle für das emotionale Verhalten des Menschen. Verletzung oder Reizung der verschiedenen Strukturen kann z.B. intensive Furcht, Vergnügen, abnormes Sexualverhalten hervorrufen.

Lungenfische: Stammesgeschichtlich bedeutende Ordnung rezenter und fossiler Knochenfische, aus der die Vorfahren heutiger Amphibien hervorgegangen sind. Sie besitzen sackförmige paarige oder unpaarige Atmungsorgane („Lungen"). Mit ihnen kann Luftsauerstoff aufgenommen werden. Das ermöglicht den Lungenfischen, Dürrezeiten zu überstehen, in denen die schwindenden Gewässer nicht mehr genügend Sauerstoff für die Kiemenatmung enthalten.

Mammalia: Die Klasse der Säuger innerhalb der Wirbeltiere. Es sind zumeist temperaturkonstante, lebend gebärende Tiere, die ihre Jungen säugen.

Metazoa: Bezeichnung für alle vielzelligen Tiere, deren Zellen sich zu gleichförmigen Verbänden (Geweben) zusammenfügen. Es gibt verschiedene Gewebe, die sich durch Beschaffenheit und Funktion unterscheiden. Beispiele sind Deck- und Drüsengewebe, Muskelgewebe, Nervengewebe, Bindegewebe, Knochengewebe.

Mimikry: Schutztracht nicht wehrhafter Tiere. Ihre Körpergestalt und Färbung ähneln denjenigen auffallend gefärbter anderer Arten, die entweder ungenießbar oder wehrhaft sind (z. B. Ameisen- und Wespenmimikry)

Miozän: s. Geologische Formationen.

Missing link: Zu einer Übergangsform fehlen fossile Funde.

Mollusca (Weichtiere): Stamm der spiegelsymmetrischen Metazoa (Vielzeller). Der Körper weist keine Folge gleichartiger Glieder auf, er ist meist gedrungen, ohne Innenskelett. Bekannte Klassen der Weichtiere sind Schnecken, Muscheln und Tintenfische.

Monismus: Einheitslehre, wonach alle Wirklichkeit von einerlei Grundbeschaffenheit sei. Wird heute vor allem als Materialismus vertreten. In diesem Welt- und Menschenbild werden nur die naturwissenschaftlich erforschbaren Sachverhalte als wirksam anerkannt. Die seelische Wirklichkeit des Menschen wird allein auf organische Prozesse im Gehirn zurück geführt. Gegenpositionen s. Dualismus.

Morphem: Kleinstes Sprachzeichen bzw. kleinste bedeutungshaltige Einheit einer Sprache. Morpheme sind entweder Wörter (Haus, Hof, Hut) oder Teile von Wörtern (Kind-er, arbeit-en, glück-lich, hör-bar).

Morphologie (griech. morphé „Gestalt, Form“, lógos „Wort, Lehre, Vernunft“): In der Biologie die Lehre von der Struktur und Form der Organismen. Sie enthält die Klassifikation von Organismen anhand ihrer Gestalt und die Gestaltänderung im Laufe der Entwicklung. Somit bildet die Morphologie die Grundlage für die Systematik und die Evolutionslehre (vgl. Anatomie).

Multiple Allelie: Ein Gen kann durch Mutation in verschiedene Zustände übergehen, woraus in einer Population das Vorhandensein mehrerer Allele (eines bestimmten Genes resultieren kann. Dies bedeutet, dass die in der Regel diploiden Organismen maximal zwei Allele einer solchen Serie besitzen können. Damit tritt neben das Individuum als evolvierende Einheit die Population.

Mutabilität (lat. mutabilitas): Veränderlichkeit Mutationen: Spontane oder umweltbedingte, nicht auf Rekombination vorhandener Gene beruhende Änderungen von Erbanlagen eines Individuums.

Mystik: Bestreben, das Göttliche durch Abkehr von der Sinnenwelt und Versenkung in die Tiefe des Inneren zu erfassen. Mystiker wollten durch Auffinden eines göttlichen Funkens am Seelengrund sich mit diesem vereinigen.

Nachexilische Zeit: In Israels Geschichte die Epoche nach dem babylonischen Exil (nach 539 n.v. Chr), die durch den Wiederaufbau und Neubegründung des Tempeldienstes charakterisiert war.

NAD: Nicotinamid-adenin-dinukleotid, ein Wasserstoff übertragendes Enzym.

Natura naturans: Die schöpferische Natur, die aus sich selbst das Geschaffene (die natura naturata) hervorbringt. Begriff der scholastischen (mittelalterlichen) Theologie.

Neuplatonismus: Philosophisches System, der Spätantike, das die Lehre Platons weiter entwickelt hat. Die Welt ist hierarchisch gegliedert in Stufen des Seins. Aufsteigend von einfachen Seinsweisen, wie der Materie, folgen immer höher entwickelte Stufen: über Tiere, den Menschen, Geistwesen, bis zum höchsten absoluten „Eins“, das mit Gott identifiziert werden konnte. Der Mensch kann durch Askese und Ekstase zur Gottesschau gelangen.

Neurowissenschaften: zusammenfassender Begriff für Disziplinen, die sich mit dem Gehirn und seinen Funktionen befassen. Insbesondere geht es dabei um die Aufklärung der physiologischen Grundlagen von Bewusstseinsprozessen.

Nukleoproteine (auch Nukleoproteide): Vor allem in den Zellkernen vorkommende Eiweißkomplexe. Nach Abspaltung der Eiweißgruppe bleiben stark saure, phosphorreiche Verbindungen (Polynukleotide, Nukleinsäuren) zurück.

Ökologie: Die Wissenschaft, die die Beziehungen der Lebewesen zu ihrer Umwelt aufdeckt: Die Anpassung jeder einzelnen Art an Außenfaktoren (Autökolgie; grch. autos „selbst“) oder ihre Beeinflussung durch Zusammenleben mit anderen Organismen (Synökolgie; grch. syn „zusammen“). Der Wald beispielsweise ist eine synökologische Lebensgemeinschaft.

Oligizän: s. Geologische Formationen.

Ontogenese: Entwicklung eines einzelnen Organismus.

Ontologie, ontologisch: bezieht sich auf eine Lehre vom Sein der Dinge und Subjekte. Versucht die Grundstruktur der Wirklichkeit begrifflich zu fassen. Thematisiert allgemeine Seinsbedeutungen und Bestimmungen, im Unterschied zu konkreten Objekten, die von Fachwissenschaften untersucht werden. Themen sind z.B. Fragen der Identität und Fortdauer in der Zeit, Totalität, die Möglichkeit einer Existenz von Geist und Gott.

Ordnung: Ein taxonomischer Rang (s. Taxonomie).

Pantheistisch, Pantheismus: Allgottlehre, Gott ist eins mit dem Universum, existiert in allen Dingen.

Paläolithikum: Altsteinzeit (grch.palaios „alt" und lithos „Stein"). Paläolithische Kulturen: Die Hominiden der Altsteinzeit gebrauchen Werkzeuge. Sie können auch Geräte (Artefakte) intentional herstellen. Sie repräsentieren die früheste Phase ‚humaner' Entwicklung. Dagegen gab es bloße Werkzeugbenutzung vermutlich schon zuvor in der ‚subhumanen' Phase der Hominiden.

Paläontologie (grch. palaios „alt"): Wissenschaft, die den Bau und die systematische Zugehörigkeit ausgestorbener Formen ermittelt, deren erdgeschichtliches Auftreten verfolgt und somit Indizien für die Abstammungstheorie liefert.

Paläozän (auch Paleozän): s. Geologische Formationen.

Panmixie: Umfassende Vermischung (grch. pan „ganz, all, jeder" und engl. mixed „gemischt, vermischt") der Gene in einer Population.

Paradigma: „Beispiel", „Muster". Grundsätzliche Denkweise. Kann auch eine Lehrmeinung oder Weltanschauung bezeichnen. Beispiele sind: Das geozentrische Weltbild der Antike (die Erde ist Mittelpunkt der Welt). Als in der Renaissance das heliozentrische Weltbild aufkam (die Sonne steht im Mittelpunkt), war das ein Paradigmenwechsel.

Parameter: Variable, Vergleichsgröße, Vergleichswert (grch. para „gegen, neben, bei"; metron „Maß").

Perm: s. Geologische Formationen.

Phonem: Kleinste Einheit der Phonologie (Lautlehre), die im Vergleich zu einem anderen Laut in derselben Stellung einen Bedeutungsunterschied ausdrückt, z. B. sind das „i" und das „a" in „ich" und „ach" zwei Phoneme, das „ch" ein Phonem (vgl. Morphem).

Physiologie: Die Wissenschaft von den Funktionen der Organe und ihrer Prozesse.

Piktogramm: Einzelnes Bildsymbol, das eine Information durch vereinfachte grafische Darstellung vermittelt (lat.: pictum „gemalt, Bild"; griech.: gráphein „schreiben"). Für die Olympischen Spiele 1964 in Tokio z.B. entwarf der japanische Grafiker Katsumi Masaru erstmals ein Bildzeichensystem zur Kennzeichnung von Sportarten.

Plazenta: Ein Organ lebend gebärender Tiere, über das ein Embryo vom mütterlichen Körper her ernährt wird. Bei Säugern hat sie Kontakt mit der Uteruswand, und der embryonale Kreislauf steht über die Nabelarterien und eine Vene mit ihr in Verbindung.

Pleistozän: s. Geologische Formationen.

Pliozän: s. Geologische Formationen.

Pongidae: Die Familie der Menschenaffenartigen innerhalb der Überfamilie Hominoidea. Hierher gehören rezent Schimpanse, Gorilla und Orang-Utan.

Population: Ein örtlich und/oder zeitlich umgrenzter panmiktischer Bestand von Individuen einer Spezies.

Präkambrium: s. Geologische Formationen.

Primates (lat. primus „an erster Stelle stehend"): Eine Ordnung innerhalb der Klasse der Säugetiere, welche die Halbaffen (Prosimiae), Menschenaffen (Anthropoidea) und den Menschen (Homo sapiens) umfasst.

Protozoon (Mehrz. Protozoa, Protozoen): Einzelliges Tier (grch. protos „erster"; zoon „Lebewesen").

Pseudospeziation: Kulturelle Scheinartbildung (grch. pseudein „täuschen"). Herausschälen unterschiedlicher Kulturen innerhalb der menschlichen Spezies, die z. T. die Kriterien eigenständiger, biologischer Arten (Isolation usw.) aufweisen. Es handelt sich um ein Analogon zur biologischen Differenzierung, die über Speziation (Artbildung) verläuft.

Quantenphysik: ist (neben den beiden Relativitätstheorien) einer der beiden Grundpfeiler der modernen Physik. Sie beschreibt alle Erscheinungen, die nur bestimmte Werte annehmen können, also „gequantelt" sind. Sie sind zumeist auf der Ebene der Elementarteilchen zu finden, die so klein sind, dass man sie nicht direkt beobachten kann. Hier werden Felder und Quantenobjekte und deren Verhalten erforscht, also die grundlegenden Bausteine und Vorgänge der physikalischen Welt.

Radiation: Strahlung, Ausstrahlung. In der Evolution das relativ plötzliche Auftreten verschiedenster Bauplantypen aus einem Grundbauplan, so z. B. die Radiation der Klasse der Säuger zu Beginn des Tertiärs aus primitiven Insektenfresserartigen zu den verschiedenen Ordnungen wie Urhuftiere, Urraubtiere, Urrüsseltiere, Primaten u. a..

Rasse (Unterart, Subspezies): In Botanik, Zoologie, Mikrobiologie und anderen wissenschaftlichen Fächern taxonomische Einheiten innerhalb von Arten. Es sind Gruppen von Individuen, die sich durch charakteristische Merkmalskombinationen voneinander absetzen, sich dennoch aber fruchtbar miteinander kreuzen können.

Rassismus: Bezeichnung für jede Theorie und Praxis, die Menschen auf Grund sichtbarer körperlicher Merkmale (wie z. B. Hautfarbe, Gesichtszüge) mit Werturteilen versehene Eigenschaften (z. B. geringe Intelligenz) und einen unterschiedlichen Status zuteilt. Dies kann von Vorurteilen bis zu ausgearbeiteten Ideologien reichen, die bestimmte Völker oder „Rassen" abwerten. Die Angehörigen dieser Gruppe werden pauschal abgewertet bzw. als minderwertig angesehen. Die sozialen Folgen reichen von Separation („Rassentrennung") über Diskriminierung bis zu Hass und Gewalt. Rassismus ist ein weltumspannendes Phänomen.

Rekombination: Variabilitätserhöhender Evolutionsfaktor. Der sichtbare Mechanismus der Meiosis (Reduktionsteilung) während der Genese der Geschlechtszellen trennt homologe Chromosomen auf und erlaubt im späteren Verschmelzungsvorgang der Geschlechtszellen eine Neukombination von Genen väterlicher und mütterlicher Herkunft nach den Zufallsgesetzen.

Relativitätstheorien: Sie befassen sich mit der Struktur von Raum und Zeit und dem Wesen der Gravitation. In der speziellen Relativitätstheorie wird das wechselseitige Verhältnis von 'Raum und Zeit beschrieben und die Phänomene, die bei hohen Geschwindigkeiten in verschiedenen Bezugssystemen sichtbar werden, vor allem Zeitdehnung und Längenkontraktion. Darauf aufbauend führt die allgemeine Relativitätstheorie die Gravitation (Schwerkraft) auf eine Krümmung in der Raumzeit zurück , die durch Massen verursacht wird. Neben der Quantenphysik stellen diese Theorien die Grundpfeiler der modernen Physik dar, weil sie eine neue, grundlegende Beschreibung der uns umgebenden Welt ermöglichen.

Reptilia: Eine sehr heterogene Klasse der Wirbeltiere, aus der z.B. Vögel und Säugetiere hervorgegangen sind. Die Reptilien hatten amphibienartige

Vorläufer. Die gegenwärtigen Formen lassen sich im weitesten Sinn als Krokodile, Schildkröten, Schlangen und Eidechsen zusammenfassen.

Rezent: Gegenwärtig; im Gegensatz zu fossil.

r-Strategie: s. Selektion.

Rudimentäre Organe: Rückgebildete Organe, welche den vollen Ausbildungsstand, den sie in der Vorfahrenreihe einst hatten, nicht mehr erreichen. Sie sind oft funktionslos geworden. Hierher gehören etwa die Fußstummel der Riesenschlangen und die Beckenreste der Wale, auch der Wurmfortsatz am Blinddarm.

Selektion: Auslese. Von Darwin eingeführter Begriff in seiner Theorie der natürlichen Auslese. Dieser liegen zwei Prämissen zugrunde: 1. Die Individuen einer Tier- oder Pflanzenart sind nicht völlig gleich, sie variieren. 2. Alle Organismen haben eine Überproduktion an Nachkommen. Nach Darwin kommt es daher im Kampf ums Dasein (Struggle of life) zum Überleben nur der jeweils Tauglichsten, also zu einer natürlichen Auslese (Selektion). Dieser Prozess führt in der Generationenfolge zur Ausbildung von Anpassungen an die Bedürfnisse und Umweltgegebenheiten. Die r-Selektion bezeichnet eine: Spezifische Fortpflanzungsstrategie. In sich rasch verändernden Lebensräumen (z. B. Ruderalflächen, Kahlschläge) sind Arten bevorzugt, die sich rasch vermehren. Brutpflege spielt nur eine geringe Rolle. K-Selektion bezeichnet die Alternative: In stabilen Lebensräumen (z. B. naturnaher Wald) hängt die Populationsdichte vor allem von der Kapazität des Lebensraumes ab. Bevorzugt sind Arten mit starker Konkurrenzfähigkeit, die in der Regel mit intensiver Jungenbetreuung einhergeht. Die den Urwald bewohnenden Schimpansen weisen bei geringer Nachkommenzahl eine hoch entwickelte K-Strategie auf.

Sequenzanalyse: Analyse der Struktur von Molekülen, die einen strangförmigen Aufbau haben, z. B. Nukleinsäuren (Nukleotid-Sequenzen) und Eiweiße (Aminosäuren-Sequenzen).

Schnabeltier: Eierlegendes Säugetier mit Kloake und unvollkommener Regelung der Körpertemperatur. Hat zur Säugung der Jungen keine Zitzen, sondern nur Milchdrüsenfelder. Diese werden von den Jungen abgeleckt. 215

Schöpfung: Die Hervorbringung der Welt und aller Einzeldinge durch einen allmächtigen Schöpfergott.

scholastisch, Scholastik: Bezeichnung der abendländischen Theologie und Philosophie im Mittelalter.

Sexualität: Alle im Zusammenhang mit der genetischen Rekombination stehenden Vorgänge, wie sie sich in den Teilungsprozessen der Reifeteilung und Befruchtung zeigen. Im weiteren Sinne alle morphologischen und physiologischen Vorgänge, alle Gefühle und Verhaltensweisen, die im Zusammenhang mit der Befriedigung des Geschlechtstriebes stehen.

Silur: s. Geologische Formationen.

Singularität: Hypothetischer Anfangszustand des Universums, bei dem die Raumzeit noch nicht vorhanden war. Sie ist nur mathematisch beschreibbar. Ihr entspricht keine physikalisch definierbare Realität., da der Raum gegen Null, die Dichte gegen Unendlich streben.

Sozialverhalten: Verhalten, das der Erhaltung des Artgenossen dient, z. B. soziale Hautpflege bei Affen, bei Vögeln gemeinsame Angriffe von Vogelkolonien auf Feinde usw..

Spezialisierung: Während der „Einnischung" einer Population in bestimmte Umweltverhältnisse erfolgen im Zuge der Speziation (Artbildung) oft besondere morphologische, physiologische bzw. verhaltensbiologische Anpassungen. So ist z. B. der Orang-Utan unter den Pongiden als Hangler besonders gut für das Baumleben spezialisiert.

Speziation: Artbildung.

Spezies: Eine taxonomische Einheit (s. Taxonomie).

Stamm: Eine taxonomische Einheit (s. Taxonomie).

stochastisch, Stochastik: Teilgebiet der Mathematik. Umfasst Wahrscheinlichkeitsrechnung und Statistik.

Subhuman: Kennzeichnendes Kriterium für Hominiden, die das Tier-Mensch-Übergangsfeld noch nicht erreicht haben.

Subjekt: Das Ich im Gegenüber zu Objekten und Umwelt. Ausgangspunkt von Erkennen und Handeln einer Person.

Subjektivität: Inbegriff dessen, was zu einem Subjekt gehört. Was dessen Empfinden, Denken, Urteilen bestimmt. Das seelische Innenleben einer Person betreffend. Aus der subjektiven Sicht zahlreicher Individuen konstituiert sich in einem komplizierten Prozess, was eine Gesellschaft als Wirklichkeit anerkennt.

Subspezies: (Unterart, Rasse): Eine taxonomische Einheit (s. Taxonomie).

Syntax (griech. syntaksis „die Zusammenstellung; dtsch: Satzbau"): Muster und Regeln, nach denen Wörter zu größeren funktionellen Einheiten wie Phrasen (Teilsätzen) und Sätzen zusammengestellt werden. In der Linguistik ist die Teildisziplin der Syntax die wissenschaftliche Untersuchung von

Form und Struktur natürlicher Sprache. Aspekte sind :universelle, angeborene Formprinzipien (Chomsky) oder ihr kommunikativer Zweck (Funktionale Syntax), oder ihrer Rolle beim Aufbau von komplexen Bedeutungen (Logische Semantik).

Taxonomie (griech. taxis „Ordnung“, -nomia „Verwaltung“): Sprachliche Klassifizierung aller Gegenstände (Entitäten) und Ereignisse in begriffliche Taxa (Sing.: Taxon „Gruppe“) bzw. in Kategorien. In der Biologie klassifiziert sie alle Organismen, indem sie diese in gestaffelten (systematischen) Einheiten auf Grund ihrer verwandtschaftlichen Beziehungen zusammenfasst. Das im vorliegenden Buch benutzte Klassifikationssystem ist das folgende:

Reich
...Stamm
Klasse
Ordnung
Unterordnung
..............Überfamilie
Familie
....................Gattung
Untergattung
Art
.... Unterart

Am nächsten miteinander verwandt sind in diesem System die Unterarten.

Terrestrisch: Am Boden lebend.

Tertiär: s. Geologische Formationen.

theistisch, Theismus: Weltanschauung mit Gott ander Spitze, der als Schöpfer, Erhalter und Lenker der Welt fungiert.

Thorax: Der Brustkorb. Er wird durch Rippen, Wirbelsäule, Brustbein und Zwerchfell begrenzt.

Trias: s. Geologische Formationen.

Trochophora: Larve der marinen Ringelwürmer, die in ähnlicher Gestalt auch in verwandten Tierstämmen, z. B. bei den Weichtieren vorkommt. Gestalt etwa kugelförmig. Oberfläche mit ringförmig angeordneten Wimperstreifen (Name!) besetzt.

Uterus: Die Gebärmutter. In diesem Abschnitt des weiblichen Genitaltraktes entwickelt sich bei den Säugern der Embryo bis zur Geburt.

Variabilität: Veränderlichkeit. Durch Umwelteinflüsse (Milieufaktoren) bewirkte nicht erbliche oder durch Veränderung im Erbgut (infolge Kreuzung oder Mutation) hervorgerufene (erbliche) Abweichungen von der morphologischen, physiologischen, ökologischen und psychologischen Norm innerhalb einer Generationsfolge.

Vertebrata: Der Unterstamm der Wirbeltiere innerhalb des Stammes der Chordata (Chordatiere). Die Vertebraten sind ausgezeichnet durch den Besitz einer Wirbelsäule und anderer fortschrittlicher Organisationsmerkmale, etwa des Skeletts und des Gehirns. Vertebrata sind z. B. Fische, Amphibien, Reptilien, Vögel, Säugetiere. Vögel (Aves): Vögel sind diejenige Klasse der Wirbeltiere, die auf eine gleich hohe Organisationsstufe wie die Säuger zu stellen ist. Sie sind geflügelte Abkömmlinge der Archosaurier und (wie die Säuger) Warmblüter.

Zygote: Die befruchtete Eizelle nach Verschmelzung der beiden Geschlechtskerne.

Danksagung

Wir möchten allen Fachkollegen, Mitarbeitern und Freunden herzlich danken, die bei der Herstellung des Buches in verschiedener Weise behilflich waren. So war für die Erstauflage das Korrekturlesen von Frau Ute Lang, sowie von Cordelia und Wolfgang Deesz eine große Hilfe. Ebenso die Begleitung durch Frau Elisabeth de Lattin und die Schreibarbeit von Frau Hedi Niederländer. Anregung und Kritik bei der Erstellung des dritten Teils verdanken wir besonders Herrn Dr. Hans Werner Böttcher, Herrn Klaus Portscheller sowie Familie Ute und Rolf Lang.

Weitere Bücher aus dem Oldib Verlag

Oliver Bidlo: Tattoo. Die Einschreibung des Anderen.

Oliver Bidlo: Rastlose Zeiten. Die Beschleunigung des Alltags.

Hans Werner Ingensiep / Sabine Dittrich (Hrsg.): Darwin, die Evolution und die Wissenschaften.

Friedhelm Schneidewind: Mythologie und phantastische Literatur.

Erich Steitz: Sind wir noch zu retten? Krise und Chance des Homo sapiens im Lichte der Evolution.

Erich Steitz: Kausalität und menschliche Freiheit.

Einführungen

Oliver Bidlo: Vilém Flusser. Einführung.

Frank Weinreich: Fantasy. Einführung.

Patrick Peters: Edda. Einführung.

Alexander Berens: Europa. Einführung.

Anja Stürzer: Shakespeare. Einführung.

Tanja Bidlo: Theaterpädagogik. Einführung.

Armin Staffler: Augusto Boal. Einführung.

Meinhard Saremba: Oper. Einführung.

Norbert Schröer: Interkulturelle Kommunikation. Einführung.